新编大学社会学教材

总主编 风笑天

Introduction of Social Problem

社会问题概论

（第二版）

● 许传新 祝建华 张翼 编

华中科技大学出版社
http://www.hustp.com
中国·武汉

图书在版编目(CIP)数据

社会问题概论/许传新,祝建华,张翼编.—2版.—武汉:华中科技大学出版社,2018.5(2022.8重印)
新编大学社会学教材
ISBN 978-7-5680-3913-0

I.①社… Ⅱ.①许… ②祝… ③张… Ⅲ.①社会问题-中国-高等学校-教材 Ⅳ.①D669

中国版本图书馆 CIP 数据核字(2018)第 092239 号

社会问题概论(第二版) 　　　　　　　　　许传新　祝建华　张　翼　编
Shehui Wenti Gailun(Di-er Ban)

策划编辑：钱　坤
责任编辑：李文星
封面设计：刘　卉
责任校对：刘　竣
责任监印：周治超
出版发行：华中科技大学出版社(中国·武汉)　　　电话：(027)81321913
　　　　　武汉市东湖新技术开发区华工科技园　　　邮编：430223
录　　排：华中科技大学惠友文印中心
印　　刷：武汉科源印刷设计有限公司
开　　本：710mm×1000mm　1/16
印　　张：20
字　　数：402 千字
版　　次：2022 年 8 月第 2 版第 3 次印刷
定　　价：39.80 元

本书若有印装质量问题,请向出版社营销中心调换
全国免费服务热线：400-6679-118　竭诚为您服务
版权所有　侵权必究

总　序

社会学在中国内地恢复重建已将近30年了。伴随着中国社会的改革开放,社会学学科也在不断探索和研究中国社会的过程中一天天发展进步。正是急剧的社会变迁和纷繁复杂的社会生活,为中国社会学的发展壮大提供了广阔的舞台。社会学也在这个舞台上大显身手,在帮助人们认识社会规律、制定社会政策、解决社会问题、创建和谐社会等诸多方面发挥着越来越大的作用。

自20世纪80年代初期进入社会学领域以来,笔者就深深地被这一学科的独特视角、研究方法以及丰富多彩的研究领域所吸引,20多年来一直在大学醉心于社会学专业的教学与科研工作。20世纪80年代中期在北京大学攻读硕士和博士学位的5年中,笔者就从一些国外的和国内早期的社会学教材中获得了许多的收益。20世纪90年代中期至21世纪初在华中理工大学(现改名为华中科技大学)社会学系任教的几年中,曾出版了《现代社会调查方法》(独著,1996年初版,2001年第2版,2005年第3版)和《社会学导论》(主编,1997年)两本专业基础课教材。出版社反馈的信息表明,这两本教材受到了广大教师和学生的欢迎,《现代社会调查方法》已发行12万册。

正是在这样一种基础上,出版社盛情邀请笔者组织编写一套"大学社会学教材"。这对笔者来说,无疑是一项十分艰巨的任务。因为一方面自己才疏学浅,对社会学的许多领域了解不多,难以胜任这一工作;另一方面,自己日常的教学、科研以及指导研究生的任务比较繁重,时间和精力上也有一定困难。虽几次推托,但终究禁不住出版社的盛情邀请,只好勉为其难地担当起这套教材总主编的重任。

客观地说,目前国内的社会学教材已有不少。但除了"社会学概论""社会学研究方法""西方社会学理论""社会心理学""社会统计学"等主干课程的教材版本相对较多外,其他分支社会学的教材往往很少。同时,许多教材由于编写和出版的时间较早,部分内容已不适应当前教学的需要。另外,相对于美国等西方发达国家中社会学教材种类繁多的状况,国内社会学教材可选择的余地实在太小。这些现状为这套教材的编写提供了现实的需要。

这套"新编大学社会学教材"的编写目标,主要体现在以下三个方面。

一是全面性。即希望经过5~10年的努力,编写出覆盖目前社会学系所开设的30门左右的专业课程的教材(其中,专业基础课教材约10本,专业选修课教材约20本),以增加社会学教师选择教材的空间,同时改变目前少数专业选修课找不到教材的局面。

二是规范性。这种规范性一方面体现在全套教材的整体规划和单本教材的具体设置都是依据社会学学科的内容结构;另一方面也体现在对每本教材的编写要求是以现有的、成熟的、社会学界普遍采用的体系、框架和知识点为依据。

三是本土化。尽管社会学教材中的许多内容都会涉及西方社会、西方社会学家以及西方社会学理论,但我们更加强调在教材的编写中要将社会学的基本原理应用于中国社会的现实,要以中国的社会、中国的材料来向中国的学生介绍社会学的基本概念、基本理论和研究领域。

笔者深知,要达到上述目标,需要全国社会学界同行的大力支持。我们真诚希望有更多的有经验的社会学教师、研究者加入到这一工作中来,成为这套教材的编写者。

如果有更多的学生从这套教材中获得了对社会学知识的了解,打开了认识中国社会的窗口,那么我们的工作和努力就获得了回报。我们期待着!

风笑天

2007年11月于南京大学

新编大学社会学教材

修订说明

随着经济、社会的发展而涌现出来的各种社会问题具有典型的时代特征,新情况、新问题不断涌现,这需要我们以与时俱进的眼光来看待这些社会问题。因此,作为一本专门介绍与分析中国社会问题的教材,本书第一版也需要做出相应的修订。

此次修订在延续本书第一版风格的同时,对所有章节都进行了补充和修改。主要修订集中体现在以下几个方面。

一是结构上进行了调整。在听取许多使用本教材的教师意见基础之上,在"社会转型"一章中,删去了"社会转型的概念""中国社会转型的特征"两节内容,并将"社会转型与社会问题"一节内容合并到了第一章"社会问题导论"中。删除了这两节内容之后,使全书的内容紧扣"社会问题"这一主题,内在逻辑结构较以前更为严密。

二是增强了理论性。在"人口问题"一章中,我们补充了"人口的一般理论"一节;在"民族问题"一章中,补充了"民族问题的一般理论",在"青少年犯罪的理论分析"一节中,增加"标签理论"。这样使全书的内容体系更为完整,做到了在分析每一种具体社会问题之前,都首先介绍针对该问题的相关理论,并将该理论贯穿对每一种具体社会问题的分析。

三是增强现实针对性。社会问题总是处于不断的变化之中,时效性是一个重要的要求。借助于这次修订的机会,对所有具体社会问题的分析进行了大幅的修改。具体包括以下三个方面:其一,在所有社会问题的分析中,尽可能采用最新、最权威的数据和最典型、最有影响的案例,去分析具体社会问题的状况、特征。其二,随着时代的发展,一些社会问题的形成原因、性质、解决对策等都有所变化,在修订过程中,针对这种情况进行了大幅的修改。其三,随着时代的发展,会产生一些新的社会问题,我们立足于原有的"问题框架",进行了必要的补充。如在"青少年犯罪问题"一章中,增加了有关"校园欺凌和校园暴力"的内容;在"环境问题"一章中,增加了有关"雾霾问题"的内容;在"性失范"一章中,增加了"违规性行为""网络色情"的内容。

我们相信,通过以上修订,本书在科学性、规范性、实效性等方面将会得到进一步加强。当然,无论如何努力,书中一些疏漏在所难免。因此,真诚欢迎广大读者及时给予批评和指正,争取在后期进一步完善与提高。

目　　录

第一章　社会问题导论 (1)
- 第一节　社会问题的概念 (1)
- 第二节　社会问题的基本理论 (8)
- 第三节　社会转型与社会问题 (13)
- 第四节　社会问题的研究方法 (18)

第二章　人口问题 (26)
- 第一节　人口的一般理论 (26)
- 第二节　出生人口性别结构失衡问题 (31)
- 第三节　人口年龄结构老化问题 (41)
- 第四节　人口流动问题 (48)

第三章　贫困问题 (56)
- 第一节　贫困的一般理论 (56)
- 第二节　我国贫困问题的现状 (63)
- 第三节　我国反贫困政策回应 (71)

第四章　教育问题 (81)
- 第一节　教育社会学理论 (81)
- 第二节　教育公平 (86)
- 第三节　教育质量问题 (103)

第五章　失业问题 (108)
- 第一节　失业的一般理论 (108)
- 第二节　失业的现状 (112)
- 第三节　失业的影响及对策 (123)

第六章　婚姻家庭问题 (129)
- 第一节　婚姻家庭的社会学理论 (129)
- 第二节　离婚 (134)
- 第三节　家庭暴力 (142)
- 第四节　非主流家庭模式 (147)

第七章　环境问题 ······ (154)
第一节　环境问题的一般理论 ······ (154)
第二节　中国环境问题 ······ (159)
第三节　环境治理与可持续发展 ······ (168)

第八章　民族问题 ······ (175)
第一节　民族问题的一般理论 ······ (175)
第二节　当代中国民族问题概况 ······ (181)
第三节　处理民族问题的基本原则和主要政策 ······ (195)

第九章　健康问题 ······ (204)
第一节　健康的社会学解读 ······ (204)
第二节　中国人健康状况 ······ (208)
第三节　健康保障体系的困境及对策 ······ (210)
第四节　我国食品安全问题 ······ (219)

第十章　公共危机问题 ······ (227)
第一节　公共危机的一般理论 ······ (227)
第二节　公共危机事件 ······ (230)
第三节　公共危机治理 ······ (237)

第十一章　性失范 ······ (245)
第一节　理论传统 ······ (245)
第二节　违规性行为 ······ (248)
第三节　性交易 ······ (254)
第四节　色情 ······ (259)

第十二章　青少年犯罪问题 ······ (265)
第一节　青少年犯罪的理论分析 ······ (266)
第二节　青少年犯罪的类型、原因及发展趋势 ······ (271)
第三节　青少年犯罪的防治 ······ (287)

第十三章　网络社会问题 ······ (294)
第一节　网络社会问题的一般理论 ······ (294)
第二节　网络社会问题的成因 ······ (304)
第三节　迈向和谐健康的网络社会 ······ (307)

后记 ······ (312)

第一章

社会问题导论

社会问题是社会学最为重要的研究领域之一。社会学作为一门学科产生的原因之一就是工业化之后产生了大量的社会问题需要科学的认识与妥善的解决。因此,有些社会学者干脆就认为社会学就是研究社会问题的科学。而社会上普通老百姓以及政府相关部门也以为社会学就是专门研究解决社会问题的学科。可见,社会问题研究在社会学中占有重要地位。本章就社会问题的概念、基本理论和研究方法做一介绍。

第一节 社会问题的概念

一、什么是社会问题

"社会问题"一词源于英文"social problems"。关于社会问题最简洁的定义当属美国社会学家米尔斯的观点,他认为社会问题也即社会环境中的公众问题,而不是局部环境中的个人困扰,这一公众问题影响了社会生活中多数人的生活,而不仅仅是对个人生活产生影响。他在定义社会问题时写道:"社会的公众问题常常包含着制度上、结构上的危机,也常常包含着马克思所说的'矛盾'和'斗争'。"[1]在西方,除米尔斯之外,乔恩·谢泼德和哈文·沃斯对社会问题的界定也很具代表性,他们认为:"一个社会的大部分成员和社会一部分有影响的人物认为不理想、不可取,因而需要社会给予关注并设法加以改变的那些社会情况即为社会问题。"[2]

中国社会学者对社会问题的界定,有以下代表性的观点。

我国老一辈社会学家孙本文先生认为:"社会问题就是社会全体或一部分人的

---

[1] 赖特·米尔斯,等.社会学与社会组织[M].何维凌,黄晓京,译.杭州:浙江人民出版社,1986:10.
[2] 乔恩·谢泼德,哈文·沃斯.美国社会问题[M].乔寿宁,刘云霞,译.太原:山西人民出版社,1987:1.

共同生活或进步发生障碍的问题。当社会秩序安定,人与人之间的共同生活顺利安全,社会是没有问题的。"①

北京大学袁方教授主编的《社会学百科辞典》中对社会问题是这样定义的:"社会中的一种综合现象,即社会环境失调、影响社会全体成员的共同生活,破坏社会正常运行,妨碍社会协调发展的社会现象。"②

由北京大学社会学系组织编写的《社会学教程》中则把社会问题定义为:"是社会中发生的被多数人认为是不合需要或不能容忍的事件或情况,这些事件或情况,影响到多数人的生活,而必须以社会群体的力量才能进行改革的问题。"③

陆学艺主编的《社会学》一书将社会问题定义为:"凡是影响社会进步与发展,妨碍社会大部分成员的正常生活的公共问题就是社会问题。它是由社会结构本身的缺陷或社会变迁过程中社会结构出现功能障碍、关系失调和整合错位等原因造成的;它为社会上相当多的人所认同,需要运用社会力量才能消除和解决。"④

郑杭生主编的《社会学概论新修》(第三版)中认为社会问题有广义与狭义之分。"广义的社会问题,泛指一切与社会生活有关的问题;狭义的社会问题,特指社会的病态或失调现象。这里所说的狭义的社会问题,指的是在社会运行过程中,由于存在某些使社会结构和社会环境失调的障碍因素,影响社会全体成员或部分成员的共同生活,对社会正常秩序甚至社会安全运行构成一定威胁,需要动员社会力量进行干预的社会现象。"⑤

在不同的定义中,我们可以发现社会问题的一些共同属性:客观存在的社会失调现象;影响社会的良性运行、协调发展;影响多数社会成员的共同利益和生活;引起了社会普遍关注。因此,在本书中,我们将社会问题界定为:在一定历史时期存在的影响多数社会成员的共同生活,妨碍社会良性运行与协调发展,引起了社会多数成员的共同关注,需要并且只有运用社会力量才能加以解决或消除的社会失调现象。

二、社会问题的构成要素

现实生活中,并非所有的社会现象都能成为社会问题。一种社会现象能否成为社会问题,必须具备一些共同要素,满足一些共同条件。20 世纪 40 年代,美国

---

① 孙本文.社会学原理·下册[M].上海:商务印书馆,1945:167.
② 袁方.社会学百科辞典[M].北京:中国广播电视出版社,1990:49.
③ 北京大学社会系.社会学教程[M].北京:北京大学出版社,1997:246.
④ 陆学艺.社会学.北京:知识出版社,1996:78.
⑤ 郑杭生.社会学概论新修[M].3 版.北京:中国人民大学出版社,2003:358.

社会学家 R.C.富勒曾提出社会问题有客观和主观两种因素。前者表现为威胁社会运行安全的一种或数种社会失调现象;后者表现为社会上多数公认这种危害,并有运用社会力量加以解决的愿望。20世纪50年代末,美国社会学家 C.W.米尔斯在其代表作《社会学的想象力》一书中,提出要注意区别个人麻烦与公共问题这两个问题。20世纪60年代以来,社会学家越来越重视社会问题构成要素的分析。R.K.默顿曾提出一种二维分析法,认为社会问题从类型角度可分为社会解组与社会越轨,从表现形式角度可分为外显性社会问题与潜在性社会问题。

国内学者大多从四个方面来分析社会问题的构成要素。有学者认为,应从发生情境、失调现象、产生缘由和解决方式四个方面来判定一种社会现象是否成为社会问题;也有学者认为社会问题的构成应考虑它的形成原因、影响范围、问题性质和社会后果等四个方面。目前,国内外学者一般认为,社会问题由以下四个要素构成。

(1) 必须有一种或多种社会失调现象。

这就是说,社会问题必须以客观事实为依据,这是界定社会问题的前提条件。因此,可以认为社会问题是一种"客观事实",具有客观性。但这种"社会事实"与一般的"社会事实"又有所不同,主要区别就在于它是由一种或多种社会失调现象构成,是一种失调的"社会事实"。社会问题是社会生活中确实存在的某种具体的客观事实,而不是存在于人们头脑中的主观臆想。对社会问题的认识,是以社会生活中存在某种与社会和谐、社会运行和社会发展不相协调的社会失调现象为客观依据的。没有社会失调现象,社会问题就无法确认。有些社会失调现象尽管一时还未被社会觉察或确定,但它依然客观地存在于社会生活中,对社会生活产生影响。值得注意的是,大多数社会问题涉及多种社会现象,是多种社会失调现象交织在一起的。例如,现阶段的环境污染问题,不仅是社会生产现象,也是社会消费现象等;不仅是生产与消费的失调,也是经济与社会发展中的失调。对于任何一种社会问题,往往都需要从多方面考察其表现及失调的具体内容。

(2) 这种失调现象影响多数社会成员的利益或共同生活。

社会问题通常是一种"公共麻烦",而非"个人困扰"。人们在社会生活中,总会遇到许多问题与困扰,但如果它仅仅是个人或极少部分人的遭遇或感受,只能属于个人问题。社会问题则必然与全体或多数社会成员生活密切相关,涉及相当多的人和较为广泛的社会关系,直接或间接地危及相当一部分社会成员的正常社会生活和利益,大家共同感到困扰或不适。例如,在一个城市中,只有少数几个或几十个人生活困难,处于贫困状态,这仅仅是少数人的个人麻烦,与该城市绝大多数人的生活无关。麻烦的原因可能是个人的能力不够、品行不端等,要解决这类问题只需从提高个人素质入手即可。但若这个城市有成千上万的人生活困难,处于贫困状态,那就由"个人麻烦"上升为"公共问题"了,其原因可能是某些社会方面的因素引起的,如制度弊病、社会分配不公、经济萧条、下岗失业等等。

(3) 这种失调现象引起了社会的普遍关注。

失调现象是社会问题得以成立的先决条件,但是,有了这种失调现象并不一定就会成为社会问题。只有这种失调现象引起了多数社会成员的普遍关注,为多数社会成员所认识和确定,才能真正成为社会问题。也就是说,当这种失调现象还处于潜在状态,未被多数社会成员认识到时,就不能成为社会问题。当然,具体的认定过程中,还会牵涉到多方面的因素和环节。社会问题认定的一般过程是:首先由专家、学者或媒体先行觉察和认识,然后在社会上宣传、呼吁,引起社会成员的普遍关注,逐渐形成社会舆论,从而引起政府或相关权力部门的注意,利用制度、政策、法律法规等强制力量使该问题明确化和具体化,使社会公众越来越认识到它的严重性、破坏性,越来越多的人关注它的现状、形成原因、发展趋势、社会危害及消除它的必要性和对策。至此,这一失调的社会现象就正式成为社会问题了。

(4) 这种失调现象只有运用社会力量才能予以解决。

仅仅依靠个人的力量是无法妥善解决社会问题的,必须依靠整个社会的力量,才能妥善解决社会问题。其原因就在于社会问题的起因一般是社会性的,并非由个人或少数人负责;社会问题的后果也是社会性的,涉及相当一部分人共同的社会生活。因而它的解决或消除也绝不是个别人或少数人能办得到的,要依靠社会力量的通力合作才有解决的可能,需要动员相当多的人甚至全社会,采取"社会行动"才能解决社会问题。一般认为社会问题解决的可能性,在一定程度上取决于动员和调动社会力量的可能性。

三、社会问题的特征

为了更客观准确的认识社会问题,并在此基础上提出有效地解决对策,就必须认识社会问题的特征。一般来说,社会问题具有以下几个方面的特征。

1. 普遍性

社会问题的普遍性是指社会问题无时不有、无处不在的特性,也就是说社会问题在任何历史时期、任何民族、任何国家或地区都是普遍存在的。从空间范围来看,当今世界任何国家或地区都存在一些社会问题。西方发达资本主义国家的吸毒、离婚、青少年犯罪、性失范等是比较严重的社会问题;而在发展中国家人口结构失衡、贫困、环境污染、教育不公平等是比较严重的社会问题。从历史的角度看,社会问题与人类社会几乎同时产生,有了人类社会,也就有了社会问题。迄今为止,人类社会还未出现过一种没有任何社会问题的完美无瑕的社会形态。在原始社会时期,由于生产力水平低下,获得食物与安全,维持基本生存比较困难,因而经常发生的饥荒、贫困就是威胁一个民族、一个部落的十分严重的社会问题。后来，随着生产力的发展，产品有了剩余，出现了私有制和剥削，人类进入了阶级社会，又带来了许多新的社会问题。总之，人类无法消灭所有社会问题，而只能将社会问题限制在一定的空间范围和一定的时期内，只能将社会问题的危害减小到最低限度。在某种意义上讲，人类社会就是在解决社会问题的过程中不断发展进步的。人们只能追求一种相对完满的社会形态，期望达到没有任何社会问题的社会形态，是不切实际的。

2. 特殊性

尽管社会问题的存在是普遍的，但在不同的国家或地区、不同的社会发展阶段，社会问题的产生原因、社会问题的表现形式、社会问题所引起的社会后果、解决社会问题可以采取的办法并不完全一样。社会问题的特殊性是指社会问题的产生原因、表现形式、社会影响、解决办法等具有地域性和历史特殊性。社会问题的地域性，是指社会问题的产生原因、表现形式、社会影响、解决办法，带有明显地域特征。具体又分为两个方面：其一，特定的社会问题，往往只发生在特定的地域空间范围，因而不同的国家、不同的地区所面临的社会问题是不同的。例如，宗教矛盾问题，一般只会在不同宗教信仰混居的地区才有可能产生，而在无宗教信仰的地区一般不会产生此类问题；住房紧张、房价高涨问题一般主要在城市尤其是大城市中存在，而农村地区特别是偏远落后的农村地区一般不会产生这类问题。其二，同一社会问题，在不同的国家、不同的地区的产生原因、表现形式、社会后果、解决办法往往有很大的差异性。比如同样是人口问题，有些国家或地区主要表现为人口数量过多，有些国家或地区主要表现为人口短缺，还有些国家或地区可能是人口结构或素质问题。社会问题的历史性，是指社会问题的产生原因、存在形式、社会后果及其解决办法，在不同的历史时期或发展阶段有其不同的特征。比如同样是人口问题，我国现阶段主要是人口数量大，劳动年龄人口多，就业困难。而到2040年左右，我国面临的主要人口问题将是老龄化严重，劳动力短缺。

3. 客观性

对"社会问题"的认识，是以社会生活中存在某种影响社会良性运行、协调发展的社会失调现象为依据的，也就是说社会问题是由"社会事实"决定的，而不是由人们的主观臆断所决定的。没有这种客观事实的存在，社会问题就无从确认。这就是社会问题的客观性。有的社会问题尽管一时还未被人们觉察、认识，但它依然客观地存在于社会之中，对社会生活产生或隐或现的影响，随着时间的推移，其社会危害性会逐渐暴露出来，最终也必将为人们所确认。20世纪五六十年代，由于讳言中国现实生活中的社会问题，否认社会主义社会中客观存在的诸多影响社会良性运行、协调发展的社会失调现象，认为揭露了社会问题，就是在揭社会主义的短处，是与社会主义唱反调。受这类观点的影响，导致我们对一些社会问题失去了应有的认识和警觉,耽误或延迟了对某些社会问题的治理,如人口问题,如果我们能在20世纪五六十年代就开始治理,则今天不会面对如此巨大的人口压力。

4. 复杂性

社会运行与社会发展是多种社会力量叠加、复合、交融的过程,社会问题往往是多种社会矛盾与失调交织在一起的。社会问题的复杂性主要体现在三个方面:首先,社会问题产生原因的复杂性,即社会问题是各种主客观因素交织在一起的,它的起因常常是多种多样的,有文化心理因素,也有政治经济因素;有微观的因素,也有宏观的因素;有现实的原因,也有历史的原因。比如说贫困问题,其起因一般与自然环境恶劣、资源匮乏、人口素质不高、生产力落后、交通不发达、信息闭塞等种种因素有关。其次,社会问题后果的复杂性,即一种社会问题会引起一系列后果,产生连锁反应。一个社会问题往往与别的社会问题相关联,或者是互为因果,在一定的条件下,社会问题还会相互转化。如人口问题,由于出生率高,人口增长过快,既造成了青年就业难问题,又造成了住房紧张、交通拥堵问题,还影响了社会秩序和人民生活水平的提高。最后,社会问题解决的复杂性,即一旦产生社会问题,就要调动各方面力量,花费极大的努力来解决它。例如,我们为解决人口问题所花费的成本是非常高的。

5. 破坏性

社会问题的破坏性是社会问题最本质的特征。社会问题的破坏性是指社会问题对社会良性运行、协调发展以及多数社会成员社会生活的破坏作用,并不是所有的社会现象都违背人们的价值期望,对社会生活造成不良影响,具有破坏作用。但作为社会问题的社会现象却不同,其破坏作用主要表现在以下三个方面:第一,它影响了社会成员的正常生活秩序,降低了社会成员的生活质量;第二,它危及社会稳定、社会和谐,必须花费相当大的人力、财力去解决这些问题,从而浪费了社会资源;第三,它阻碍了社会的发展与进步。例如,人们对自然资源的过度开采利用,造成森林面积锐减,水土流失严重,因此引发了严重的环境问题——特大洪灾、特大旱灾等,不仅直接危害人民的生命财产安全,更严重干扰社会经济的正常运行,给社会和人民造成不可挽回的损失。

四、社会问题的类型

现代社会的社会问题纷繁复杂,类型众多,社会学家从不同角度出发,有各自不同的划分标准。对社会问题的科学分类不仅有利于我们对社会问题认识的条理化,而且便于根据不同的社会问题来认识其发生和发展变化的规律性,寻找其背后隐藏着的社会根源,以作为制定解决这些社会问题方案的依据。

(一) 国外学者对社会问题类型的划分方法

1. 二分法

墨顿与尼斯特在1978年合编的《当代社会问题》中,从"行为—社会"二元角度,将社会问题分为两种基本类型:第一类是从社会行为角度划分出来的社会问题,称为偏差行为问题,如犯罪、卖淫、精神病、吸毒、自杀等;第二类是从社会结构角度划分出来的社会问题,称为社会失范问题,如世界人口危机、种族矛盾、家庭瓦解、社区解体、交通拥堵等。

2. 三分法

乔恩·谢泼德与哈文·沃斯于1987年所著的《美国社会问题》中,将结构性社会问题分为两类:一类是社会结构对立性问题——不平等,如贫富两极分化和种族歧视、政治与权力、教育不平等;另一类是社会结构功能失调性问题,如变化着的价值观、家庭危机、对工作的不满情绪、人口问题与都市化、环境危机。与结构性社会问题相对应的是过失行为问题:犯罪与少年过失问题、酗酒和吸毒问题、性行为过失问题、精神问题。弗·斯卡皮蒂所著的《美国社会问题》的分类是:①社会失范性问题,如都市化、家庭、偏见与歧视、贫穷、人口、教育、保健;②异端行为问题,如精神错乱、麻醉品与酒精中毒、犯罪与暴力、性行为;③技术与社会变迁引发的问题,如通信、大公司制下的政府、工作、环境。理查·富勒和理查·麦尔兹在《价值冲突》一文中,把社会问题分为三个层次。第一个层次是自然的问题(physical problem)。这类问题虽然影响社会的良性运行、协调发展,但不涉及价值判断,主要是指各种自然灾害,如地震、飓风、水灾、旱灾等,由于这类问题往往并非人为因素直接导致,是人类难以控制的自然力量,有的人甚至不把它看作社会问题。第二个层次是修正过的问题(ameliorative problem)。这类问题是令人讨厌的,它是一种人为的情境,如抢劫、谋杀、强奸、小偷等,因而是需要加以修正的。然而应该采用何种方式来修正这类问题,并没有达成共识。这第三个层次的问题称之为道德的问题(moral problem)。不管任何时期,道德问题的情况对于整个社会而言是绝对令人讨厌的。

3. 四分法

H. 奥杜姆在1947年所著的《了解社会》中,针对第二次世界大战后出现的各种社会病态现象,将社会问题分为四种类型:①个人病态问题,如酗酒、自杀、心理缺陷、精神残疾等;②社会病态问题,如离婚、遗弃、私生子、恶习、娼妓等;③经济病态问题,如贫穷、失业、分配不均、贫富悬殊等;④社会制度病态问题,如政治腐败、贫民、宗教中的病态等。

4. 五分法

P. H. 兰迪士在1959年出版的《社会问题和世界》一书中将社会问题分为五种

类型：①个人调适的失败，如精神病、精神错乱、自杀、酗酒、吸毒、强奸；②个人社会适应的失败，如越轨、犯罪、家庭在过渡期中，不完全的核心家庭、离婚与小家庭离散、离婚后的适应、个人主义社会的儿童训练、青年的危机等；③社会结构的缺陷，如边际人、种族矛盾、男女不平等、卖淫、乞丐增多等；④政治与经济问题，如劳工的生活贫困与工作压力大、人口素质低、生育率过高或过低；⑤社会政策与制度的失调，如自然资源的过度开发、工业社会的老龄化、战争、卫生条件恶化、健康与寿命受到影响、社会福利滞后、社会计划与政策的不稳定等。

（二）我国转型期社会问题的划分[①]

以上的各种分类方法都有其一定的参考价值，但是这些分类都带有分类者所处时代的社会特征以及分类者个人的价值判断。根据我国正处于转型期的实际情况，有学者从社会问题的表现形式及产生的主要原因的角度出发，将社会问题划分为三类。

1. 结构型社会问题

这类社会问题主要是由基础社会条件或基本的社会结构的缺陷所引起，表现为社会结构没有很好地发挥其应有的功能，致使社会结构中积存一些社会弊病。这类问题包括人口问题、贫穷问题、劳动就业问题、城乡二元结构问题等。

2. 变迁型社会问题

这类社会问题主要是由于社会变迁所致，即在社会现代化与社会转型过程中的结构失衡、功能障碍、关系失调、整合错位导致了各种社会问题的产生。这类问题包括环境污染与保护问题、区域发展不平衡问题、老龄化问题、流动人口问题、农村剩余劳动力转移问题、分配不公问题等。

3. 失范型社会问题

社会结构的变化引发了原有的社会规范和价值观念紊乱，导致社会生活中出现价值冲突、失去规范或规范混乱。在这种状况下，人的行为易出现偏差，这类社会问题主要是指犯罪、吸毒、卖淫、自虐、药物滥用、精神疾病、集体行为等。

第二节 社会问题的基本理论

社会问题从社会学诞生之时起就成为其基本研究主题之一。社会学家不仅对社会问题进行实证研究，而且也在理论的高度上探讨社会问题，从而把握社会问题

[①] 风笑天.社会学导论[M].2版.武汉：华中科技大学出版社，2008：194-195.

的本质、产生原因、后果及其发生、发展、变化的规律。不同理论流派的社会学家对社会问题做出了不同的理论解释。

一、社会病理学的观点

社会病理学(social pathology)观点是早期社会学中较为流行的一种观点。当时社会学家们将社会与生物有机体进行比较,认为社会就是一个有机体。这个庞大的有机体结构复杂,由许多相互依赖的结构组成,容易像有机体生病一样出现故障。他们最关心的是社会的疾病或社会的病态,主张像研究人的疾病一样去研究社会的疾病。

早期的社会病理学家认为社会化过程的失败是造成社会问题的主要原因。社会通过社会化将道德规范、价值观念、行为模式传递给下一代,借以维系社会良性运行、协调发展,但有时社会化过程却因种种原因遭到失败,因而产生一些"有毛病的人",如犯罪者、精神不健全者、依赖者等。他们在社会中的存在,引起了各种"社会问题"的发生。还有些早期社会病理学家认为有些人之所以成为"有毛病的人",是天生的,是因为遗传导致的。因此,早期的病理学家倾向于研究"个人的"不道德特征。而后期的社会病理学家则认为产生社会问题的原因是人们学习了错误的东西,社会不良环境才是造成社会病态的一个主要条件,他们倾向于研究社会环境的不道德特征。

对于解决社会问题的办法,社会病理学家的基本原则是治疗社会中"带菌的""有毛病的"部分或个人。早期的社会病理学家注重强化整个社会的道德观念,并用这种社会道德观念来塑造人的品德,认为良好的道德教育是解决社会问题的有效办法。还有一些社会病理学家则认为要解决社会问题,可利用中产阶级的道德来教化和矫正这些"有毛病的"、给社会制造麻烦的人。后期的社会病理学则把"毛病"看成是社会化失败的结果,因而唯一真正可以解决社会问题的办法就是对全民施以道德社会化。

二、社会解组论

第一次世界大战后,社会解组论(social disorganization)逐渐替代社会病理学观点,成为当时主流的社会问题解释范式。社会解组论侧重于从社会结构视角来解释社会问题,如果说社会病态论主要关注个人及其行为,那么社会解组论则主要关注社会结构及其功能。社会解组论认为,社会之所以能够良性运行、协调发展,是因为有套完整的社会规范在发挥强有力的制约作用。完备的社会规范体系指引着人们什么可以做、怎么做;什么行为会受到鼓励,为什么受到鼓励;什么行为会遭到反对,为什么会遭到反对。正是依靠完备的规范体系对个人和群体的行为的有效控制,才能使社会呈现出有序状态。而当社会发生急剧变迁时,旧的行为规范受到人们的怀疑或不再具有制约作用,而新的规范尚未建立起来或尚未被人们普遍接受,这样就会出现社会规范的真空状态,无法约束和引导个人与群体的社会行为,由此便产生社会解组现象,逐渐造成社会问题。社会解组理论的基本观点如下[①]:

第一,社会是一个由多种结构要素组成的复杂而充满活力的系统,正常情况下,这个系统的各部分发挥自身应有的功能,维持彼此之间相互联系、相互协调的关系。一旦某一结构要素出现故障或不能正常发挥其应有的功能,其他部分必须重新做出相应调整以适应这种变化,否则会使各部分彼此脱节,功能丧失。这样原有的各部分之间相互协调、相互适应的关系被破坏,就会产生社会解组现象,进而使个人越轨直至犯罪。

第二,社会解组就是指社会失范状态,即社会生活"失去规则"或"乱了规矩"。"社会解组"有三种表现形式:一是缺乏规范,即社会生活中没有一个现存的社会规范来指引人们应该如何行动;二是规范冲突,即社会生活中虽然有规范,但这些规范是相互对立与冲突的,导致人们不知道到底应该遵守何种规范;三是规范体系完全紊乱。对个人来说,社会解组会带来紧张、压力,造成个人解组,如精神病、自杀等等。对社会系统来说,社会解组会导致三种可能的后果:一是系统内部及时做出相应调整,重新恢复平衡状态;二是虽然有部分解组,但不至于使社会瓦解,整个系统仍能维持运转;三是造成系统极度混乱,致使整个社会崩溃。

第三,造成社会解组最根本的原因是社会的急剧变迁,推动社会变迁最强有力的力量是快速的工业化、急剧的城市化、移民的大量涌入、科技的飞速发展等。如美国社会学家奥格本(William Fielding Ogburn)提出"文化堕距",说明当这种文化堕距影响到大多数人时,就成了社会问题。

第四,解决社会解组的主要办法,在于尽快重建社会规范体系和维持正常的生活秩序,重建社会均衡体系。

三、偏差行为理论

偏差行为(deviant behavior)理论是社会学研究社会问题与社会控制的一种重要理论观点,产生于第二次世界大战前后。从20世纪20年代到50年代,美国社会学界以哈佛大学和芝加哥大学为中心逐渐形成两派,承续美国早期社会学传统,从实证的角度对社会问题、社会过程、社会行为进行研究。偏差行为理论即形成于这两派对社会问题的研究中。

---

① 风笑天.社会学导论[M].2版.武汉:华中科技大学出版社,2008:196.

偏差行为理论的主要观点有以下几点:①偏差行为,即违反社会规范的行为。各个国家、地区的文化传统、社会制度不同,社会价值和规范的内容不同,判定偏差行为的标准也就存在着很大差异;②在社会变迁失控的时候(如战争、动乱、经济危机、经济不稳定、经济增长过快等情况),社会秩序会遭到破坏,出现价值冲突和失范现象,个人在遵从社会规范上发生困难,不知该做什么或该怎么做,甚至不能控制自己的欲望,于是便产生偏差行为;③从个人角度讲,偏差行为的产生是由于社会化不当,青少年生活的初级群体(首属群体),如家庭、朋友环境不良,使他们沾染上不好的习惯,做出违反社会规范的偏差行为;④解决偏差行为的主要办法是重新社会化,对生活进行调整,改变生活方式或生活环境,如使青少年有更多的机会和条件接触先进文化,杜绝与沾染上偏差行为的人或事相接触,抵制各种偏差行为的诱惑;开放、创造实现社会目标的条件和机会,减轻使人们做出偏差行为的紧张压力。一旦合法的机会增加,个体的偏差行为就会减少。①

四、价值冲突论

价值冲突(value conflict)理论是社会学冲突学派运用冲突理论的基本原理来分析和研究社会问题的一种理论视角。价值冲突论认为,因为人们的社会地位不同,利益诉求各异,因此对同一社会问题的价值评判标准、立场和态度等也会表现出非常大的差异。因而在采取某种措施改变某一社会现象时,通常会引起人们之间无休止的冲突。在价值冲突论看来,所有的社会问题都与"文化价值上的冲突"有密切的关系。之所以会引发一系列社会问题,主要原因就在于人们在社会生活中存在着价值观念的差异。这一理论认为,随着从传统社会向现代社会的转型,人们的价值观念越来越多元化,持不同价值观的人在社会生活中必然会发生分歧,产生矛盾甚至冲突。互相冲突的价值观渗透到社会生活的各个方面,如果人们长期受到这些影响,就会出现"社会解组论"所说的社会失范状态,从而导致越轨行为的发生,产生社会问题。

在价值冲突论者看来,社会问题的解决主要有以下三种方式:其一是交涉,即指冲突双方能够就发生冲突的问题进行磋商、谈判并达成共识;其二是达成协议,即对立双方在利益均衡前提下各自做出一些让步和妥协;其三是使用权力,即在冲突非常激烈的情况下,拥有权力的一方运用权力使冲突得到解决,而且这种解决是有利于权力方的。

---

① 方青,孔文.社会学概论[M].合肥:安徽大学出版社,2005:232.

五、标签理论

标签理论(labeling theory),起源于社会学中的符号互动理论,偏重于研究人们对社会问题的主观界定过程,即着重分析、探讨"越轨行为"或"社会失调"是如何被界定为社会问题的,分析人们是如何定义那些被视为是有问题的现象、行为或事件的。其主要代表人物是 E.拉默持和 H.贝克尔。标签理论认为一种行为被界定为"越轨行为",是人们根据该行为的频率、特性以及人们对它的反应来界定的,这个行为的行动者被视为"越轨者",也大都是因社会反应造成的。即个人和群体之所以越轨是因为人们预先制定出了"规则"和"规范",而那些违反"规则"和"规范"的行为便被认定为"越轨行为",同时这些"犯规"的人也被贴上了"越轨者"的标签。而一旦这种标签被贴上,这个人或群体的社会行为、生活状态将受到极大影响,受到多数人的排斥,使得他或他们可能不得不接受这种标签,不得不继续扮演这种角色。标签理论提出了两种完全不同于其他理论视角解决社会问题的办法:一是修改规范,就是提高"犯规"的标准和条件,减少对某些行为或个人的越轨的指控;二是消除标签所能带来的利益,即减少因这种给他人贴越轨标签而使自己获得某种利益与好处的机会。

六、社会整合理论

社会整合(social integration)是指社会的各要素、各部分组合成一个协调统一的社会整体的过程。社会整合这一概念最早是由法国社会学家迪尔凯姆在研究自杀这一社会问题时提出来的。他主要分析了社会整合形成的条件、社会整合与个人的关系、社会整合对团体意识的影响,以及社会整合对社会和个人的意义等问题。迪尔凯姆认为,社会问题的产生与社会整合程度的高低有密切关系。他在《自杀论》一书中,从社会整合的角度对一个社会的自杀率做了精辟的分析,认为一个社会自杀率的高低与该社会的整合程度有密切关系,社会整合程度过高或过低都容易引起自杀,只有适度的社会整合才是有利于社会生活的。但他认为现代社会产生社会问题的主要原因在于社会整合的减弱,而不是过度的社会整合。在现代社会,社会整合的减弱主要表现为组成社会的各要素、各部分之间的不协调,甚至矛盾和冲突,从而不能使社会正常运转,引发一系列社会问题。

后来,美国著名的社会学家帕森斯进一步发展了社会整合的概念并将其纳入自己的结构—功能主义理论体系中。帕森斯把社会看成由个体组成的具有复杂结构的系统,这个系统由不同的子系统组成,而子系统又由更小的子系统构成,这样一直分下去,便达到不可再分的个体,其中每一个个体和子系统都是一个行动者。

一个社会要自下而上地发展,就必须保持其社会系统的稳定性和继承性。与此同时,帕森斯认识到社会化机制和社会控制机制对于社会存在和发展的重要性,通过这两种机制社会系统就能保持整合。但他也认识到社会化机制和社会控制机制不是万能的。在帕森斯看来,社会问题产生于社会化机制和社会控制机制的不完备或其功能的丧失,使个人的人格系统不能很好地整合到社会文化价值系统中去。[①]

第三节 社会转型与社会问题

一、社会转型与社会问题的内在关联

如果我们把社会结构及其转型视为社会问题产生的原因,就不难发现,社会结构及其变化的状况不同,该社会社会问题的性质、表现、形式、范围也不同。换言之,特殊的社会结构及其转变过程带来特定的社会问题。上述中国社会结构转型的特点表明,产生社会问题的客观条件和主观条件都发生了巨大变化,这种变化决定了产生社会问题的可能性与转型以前有显著的不同。

1. 转型期原有的社会秩序遭到破坏,容易导致大量社会问题的产生

社会转型打破了传统社会中原有的社会秩序,而新的社会秩序没有完全形成和稳定,容易导致大量社会问题的产生。俗话说,破坏容易建设难,对于社会秩序也是如此。社会转型摧毁了原有的社会秩序,而新社会秩序没有及时建立起来,整个社会处于一个"失序"状态,从而造成转型社会中社会结构的非协调性和由此产生的相当程度的社会混乱,社会问题便产生于这种非协调性和混乱之中。正如R.K.默顿所言:"在混乱中产生的社会问题,并不是由于人们还未能达到自己社会地位的需求,……而是由于他们的地位未能正确地组合在一个合理地紧密结合的社会制度之中。"这种失序主要表现在:其一,社会转型过程中,新旧体制之间的矛盾、冲突会长期存在。社会转型是从对现存不合理的社会体制的批判开始,继而废除不合理的体制要素,最后用一种合理的新的社会体制来取而代之,因而社会转型过程中传统的体制要素被合理的新的体制要素所取代是一种此消彼长的社会进化过程。传统体制要素与现代体制要素必然在一定时期内二元并存。这是因为逐渐生成和发展的新的体制要素往往不能完全满足社会运转的功能需求,造成结构与功能之间的断裂,因而传统体制要素还会在转型社会中发挥作用。在两种体制要

[①] 风笑天.社会学导论[M].2版.武汉:华中科技大学出版社,2008:198-199.

素的作用下,新旧体制的冲突容易引起社会的无序发展,从而引发种种社会问题。其二,社会转型过程中极易出现因社会失范而引起的"规范真空"状态。社会转型在"破"与"立"的过程中,往往出现了旧有的规范体系被打破,失去作用或不能有效地发挥作用,失去了对人们的普遍约束力,而新的规范体系尚未完全确立或确立了但还没有内化为社会成员的自觉行动,出现社会规范未能给社会成员以正确恰当的指导与控制的情况,从而使人们感到没有一个确定、统一的标准,因而在价值取向、行为选择上无章可循,易导致心理不适、心态失衡、行为失常,特别是容易产生个人或群体的社会越轨问题。其三,社会转型过程中人们的思想观念和行为方式呈现多元化趋势。转型社会虽然只是从传统社会迈向现代社会的一种过渡形态,但比起传统社会来说,它是一个更加开放并富有弹性的社会,生活在这样一个社会中的人们有更多行为选择与调适的自由度,人们的思想观念与行为方式无不打上了多元社会的烙印。这样,一旦社会控制体系不完善,社会问题就极易产生。[①]

2. 转型期社会控制的弱化,导致大量的社会问题产生

进入转型期以来,传统的社会控制在现代性因素的冲击下受到损害,并且很大程度上丧失控制和规范社会行动者(包括个人、群体和组织)的行动能力,但新的社会控制体系和机制却不可能在短时间内形成和完善,结果导致大量的社会问题的产生。

转型期社会控制的弱化主要表现在以下几个方面:其一,国家行政控制力下降。改革前国家对社会强大的控制力是建立在集权体制、计划经济和一元化意识基础之上,是以实现政治控制为中心任务的。国家通过计划经济,垄断了基本的社会资源,社会成员因缺乏独立获取生存的基本条件和机会而全面依附于国家,实现经济控制;国家通过集权体制,社会成员几乎无处不受国家意志力所左右,实现政治控制;国家通过频繁的政治运动和意识形成领域的批判斗争,排除异己力量,"纯化"社会成员的思想观念,实现思想控制。然而,当原有的行政控制模式在改革的冲击下不再发挥作用,而新的、适用于社会主义市场经济的行政控制模式如果不能有效地建立起来,必然会导致国家行政控制力的下降,从而产生一些社会问题。其二,传统社会控制力量弱化。在传统社会里,家庭、传统社区都是实现社会控制的重要单位;传统伦理道德、社会舆论都是实现社会控制的重要力量;社会具有高度的同质性,则是实现这种社会控制的基础。由传统社会向现代社会转型,必然会导致初级社会关系如血缘关系、地缘关系的松懈,使初级社会群体的控制功能弱化;随着工业化、城市化的加剧和社会流动的加快以及外来文化的影响,传统的伦理道德和社会舆论的控制作用将会大大削弱。总之,随着社会转型的加快,传统因素对社会成员的控制力将不断弱化,社会成员受传统伦理道德的束缚越来越少,虽然这体现了社会进步的一面,但同时也助长了诸如腐败、性失范等偏差行为问题的出

---

① 吴忠民,刘祖云.发展社会学[M].北京:高等教育出版社,2002:321.

现。其三,新的社会控制机制不健全。改革开放三十多年来,社会生活日益复杂多样,对社会控制不断提出新的要求。无论是依赖于传统还是国家行政力量,都不足以实现有效的社会控制,社会在其发展过程中,应该根据现实生活的需要,不断建立与调整社会控制机制,依靠这套社会控制机制,维持社会的良性运行、协调发展。例如,伴随网络的兴起,产生了一系列新的社会问题,如网络犯罪、网络病毒、网络色情、网络黑客,如何对这些问题进行有效的社会控制,还需要加强研究与探索。

3. 社会成员对社会问题的主观认定与建构日趋复杂化和多元化

众所周知,任何一组社会事实本身不会构成社会问题,社会事实只有在人们即认识主体关注的基础上做出否定性的价值判断后,才成为现实的社会问题。这表明社会问题不是一个纯客观的社会现象,而是同认识、评估、解释者的个人素质、生活经验、价值观念和个人认同的道德规范存在密切的关系,是主客体的统一。改革开放以来,社会环境的迅速变化、大量新文化因子的刺激,使人们对社会问题的主观认识有了不同的立场、视角和评价标准。例如,改革开放以前人们习惯于物价稳定(几十年固定不变)、工作稳定(无失业现象)、社会稳定(低社会流动率),而现在人们已逐渐认识到,社会过于稳定不仅不是好事,反而是一个严重的问题——社会停滞问题。因社会问题认识主体分化而产生的社会问题主观认定的多元化,是另一个值得注意的现象。改革开放以来,由于人们在经济收入上的差距越来越大,在文化素质、行政权力、生活方式上的区别越来越明显,使得对同一类社会现象的认识和评价往往非常不同,甚至截然相反。例如,对超豪华消费,有人认为纯属"大款"的私事,其他人无权说三道四,而且这种消费有利于刺激经济发展;有人则认为且不说超豪华消费的钱相当一部分来路不正,这种消费本身也是在浪费资源、败坏风气,是一个值得注意的社会问题。①

4. 转型期社会发展的动态失衡是社会问题得以产生和加剧的重要因素

社会发展的动态失衡可以说是我国社会转型过程中片面追求经济效益而忽视社会效益、将"增长"等同于发展的直接后果。转型过程中,不少地区把 GDP(国民生产总值)放在第一位,"GDP 决定一切",把 GDP 的增长作为社会发展首要的,甚至是唯一的目标。这种发展模式一方面会导致经济增长的代价过大,另一方面会导致经济发展与社会发展失衡。首先来看经济增长的代价。据测算,我国 2003 年资本投入占 GDP 的比重高达 42.7%,远高于美国、德国、法国、印度等国 20% 左右的水平。我国每增加 1 亿元 GDP 需要的固定资产投资由"六五"时期的 1.8 亿元上升到目前的 4.99 亿元。单位产出的能耗和资源消耗水平明显高于国际先进水平,火电供电煤耗高出 22.5%,大中型钢铁企业吨钢可比能耗高 21%,水泥综合能

---

① 黎民.当前中国社会结构转型与社会问题的因果性分析[J].华中理工大学学报(社会科学版),1994(3).

耗高45%,乙烯综合能耗高31%。我国消耗了全球31%、30%、27%和40%的原煤、铁矿石、钢材、水泥,创造出的GDP却不足全球的4%。我国每增加单位GDP的废水排放量比发达国家高4倍,单位工业产值产生的固体废弃物比发达国家高10多倍。我国第二产业劳动生产率只相当于美国的1/30、日本的1/18、法国的1/16、德国的1/12和韩国的1/7。资源产出效率大大低于国际先进水平,每吨标准煤的产出效率相当于美国的28.6%,欧盟的16.8%和日本的10.3%。[①] 其次,经济发展与社会发展失衡。从联合国开发计划署2003年公布的数据可以看出,与我国经济增长速度排在世界前列相比,我国社会发展处于中等偏下水平,在世界排名中位居第104位。进入转型期以来,我们虽然也提出了经济与社会协调发展的问题,并把其作为重要的指导方针。但在具体的工作实践中,却常常把社会事业发展摆到一个配角的位置,从而造成了经济高增长、社会低发展的失衡局面,突出表现为以下问题:一是社会保障体系存在覆盖面较窄、保障水平不高的缺陷,如农村缺乏社会保障制度,不少城市关于低收入家庭的保障水平较低;二是教育、科技、文化、医疗卫生、环境保护等社会事业较为落后,社会公共事业投入不足,有限的资源配置不够合理、不够公平;三是地区之间、行业之间、个人之间收入差距过大,社会就业压力依然沉重;四是社会公共管理体制缺乏效率,政府的公共服务水平相对落后等等。[②]

5. 社会转型期外来因素的导入,也直接或间接地导致了某些问题的产生

社会开放是社会转型的一个重要标志,从传统社会向现代社会转变的同时也是社会开放程度不断扩大的过程,我国的改革开放政策显然适应了社会转型的这一规律性要求。但是国门的打开,外来文化的引入,既带来了解放人们的思想的新观念,同时又注入了引人追新求奇、不辨是非的荒诞理念,因而,在推动伦理道德多向多维发展的同时,又损害了人们对优良传统的继承和对道德的认同。特别是境外的一些丑恶东西,侵入我国境内,严重腐蚀着一部分人的思想,如卖淫嫖娼、吸毒贩毒、黑社会组织、武装犯罪等这类问题在我国逐渐产生,受国际环境的影响极大。同时,国外一些富裕阶层的生活方式也对国内的人们起着强烈的示范效应和刺激作用,导致国内一些先富阶层的炫耀性消费,并引发人才外流、偷渡移民等问题。[③]

二、转型期社会问题的特征

1. 转型期社会问题难以避免

从主观愿望来讲,人们并不希望社会转型期出现大量的社会问题,但社会的发

---

① 陈建华.和谐社会——兴国安邦的战略思想[M].广州:广州出版社,2005:86.
② 陈建华.和谐社会——兴国安邦的战略思想[M].广州:广州出版社,2005:87.
③ 吴忠民,刘祖云.发展社会学[M].北京:高等教育出版社,2002:324.

展是不以人的意志为转移的。从一定程度上来讲,转型期社会问题是社会转型整个历史过程中,各种社会矛盾相互交织的结果,在一定意义上也可以说,转型期社会问题是社会从传统向现代转变过程中不得不付出的成本或代价。而且,现有研究发现,发展中国家的社会转型一旦启动,如果因为惧怕转型中和转型后的种种问题而人为地使社会转型停滞下来,整个社会就会因为新、旧两套机制长期并存而陷入更为严重的混乱状态,原有社会问题的破坏作用会继续增长,新的社会问题会不断涌来。所以,中国社会转型没有退路,绝不能人为地将社会转型停滞下来。另一方面,我们也必须看到,虽然社会转型会带来种种社会问题,但不等于说对这些社会问题无能为力。任何社会问题都有自身发展规律,掌握了这个规律,并采取科学的治理对策,就能有效缓解乃至消除某些社会问题,并尽可能地将转型期社会问题的破坏作用减少到最低限度,控制在社会所能承受的范围之内。

2. 转型期社会问题具有明显的阶段性

转型期的社会问题大多是由社会转型过程的种种不平衡性引起的。因此,转型期是社会问题的高发期。社会转型基本完成,有些社会问题才可能会得到解决,而有些社会问题可能会发生新的变化,表现出明显的阶段性特征。正如同美国政治学家塞缪尔·P.亨廷顿指出的那样,虽然"现代性孕育着稳定,而现代化过程则滋生着动乱";"从传统到现代的过渡时期就是一个克服社会动荡和政治衰朽的历史阶段"。[①] 例如中国的人口问题,在改革开放之初主要表现为人口数量大,劳动力过剩,人口素质低,贫困人口多。而进入21世纪以来,老龄化又成为一个比较严重的人口问题。2000年,中国60岁及以上老年人口占总人口的比例已经达到10.5%,65岁及以上的老年人口占总人口的比例已经达到7.1%,这标志着中国人口年龄结构已经转变为老年型。从2010年开始,随着20世纪50年代出生高峰人口陆续进入老年,中国将进入顶部老龄化的时代,2040年60岁及以上的老年人口比例将超过20%,2030年以后,中国65岁及以上老年人口数量将超过0~14岁少儿人口数量,届时,中国将进入老龄社会。[②] 而到2030年前后,伴随老龄化的加剧,劳动力将出现短缺,就业难问题将会得到一定程度的减轻。同时随着我国高等教育大众化,以及到2020年前后高中教育的普及,人口素质将会大大提高。

3. 转型期社会问题异常的复杂性

社会问题是一种颇为复杂的社会现象。它的复杂性不仅表现为其起因是众多的社会历史因素共同作用的结果,其后果也是多种多样的;还表现为社会问题互为因果,以至互相转化,如由人口问题所引发的就业问题、犯罪问题、人口流动问题、老龄化问题、环境污染问题等等。在社会转型中,由于每个人、每种观念、每个更大

---

① 塞缪尔·P.亨廷顿.变化社会中的政治秩序[M].王冠华,译.上海:三联书店,1989:25.
② 李建民,等.中国人口与社会发展关系:现状、趋势与问题[J].人口研究,2007(1).

的社会单元都在重新寻找自己的社会位置、确定同社会其他部分的互动模式,各种利益都在因缺乏统一的规范而显得乱哄哄的氛围中冲撞,使得转型期社会问题的因果链更为复杂,更具流动性。同时,社会转型是一个逐渐走向开放的过程,对于社会问题,政府、专家、传播媒体都不再回避和掩饰,而是公开承认和报道,使其变得公开和透明。因此,社会问题对整个社会的冲击以至"传染"的功能也很明显。[①]

4. 值得高度警惕的严重性

这里所说的严重性,一方面是指转型期社会问题的数量和性质,可以说,当前许多社会问题已达到令人触目惊心的程度;另一方面指的是这些社会问题发生的时机。一般来说,社会在转型中有两个特点:对社会各方面,包括对社会问题的控制和治理能力明显"弱化";转型的发展趋势存在着许多可能性。由于这两个特点的存在,假若出现一些重大的全局性社会问题(如社会腐败、居高不下的通货膨胀率、高失业率和待业率等问题),且得不到及时有效的治理,就会使社会转型搁浅,甚至出现大的动乱。社会问题类似一些不算大的拦路石,若出现在慢车道上,改革之车仅会剧烈地颠簸;若出现在快车道上,则可能造成颠覆,出现车毁人亡的惨剧。因此,对转型期的社会问题,尤其是重大的全局性社会问题绝不能掉以轻心。[②]

第四节 社会问题的研究方法

一、研究社会问题的基本原则

(一) 客观性原则

客观性是任何科学研究活动都必须遵循的原则。研究社会问题的客观性原则要求研究者在研究社会问题的过程中必须坚持实事求是的态度与立场,不能带有个人的主观偏见或成见,更不能随意歪曲、虚构事实。要做到这一点,必须从客观事实出发,占有翔实的材料,同时处理好客观与主观的关系。首先,在研究社会问题的过程中,必须深入调查研究,广泛收集资料,并通过对这些资料的客观分析和

---

①② 黎民.当前中国社会结构转型与社会问题的因果性分析[J].华中理工大学学报(社会科学版),1994(3).

准确概括,去描述社会问题的现状,分析社会问题产生的原因,揭露社会问题的本质与规律性。没有足够的事实,或不占有充分翔实的资料,就不可能进行社会问题研究。其次,在研究社会问题的过程中,要处理好主观与客观的关系,坚守"价值中立"原则,尊重客观事实。不能因为研究得出的结论对个人和社会不利,就刻意去歪曲,甚至虚构事实;也不能为了证实自己预设的结论和观点而刻意强调某些事实或忽略某些事实,甚至伪造资料与数据。

(二) 系统性原则

所谓系统,就是一种由相互联系、相互作用的若干要素,有机组成的具有一定结构形态与特定功能的整体。而这个有机整体又从属于一个更大的系统,成为其中的"子系统"。一切社会现象、社会问题都存在着相互联系、相互依赖的关系,从而组成了人类社会这个多层次的复杂系统。研究社会问题的系统性原则,就是运用唯物辩证法关于客观事物具有普遍联系的原理,遵循整体功能、等级结构、动态平衡、综合考虑、统筹解决等原则,按照社会问题本身所具有的系统特性,把所考察的对象放在系统的统一体中加以考察。立足整体,统筹全局,始终注意部分与整体、整体与外部环境之间的相互联系、相互作用、相互制约关系,综合地、精确地考察对象,最佳地处理问题,并以语言和数学为工具,精确地描述被研究对象的运动及其规律性。这样,一方面,通过对社会问题各方面以及它们之间的相互关系的具体研究达到对社会整体的认识。另一方面,从社会整体出发,联系多种多样有关的社会问题去研究某一特定的社会问题,才能理解研究某一社会问题在社会发展中的意义。社会问题是一种社会现象,是社会整体中的一部分,其产生和解决都与其他社会现象相联系,社会问题研究就是要通过社会整体及其各要素之间相互关系,来把握社会问题发生发展的规律和解决社会问题的条件、机制、途径、方法,实现社会协调发展和良性运行。[①]

(三) 全面性原则

全面性原则要求我们在研究社会问题的过程中,必须全面地收集各种资料,把握社会问题的各个方面,抓住某一社会问题与其他社会问题的一切联系,防止只顾一面而不及其他。正好列宁所说的,我们要真正地认识事物,就必须把握、研究它的一切方面、一切联系和"中介",我们决不会完全地做到这一点,但是,全面性的要求可以使我们预见错误和防止僵化。研究社会问题的全面性原则要求我们不仅要分析社会问题产生的原因、现状、历史,预测它的发展趋势,提出相应的解决办法,还必须全面地分析社会问题所包含的各个方面以及各方面之间的相互联系。因

---

① 章辉美.社会转型与社会问题[M].长沙:湖南大学出版社,2004:61.

此,社会学家对社会问题进行研究,既要截取社会问题的特定历史阶段,对其进行平面的、横向的、静态的描述研究与深入分析;又要从社会问题本身发展趋势出发,通过收集某一社会问题在不同历史阶段的资料,对其进行纵向的、动态的跟踪研究,全面性原则要求在社会问题的研究过程中,必须将这两方面有机结合起来。

(四)科学性原则

研究社会问题的科学性主要是指对社会问题的研究过程及研究结论的实证性和逻辑性。科学是建立在系统的经验观察和合理的逻辑推理之上的。列宁指出:在社会现象方面,没有比胡乱抽出一些个别事实和玩弄实例更普遍更站不住脚的方法了。罗列一般例子是毫不费劲的,但这是没有任何意义的或者完全起相反的作用,因为在具体的历史情况下,一切事物都有它个别的情况。如果从事实的全部总和、从事实的联系去掌握事实,那么,事实不仅仅是"胜于雄辩的东西",而且是证据确凿的东西。如果不是从全部总和,不是从联系中去把握事实,而是片断的和随便挑出来的,那么事实就只能是一种儿戏,或者连儿戏也不如。可见科学性原则是从社会问题研究方法方面提出的一个原则,要求研究社会问题的方法科学可靠。方法的科学性就要求定性研究与定量研究的统一。所谓社会问题的定性研究,主要是指通过逻辑推理,对社会问题的性质进行鉴别和判定。所谓社会问题的定量研究,是指一种主要运用数据的形式,通过对研究对象表现出来的一些量的关系的整理分析,从数量上相对精确地把握社会问题的状况、发展趋势的方法。依据唯物辩证法原理,没有无质的量,也没有无量的质。科学的社会问题研究,必须将定量研究与定性研究结合起来。同时,科学性原则还要求我们要十分注意由事实材料到研究结论需要经过正确的逻辑推理,科学的理论或结论还必须能经受实践的检验。在研究的过程中,要十分注意方法的科学性,防止可能产生的各种误差,特别是在理论分析阶段更要使用合理的逻辑推理,透过现象寻求与把握事物的本质。

二、社会问题研究的具体方法[1]

(一)调查研究方法

调查研究也称为社会调查,是社会问题研究方法中最基本也是最常用的研究方式。它是指运用询问(口头或书面)的方法,系统地、直接地从一个取自总体的样本那里收集资料,并通过分析这些资料来认识社会问题的过程或活动。

调查研究方法具有下述几个突出的特征。首先,调查研究是一种系统的认识

---

[1] 风笑天.社会学研究方法[M].北京:中国人民大学出版社,2001.

活动,具有一定的结构和程序,而不是像日常生活中的观察那样,盲目地、零乱地、被动地去认识。其次,调查研究主要采用问卷和访问两种方法来收集资料,或者说主要是靠对被调查者的询问来收集资料。这是它在研究工具或手段上区别于其他几种社会问题研究方法的一个重要特征。再次,它要求直接从具体的个人那里获取信息,即直接从被调查者那里获取第一手资料。这一特征又将它与某些利用第二手资料的社会研究方式区别开来。最后,它是一种既包含收集资料的工作,又包含分析资料工作的整体,这正是它作为一种独立的社会问题研究方法的基础。

调查分为普遍调查与抽样调查。普遍调查是对全体调查对象做无一遗漏的调查。抽样调查指从调查对象的总体中抽取部分个体组成样本进行调查。抽样调查较为常用。

当前的许多社会问题研究大都采用调查法。使用这种方法收集的资料具有全面性和代表性,并可运用统计的方法对大量资料进行分析,找出一般规律。调查法主要通过结构式访问法、自填问卷法来获取资料。

无论是访问调查还是问卷调查,都适合获得有关社会问题的基础资料。采集资料的面也较为宽泛,能够对社会问题的一般状况做出精确描述,得出概括性结论,揭示社会问题的规律性。同时,采用标准化、结构化的资料收集方法,也易于进行资料的定量分析,研究结果有可能予以重复验证。但调查法收集资料的深度不够,难以把握社会问题运动的具体过程和人们的主观动机。

(二) 文献研究方法

文献研究是一种通过收集和分析现存的,以文字、数字、符号、画面等信息形式出现的文献资料,来探讨和分析各种社会问题的研究方式。根据研究的具体方法和所用文献类型的不同,可以将文献研究划分为若干不同的类型。其中社会研究者最常用的有内容分析、二次分析和现存统计资料分析。这三种文献研究方法的基本特征和内在逻辑都是相同或相似的,只是在具体应用上,它们各自的侧重点有所不同。内容分析主要用于对大众传媒信息,尤其是对报纸、杂志、广播、电视的分析,其适用面也最为广泛;二次分析主要是对其他研究者先前所收集的原始数据进行的再次分析和研究,这种方法的运用需要有一个基本的前提,这就是现实社会中应存在大量的原始数据,并且研究者可以找到和获得它们;现存统计资料分析则主要集中于对那些由国家和各级政府部门所编制的统计数据进行分析。

1. 现存统计资料分析

对于社会问题研究专家来说,现存的各种官方统计资料是最重要的信息来源之一。比如某个国家的人口普查资料,就是研究这一社会的人口、经济、教育、劳动、保障等多方面问题的重要资料。利用现存统计资料进行社会问题研究的最著名例子就是法国社会学家迪尔凯姆对自杀问题的研究。

迪尔凯姆想找出人们自杀的原因。他认为仅从个人心理方面来解释是不够的。在自杀问题研究过程中,显然不可能进行实验,也无法进行观察,调查法也行不通,因为我们不能向死人做调查。但是,有关自杀的统计资料却唾手可得。因此,迪尔凯姆选择了对这些资料进行分析的方法来研究人们自杀的原因。他采用统计控制和比较验证的方法,排除了某些自杀理论对这一问题的解释,得出一种十分有趣而且很有启发性的观点:自杀的发生率因社会群体而异,基督教徒比天主教徒更可能自杀,大城市里的人比小社区中的人更可能自杀;独立生活的人比在家庭中生活的人更可能自杀。迪尔凯姆从中分离出一个隐藏在这些差别后面的自变量:个人与他人实现社会整合的程度。与自己所属社区的关系淡漠的人比那些关系密切的人更容易产生自杀行为。迪尔凯姆指出,要了解某一个具体的人为什么自杀,当然也要了解他的个性及他所受到的压力。但要理解为什么某些群体的自杀率比其他群体高,就必须看到使个人容易自杀的更强大的社会力量。

2. 个人文献资料分析

个人文献资料,主要指日记、传记、信件、电子邮件、博客文章等。利用个人文献资料进行社会问题研究的经典案例,是美国社会学家托马斯和兹那尼茨基在1918年所做的《在欧洲和美国的波兰农民》的研究。

他们收集了一大批由在美国的波兰移民和他们在波兰的亲属所写的个人信件,通过对这一批信件的认真分析、建立类别,详细地研究了波兰农民的家庭结构及关系。他们所采取的是一种类似于对现场观察研究资料进行分析时经常采用的建立分类的方法。他们第一次提出了对农民信件的分类学。他们认为,所有农民信件都是一种基本类型,即问候型的变异,包括五个类别:仪式信、通告信、动情信、文学信、事务信。从对这些信件的分类和分析中,他们得出了有关家庭结构和家庭关系的结论,并摘取了一些典型的信件来进行说明。

3. 内容分析

内容分析是一种对文献资料进行客观的、系统的和数量的描述与分析的方法。其基本步骤是:①抽出文献样本;②界定内容的类别;③确定记录单位;④确定计算体系和方法;⑤对统计结果进行分析。内容分析在许多方面同调查研究相似,只是资料的来源有较大差别。

内容分析的一个例子是美国社会学家方克豪瑟利用大众传播媒介对美国20世纪60年代所面临的重大问题的研究。他选择了三种最著名的周刊,把时间定为1960年到1970年。抽样也很简单,把这十年间三种周刊的全部刊物作为样本,共1716期,并直接采用了《读者指南》杂志的编目来分类。他的做法是从那三种周刊中把每个条目下的文章篇数记下来。表1-1是他的统计结果与盖洛普调查结果的比较。

表 1-1　三种刊物对各类问题的报道与盖洛普调查关于各类问题重要性的排列顺序对照表[①]

问题类别	三种刊物统计	盖洛普调查
越南战争	1	1
种族关系	2	3
校园动乱	3	4
通货膨胀	4	5
电视及传播媒介	5	
犯罪	6	3
吸毒	7	9
环境与污染	8	6
吸烟	9	
贫困	10	7
性（道德堕落）	11	8
女权	12	
科学与社会	13	
人口	14	

注：盖洛普调查中有些项目未列入，此处为空白。

从表 1-1 中不难看出，采用两种不同方法所得到的结果十分相近。它说明无论是直接向人们做调查，还是通过间接的方式对文献进行内容分析，都可以收集到反映社会现实的资料，都可以用来研究社会问题。

（三）实地研究方法

实地研究是一种深入到研究对象的生活背景中，以参与观察和非结构访谈的方式收集资料，并通过对这些资料的定性分析来理解和解释社会问题的社会研究方式。按照不同的标准，它常常被区分为参与观察、个案研究等。"参与观察"首先强调"参与"，即研究者必须深入其中，深入到他所研究的对象所处的真实社会生活中。"观察"也并非只是狭义的"用眼睛看"，而是指广义的"了解"，它包括看、听、问、想，甚至还有体验、感受、理解等。"个案研究"强调的则是"个案"，即仅仅只对一个对象进行研究。当然这种研究往往也要求研究者有相当长一段时间生活于这一对象的环境中。实地研究中用来收集资料的主要方式有观察和访谈两种。它们

---

① 艾尔·巴比.社会研究方法[M].李银河，译.成都：四川人民出版社，1987：232.

包括非正式的、随生活环境和事件自然进行的各种观察、旁听和闲谈,也包括正式的采访、座谈和参观等。

实地研究是一种定性研究方式,也是一种理论建构型的研究方式。实地研究方式的基本特征是强调"实地",即研究者一定要深入到研究对象的社会生活环境,且要在其中生活相当长一段时间,靠观察、询问、感受和领悟,去理解所研究的现象。其基本的逻辑结构是:研究者在确定了所要研究的问题或现象后,不带任何假设进入到现象或对象所生活的背景中,通过参与观察,收集各种定性资料,在对资料进行初步的分析和归纳后,又开始进一步的观察和进一步的归纳。通过多次循环,逐步达到对现象和过程的理论概括和解释。

这种来源于人类学并被人类学家用于研究非本族文化和相对原始的部落群体的实地研究方式,已被社会学家们用来研究本族文化和现代社会。早期的实地研究大多被西方社会学家用于研究城市下层群体居住区的生活,或用于研究城市的流浪汉、贫民、黑人等下层群体。现在研究者们则采用这种方式研究社会中的各个个人、群体、组织或社区。例如,对一个特殊的群体、一个村庄、一个小镇,或对一个企业的研究等等。国内也已有学者采用实地研究的方法去研究个体户,研究一个村庄的发展变迁,也有学者采用这种方法研究北京这样的大都市里由外来农民所形成的"特殊的村庄"。

例如,中国人民大学性社会学研究所潘绥铭教授为了全面真实地了解中国性产业的状况,1998年分别到珠江三角洲的B镇、中南腹地某个工业城市旁一个经济技术开发区和湘黔交界地带的一个新兴的金矿区的"红灯区"进行考察,分别住了几十天或十几天。他采取住旅店定时定点监测,与"小姐"、嫖客、老鸨、皮条客、摩托车手、社区干部、工人、农民闲聊等方法;为了接近"小姐",他陪她们打扑克、逛街、吃饭,了解她们的心态;为了不影响调查质量,他甚至不用照相机、录音机、录像机等现代化调查工具,有时也不用纸和笔,完全依靠事后追记。他准确地掌握了不同地区嫖客、妓女、老鸨、妓女的男友、皮条客、保护者等的情况,获得了与性产业相关的群体的构成、心理动机、交易情况、文化环境、红灯区形成的历史与机制等大量鲜为人知的第一手资料,写出了《存在与荒谬》《生存与体验》等著作,对中国的性产业进行了有力的剖析。

基 本 概 念

社会问题　结构性社会问题　变迁性社会问题　失范性社会问题
社会病理学　社会解组论　偏差行为理论　价值冲突论　标签理论
社会整合理论

思 考 题

1. 如何理解社会问题的内涵。
2. 社会问题的构成要素有哪些?
3. 结合实例分析社会问题的特征。
4. 简述研究社会问题的理论视角。
5. 在研究社会问题过程中,应坚持哪些原则?
6. 结合现实分析社会转型与社会问题的内在关系。
7. 转型期中国社会问题有哪些特征?

第二章

人口问题

人口是包含着复杂内容及多种关系的社会实体,兼具自然属性和社会属性,既是生物群体又是社会群体。人口是社会生产物质生活的必备条件,也是社会生产行为的基础与主体。由于政治制度、社会文化及经济水平的不同,导致人口发展过程各异,人们对人口现象的认知与反应也有差异,呈现出的人口数量、质量、分布与结构等要素大相径庭。人口要素的变化,带来的不仅仅是单纯的人口问题,更将引发重大的社会问题。这章将重点讨论我国目前比较突出的性别结构失衡、年龄结构老化、流动人口庞杂等社会问题。

第一节 人口的一般理论

一、人口研究的相关概念

广义上来说,人口通常是指一个地理区域的人的数目;狭义上的人口是指生活在特定社会制度、特定地域,具有一定数量和质量的人的总称,是一个社会各种文化、经济和政治活动的基础。[1] 为了研究人口,人口学家采用人口变量来说明类似问题,人口变量是指一定人口的变化特征。[2] 具体而言,目前学者较为关心的人口问题包括人口规模、人口分布、人口结构等。

人口的规模总量与人口生育、死亡和迁移有着密切关系。

生育是人口变动中的出生因素。生育测量涉及的基本指标包括生育率(fertility rate)、粗出生率(crude birth rate)、一般生育率(general fertility rate)、总和生育率(total fertility rate)、年龄别生育率(age-specific fertility rate)等。生育率是指一

---

[1] 佟新.人口社会学[M].2版.北京:北京大学出版社,2003:1.
[2] 约翰·D.卡尔.社会问题[M].刘仲翔,吴军,译.北京:中国人民大学出版社,2014:256.

定人口的出生数量。粗出生率是指某一区域内每年每千人中的婴儿出生（活产）数量。一般生育率是指某一区域内每年每千名育龄（15～49岁）妇女所生育的活产婴儿数。总和生育率是指某一区域内每个妇女在育龄（15～49岁）期间平均的生育子女数量。年龄别生育率是指某一区域内每年每千名妇女在特定年龄阶段生育的活产婴儿数。个人的生育行为受到诸多因素的影响，从微观个体的生理、心理到中观家庭结构与功能、生活水准与成本、教育水平与费用，还涉及文化价值、工业化、社会流动等宏观因素，因此不同国家或地区的生育水平差异较大。目前呈现的特征是全球范围内出生率逐渐降低，世界人口的年平均增加率逐步放缓，但是区域性出生率千差万别，发达国家普遍出生率低而发展中国家普遍出生率较高。

  死亡也是一个基本的人口过程，是人口统计中最为基础的指标。死亡测量涉及的基本指标包括死亡率（mortality rate）、粗死亡率（crude death rate）、婴儿死亡率（infant mortality rate）、预期寿命（life expectancy）等。死亡率是指一定人口中的死亡数量。粗死亡率是指某一区域内每年每千人中的死亡人数。婴儿死亡率是指某一区域内每年婴儿出生后不满周岁死亡的人数与出生人数的比例，这是较为特殊的一个指标，通常与该地区经济发展水平和医疗卫生条件联系在一起。预期寿命是指同时出生的一批人如果根据当前各个年龄死亡率水平能够继续生存的预期平均年数，这是综合反映健康水平的基本指标。一般来说，生产力越落后、生存条件越艰难，死亡率就越高，预期寿命就越低。

  迁移是人口在空间位置上的变动。迁移有广义和狭义之分，《人口科学大辞典》中把人口移动（迁移和流动）称之为广义的人口迁移，把人们为了某种目的而改变其常居地、跨越一定地理界限的移动称之为狭义的人口迁移。人口迁移数是一定时期内某地区迁入和迁出人口数，是反映人口迁移状况的绝对量指标，具体包括迁入人口（immigrant）、迁出人口（emigrant）、总迁移人口（total migrant）、净迁移人口（net migrant）等。迁入人口和迁出人口是指一定时期（通常一年）内，外地区迁入本地区或者本地区迁往外地区的人口数量。迁入和迁出人口总和就是总迁移人口。迁入人口数与迁出人口数的差额为净迁移人口。为了显示人口迁移的相对规模和强度，还可以使用迁入率（immigration rate）、迁出率（emigration rate）、总迁移率（total migration rate）、净迁移率（net migration rate）等相对指标。迁入率和迁出率分别指一定区域在一定时期（通常一年）内平均每千人中迁入或者迁出的人数的比率。总迁移率是一定区域在一定时期（通常一年）内迁入和迁出人数总和与平均人口数之比，同时考虑了迁入和迁出因素对人口变动的影响。净迁移率反映因迁移所带来的人口数量增减程度，是一定区域在一定时期（通常一年）内迁入人口和迁出人口的差与平均人口数量之比。当迁入人口多于迁出人口时，净迁移率为正值，说明该地区人口呈递增趋势；反之，当净迁移率为负值时，该地区人口呈递减趋势。

二、人口问题的理论分析

人口的生育、死亡和迁移,看起来都是个体事件,但如果把无数个"个体选择"放在一起,就会发现还是有规律可循的,即人口变动与社会、经济、资源、环境等因素紧密相关,如果人口发展与社会良性运行不匹配,进而会衍生人口数量过多或者过少、结构不均衡等社会问题。学者从不同角度对人口与社会经济发展关系进行了探讨。

1. 马尔萨斯人口理论及发展

马尔萨斯的《人口论》被认为是西方正式研究人口原理的开端。马尔萨斯认为,人类和其他生物一样具有两个基本的欲望,一是性欲为繁衍种族,二是食欲为维持生存,两者并行发展的结果是人口增加与粮食增长相互竞争。但是自然界的规律是物种繁殖的速度要快于食物增长的速度:未加控制的话,人口的数量可以呈几何级数递增,每 25 年就可增加一倍;而生活资料的增长至多不超过算术级数递增,因此人类也不能幸免,必然会陷入人口增加与生活资料增加的矛盾中。人类繁衍的抑制分为两大类,一类是自然的痛苦抑制,即通过战争、瘟疫、饥荒、杀婴等办法来提高人口死亡率以阻止人口增长;另一类是预防式的人为抑制,即通过禁欲、晚婚、独身等方式降低人口出生率以遏制人口增长。当人口数量接近食物供给限度时,这两种抑制都会发挥其最大功效,直到人口数量降低至食物供需水平以下,此时食物多于人口,人口又会进入大量繁殖阶段直至食物供应不足。如此循环往复,称之为人口波动规律。马尔萨斯还提出,自然的痛苦抑制往往发生在较为"落后"的社会,而预防式的人为抑制则多发生在"进步"国家,民智水平高的国家生产力发达,医学进步,自然的痛苦抑制相对较少。因此马尔萨斯建议国家政府应该积极制定旨在降低出生率的人口政策,避免通过提高死亡率的方法来减少人口规模。马尔萨斯的观点影响深远,人口问题被大家所关注,但引起的争议也颇大。批评之声聚焦于:把人口增长看成纯生物的自然过程;没意识到科技发展与生产力进步对人类社会的巨大改变;从社会发展历史来看,没有出现人口增长速度超过食物增长速度的危机。

马尔萨斯的著作在其生前共发表了 6 版,同代人和后人对其观点进行了各自的解读。19 世纪,英国社会学者弗朗西斯·普雷斯、理查德·卡莱尔以及乔治·德莱斯特尔等人以马尔萨斯人口学说为理论基础,提出了新马尔萨斯理论。其基本观点与马尔萨斯主义相同,关注的重点仍然在人口数量增长与生活资料增长之间的矛盾,认为前者增速有比后者增速更快的趋势,并导致了当前社会中严重的社会问题——失业和贫困。与马尔萨斯主义的不同之处在于,新马尔萨斯主义选择以避孕等人工方法来遏制人口增长。此方法不仅能使家庭生育合意的子女数目,人口数量与生活资料供应更契合,而且比马尔萨斯提出的禁欲、独身更符合人性,更易接受。在新马尔萨斯学说的影响下,一些国家开始了人口普查和避孕运动。第二次世界大战结束后,人口补偿性增长、贫困、饥饿、失业等老问题重新回归大众视野,生态失衡、能源短缺等新问题不期而至,致使各国学者对马尔萨斯理论进行改造和传播,现代马尔萨斯主义应运而生。威廉·福格特的《生存之路》、W. S. 汤普森的《人口问题》、J. H. 赫茨勒的《世界人口危机》、P. R. 埃尔里奇的《人口爆炸》等都阐述了人口压力给国家带来的各种问题。现代马尔萨斯主义关注全球生存空间不足与世界人口爆炸性增长之间的矛盾,认为生育率过高、人口过快增长是粮食危机、经济放缓、环境污染、生活水平下降的主要原因,长此以往必会导致人口毁灭、世界灭亡的灾难性后果。

2. 马克思主义人口理论

马克思和恩格斯用历史唯物主义和辩证唯物主义基本理论,在一系列论著和批评马尔萨斯理论中阐述了人口规律的历史性质,并提出了解决人口问题的新途径。在《德意志意识形态》中,马、恩就提出:人除了有自然属性之外,还具有社会属性;前者是生物属性,是人类存在和发展的自然基础;后者是本质属性,是社会生活主体所具有的基本前提。人类两性的结合不同于动物性交配,必须在一定的社会形式即家庭下进行。在《家庭、私有制和国家的起源》中,又把生产划分为"生活资料即食物、衣服、住房以及为此所必需的工具的生产"与"人类自身的生产即种的繁衍"两大类。因此,仅仅着眼人类的生物属性来孤立看待人口变动是非常不严谨的。以此为前提,马克思把古代国家的移民和现代资本主义国家移民做了对比,认为过剩人口的产生,主要取决于人口生产与物质生活资料生产的对比关系。古代国家生产和劳动方式比较落后,人口盲目增长容易导致物质生活资料的短缺,因此要把人口控制在一个适度的范围内,超过这个限度就是过剩人口;现代资本主义国家科技发展导致生产力水平提高,大机器规模化生产排斥了过多的劳动力,驱逐了手工作坊生产的大量工人,导致生产力压迫人口产生的相对过剩人口。由此可以看出,马克思主义人口论认为人口受不同社会经济环境的影响,并没有自然的或者绝对的定律存在。构成人口过程一般规律的基本要素只能是人口生产与物质资料生产,两者决定了人口规律的表现形式和作用后果。

3. 社会文化人口理论

学者对生育率降低的原因进行过探讨,结论不一,但基本都认同文化因素是其中的重要决定因素。20世纪六七十年代,科尔在研究欧洲生育模式时发现,欧洲700多个省区生育转变模式具有显著的区域性,生育转变的区域分布与欧洲的语言、文化的区域分布具有类似性;利热绘制的西班牙不同省区的生育率分布图,实际上就是一幅西班牙语言的分布图。罗纳德·弗里德曼据此指出,许多文化相近的地区,例如语言、文化相近的地区呈现出相似的生育类型,即使经济发展水平不同,但具有共同文化的亚区域往往具有相似的生育转变模式,赖以区分的因素很有可能是亚文化类型的差异。① 社会文化人口论把生育率降低的原因归纳为十个方面②:①妇女教育程度提高,改变其社会价值观念;②妇女劳动参与增加,减少其养育子女兴趣;③婴儿死亡率降低,使人们相信不必多生;④都市工业化改变了人们的行为模式;⑤义务教育的延长降低了子女劳动力的价值;⑥妇女地位提升增加其家庭外的社会角色;⑦大家庭功能衰退,小家庭制度盛行;⑧避孕知识与避孕方法逐渐普及;⑨社会保障制度减少养儿防老的必要;⑩社会经济流动性的提高。文化差异影响着生育水平。具体而言,社会文化水平越高,生育意愿越低,生育率也越低;相反,社会文化水平越低,生育意愿越高,生育率也就越高。

4. 人口转变理论

西方学者在研究欧洲人口变动的历史过程中提出了人口转变(demographic transition)理论,也有人称之为人口转型理论、人口过渡理论。欧洲工业革命之后,各国人口逐渐发生变化,1909 年法国人口学家 A. 兰德里最先关注这个问题,把人口出生率和死亡率的波动与社会经济发展联系起来,首次用阶段法讨论人口的变化过程。兰德里把人口转变过程分为三个阶段:第一阶段为原始阶段,人口死亡率决定出生率,人口的增长受死亡率波动影响;第二阶段为中期阶段,人们为了维持较高的生活水平而晚婚或者单身,生育率出现降低;第三阶段为现代阶段,高水平生活的惯性开始引起人们的心理变化,自觉地限制家庭内生育,生育率普遍降到最低。学者 W. 汤普森对其他国家的人口变化进行了归纳:第一类是自然增长率从很高到很低水平,人口总量将从静止到下降,包括北欧、西欧和美国;第二类是出生率和死亡率都出现下降,但出生率要高于死亡率,所以人口总量将保持稳定或者逐渐增多,包括意大利、西班牙和中欧部分国家;第三类是其他国家,对出生率和死亡率都没有人为控制,食物增加就会带来人口增长。1945 年,F. W. 诺特斯坦对汤普森的三阶段进行了重新命名,分别为早期下降、转变增长和高增长潜力。经过 J. 寇尔、K. 戴维斯等人的修正和补充,人口转变理论更为丰富,出现了诺特斯坦的四阶段论(1953 年)和 C. 布莱克的五阶段论(1947 年)。传统人口转变理论认为人口发展经历了三个阶段:第一个阶段是工业革命之前,高出生率伴随着高死亡率,人口预期寿命较短,婴儿死亡率较高,因此人口增长较为缓慢;第二个阶段是工业化初期,高出生率伴随着低死亡率,医疗条件改善,食物增加,因此人口增长迅猛;第三个阶段是工业化后期,低出生率伴随着低死亡率,总和生育率降低并稳定在更替水平(TFR=2.1),人口长期保持平衡状态,也意味着人口转变的结束。即从高死亡率、高出生率、低增长率的原始均衡,转变为低死亡率、低出生率、低增长率的

---

① 龚为纲,段成荣,吴海龙.中国农村生育转变与宗族文化的区域差异[J].中国乡村研究,2014(2).
② 蔡宏进,廖正宏.人口学[M].台北:巨流图书公司,1987:103-106.

现代均衡。进入 20 世纪之后，绝大多数欧洲国家被认为完成了历史性的人口转变。

但是进入 20 世纪 60 年代之后，欧洲人口没有按照预期稳定下来，总和生育率在跌破更替水平之后仍然一路下跌，导致人口总量出现负增长。同时发展中国家的人口转变过程也没有延续欧洲工业革命时期的老路，在死亡率下降之后，快速进入了低出生率和低死亡率通道。荷兰学者冯德卡（Van de Kaa）和比利时学者列思泰赫（Lesthaeghe）于 1986 年提出了第二次人口转变理论。① 第二次人口转变理论主要从生育行为、婚姻模式和家庭形成来解释欧洲生育率持续走低这一人口新变化。生育行为发生了四个重要变化：一是生育年龄大大推迟；二是非婚生育普遍流行；三是不生育比例逐渐上升；四是生育不再以婚姻为前提，性行为也不必然导致生育。同时，初婚年龄大大推迟、独身率和离婚率上升、同居现象普遍化等使得性与婚姻直接的联系发生了变化，从传统的"婚姻—性—生育"转变为"性—同居—生育"、"性—生育—结婚"或者"性—生育—单身"等多种形式。主导的家庭模式也从传统的"中产阶级家庭模式"转变为"个人主义家庭模式"。这些因素的变化导致了超低生育率，也是欧洲国家走向后现代化社会的重要标志。

当学界还在热烈讨论第二次人口转变理论时，D. 科尔曼于 2006 年在反对第二次人口转变理论的同时提出了第三次人口转变。他以欧美国家为范本，提出第三次人口转变的两个前提条件：低生育率和高迁移率，并认为由于过去几十年人口迁移的直接和间接影响，一些国家（主要指欧美发达国家）原有民族结构已经发生了明显变化，即原有的主要民族将变成少数民族，而且在一定的历史时期内，这个过程将是持续的，并实现人口方面的"转变"。如果说第一次和第二次人口转变关注的是人口增长、居住安排、婚姻等，第三次人口转变则关注的是发生在发达国家的低生育率和高迁入率及由此带来的国家人口种族构成的改变，以及同时引起这些国家的文化、人口特征、社会经历和居民的自我认同的改变。②

第二节　出生人口性别结构失衡问题

新中国成立初期，我国人口约有 5.4 亿。随着社会的安定、医疗条件的改善，死亡率开始下降，婴儿存活率得到提高，人口开始增长。后来我国把人口的不断增长误以为是社会主义人口规律，对控制人口增长的重要性认识不足，一度明文规定

---

① 吴帆，林川. 欧洲第二次人口转变理论及其对中国的启示[J]. 南开学报（哲学社会科学版），2013(6).
② 石人炳. 人口转变：一个可以无限拓展的概念？[J]. 人口研究，2012(2).

限制节育、人流和绝育,导致20世纪五六十年代人口数量激增。从20世纪70年代开始,政府越来越深刻地意识到人口增长过快对经济、社会发展不利,甚至威胁到未来中国的生存状况及可持续发展,于是开始在全国范围内实施计划生育政策。这一政策实施后,人口出生率逐年下降,人口数量得到了有效控制,但出生人口性别结构失衡初现端倪,引起了广泛的关注。

一、中国出生人口性别结构失衡的现状

人口的性别结构是指人口中男性和女性所占比例及其相互关系。一般来说,可以有两种表示方法:一是分别计算男性和女性在人口总数中所占百分比,通常称之为人口的性比例(sex proportion),也可分别指明男性比例和女性比例;二是计算男性人口数对女性人口数的百分比,通常以女性人口数为100去计算男性人口数的百分比,称之为人口的性别比(sex ratio)。[①] 人口性别比是基本人口结构的表现,反映出深刻的社会经济水平与社会文化特征。在进行人口性别结构的测量时,可以以一定规模的总人口计算,也可以按年龄、地域、时期、职业等不同分类的人口数计算,其中出生人口性别比是一项重要的指标。出生人口性别比又称为出生婴儿性别比或者出生性别比,是指一个国家或地区在一定时期内(通常是一年),在无人为因素干扰胎儿性别及出生时且有足量活产婴儿的条件下,男婴与女婴的比值,一般以每出生100名女婴所对应的男婴数量来表示。出生人口性别比在很大程度上决定着未来的分年龄性别比及总人口性别比,因此是全体人口性别比的基础。长期的实践观察表明,在没有外部因素干扰生育行为的情况下,出生人口性别比是一个常数,取值范围较为稳定,具有显现自然生物特点的规律性及其共性特征。联合国在1955年出版的《用于总体估计基本数据质量的鉴定方法》中明确指出:出生性别比偏向于男性。一般来说,每出生100名女婴,其相应的男婴出生数为102至107。[②]

自新中国成立以来,一直到20世纪六七十年代,出生人口性别比基本上处于正常值范围之内,虽然有个别年份超出了正常值范围的上限,但超出的幅度和程度都仅仅是略高一点。从20世纪80年代开始,我国的出生人口性别比开始升高。从1982年第三次人口普查和历年全国性的人口抽样调查数据来看,1980年到1983年的全国出生人口性别比在107.0~107.8之间,1984年达到108.3,随后几年均在110之上,1986年高达112.2。进入20世纪90年代,中国的出生人口性别比继续升高。1990年第四次人口普查结果显示,出生人口性别比为113.8,全国来

---

① 李竞能.人口理论新编[M].北京:中国人口出版社,2001:141.
② 蒋正华,米红.人口安全[M].杭州:浙江大学出版社,2008:40.

看,出生人口性别比在正常范围值内波动的省市只有7个;出生人口性别比在115以上的地区有5个,分别为浙江、山东、河南、广西、海南;全国已有近90%的人口居住在出生人口性别比偏高的地区。21世纪的中国,出生人口性别比居高不下,但攀升势头有趋缓的迹象。2000年第五次人口普查数据表明,出生人口性别比增长到116.9,仍呈逐年上升的态势,2008年的出生人口性别比达到120.56。但根据国家统计局的数据显示,2009年全国的出生人口性别比为119.45,比上年下降1.11个百分点,出现了"十一五"以来的首次下降。2010年第六次全国人口普查数据显示,出生人口性别比为118.06。2015年国家统计局公布的全国出生人口性别比为113.51,这是自2009年来的连续第七次下降。尽管如此,我国的出生人口性别比数据仍大大超出正常范围。以上数据充分说明了我国已经成为世界上出生人口性别比失调程度最严重、持续时间最长的国家之一:一是我国出生人口性别比严重超出102~107的正常值范围;二是我国出生人口性别比的偏高现象不是偶然现象,而是连续不断偏高,从1982年开始中国已经持续30多年超出正常水平。

出生人口性别结构严重失衡已是不争的事实,这将会给国家或地区的政治、经济、文化等带来不良的影响。

首先,对适龄青年的婚配造成挤压。出生人口性别比的失衡将很大程度上造成总人口性别的失衡。中国社会科学院2010年《社会蓝皮书》指出,目前我国19岁以下年龄段的人口性别比严重失衡,到2020年,中国处于婚龄的男性人数将比女性多约2400万。在首届中国人口问题高级咨询会上,有学者根据第五次全国人口普查数据推算,2000年,0岁到9岁的男性人口比女性人口多1277万,约占同龄男性人口的15%[①],到2050年中国50岁以上未婚男性将至少有3000万以上[②]。届时将有上千万适龄男性面临"娶妻难"的困境,造成"婚姻梯度挤压",姐弟婚、隔代婚现象凸显,夫妻年龄差距拉大,富裕地区的男性找欠发达地区的女性,而贫困地区的男性将遭受"经济贫困"与"婚姻贫困"的双重打击,排除在婚姻门外。

其次,给劳动力市场带来"就业性别挤压"。对男性而言,男性劳动力人口的过剩将带来劳动力就业市场的激烈竞争,男性劳动就业将变得更为困难,特别是综合素质较低的男性将在就业市场中处于不利地位,而这些难以就业的男性会变得更加贫困、更少获得女性的青睐,丧失积极健康的生活态度进而出现反社会的倾向,给社会造成严重影响。对女性而言,一方面,一些可招男性可招女性的行业和职业,会因为女性的体力、怀孕等生理因素而降低女性的招聘率,从而加剧女性劳动力的就业难度;另一方面,在某些行业和职业中,因女性劳动力短缺而需要男性替代——一位经常来往于广州、杭州、上海等地的服装老板介绍说,目前一些服装厂

---

① 张维庆.关注人口安全,促进协调发展[J].人口与计划生育,2003(12).
② 李树茁.性别失衡、男性婚姻挤压与婚姻策略[J].探索与争鸣,2013(5).

男女工比例已达 4∶6①,这种现象也在无形中挤压了女性的传统就业领域,直接导致女性就业更加困难,继而扩大了与男性经济实力的差距,因此,女性在劳动力市场比例的弱化,将加剧女性对男性的依附关系,进一步降低了女性的社会地位,最终导致女性在社会上的生存发展日益边缘化。

最后,将影响家庭稳定与社会和谐。当婚姻市场出现男过多女太少的情况时,性格、价值观、经济条件、生活环境等各方面差异较大的男女更有可能结合在一起,导致婚姻质量和稳定性的下降,从而出现更多的离婚、婚外情、非婚生育等现象,给一夫一妻制家庭带来冲击,影响夫妻关系,严重威胁传统的家庭模式。家庭是社会稳定的基石,没有稳定的家庭结构,甚至都不能组合成家庭的时候,和谐社会的目标也将成为泡影。当婚而不能婚的男性剧增,将大大增加买卖婚姻、交换婚姻、骗婚、拐卖女童与妇女、卖淫嫖娼、性犯罪等违法犯罪行为。浙江省公安厅统计资料显示,该省近 20 万外来媳妇中,被拐卖妇女达 3.6 万人,她们多来自云南、贵州、四川、湖北等欠发达地区。② 广西的大新、龙州、凭祥、宁明、东兴 5 个边境县市 2006 年共有 5018 对"跨国婚姻",由于迎娶对象是非法入境者,或难以承担跨国婚姻手续费用,使得非法同居成为普遍现象,这不仅使当事人的合法权益得不到法律保障,子女教育和成长也受到影响。③ 近年来,跨国骗婚案件日益增多,"越南新娘"不仅局限于广西、云南边境等娶妻难的地区,还逐渐向我国内陆发达地区发展,针对农村青年光棍多的情况,以婚姻为手段,获取男方一定数额的彩礼后即携款潜逃,四川、河南、河北、山东、江西、江苏、福建等地多有报道。④ 由此可见,出生人口性别比失调将影响到我国经济、社会与环境的协调发展和可持续发展,关系到民族的繁荣和国家的长治久安,因此是一个不容忽视、不容回避的重要社会问题。

二、中国出生人口性别结构失衡的原因

1. 传统生育观念的性别偏好是造成性别结构失衡的思想根源

传统的男权文化产生了严重的性别歧视,这种观念认为多子才多福,而女儿并不包含在"子"的范畴之内。农业社会中重男轻女、男尊女卑的男性偏好生育观一直流传至今,在许多地方尤其是农村地区仍相当严重,女孩在家庭中的地位仍是很低的或者是比较低的:在贫困地区的家庭生活中,父母通过消极对待女孩的生活、教育、医疗等方面,重点照顾男孩;在较为富裕的地区,虽然基本上已经不存在由于

---

①② http://news.sohu.com/20100708/n273358441.shtml.
③ 杨军昌.略论广西壮族自治区出生性别比失调问题[J].贵州大学学报,2009(5).
④ 覃晚萍.中越跨国婚姻纠纷问题探析[J].广西社会科学,2015(9).

生活资料短缺造成的仅仅关注男孩现象,女孩的生活、医疗、教育条件已经和男孩基本一致,但人们也会把生男生女看作是香火问题、面子问题。人们认为,一个家庭如果没有男孩,家庭积聚的财富就没有人继承。女性社会地位的低下,最直接地表现在财产继承方面。由于受到封建宗法制度及儒家传统文化的影响,重男轻女、传宗接代等封建意识在人们的头脑中积淀很深。这种观念表现在财产继承问题上,就是否定或忽视外嫁女儿的财产继承权。虽然我国法律有明确规定,儿子和女儿有平等的继承父母财产的权利,但在实践中,仍习惯由儿子继承父母的财产,女儿往往被看作是外人,被剥夺了继承权或者减少了她们的继承份额。我国大部分地区长期存在的男娶女嫁婚姻模式和孝子送葬的丧葬模式,更加剧了两性不平等,加重了男性继承权的份额。在婚姻模式中,妇女婚后随丈夫居住,所生孩子随父姓。他们所生的这些孩子,是女性的,长大以后嫁给外人,正所谓"嫁出去的女儿泼出去的水",而儿子却留在本家。于是儿子(男性)就成为香火传承的标志,女儿(女性)却被贴上"赔钱"的标签。在丧葬模式中,男性要承担诸多角色,报丧、入棺、出殡、捧灵等过程中如果是由男性子孙出面,则彰显了逝者人生完满,否则就成了亲友眼中的"孤老",通过人为手段赋予男性以权力和声望。

2. 总体经济发展水平偏低是造成性别结构失衡的经济原因

社会生产力发展水平对人们的性别选择也有巨大影响。自古以来,在乡土色彩厚重的中国,以家庭为单位、以体力劳动为主的小农经济生产方式决定了对劳动力的需求,特别是对青壮年劳动力的内在要求成为生育男子的潜在动因。男女先天的生理差别使得农村对男性劳动力的需求得到强化,因为农业经济本身决定了男性劳动力是社会、宗族及家庭最主要的财富。对国家而言,统治者的重要任务就是增加人口,特别是男性劳动力人口的增长是国泰民安的重要标志;对宗族而言,人丁是否兴旺与宗族力量是否强大有着直接的正比关系,在解决各种纷争的时候,男性众多的家族必然处于优势地位,并能占据优质资源;对家庭而言,"不孝有三,无后为大"已经内化为个体的人生目标,繁衍后代、延续香火成为建立家庭的首要目标。直至现在,我国的农业还不完全是现代农业,根据《2017年国民经济和社会发展统计公报》的数据显示,乡村人口占全国总人口的41.48%,意味着在农村仍需要大量的男性劳动力从事农田耕作。我国幅员辽阔,地理环境相差较大,有些地区经济发展较为缓慢,生产生活环境仍然较为恶劣,农业生产经营具有较大的不稳定性,难以抵御较大的风险,对重体力劳动者仍然比较依赖。农村的现实情况决定了男性劳动力是家庭劳动生产的中流砥柱。

3. 现代社会保障水平的滞后是造成性别结构失衡的社会原因

我国大部分农村地区还没有建立健全以家庭为主的家庭、个人、社区、国家相结合的农村老年保障体系,尤其没能及时配套建立计划生育家庭的社会养老保障体系。农村社会供养型的养老保障仅限于农村的"五保户",对于纯女户或特困老人的养老考虑不周全,覆盖面小,供养水平不高。这导致了农村老年人养老仍然依靠家庭养老,传统的养儿防老模式没有得到根本的改变。对遵守计划生育的家庭,有些地方虽然有计划生育奖励政策,但政策不能兑现;有些地方给执行计划生育的人办理了养老保险,但由于保险费太少,实质上起不到养老的作用,迫使农民回到养儿防老的传统模式。因此目前我国农民的生老病死、天灾人祸主要由家庭承担。从养老方面说,儿子和女儿都有赡养老人的义务。但实际上由于我国大部分地区流行的是女性婚后从夫居住的习惯,所以在大多数家庭中,一般都由儿子履行赡养父母的义务。这种现状决定了养儿防老的思想在短期内难以消除,而社会保障机制不健全、社会保障水平偏低和滞后,更加强化了性别选择。

4. 严格的计划生育政策是性别结构失衡的制度性因素

在没有实行严格的计划生育国策之前,我国的出生人口性别比在正常范围值之内,因为人们可以通过多生孩子来实现生男孩的目的。但随着计划生育的普及推广,我国的出生人口性别比随之攀升。1982年第三次人口普查数据公布之后,人们首次发现中国的出生人口性别比偏高,1981年出生人口性别比为108.47,已经偏离了正常的范围值;1990年第四次人口普查得出的性别比升至111.92;2000年第五次人口普查公布的出生人口性别比激增为116。进一步分析,从历年的人口普查和抽样数据来看,全国的出生人口性别比失调不仅表现在乡村的性别比急速上扬,乡镇和城市的出生人口性别比也在迅速攀升,如根据2005年人口抽样调查的数据发现,乡村、镇、城市的出生人口性别比分别为122.85、119.86、115.16,均大大超过了107的警戒线水平。同时,各省(区、市)的出生人口性别比也在不断升高,偏离正常值的地域范围不断扩大。2000年我国出生人口性别比基本正常的省(区、市)有7个,至2005年,出生人口性别比正常的地区只剩西藏自治区,出生人口性别比在120以上的省(区、市)达11个,其中江西省、安徽省、陕西省均突破了132;出生人口性别比在110到120之间的省(区、市)有16个,两者相加在一起,共有27个省(区、市),这些地区的人口占全国总人口的92.82%。在政府大力治理之下,2010年统计数据显示,出生性别比处于正常范围值的有西藏自治区和新疆维吾尔自治区,高于120的极度偏高省份依然还有9个。可见,出生人口性别比偏高已经是计划生育国策正常实施以来的普遍趋势。

5. 医疗条件的提高改善与现代医疗技术的不当使用是性别结构失衡的技术原因

我国医疗条件得到提高和改善的一个重要表现是自然流产率的下降。医学研究表明,在刚刚怀孕的时候,男性胎儿的比例要高于女性胎儿,大约在120到130之间,但是在整个孕期,男性胚胎的流产概率远大于女性胚胎的流产概率,极大地缩小了男性与女性胎儿的出生性别比,到出生时,出生人口性别比可以降低到110以下。但由于人们生活水平的提高与医疗环境的改善,自然流产率大大降低,导致较多的男婴出生。另一方面,我国出生人口性别失调的一个重要特点是,孩次比越高性别比失调现象越严重。2005年1%人口抽样调查资料显示,我国一孩性别比为108.41,二孩比为143.22,多孩比高达152.88;2010年第六次人口普查资料显示,2010年我国的一孩性别比高达113.73,二孩比下降到130.29,三孩比则上升到158.41。现代医学的突飞猛进为早期胎儿性别鉴定提供了技术条件,为人们进行性别选择的实现提供了空间和手段。诸如羊水胎儿脱落细胞培养染色体核查、羊水胎儿脱落细胞X染色体检查等技术,尤其是B超的引进和使用,为胎儿的性别鉴定打开方便之门。再加上越来越成熟的人工流产技术,为干预出生人口性别比提供了非常便捷的技术手段。据介绍,在江西、湖北、安徽交界地区,从事非法鉴定性别的活动由隐藏变为半公开,由"坐等上门"变为"上门服务",鉴定时的怀孕时间由16周以上缩短为12周左右,由本地小范围变为有组织的跨区域大范围作业。在一些农民工聚集的城中村,"B超""大月份引产""药物流产"等广告牌随处可见,从非法鉴定胎儿性别到人工终止妊娠,提供"一条龙"服务。[1] 随着科学技术的应用,目前较为时兴的胎儿鉴定方法是对怀孕7周的孕妇进行采血,把血样送到香港进行胎儿性别检测,使得非法性别鉴定更为隐秘。

三、对中国出生人口性别结构失衡问题的干预

1. 转变观念,促进性别平等,提升女性的社会地位

新中国成立以来,我国的妇女地位有了很大提升,但相对于男性而言,女性资源获得不公情况十分明显,女性仍处于社会的弱势地位。目前,我国妇女除了受教育程度增长的幅度基本赶上男性外,其他指标都明显落后于男性:在经济生活方面,女性虽然广泛地参与社会劳动,但职业声望和收入不高。招生招工时,条件等同情况下,往往取男舍女。在政治生活方面,女性的参政比例大大低于男性及国际社会女性的平均政治参与水平,在国家机关、党群组织、企业、事业单位负责人中,女性仅占1/5。[2] 只有弱化了社会性别差异,体现公平的社会性别观念,推动两性平衡发展、平等地位,大力促进女性人才的脱颖而出,提升女性的社会地位,女孩和男孩才有机会真正地平等起来,人们才会抛弃旧有的重男轻女的思想,从根源上解决出生人口性别比偏高的问题,建立男女平等的新型生育文化。

要创造有利于女性健康成长和发展的良好社会环境。早在1995年第四次世界妇女大会召开之际,我国就签署了《北京宣言》和《行动纲领》,并在政府、研究机构、民间机构及国际组织的多方协助下,对出生人口性别结构失衡进行了实质干预。其中较为引人注目的是,西安交通大学与国家计划生育委员会在全国范围内

---

[1] http://news.sohu.com/20100708/n273358441.shtml.
[2] http://news.163.com/10/0708/10/6B2H1FIJ00014AEE.html.

组织进行的改善农村女孩生活环境的社区发展项目,在1998年到2000年间还被应用于国家计划生育委员会"婚育新风进万家"活动中,取得了一定的效果。2003年及2004年的中央人口资源环境座谈会上,胡锦涛和温家宝对综合治理出生人口性别比工作提出了具体要求:力争经过3到5年的努力,遏制出生人口性别比升高的势头。随后,国家人口和计划生育委员会(以下简称国家人口计生委)于2003年至2005年在24个国家级试点县开展了"关爱女孩行动"的试点工作,同时有500多个县也开展了此专项工作。经过3年的努力,试点地区的出生人口性别比升高势头得到有效遏制,并呈现下降趋势。根据2005年1‰人口抽样调查结果,24个试点单位的出生性别比从试点初期的136.51至2005年下降到125.91,下降了10.6个百分点。[①] 从2006年起,国家在试点成功经验的基础上,决定在今后10年到15年间,在全国推行"关爱女孩行动",同年还启动了"关爱女孩青年志愿者行动",动员、投入更广泛的社会力量到治理高出生人口性别比中来。2013年,国家卫生和计划生育委员会以"关爱女孩行动"开展10周年为契机,在全国范围内启动了"圆梦女孩志愿行动",招募志愿者对农村贫困女孩进行帮扶。3年来,国家示范活动涵盖3个省15个县(区、市),共有354名志愿者与需要帮助的女孩结成"一对一"帮扶对子,把宣传倡导提升到先进性别文化建设的高度,尤其是对女孩及女孩家庭开展帮扶工作,在社会上起到了极好的宣传示范作用。

2. 进一步建立健全养老保障体系

要进一步建立健全养老保障体系,特别要大力推行农村养老保障制度,提高家庭和社会养老保障能力,为转变男性偏好生育观念奠定物质基础,为老人安度晚年营造宽松的社会环境。我国已经步入老龄化社会,养老保障体系的建立和健全已是迫在眉睫的紧要问题。让每个老年人老有所养、老有所依,是衡量社会道德水准的指标,也是凸显社会进步的重要标志。2004年国家人口计生委、财政部印发了《农村部分计划生育家庭奖励扶助制度试点方案(试行)》,在农村现行计划生育奖励优惠政策基础上,针对农村只有一个子女或两个女孩或子女死亡现无子女的计划生育家庭,夫妇年满60周岁以后,由中央和地方财政安排专项资金给予每年600元的生活补助,首先在四川、云南、甘肃、青海省和重庆市,以及河北、山西、黑龙江、吉林、江西、安徽、河南、湖南、湖北各1个地(州、市)、贵州省遵义市推行。到2005年底,全国累计有135万名符合条件的老人享受到了奖励扶助金,2006年惠及人群为185万人,为老年人无子户的养老提供了帮助。[②] 计划生育的各项"奖、优、免、补"政策要尽快落实到位,并不断完善健全,同时要促进农村计划生育养老保险、医疗保险和最低生活保障体系的建立健全,着重为独女户、双女户提供保障,

---

① 陈胜利,等.2005年1‰人口抽样调查对综合治理出生性别比工作的启示[J].人口研究,2008(1).
② http://news.sina.com.cn/c/2006-10-15/231910240157s.shtml.

并大力倡导男孩女孩都有赡养老人的义务和责任,解决独女户、纯女户老人的后顾之忧,形成文明、科学的养老观。这是解决性别比例失调的关键措施之一。

3. 打击技术越轨,整治"两非"

"两非"是指非法胎儿性别鉴定和非法选择性人工终止妊娠。我国出生人口性别比逐渐偏高后,政府果断在立法方面进行尝试,明令禁止对出生性别的人为控制。1994年,全国人大通过的《中华人民共和国母婴保健法》第三十二条规定:严禁采用技术手段对胎儿进行性别鉴定,但医学上确有需要的除外。根据第三十五条的规定:未取得国家颁发的有关合格证书的人员,"施行终止妊娠手术的",县级以上地方人民政府卫生行政部门应当予以制止,并可以根据情节给予警告或者处以罚款。第三十六条规定:未取得国家颁发的有关合格证书,施行终止妊娠手术或者采取其他方法终止妊娠,致人死亡、残疾、丧失或者基本丧失劳动能力的,依照刑法有关规定追究刑事责任。第三十七条规定:从事母婴保健工作的人员违反本法规定,出具有关虚假医学证明或者进行胎儿性别鉴定的,由医疗保健机构或者卫生行政部门根据情节给予行政处分;情节严重的,依法取消执业资格。2002年9月1日起实施的《中华人民共和国人口与计划生育法》第三十五条也明确规定:严禁利用超声技术和其他技术手段进行非医学需要的胎儿性别鉴定;严禁非医学需要的选择性别的人工终止妊娠。第三十六条规定:利用超声技术和其他技术手段为他人进行非医学需要的胎儿性别鉴定或者选择性别的人工终止妊娠的,由计划生育行政部门或者卫生行政部门依据职权责令改正,给予警告,没收违法所得;违法所得一万元以上的,处违法所得二倍以上六倍以下的罚款;没有违法所得或者违法所得不足一万元的,处一万元以上三万元以下的罚款;情节严重的,由原发证机关吊销执业证书;构成犯罪的,依法追究刑事责任。

虽然在控制出生人口性别比问题上已有法律规定,但上述法律规定对从事"两非"的人员惩处力度太小,致使不少人为了某种利益仍愿意铤而走险。上述两部法律的相关规定,实质上可以分为三种处罚。一是有关人员从事"两非"活动,但没有造成严重人身伤害的,给予警告、没收违法所得和经济处罚;二是无从业资格证人员从事"两非"活动,并造成严重人身伤害(致人死亡、残疾、丧失或者基本丧失劳动能力)的,依照《刑法》的规定处罚;三是有从业资格证人员从事"两非"活动,给行政处分,情节严重的,依法取消执业资格。这种处罚显然太轻。

从严厉打击"两非"的角度考虑,至少有三个问题需要注意。一是要加大对"两非"行为的经济处罚力度。仅仅没收从业者非法所得和数倍罚款是不能够遏制这种行为的。经济处罚的力度还应该加大。二是还要对选择胎儿性别而终止妊娠的人进行处罚。只要有人愿意为了生育儿子而选择终止妊娠,就必然有"两非"行为的发生。因此,从杜绝源头的角度考虑,也应该对终止妊娠的主体进行处罚。这是目前法律规定的一个漏洞。三是在现行的法律规定中,只有在对人身造成严重伤害的情况下,才给予刑事处罚,若没有造成严重人身伤害,就不追究刑事责任。这种惩处也是比较轻的,不足以遏制"两非"行为的蔓延。因此,在《刑法》中应该增加"两非"行为罪名,对所有从事"两非"行为的执业人员,均给予刑事处罚。如对无证人员从事"两非"活动,按非法行医罪追究刑事责任。只有这样,才能进一步从外在条件上遏制性别比例继续攀升。

4. 计划生育政策的调整

计划生育是有计划的节制生育,是人口控制的一种常用方法。我国政府根据我国社会现实情况,提出提倡晚婚、晚育、少生、优生,有计划地控制人口的目标。早在20世纪60年代,国务院就成立了计划生育委员会;70年代开始实施计划生育政策,把人口计划正式纳入国民经济发展计划,并明确了"晚、少、稀"的方针;80年代计划生育政策进一步收紧。1980年9月25日,中共中央发表《关于控制我国人口增长问题致全体共产党员共青团员的公开信》,首次以公开信的形式倡导"一对夫妻只生一个孩子",开启了我国独生子女政策的新篇章,1982年把计划生育作为我国的基本国策。在计划生育执行过程中,根据各地情况做了部分调整。比如,在农村放宽了生育二胎的条件,并且各省、市、自治区先后制定了本地区的计划生育条例,实现了区别对待、多元化的生育政策。计划生育政策实施以来,人口过快增长得到了有效控制,人口再生产类型实现了历史性转变,对资源环境的压力有效缓解,有力地促进了经济发展、社会进步和民生改善,为现代化建设提供了重要保障和基础性支撑。但是这种急刹车式的人口控制政策随着时间的推移,也带来了一系列的消极后果。我国出生人口性别比长期在高位震荡,且城乡之间、孩次之间差异明显,说明在传统生育文化的影响下,生育政策与出生性别比失调有一定的联系。

人口形势的巨大变化,生育政策的调整也势在必行。《关于控制我国人口增长问题致全体共产党员共青团员的公开信》中就曾提到"到三十年以后,目前特别紧张的人口增长问题就可以缓和,也就可以采取不同的人口政策了"。2008年就提出生育政策调整完善"三步走"的思路和具体路径①:第一步是"双独两孩",第二步是"单独两孩",第三步是全面两孩。2011年,全国所有省份完成了"双独两孩"的政策调整;2013年,全国启动了"单独两孩"的政策调整;2015年10月29日,十八届五中全会决定全面实施一对夫妇可生育两个孩子的政策。对每一个育龄人口而言,全面开放二孩将让其可生育子女数量增加,其得到理想子女性别的机会也相应增加,长期来看,可以缓解出生人口性别比失衡的程度,最终达到优化性别结构的目的。

---

① 翟振武,李龙,陈佳鞠.全面两孩政策下的目标人群及新增出生人口估计[J].人口研究,2016(7).

5. 借鉴其他国家的经验

东南亚国家普遍有男性偏好,日本、韩国等都出现过出生人口性别比偏高的现象。以韩国为例,20世纪70年代其出生人口性别比在105至111之间浮动,平均维持在109左右,80年代持续上扬,1990年是韩国出生人口性别比最高的一年,达到116.5。但从20世纪90年代中期开始,韩国出生人口性别比逐年下降:1995年为113.12,2000年为110.12,近几年一直控制在108左右。有学者总结了韩国治理出生人口性别比的成功经验,我国也可以借鉴[1][2]:一是韩国政府的高度重视,韩国政府部门组织专门的机构,动用可观的财政资源,出台各种政策在各个领域有针对性地解决性别比偏高和社会性别不公平问题。韩国女性开发院、性别平等部、妇女政策协调委员会等部门的建立折射出妇女地位从边缘到主流、级别逐渐提高、影响力不断扩大、资源日益增多的发展过程。二是出台了一系列法律法规,诸如《韩国女性发展基本法》《韩国男女平等雇佣法》《韩国家庭暴力特别法》《母子保健法》《婴幼儿保健法》等,构成了较为完整的体系,起到了维护女童权益、反对歧视女性、提高女性地位的重要作用,为社会性别平等发展奠定了坚实的制度基础。同时,明令禁止胎儿性别鉴定和性别选择性流产,违规的行医者不仅将被吊销医师执照、终生不得行医,还将缴纳高达12500美元的罚金或者被判处长达3年的监禁刑罚,起到了极大的震慑作用。三是韩国的公民社会也起到了一定的推动作用。韩国的非政府组织成立较多而且活动广泛,不仅积极开展有关妇女地位的立法与修改法律运动,还直接采取了一系列的经济、社会和政治行动,在女性政治参与、平等就业、获得创业资金及法律支持方面付出了巨大努力,推动了媒体和民众的关注与参与,为韩国女性地位的提高起到了重要的推进作用。

第三节 人口年龄结构老化问题

年龄结构老化即人口老龄化,是世界人口发展的普遍趋势,中国从世纪之交步入老龄化社会,成为老龄人口最多、发展速度较快的国家,引起了国内外学者的广泛关注。了解我国人口老龄化的发展过程及主要特点,不仅有助于我们从实际出发采取针对性的措施,妥善解决老龄化引发的社会问题,还可为构建社会主义和谐社会提供新的思考路径。

---

[1] 施春景.对韩国出生人口性别比变化的原因分析及其思考[J].人口与计划生育,2004(5).
[2] 韦艳,梁义成.韩国出生性别比失衡的公共治理及对中国的启示[J].人口学刊,2008(6).

一、中国人口年龄结构老化的发展进程

人口老龄化是指一个国家(地区)的人口总体中老年人口比重逐渐增加,并达到一定水平时的人口结构状态。老年人口的概念是动态的,随着人类寿命的不断延长而有不同的标准。在20世纪初,60岁以上的人口是老年人口,但在20世纪中叶之后,老年人口被认为是65岁以上的人口。根据联合国的相关规定,65岁及以上的人口占总人口的比重超过7%或者60岁及以上的人口占总人口的比重超过10%的国家(地区)就称之为人口老龄化国家(地区)。所包括的含义有两个,一是指65岁或者60岁以上的人口相对增多,在总人口中的比重不断上升;二是指国家(地区)社会人口结构呈现老年状态,进入了老龄化社会。

随着人口的出生率和死亡率的下降,人类预期寿命的提高,整个人口必然会趋于老龄化,因此不同国家或地区的人口老龄化过程虽不同,但它作为人口转变过程的必然产物是每个国家或早或晚都必须面对的问题。20世纪70年代前后,德国、意大利、瑞士、挪威等一些欧洲发达国家率先进入了人口的零增长,开始了人口老龄化的进程;20世纪80年代后期,有14个国家先后进入了人口的零增长、负增长阶段。[①] 目前,世界上所有发达国家都已经迈入了老龄化阶段,而且老龄化程度较为严重。2015年,发达国家60岁及以上老年人口达到3.0亿,65岁及以上老年人口达到2.2亿,80岁及以上老年人口也有5879万,分别占发达国家总人口比重为23.66%、17.47%和4.67%。发展中国家的人口年龄结构整体处于年轻型,2015年发展中国家60岁及以上、65岁及以上、80岁及以上老年人口规模分别达到6.0亿、3.8亿和6583万,虽然规模超过了发达国家的相应人口,但占发展中国家的比重还较低,分别为9.85%、6.33%和1.09%。[②] 其中,少数发展中国家在经历了持续低死亡率和低生育率之后,人口年龄结构快速向年老型国家过渡,典型代表就是中国。

中国是全球人口最多的国家,约占世界总人口的20%,庞大的人口基数导致中国也将成为世界上老年人口最多的国家。中国的人口老龄化发展经历了以下三个阶段,如表2-1所示。

表2-1 中国人口老龄化发展进程

年份	总人口(亿)	65岁及以上人口(亿)	占总人口比重(%)
1953	5.68	0.25	4.4
1964	6.95	0.25	3.6

---

① 宋全成,崔瑞宁.人口高速老龄化的理论应对——从健康老龄化到积极老龄化[J].山东社会科学,2013(4).

② 杨菊华,谢永飞.人口社会学[M].北京:中国人民大学出版社,2016:166.

续表

年份	总人口(亿)	65岁及以上人口(亿)	占总人口比重(%)
1978	9.63	0.46	4.8
1982	10.17	0.50	4.9
1987	10.93	0.60	5.5
1998	12.48	0.84	6.7
2000	12.67	0.88	7.0
2008	13.28	1.10	8.3
2010	13.40	1.19	8.9
2015	13.73	1.44	10.5

1. 人口老龄化初见端倪阶段(1964—1982年)

从表2-1中可以看出,中国人口年龄结构在20世纪50年代至60年代中期还处于年轻化过程中。从人口普查的数据可以看出,1953年中国65岁及以上老年人占总人口的比例为4.4%,1964年下降到3.6%。有学者[①]根据人口年龄结构类型划分标准推断出,1964年的中国人口年龄结构还处于年轻型:0岁到1岁的少年儿童占总人口的比例高达40%以上,65岁及以上老年人口比重不到4%,接近半数的中国人年龄在20岁以下。但1964年以后,老年人口比例开始上升,老年人人数开始增加:1982年第三次全国人口普查时65岁及以上老年人口占总人口的比重为4.9%,比1964年增长了1.3%,年均增长1.7%;同期,中国65岁及以上的老年人口由1964年的0.25亿人增加到1982年的0.50亿人,18年间老年人口规模正好翻了一倍,年均增长3.9%,高于总人口年均2.1%的增长速度。而且,在这一阶段,老年人口的增长速度最为迅速:18年间,14岁以下的少年儿童人口年平均增长速度只有0.99%,15岁到65岁的人群为2.63%,而65岁及以上的老年人年平均增长速度则达到3.90%。所以学界一般认为,中国人口老龄化过程开始于20世纪60年代的中期,发展于20世纪70年代。

2. 人口老龄化低速进行阶段(1982—2000年)

这个时期正好处于改革开放成果初显、人民生活水平显著提高、卫生条件和生存条件得到极大改善的阶段,老年人口普遍长寿,平均寿命不断提高。2000年,我国的人口平均寿命女性为73.06,男性为68.81;2007年,世界卫生组织发布的《2007年世界卫生报告》显示,我国男女的平均寿命分别为71岁和74岁。同期,老年人口的增长速度明显高于其他年龄段群体:14岁以下的少年儿童人口出现了

---

① 乔晓春,陈卫.中国人口老龄化:世纪末的回顾和展望[J].人口研究,1999(6).

负增长,年均增长率为－0.33%,15岁到64岁成年人口平均增长1.98%,而65岁及以上老年人口的年均增长率高达3.36%。从数量和规模上看,1982年我国65岁及以上老年人口共0.5亿人,1990年为0.64亿人,到2000年增加到0.88亿人,年均增长3.2%,高于总人口1.2%的年均增长;占总人口的比例从1982年的4.9%上升到1990年的5.6%,再攀升至2000年的7.0%,年均增长2.0%。如果按照60岁及以上人口超过10%的国家就称之为人口老龄化国家的标准,1999年中国已经成为人口老龄化国家;按照65岁及以上人口超过7%的国家称之为人口老龄化国家的标准,2000年中国也正式成为人口老龄化国家了。在这一阶段,中国老年人口规模不断扩大,所占总人口比例持续上升,呈现老年人口稳定增加的局面。

3. 人口老龄化急速扩大阶段(2000年至今)

2000年之后,一些发展中国家也开始了人口老龄化的趋势,我国因为实行了较为严格的人口控制政策,而显得老龄化过程来势汹汹。从2000年第五次人口普查数据来看,14岁以下的少年儿童比重为22.9%,与1964年的40.7%相比,下降了17.8个百分点,下降幅度非常大;15岁到64岁成年人口比重为69.99%;65岁及以上的老年人口比重为7.0%,较之1964年的3.6%而言翻了近一倍。进入21世纪,中国人口老龄化的速度稳步加快,2005年65岁及以上的老年人口突破1亿大关,2015年的抽样调查数据显示,65岁及以上人口占总人口的比重突破10%,达到10.5%。总体来看,中国65岁及以上老年人口由2000年的0.88亿人增加到2015年的1.44亿人,年均增长3.7%;占总人口的比重由7.0%上升到10.5%,年均增长2.3%。

从以上的数据可以看出,中国作为一个发展中国家,不仅较早进入了人口老龄化国家的行列,而且也是人口老龄化发展速度较快的国家,照此趋势发展下去,我国的人口老龄化情况不容乐观。2006年全国老龄工作委员会在北京发布了《中国人口老龄化发展趋势预测研究报告》,指出21世纪的中国将是一个不可逆转的老龄社会,在2020年之前是快速老龄化阶段,其间平均每年增加596万老年人口,年均增长率3.28%,超过总人口平均0.66%的增长速度;随后的30年是加速老龄化阶段,平均每年增加620万老年人口,2050年老龄人口将超过4亿;其后的50年是稳定的重度老龄化阶段,2051年中国老龄人口达到顶峰的4.37亿人,约为少年儿童人口的两倍,老龄人口将持续稳定在占总人口的31%左右。

二、人口年龄结构老化进程的主要特征

1. 老龄人口绝对数量大

中国是世界第一人口大国,人口数量约占世界人口的20%。人口基数大,加上几十年的改革开放,人民生活水平日益提高,医疗卫生条件得到明显改善,平均

寿命延长,这一国情决定了我国是世界上老龄人口最多的国家。2009年2月,国家统计局发布了《2008年国民经济和社会发展统计公报》,数据显示,2008年我国60岁及以上的老龄人口共15989万人,占总人口比重的12.0%,其中65岁及以上的老龄人口有10956万人,占8.3%。目前,我国老龄人口总量约为世界老龄人口总量的20%,亚洲的50%。根据联合国《世界人口展望2015版》中的人口预测,到2037年,60岁及以上老年人口将占到总人口的30%以上,届时我国将成为重度老龄化国家,2050年这一比例将进一步增长到36.5%。65岁及以上老年人口比重在2050年将达到27.6%。60岁及以上老年人口规模在2014年突破2亿,2026年将突破3亿,2034年将突破4亿,2050年接近5亿。65岁及以上老年人口规模2025年将突破2亿,2036年将突破3亿,预计2050年达到3.7亿。[①] 可见,在未来的40年里,老龄化进程在总体上仍处于高速推进时期,同时还要经历2029年和2048年两个增长高峰值,加入老年人口的群体越来越多。

2. 人口老龄化速度快

2010年的人口普查数据显示,我国进入老龄化社会,到2008年,65岁及以上老龄人口数量增加了0.22亿人,年均递增速度为2.8%;占总人口的比重从7.0%上升到2008年的8.3%,年均增长2.2%。比较2000年和2010年的两次人口普查结果可以看出,2010年我国60岁及以上人口比2000年增长了3个百分点,其中65岁及以上人口比2000年增长了1.7个百分点,其增长速度超过了前一个十年。据联合国统计,从20世纪50年代初至20世纪90年代末,世界老龄人数增加了176%,中国的老龄人口增长了217%;在21世纪头25年中,世界老龄人口将增加90%,中国的老龄人口将增加111%。[②] 老龄化的进程已经显现出快速、迅猛的特点。与其他国家横向对比来看,发达国家中65岁及以上人口比重从7%增长到14%大多用了45年以上的时间,其中法国用了130年,瑞典用了85年,澳大利亚和美国用了79年,德国和英国用了45年,预计中国只需要27年左右,将超过许多发达国家,仅次于日本的26年。

3. 地区之间老龄化程度差异较大

由于经济增长和社会发展水平的不同,中国各地区之间的老龄化程度也存在很大差异。因为经济发展水平决定着人口老龄化分布状况,经济发展水平较高的地区,生活水平相应提高,人均寿命延长,老龄人口占总人口的比例通常高于经济发展水平较低的地区。总体而言,东部经济发达地区进入老龄化的时间早,而边疆少数民族地区的人口呈年轻化,进入老龄化的时间要晚于全国的一般水平。以上海市为例,早在1979年上海市65岁及以上的老人已占7.2%,成为中国最早步入

---

① 陈卫.国际视野下的中国人口老龄化[J].北京大学学报,2016(6).
② 张淇.我国老龄化社会的人口安全问题[J].科技进步与对策,2006(4).

老龄化社会的城市,截至2008年底,上海60岁及以上户籍老年人口已突破300万,约占户籍人口的22%,老龄人口的比重接近全国平均水平的两倍。① 随后北京、苏州、天津等地区在20世纪八九十年代也相继步入老龄化社会,目前这些发达地区已经进入中度人口老龄化的阶段。相较而言,西部地区人口老龄化的速度较为缓慢,老龄人口的规模及其占全国老龄人口比例都很低。根据2000年全国人口普查数据显示,65岁及以上老龄人口比重在6.0%与5.0%之间的有4个省区,从高到低排列分别为贵州省(5.97%)、黑龙江省(5.56%)、内蒙古自治区(5.51%)、甘肃省(5.2%);65岁及以上老龄人口比重低于5.0%的省区有4个,依次为西藏自治区(4.75%)、新疆维吾尔自治区(4.67%)、青海省(4.56%)及宁夏回族自治区(4.47%)。较早进入老龄化社会的上海(1979年)与最迟进入老龄化社会的宁夏(2012年)相比,时间跨度达到33年。但由于市场经济的作用,大量青壮年人口迁移流动到城镇及发达地区务工,未来的中国人口老龄化分布状况可能会出现相反的结果,即相当一部分欠发达省区的老年人比例将高于全国平均水平、中西部地区人口老龄化水平要快于东部地区,有学者预测,如广西、四川的老龄人口比重在2050年时将位居全国前列,分别高于全国平均水平的53.4%和42.9%。②

4. 人口老龄化现象超前于经济发展水平

一般而言,发达国家的人口老龄化是伴随着城市化和工业化而逐渐呈现的,这些国家基本都是在经济比较发达阶段时进入老龄化社会的,如日本在1970年前后进入老龄化社会时,人均国民生产总值已超过2500美元;一些先期进入老龄化社会的欧美国家,目前人均国民生产总值达到2万美元以上,是"先富后老",这为解决由人口老龄化引发的社会问题奠定了坚实的经济基础。而我国的老龄化是长期的低生育率和低死亡率相互作用的结果,用不到20年的时间就基本完成了人口年龄结构从成年型向老年型的转变,给经济发展留的时间太少,老龄化进程远远超前于经济的发展,带有典型的"未富先老"特征。把2000年作为我国进入老龄化社会分水岭的话,《2000年国民经济和社会发展统计公报》显示,2000年我国全年国内生产总值为89404亿元,年末全国总人口129533万人,人均约1000美元,只在中等收入国家中处于中等水平。在综合国力有限、经济水平较低、保障体制不健全的情况下提前进入老龄化社会,无疑将增加我国解决老龄化问题的难度。

三、人口年龄结构老化问题之对策

人口老龄化给国家的社会、经济、政治、文化等各方面的发展带来了深刻的影

---

① http://news.qq.com/a/20090420/001549.html.
② 曾毅.中国人口老龄化的"二高三大"特征及对策探讨[J].人口与经济,2001(5).

响,如果处理不好必然引发一些问题、带来一些压力,主要表现在:一是影响劳动生产率。人口老龄化速度过快,势必引起生产人口相对数量和绝对数量的减少,造成劳动力相对不足,导致劳动力比例的下降从而降低了劳动生产率。二是加重养老保障的负担。主要是老年医疗保障和老年人生活抚养问题,所需经费连年猛增,也给老年人带来因病返贫、因老返贫的风险。三是老年社会服务需求的迅速膨胀。日益增加的老龄群体,特别是高龄、带病和空巢老龄人的生活照料、精神慰藉亟须专业、高效的老年服务,但目前在社会转型、政府职能转变、家庭养老功能弱化的背景下,老年服务业发展严重滞后。针对人口老龄化对社会经济发展带来的诸多负面影响,要从多方面协调人口老龄化与经济社会发展,最终形成科学合理的规划。

1. 提高经济发展水平

大力发展生产力,提高我国的劳动生产率,促进经济和社会的全面发展,是解决人口老龄化的根本途径。未富先老的老龄化特点决定我国不能照搬发达国家的福利模式,老年人的福利保障和支持体系要在优先发展经济的前提下加以照顾。老年人所需要的基本经济保障和医疗保障,都离不开经济的正常发展,从某种程度上说,人口老龄问题也是经济发展问题,没有社会经济的可持续发展,就不可能为解决人口老龄问题提供有力的保障。2030年之前,我国劳动年龄人口比重较大,总供养系数不高,同时劳动力也相对年轻,劳动力资源充足,每年有大量的净增劳动人口,是我国经济发展的"人口红利期"。我国要抓住这一有利时期,大力发展经济,为迎接老龄高峰期的到来奠定坚实的物质基础。

2. 健全完善养老保障体系

日益逼近的老龄化社会向现行的养老保障体系提出了严峻的挑战。如何在国情允许的情况下健全、完善现行的养老保障体系,使之既能保障老年人经济生活需求,又不影响经济的快速发展,是实现和谐社会协调发展的重要举措。敬老爱老在我国有着悠久的历史传统,在新时期,要继承、弘扬传统的敬老、爱老、养老的伦理道德文化,协调代际关系,加强精神文明建设,建立一个由个人、家庭、社会和政府共同组成的养老保障体系,发挥中国家庭养老的优秀传统,强调家庭养老与社会养老相结合,同时充分发挥社区优势,推进社会化养老的步伐,建立以家庭养老为基础,机构养老为补充,社区养老服务为依托,社会主义国家社会养老来兜底的全方位养老保障体系,真正实现"老有所养、老有所医、老有所为、老有所学、老有所乐"的养老保障目标。

3. 实现健康老龄化

1987年世界卫生大会首次提出了"健康老龄化"的概念,在1990年的时候就作为应对人口老龄化的一项发展战略。它是指老年人在晚年保持躯体、心理和社会功能的健康状态,将疾病或生活不能自理的时间推迟到生命的最后阶段,包括使老年人自身维持良好的生理、心理和社会适应功能,拥有较高的生活质量;使老年群体中健康、幸福、长寿的老年人口占大多数,且比例不断增加;进入老龄化的社会能够克服人口老龄化所产生的不利影响,为生活在其中的所有人的健康、富足、幸福的生活提供物质基础和保证。[①] 健康老龄化的目标不仅仅是老龄人口群体的多数人长寿,更重要的是生命质量的提高,这意味着健康的概念已经延伸至社会、经济和文化等诸多方面。作为一项全民性保健的社会系统工程,要集合、动员各界力量帮助老年人重视自身的健康状况、保持心理健康、参加丰富多彩的健身和娱乐活动、认知参与社会的重要性,使其在身体、心理、智力、社会和生活等五种功能方面保持正常状态,让老年人有一个更加健康、更有意义的幸福晚年。

4. 开发利用老年人口资源

随着老龄化社会的到来,老年人口资源成为社会人力资源的重要组成部分,要转变观念,有计划、有组织地对老年人口资源进行开发和利用,变人口老龄化的压力为动力。一是维护老年人和退休人员的再就业权利,允许老年人根据自身意愿和身体条件重返劳动力市场,并保护其合法的再就业收入;二是充分利用市场机制,大力发展老年产业,通过老年需求推动老年产业,让潜在的老年消费市场逐步细分、日益成熟,促使老年产业的健康发展;三是转变养老观念,倡导老年人口进行自我管理,鼓励"自主、自立、共同劳动、互相帮助",以使其保持健康和乐观的心态;四是积极筹办老年教育机构,发展老年教育,提高老年人口素质,挖掘老年人力资源自身优势,为老年人口资源的二度开发做好准备。

第四节 人口流动问题

伴随着工业化、现代化和城市化的浪潮,我国正经历着人类历史上规模巨大的人口流动。改革开放之前,城乡体制和户籍制度是一道不可逾越的壁垒,严重阻碍着人口的自由流动。改革开放后,随着农村联产承包责任制的推广、劳动用工制度的改革,人口自由流动才逐渐成为一种新的社会现象。20世纪90年代以来,人口流动成为中国社会显著变化的表现之一。如何引导人口有序流动及合理分布,是学界和社会共同关注的话题。

一、流动人口的现状

流动人口的概念较早出现在改革开放初期中国人民银行上海分行计划信贷处

[①] 佟新.人口社会学[M].2版.北京:北京大学出版社,2003:207.

对于外来购买力的预算。随着流动人口的增加,其称呼也多种多样,如流动人口、外来流动人口、外来人口、暂住人口、外来妹、农民工等等。目前,我国学术界对流动人口的概念虽无明确、统一的定义,但一致认为流动人口是在现有户籍制度条件下的一个概念,是指离开了户籍所在地到其他地方居住的人口,即现居住地与户籍所在地不一致的人员。流动人口根据流动方向可以分为流入人口和流出人口,也可以根据流动性和在流入地居住时间分为常住流动人口和短期流动人口。

1. 流动人口的总量

从 20 世纪 50 年代末至改革开放之前,我国人口流动以计划性流动为主,人口流动的规模较小,也没有完整的统计数据。全国流动人口总量和不同时期的变化,主要来自于历次人口普查和全国大型抽样调查。

改革开放之初人口流动现象初显,1982 年的人口普查中第一次有了关于流动人口的统计,当时流动人口是指户口登记状况为"常住本地一年以上,户口在外地和入住本地不满一年离开户口所在地一年以上"这两种情况,当次普查全国共有离开户口所在地一年以上的流动人口 657 万人。到 1990 年第四次人口普查时,对流动人口的地域范围更为明晰,调查对象是指户口登记状况为"常住本县、市一年以上,户口在外县、市"及"入住本县、市不满一年,离开户口登记地一年以上"的人口,当时全国的流动人口已经上升到 2135 万人,流动人口的总量在 8 年的时间里迅速增加。2000 年进行了第五次全国人口普查,针对 20 世纪 90 年代人口流动的大规模、跨区域和长距离的特点,流动人口的统计在地域上细化到指户口登记状况为"居住本乡镇街道居住不满半年,离开户口登记地半年以上,户口在外乡镇街道"以及"在本乡镇街道居住不满半年,离开户口登记地半年以上"的人口,统计显示,流动人口已达 14439 万人,其中,跨省流动人口 4242 万人。2005 年,国家做了一次带有小普查性质的 1‰ 抽样人口调查,对流动人口统计的标准是指"调查时点居住地"在本调查小区,但"户口登记地情况"为本乡(镇、街道)以外的人口,数据显示,全中国人口中离开户口登记地乡镇街道半年以上的流动人口为 14735 万人,超过了当时全国总人口的 1/10,其中,跨省流动人口达 4779 万人。此后,国家对流动人口规模日益重视,不同部门对流动人口均有统计和推算。2009 年国家人口计生委启动了重点地区流动人口监测试点调查,调查地区涵盖东、中、西三大地理区域以及环渤海、长三角、珠三角经济带,对农业流动人口和非农流动人口进行了入户调查,具体而言是指户口性质为农业户和非农户口,在流入地城市工作、生活、居住一个月及以上的流动人口,调查显示,2009 年中国流动人口已达到 2.11 亿,接近全国人口的六分之一。2010 年第六次人口普查中登记为"居住地与户口登记地所在的乡镇街道不一致且离开户口登记地半年以上"的流动人口有 2.61 亿,同第五次人口普查数据相比,流动人口增加 1.17 亿,增长 81.03%。2015 年全国 1% 人口抽样调查数据显示,流动人口为 2.92 亿,同 2010 年相比流动人口增加 0.31

亿,增长 11.89%。从总量上看,改革开放以来,全国流动人口日益增多,呈现出规模大、增长速度快的特征。

2. 人口流动的发展阶段

纵观改革开放后的三十年,流动人口从计划性到开放性,从小规模到大规模,学界将其大致分为以下三个阶段:

第一个阶段是从改革开放到 20 世纪 80 年代中期。1978 年开始实施农村家庭联产承包责任制并逐渐推广后,让历史沉淀下来的大量农村人口和劳动力由隐性过剩转变为显性过剩,产生了向城镇和非农产业转移的强劲动力。同时,国家也开始对劳动力的流动进行宏观指导,以 1984 年国务院《关于农民进入集镇落户问题的通知》为标志,国家在一定程度上放松了对农村人口进入中小城镇的控制,随后公安部于 1985 年根据《中华人民共和国户口登记条例》规定的精神,颁布了关于城镇暂住人口管理的暂行规定和相关的政策措施,为农村劳动力的有序流动打下基础。

第二个阶段是从 20 世纪 80 年代后期到 20 世纪 90 年代末。在社会主义市场经济的推动下,流动人口大量增加,不仅出现在城乡之间,更多地出现在省区之间,中西部地区的农村劳动力向东部地区的大、中城市流动,形成了规模性和浪潮式的人口流动潮,沿海地区特别是北京、上海、广州、深圳等发达城市,流入人口急剧增加。为加强对流动人口的管理工作,1995 年中央综治委召开了全国流动人口管理工作会议,会后,中共中央办公厅转发了《中央社会治安综合治理委员会关于加强流动人口管理工作的意见》。1997 年公安部颁布了《小城镇户籍管理制度改革试点方案》,允许符合条件的五类人群落户小城镇,以促进农村剩余劳动力就近、有序地进行转移。

第三个阶段是进入 21 世纪以来至今,流动人口持续增加。为做好"因势利导,宏观控制,加强管理,兴利除弊"的流动人口服务和管理工作,政府先后出台了一系列规定措施,如 2000 年国务院发布《关于促进小城镇健康发展的若干意见》,鼓励农民进入小城镇,对符合条件者可根据本人意愿转为城镇户口,在各方面享受城镇居民同等待遇;2006 年国务院发布《关于解决农民工问题的若干意见》,对农民工最为关注的劳动权益、平等就业、公共服务、体制障碍等做了解读,极大地推动了以农民工为主体的流动人口的权益保护和社会服务。同年十六届六中全会上通过的《中共中央关于构建社会主义和谐社会若干重大问题的决定》中,明确提出"加强流动人口服务和管理,促进流动人口同当地居民和睦相处";2007 年国务院转发《中央社会治安综合治理委员会关于进一步加强流动人口服务和管理工作的意见》,不仅要完善流动人口服务和管理措施、促进流动人口与当地居民的和睦相处,还要建立健全长效机制,切实维护流动人口的合法权益,促进富强、民主、开放、和谐社会的建设。随着《劳动合同法》《社会保险法》《劳动争议调解仲裁法》等重要法规的出台,《工伤保险条例》的修改,形成了为流动人口服务的政策法规体系。山西、河北、辽宁、江苏等省先后出台了农民工权益保护法规或规章,进一步确定了流动人口的合法权益范围。2014年,国务院印发了《关于进一步推进户籍制度改革的意见》,为流动人口成为"本地居民"提供了政策依据。

3. 当前流动人口生存发展现状

从2009年开始,国家人口计生委进行了重点地区流动人口监测试点调查,随后每年都根据动态检测发布《中国流动人口发展报告》。根据2016年所获得的数据[1],与前几年监测的数据进行对比,可以看出当前流动人口生存发展的基本特点:

第一,总量仍持续增长,但增速放缓,波动性增强。

新生代流动人口所占比例持续提升,平均年龄明显上升。2015年我国流动人口规模达2.77亿人,相对于2009年2.11亿的流动人口来说,增长了0.66亿。而且在未来的一二十年内,我国仍处于城镇化的高速发展期,将推动流动人口总量的不断攀升。其中,1980年及以后出生的新生代流动人口超过总量的一半,为51.1%,平均年龄为29.3岁;在2009年,平均年龄只有27.3岁。

第二,家庭化流动趋势加强,居留稳定性趋势明显。

自2009年开始,流动人口家庭规模始终在2.6人以上,超过一半的家庭有3人及以上同城居住,夫妻、幼子一起居住的比例明显增加。流动人口在现居住地的平均居住时间超过4年,有一半人在当地居住时间超过3年,未来打算在现居住地长期居住的比例超过50%。随着居住时间的延长,家庭规模逐渐扩大。2015年数据显示,居住3年以下的流动人口平均家庭规模为2.29人,居住3~4年的为2.7人,居住5年及以上的为2.95人。同时数据还显示,2014年流动人口在现居住地出生的比例比2010年上升了29.1个百分点,达到56.6%,在户籍地出生的比例明显下降。这也从侧面反映了与老一代流动人口不同,新生代流动人口倾向于家庭流动,且流动的稳定性更强。

第三,流动老人规模不断增长。

2015年数据显示,流动老人占流动人口总量的7.2%,年龄中位数为64岁,其中约有八成低于70岁,70~79岁的占18%,80岁以上的不足5%。造成老人流动的主要原因分别是照顾晚辈(43%)、与子女团聚或自行异地养老(25%)以及务工经商(23%)。大多数老人流动的原因是要和子女一起,进一步印证了我国流动人口的流动方式从最早的个体流动向现在的家庭流动、夫妻同时流动到三代同时流动的转变。

---

[1] http://www.nhfpc.gov.cn/zhuz/xwfb/201610/58881fa502e5481082eb9b34331e3eb2.shtml.

第四,西部地区和非中心城市的接纳力逐步显现。

从历年的数据来看,流动人口流入东南沿海地区的比例仍高达七成以上,但出现减缓的趋势;而西部地区虽然接纳了不到两成的流动人口,但在缓慢增长。这说明随着城镇化和西部大开发进程的推进,经济发达的东部地区仍然是劳动力的蓄水池,西部地区蓄水池的功能开始显现,是容纳省内劳动力的后续主力。流动人口向中心城市(直辖市、计划单列市和省会城市)流动的比例仍超过一半,但比例有所下降,其中,跨省流动人口是主力军。而省内农村户籍流动人口较倾向于中心城市以外的其他城市和地区,2015年流向中心城市之外的其他城市和地区的省内流动人口占全国相应比例的50.5%。虽然中心城市的综合发展能力吸引力较强,但综合考虑流动成本、家庭和自身竞争力等实际因素,近距离流动是流动人口的理性选择。

二、流动人口的社会影响及发展趋势

1. 流动人口的社会影响

第一,推动城市化进程,为城市经济发展提供保证。

流动人口的主体农民工群体弥补了城市劳动力的不足,特别是累、脏、苦、险行业的职业空缺,为城市提供了大量更低廉的劳动力,方便了城市居民的生活需要,在城市大规模的基本建设和公共服务设施建设过程中起到了不可或缺的重要作用,为城市经济的发展提供了保证。经济体制改革促进了劳动力资源的重新分配,一方面凸显的农村大量剩余劳动力从土地中分离转移出来,务工经商,为市场经济运行和发展亟须劳动力的省区和行业提供充足的劳动力资源;另一方面,流动人口多从事加工制造、建筑、采掘及服务行业,为城市的经济增长及城市居民的日常生活做出贡献。流动人口的加入改变了城市的经济结构,成为产业工人的重要组成部分,加速了城市第三产业的发展。国家统计局公布的2015年农民工监测调查报告显示,流动人口就业产业分布情况是:第二产业从业比重为55.1%,其中从事制造业和建筑业的比例分别为31.1%和21.1%;从事第三产业的比例达到44.5%,其中从事批发和零售业的比例为11.9%,从事居民服务、修理和其他服务业的比例为10.6%,均比上一年有所提升。在缓解城市部分行业的劳动力供求矛盾的同时,大量农村人口不断涌入城市,使城市人口占总全国人口的比例迅速增加,加快了城镇化的进程。据历年国民经济和社会发展统计公报显示,1978年全国城镇人口占总人口的17.9%,农村人口占82.1%;到2015年,全国城镇人口占总人口的比重达56.1%,农村人口占总人口的比重下降到43.9%,迅速增加的流动人口及以城镇为目标的人口流动加快了城镇化进程。

第二，提高农民的生活水平，加快农村现代化的进程。

随着改革开放步伐的加快，农村剩余劳动力日益显性化，庞大的农村剩余劳动力是我国农业和整个国民经济发展所面临的困境之一，在农业和乡镇企业不可能更加有效地吸收农村大规模剩余劳动力的情况下，人口的城乡流动成为吸收规模巨大的农村剩余劳动力的一条有效途径。这不仅降低了单位土地面积上的劳动力人数，减轻了人多地少的矛盾，有效地提高了农业生产效率，还能促进非农经济的发展，增加外出打工农民的收入，增强农村经济的实力，提高农民的生活水平。国家统计局2015年农民工监测调查报告显示，在东部地区务工的农民工月均收入达到3213元，比上年增长8.3%；在西部地区务工的农民工月均收入为2964元，比上年增加6.0%；在中部地区务工的农民工月均收入2918元，比上年增加5.7%。农民通过外出流动和打工，吸收了城市的、具有现代性特质的观念和行为，再加上就业层次和收入的提高，提升了自身素质。随着农村外出就业者和回流者的数量不断增加，不仅加强了城乡间、地区间的文化交流，扩大了输入地农村的开放程度，改变了输出地的社会生活，还加速了输出地的社会变革进程，促进了乡土社会的变迁，加快了农民和农村社会真正迈向现代化的步伐。

第三，家庭化流动增加，其社会融合面临挑战和机遇。

对比近年来农民外流现象可以发现，除了流动人口规模在不断扩大，其结构也发生了重大变化，由分散、单人外出的流动方式转变为家庭化的流动，夫妻二人或夫妇携子女一起在流入地居住生活的现象较为普遍。流动人口家庭化流动或在城市长期定居的比重越来越大，越来越多的农民逐步脱离农业，其中相当一部分流动人口不再频繁流动，逐步融入居住地，成为常住人口。另一方面，流动人口融入流入地社会是一个复杂的过程，自身面临着在新环境中谋生与适应，进而融入当地社会生活的问题。对流动人口而言，融入模式一般首先是经济整合，其次是文化接纳，再次为行为适应，最后是身份认同，而隔离是他们必然面临的一个阶段。社会资本、户籍制度、教育培训、工作经历、在劳动力市场的处境等因素极大地制约着流动人口融入当地社会，给流动人口的社会融合带来阻力。各级政府可以通过提高流动人口就业率，加强劳动权益保护，强化流动人口医疗卫生服务，促进教育均等化等措施，均衡城市之间、地区之间的公共资源配置，合理引导流动人口到流入地安家落户，化困境为机遇，促进城镇化进程。

2. 流动人口的发展趋势

流动人口的发展趋势，在于流动人口在城乡之间对于流动与否的最终目标、行为和居留模式的选择，随着影响人口流动的制度因素、社会环境因素及流动人口群体自身特征的变化，流动人口的发展将呈现新的内容与特点。

第一，人口流向日益多元化。

一是，流动人口的主体依然是乡—城流动人口，即农村进城人口为主，但城—

城流动、乡—乡流动、城—乡流动日益增多。第六次人口普查数据显示,在全部流动人口中,乡—城流动人口的比例最高达到六成,城—城流动人口位居第二略超两成,乡—乡流动人口大约有一成,城—乡流动人口的比例最低为2.82%。① 段成荣在2016年流动人口发展报告专题发布会上谈到,在十几年前提及流动人口的时候,基本就等同于农民工或者是农村进城的人口。但是现在来看,两者已经不能直接画等号了。城—城流动人口从不到10个百分点,逐渐增加到20个百分点,现在已经达到30%,并且还会继续增加。

二是,对流动人口最具吸引力的地区仍然是东部地区,但中西部地区的优势初步显现。根据人口流动的推拉理论,流入地的经济吸引力不容小觑。改革开放近40年间,流动人口涌入最多的地区当属珠江三角洲、长江三角洲、京津冀城市圈。东部地区的发达经济与经济型流动一拍即合,这也是跨省流动者喜欢往东部地区走的主要原因。但随着2008年金融危机对劳动密集型产业接纳能力的影响,以及我国中部崛起、西部大开发政策实施结果的逐渐显露,流动人口有向中西部城市扩散的趋势。从国家统计局历年农民工监测调查报告数据中可以看出,东部地区吸收流动人口的比例一直在六成以上,但2015年农民工监测数据表明,在东部地区务工的农民工下降到59.4%,中西部地区务工的农民工则增长至四成。广义的流动人口也呈现同样趋势,国家卫计委发布的《中国流动人口发展报告2016》显示,东部地区流动人口从2013年的75.7%下降到2015年的74.7%,而西部地区则增长了1.7%。

第二,流动人口的定居意愿越来越强烈。

从字面上看,流动就是不确定的意思,对流动人口而言,从某一地的角度看,意味着这个人口群体居留的不确定性;并且实际上群体内部是在不断新老更替。20世纪90年代对上海市流动人口抽样调查数据分析得出,不同滞留时间的流入人口都是不断更新的,很大程度上是一个不断新老更替而"永远年轻"的人口群体。② 但是,随着流动人口定居能力的不断提高,他们的定居时间也越来越长。2010年,流动人口在流入地居住1年及以下的比例仅为19.44%,居住1~5年的比例为49.65%,居住5年及以上的比例为30.9%,平均居住时间为4.5年。而且居住5年及以上的规模一直在增长,从1987年的700万增长到2010年的6842万。③ 到2015年,流动人口在流入地的平均居住时间超过4年,未来打算长期居住的比例超过半数。所以,流动人口中越来越多的人虽然还被称之为流动人口,但他们实际上再流动的可能性比较小了。

---

① 马小红,段成荣,郭静.四类流动人口的比较研究[J].中国人口科学,2014(5).
② 彭希哲,等.人口与人口学[M].上海:上海人民出版社,2009.
③ 段成荣,袁艳,郭静.我国流动人口的最新状况[J].西北人口,2013(6).

第三,家庭式流动带来的新问题。

从我国人口流动历史来看,流动模式变化较为明显。20 世纪 80 年代的个体流动比例极高,随着政策的放开、经济的提升以及观念的变化,家庭式流动的比例越来越高。国家卫计委公布的 2015 年全国流动人口监测数据显示,近九成的已婚新生代流动人口是夫妻双方一起流动,与配偶、子女共同流动约占 60%,且越来越多流动家庭开始携带老人流动①,同时在现居住地生育子女的比例也在快速提高。这说明我国流动模式正经历着从个体流动到核心家庭流动再到扩展家庭流动的变化,流入地方政府将面对服务管理的新挑战,理念应该从服务个体转移到服务家庭。比如,除了继续实现流动人口公共卫生服务和社会保险的覆盖之外,还需要考虑为流动人口提供卫生计生服务、为各年龄段流动人口子女提供学前教育和义务教育资源、为流动老人提供健康医疗服务等,以家庭为单位考虑相关群体的需求,为其提供基本服务,帮助其更快更好地融入城市生活。这个特点也要求各级政府把流动人口纳入城市规划,实现市民化和基本公共服务的均等化。同时,对流出地政府而言,留守儿童、留守老人以及留守妇女等群体的相关诉求也应该积极响应,认真解决。

基 本 概 念

人口性别比结构　出生人口性别比　人口老龄化　健康老龄化　流动人口

思 考 题

1. 简述我国出生人口性别比失调的危害。
2. 简述我国出生人口性别比失调的原因。
3. 简述如何对我国出生人口性别结构失衡现象进行干预。
4. 简述我国人口老龄化进程的主要特征。
5. 简述治理我国人口年龄结构老化问题的对策。
6. 简述我国流动人口的社会影响。
7. 简述我国流动人口的发展趋势。

---

① 国家卫计委.2015 年中国流动人口发展报告[M].北京:中国人口出版社,2015:15-21.

第三章

贫困问题

贫困问题是一个世界难题,世界各国都对这个问题给予了相当的重视,一直以来也在寻找缓解乃至是消除贫困的方式和路径,在多方面进行了不同程度的努力。

第一节 贫困的一般理论

贫困制约了一个国家的发展进程,它剥夺了人们自主决定并且塑造自己生活的自由。它是一个世界性的问题,由于各地的生活习惯、文化、宗教等不同,对于贫困的定义也各有差别。

一、贫困的含义

最早研究贫困问题是从社会保障和社会救助的角度来研究的,从英国的布斯(Booth)和朗特里(Rowntree)的早期著作算起,至今已经有一百多年的历史了。

1. 国外对贫困所下的定义

1901年,朗特里给贫困所下的定义为:"如果一个家庭的总收入不足以维持家庭人口最基本的生存活动需要,那么,这个家庭就基本上陷入了贫困之中。"

1979年,汤森提出:所有居民中那些缺乏获得各种食物、参加社会活动和最起码的生活和社交条件的资源的个人、家庭和群体就是所谓贫困的。

在《2000/2001年世界发展报告》中,世界银行提出广义的贫困概念:"贫困不仅指收入低微和人力发展不足,它还包括人对外部冲击的脆弱性,包括缺少发言权、权利被社会排斥在外。"

也有学者认为,贫困应该被理解为个人、家庭和人的群体的资源(物质的、文化的和社会的)如此有限,以致他们被排除在他们的所在地可以接受的最低限度的生活方式之外。

阿马蒂亚·森则认为贫困的真正含义是贫困人口缺乏创造收入的能力,缺乏获取和享有正常生活的能力,其根本原因是他们的能力受到剥夺或机会的丧失。

2. 国内学者对贫困所下的定义

叶普万认为,中外学者有关贫困的定义,绝大部分忽视了两个极其重要的因素,或者说仅注意到其中的一个因素:一是造成贫困的制度性因素;二是注重了物质性的需要,而忽视了最基本的精神生活需要。为此,他修正了传统的关于贫困的定义,他认为贫困是指由于制度因素和非制度因素所造成的个人或家庭的不能获得维持正常的物质和精神生活需要的一种生存状态。①

童星、林闽钢在《我国农村贫困线标准研究》一文中是这样定义贫困的:"贫困是经济、社会、文化落后的总称,是由最低收入造成的缺少生活必需品和服务以及没有发展机会和手段的一种生活状况。"

王雨林结合转型期农村贫困现象对贫困下的定义是:贫困是人的一种生存与发展的状态。在这种状态中,个人和家庭难以获得基本的物质生存条件,也难以依靠个人力量改变现状,需要社会帮扶以摆脱困境,否则容易引发一系列社会经济问题。②

笔者综合国内外对贫困所做的不同定义,并结合我国的特殊国情,认为贫困是:从广义上看,贫困是指一个地区乃至国家处于一种落后、穷困的状态,经济、政治、文化等方面都处于贫瘠的状态,远远落后于发达国家;从狭义上看,贫困指个人或家庭从纵向上看比其他人或家庭更缺乏物质、精神等方面的供给,并难以依靠个人力量改变现状,需要社会或国家的援助来摆脱困境,否则极容易引发一系列的社会经济问题乃至影响社会安定。

二、贫困的分类

在实际研究中,从不同的角度根据不同的划分标准,贫困可以分为不同的类型。

1. 广义的贫困和狭义的贫困

狭义的贫困是指在一定的社会生产方式下,不能满足最基本的生存需要,生命的延续受到威胁。这主要是从满足人的生理需要的意义上来讲的,达不到维持生理需要的最低生活标准就是贫困。

广义的贫困不仅包括不能满足最基本的生存需要,还包括社会、文化、环境等资源的匮乏,如文化教育状况、医疗卫生状况、生活环境状况和人口预期寿命等。广义的贫困大大扩展了狭义的贫困的内涵。世界银行在《2000/2001年世界发展

---

① 叶普万.贫困经济学研究[M].北京:中国社会科学出版社,2004:7.
② 王雨林.中国农村贫困与反贫困问题研究[M].杭州:浙江大学出版社,2008:16.

报告》中对贫困的理解就是广义的。报告认为,贫困除了物质上的匮乏、低水平的教育和健康外,还包括风险和面临风险时的脆弱性,以及不能表达自身的需求和缺乏影响力。

2. 绝对贫困和相对贫困

贫困概念首先要回答的一个问题是谁应该成为我们关注的焦点。"消费标准"(consumption norms)或"贫困线"(poverty line)也许能部分地完成这一任务:"穷人"是消费水平低于消费标准的人,或者他们的收入水平低于贫困线。但是,这一问题又引出了另外一个问题:"贫困的概念是否只与穷人的利益有关,或者只与富人的利益有关,还是与穷人的利益和富人的利益都有关呢?"[①]在这里,阿马蒂亚·森的阐述和提问,指出了贫困的绝对性和相对性。

绝对贫困和相对贫困是贫困的最常见的划分。

绝对贫困又叫生存贫困,是指在一定的社会生产方式和生活方式下,个人和家庭依靠其劳动所得和其他合法收入不能维持其基本的生存需要,这样的个人或家庭就称之为贫困人口或贫困户。

处于绝对贫困下的个人或家庭,其特征可从如下两个方面来描述。从生产方面看,劳动力缺乏再生产的物资条件,难以维持自身的简单再生产,生产者只能进行萎缩再生产;从消费方面看,人们无法得到满足衣、食、住、行等人类生活基本需要的最低条件,也即人们常说的"食不果腹,衣不蔽体,住不避风寒"的状况。

相对贫困是指与社会平均水平相比,其收入水平少到一定程度时维持的那种社会生活状况,社会各个阶层之间和各阶层内部的收入差异。通常是把人口的一定比例确定生活在相对贫困之中。如有些国家把低于平均收入40%的人口归于相对贫困;而世界银行则认为收入只要等于(或少于)平均收入的1/3的社会成员便可视为相对贫困。

3. 区域型贫困和个体型(包括家庭)贫困

区域型贫困是指根源于不同的自然条件、人口素质和历史机遇的区域连片分布的贫困。区域型贫困一般是由于自然条件恶劣和社会发展水平低下而出现的一种贫困现象。我国农村贫困人口的分布就具有明显的区域性,集中分布在若干自然条件相对恶劣的地区。

个体型贫困是指由于个体之间的素质差异和机会不均等原因导致的贫困,这种贫困的发生与区域无关。

4. 持久性贫困、暂时性贫困和选择性贫困

李实、John Knight 从收入和消费指标入手研究贫困问题,他们把中国城市贫困分为三类:持久性贫困、暂时性贫困和选择性贫困。中国城市的贫困人口大部分

---

① 阿马蒂亚·森.贫困与饥荒[M].北京:商务印书馆,2001.

是选择性贫困。从实际操作分析,中国目前也没有一个统一的标准。20世纪中后期,各地都根据本地生活水平,制定一个最低生活保障标准,简称"低保"。各地制定的"低保"依据有六项:一是维持居民最低生活需要的物质品类和数量;二是生活必需品所需要的费用;三是市场物价综合指数;四是居民的平均收入和消费水平;五是经济发展状况和财政收入状况;六是其他社会保障标准。[1]

三、贫困的标准

1. 贫困线

贫困的标准线,或者称之为贫困线或贫困标准,是指衡量个人、家庭或某一地区是否贫困的一种界定标志或测定体系。

由于价值观、文化、宗教信仰等不同,人们对贫困的认识和看法往往因人而异,因此,在给定贫困标准的范畴,测量贫困的手段,计算贫困的单位等方面也不同。但是,绝大多数人都认为界定贫困都必须考虑最小需求量和收入。在世界银行的研究报告《发展中国家面临的贫困问题:标准、信息和政策》中,对经常用来作为测量贫困标准设置了七个指标:人均收入,家庭收入和人均消费,人均食品消费,食品比率,热量,医学数据,基本需求。但是在实际操作中,这些指标的设置本身存在许多不足,难以形成一个规范、严谨的全面反映贫困问题的数学公式。所以,大多数国家采用的是在计算人类生存的"最小需求量"的基础上转化为价值形式的最低购买力来测定,如果一个人的收入低于"最小需求量"即形成不了这一购买力,那么它就陷入了贫困。因此,人均收入被用来作为测定贫困线的主要指标。[2]

同样,各国对于最小需求量的界定也很不一致。在有些国家被认为是最必需的物品和服务,而在另一些国家看来则是奢侈和富有的象征。国际劳工组织在1976年通过的"行动纲领"对此做了如下表述:第一,为家庭私人消费提供一定的最低必需品,即足够的粮食、住宅、衣物以及一定的家具。第二,社会为所有居民提供基础服务设施,如饮水、卫生、公共运输、保健、教育、文化设施等。同时让贫困居民参加反贫困政策的制定和实施,并为他们提供就业机会,以取得收入,树立自尊心。根据这一定义,各国都可以列出一个"最低需求量"的清单,并以一定的货币量表现出来。但是由于受其他各种因素影响,每个国家的贫困标准所处水平肯定是不一样的,更谈不上有统一的国际标准了,这正如阿马蒂亚·森所说的"那种在给定的社会中,存在着一致性的贫困线的假设是对事实的歪曲"[3]。

---

[1] 马春辉.中国城市化问题论纲[M].北京:社会科学文献出版社,2008:227.
[2] 叶普万.贫困的一般理论研究[M].北京:中国社会科学出版社,2004:18.
[3] 阿马蒂亚·森.贫困与饥荒[M].北京:商务印书馆,2001:41.

2. 贫困线的确定方法

贫困线在我国又被称为最低生活标准线,因此可从贫困线的概念出发来研究最低生活标准线的计算问题。在福利经济学中,贫困线(poverty line)是划分贫困与非贫困群体的量化标准,它是衡量个人或家庭是否处于贫困状态的数量界限。具体是指在一定时间、空间和社会发展阶段的条件下,人们基本生活所必需消费的商品和劳务的最低费用,在确定的时间、空间和社会发展条件下,它是相对的、量值可变的。计算贫困线,国际上有几种常用的计算方法:数学模型法、比率法、标准预算法、恩格尔系数法、马丁法。

1)数学模型法

这种方法把居民的各类消费品支出看成是居民收入的函数,建立线性支出系统模型,然后利用现有的统计数据估计模型,从而导出模型中设定的各类消费品的基本需求支出以及总的基本需求支出,以此作为贫困标准。

2)比率法

该方法从贫困居民的收入低于其他大多数居民的收入这一相对概念出发,把一定比率的收入最低的居民定义为贫困居民,把他们的收入水平定义为贫困标准,或者把全社会居民人均收入的一定比率定为贫困标准。

3)标准预算法

这种方法主要关注的是满足贫困人口最基本的生活需要。采用这一方法时,是根据国家统计调查的详细资料和数据,通过研究确定必需的生活消费品和劳务项目,包括维持社会公认的最起码的生活水准的必需品的种类和数量。然后乘上相应的价格,再相加求和得出基本生活费用。

4)恩格尔系数法

它是根据人们消费生活必需品的绝对水平来确定贫困的。这种方法以恩格尔系数和恩格尔定律为理论基础,首先确定一个最低食物支出标准,用这一标准除以恩格尔系数贫困值(即贫困家庭的恩格尔系数),便得到了贫困线。联合国粮农组织提出了依据恩格尔系数划分贫困与富裕的标准:30%~40%为富裕,40%~50%为小康,50%~59%为温饱,59%以上为贫困。

5)马丁法[①]

这是由在世界银行工作的经济学家马丁先生提出的一种计算贫困线的方法。所计算的贫困线分为两条:一条为低贫困线,即食物贫困线加上刚好有能力达到食物贫困线的住户的非食物支出;另一条为贫困线,即那些食物支出实际达到食物贫困线的住户的总支出水平。

低贫困线的测定方法是在先测定食物贫困线的基础上,利用回归模型,把一些

---

① 王雨林.中国农村贫困与反贫困问题研究[M].杭州:浙江大学出版社,2008:18.

人均可支配收入或人均消费支出刚好达到食物贫困线的居民户的非食品支出计算出来，由此得到贫困户的最低非食品支出。这是因为一个靠牺牲最基本食物消费而获取少量的非食品消费的住户，其非食物的支出是维持生存和正常活动所必不可少的，也是最少量的。把由此求出的最低非食品支出作为非食物贫困线，加上已知的食物贫困线，就是马丁法的低贫困线，显然这是维持居民正常生活的最低标准。人均可支配收入低于这一标准的家庭，我们称为超贫困户或特困户，若无社会救助，他们将连起码的生存条件都得不到保障。

另一方面，在测定低贫困线时，确定非食物贫困线依据的是那些人均生活消费支出仅能达到食物贫困线的超贫困户的情况，那些人均消费支出低于贫困线又高于食物贫困线的贫困户，其非食品支出显然大于超贫困户的非食品支出，也就是说，包含在低贫困线中的非食物贫困线是偏低的，因此，确定一条比低贫困线高一些的贫困线更符合实际。高贫困线可根据居民的人均食品支出与人均可支配收入或人均生活费支出的关系拟适当的回归模型求得。

3. 我国的贫困线

1978年，我国将人均年收入低于100元作为贫困标准，当时有农村贫困人口2.5亿，贫困发生率为30.7%。此后，我国的贫困线每年都有所调整。1993年，中国负责新贫困线测算的国家统计局将生活支出分为食物消费和非食物消费（衣着、住房、交通、燃料、医疗、教育和娱乐等）两部分。采用中国预防医学科学院推荐的，日摄入热量2100大卡作为最低营养标准，并以此确定了一份食物清单。非食物消费支出按60%的恩格尔系数折算。经计算，1994年的农村贫困线是人均纯收入199元。之后，国家统计局在此基础上根据农村零售物价指数的变化调整各年的贫困线。

从1978年至1997年，我国的贫困线从100元逐年上调至640元；从1997年至2003年，我国的贫困线有所下调，基本上在630元左右变动；从2003年至2007年，我国的贫困线又从637元上调至786元，农村贫困人口为1479万人，低收入人口的数量为2841万。而自2009年起，国务院扶贫办又开始上调扶贫标准，即贫困线由2007年人均年收入786元提高至1196元，2010年我国贫困线为1274元，2011年我国贫困线提高到2300元。[①]

长期以来，我国把人均年收入低于786元的人口称之为"绝对贫困人口"；人均年收入位于786元至1067元之间的称之为"相对贫困人口"，又称为"低收入人口"，到2007年底，低收入人口的数量为2841万。2015年低收入人口已减少到1656万人。

扶贫标准上调后，"绝对贫困线"和"低收入人口线"这两条线合二为一，扶贫开

[①] 国家统计局.中国农村贫困监测报告2015[M].北京：中国统计出版社，2015.

发的目标人群就在原来1479万"绝对贫困人口"的基础上,又增加了2841万的"低收入人口",两者合计约占全部农村人口的4.6%。2011年,我国贫困线(农村人均纯收入)贫困标准为2300元,比2010年的1274元贫困标准提高了80%。中国还有8200万的贫困人口,占全国总人口的十分之一。中国政府是很务实的,它不畏困难和挑战,不追求数字上的减贫成绩,而是更加重视扶贫减贫质量的动态提升。

四、贫困分析的一般理论

英国社会学家克尔博(Harold R. Kerbo)将贫困分析的理论分为四种,他概括了这个主题的不同方面。

1. 关于贫困的社会达尔文主义理论

这是社会学里出现的第一个关于贫困的理论,这一理论试图根据穷人自身的行为和态度来解释贫困的存在。穷人之所以穷,是因为他们不努力工作。他们将钱用在赌博、酗酒和不必要的奢侈品上,并且他们的家庭生活混乱无序。

2. 贫困文化理论

贫困文化理论是由美国学者刘易斯(O. Lewis)提出来的。这一理论认为,在社会中,穷人因为贫困而在居住等方面具有独特性,并形成独特的生活方式。穷人的独特的居住方式促进了穷人间的集体互动,从而使其与其他人在社会生活中相对隔离,这样就产生出一种脱离社会主流文化的贫困亚文化。处于贫困亚文化之中的人有独特的文化观念和生活方式,这种亚文化通过"圈内"交往而得到加强,并且被制度化,进而维持着贫困的生活。在这种环境中长成的下一代会自然地习得贫困文化,于是贫困文化发生世代传递。贫困文化塑造着在贫困中长大的人的基本特点和人格,使得他们即使遇到摆脱贫困的机会也难以利用它走出贫困。

3. 关于贫困的情境理论

关于贫困的情境理论认为穷人行为之所以与中产阶层不一样,是因为他们没有能够像中产阶层一样生活的资源和机会。他们在教育、就业、健康卫生方面没有好的机会。因为贫困的结构状态,导致了穷困的现状。情境理论认为个人会理性地选择行为模式,以适应他们的目标生活状态。因此,该视角认为,穷人之所以不认同中产阶层的价值观是因为他们知道他们达不到中产阶层所达到的目标。

4. 贫困的代际传递理论

贫困代际传递(intergenerational transmission of poverty)是指,贫困以及导致贫困的相关条件和因素在家庭内部由父母传递给子女,使子女在成年后重复父母的境遇——继承父母的贫困和导致贫困的相关条件与因素并将贫困和这些不利因素传递给后代这样一种恶性遗传链;也指在一定的社区或阶层范围内贫困以及导致贫困的相关条件和因素在代与代之间延续,使后代重复前代的贫困境遇。贫困代际传递是我们进行反贫困的一大瓶颈,因此,探讨贫困代际传递的阻断机制就显得尤为重要了。

第二节 我国贫困问题的现状

一、我国贫困问题的现状

贫困问题是困扰发展中国家社会和经济发展的一个重要问题,消除贫困,实现社会公正和公平成为国际发展的核心目标和战略要求。大部分数据资料表明,中国农村贫困已经从绝对贫困的普遍存在演变成为绝对贫困和相对贫困并存,并且处于此消彼长的阶段,也就是说农村贫困已经不再是缺衣少食的生存贫困,而更趋向于表现为农民温饱问题基本解决,收入增长相对缓慢的相对贫困。除了绝对贫困以外,我国还有 6000 万左右的低收入群体,这些低收入群体存在着极大的脆弱性,其主要表现是:第一,这些贫困人口处于极为边远和自然条件极其恶劣的地区,自身拥有的资产质量很差;第二,社会保障系统很差,导致穷人的抗风险能力很差;第三,穷人自身的综合能力很差,以致很难在现有资产水平上迅速提高收入和积累,从而改变这种被动状态。因此,在受到疾病、自然灾害以及家庭需要有大的开支的时候,很容易重新进入贫困状态。

1. 我国农村贫困问题的现状

1978 年至 1985 年,改革开放政策给我国农村带来了巨大变化,农村贫困人口大幅减少,由 1978 年的 2.5 亿人减少到 1985 年的 1.25 亿人,在 7 年内贫困人口减少了一半,平均每年减少 1786 万人;1985 年至 1993 年,农村贫困人口稳步减少,由 1985 年的 1.25 亿人减少到 1993 年的 8000 万人,平均每年减少 562.5 万人;1994 年至 2000 年,平均每年减少 714.3 万人。[①] 从 1978 年到 2015 年,农村贫困人口减少 7.15 亿,贫困人口年均减少 2647 万人,贫困发生率下降 91.8 个百分点。2000 年到 2015 年,农村贫困人口共减少 40649 万人,年均减贫人口规模 2709 万人;贫困发生率下降 44.1 个百分点。2010 年,农村贫困发生率为 17.2%,贫困人口规模为 1.66 亿。2011 年到 2014 年,农村贫困人口共减少 9550 万人,年均减贫人口规模 2388 万人,贫困发生率下降 10 个百分点,贫困人口年均减少 19.3%。2015 年全国农村贫困人口为 5575 万人,比 2012 年减少 4324 万人,减少 43.7%,

---

① 孟昭环,任素雅. 我国农村贫困现状及反贫困对策分析[J]. 现代商业,2009(1).

农村贫困发生率为 5.7%,比 2012 年下降 4.5 个百分点。2016 年农村贫困人口 4335 万人,比上年减少 1240 万人,超额完成 1000 万人的目标任务。①

但是随着反贫困的深入,其难度越来越大,贫困者每年脱贫的数量与比例都在下降,相对贫困现象也越来越严重,反贫困不能再局限于缓解生存贫困。我们要把解决生存贫困作为在农村反贫困战略的起点,重心及最终目标是解决相对贫困问题,提高农民的自身发展能力,免于贫困的限制,实现人的全面发展。目前我国农村贫困现状主要可以概括为以下三点。②

1) 农村绝对贫困人口数量继续下降,但减贫速度放慢

1978 年,中国农村贫困人口高达 2.5 亿人,贫困发生率达 30.7%。改革开放以来,经过中国政府的不懈努力,农村贫困人口持续下降。从图 3-1 可以看出,近年来,我国农村贫困规模整体上呈下降趋势,但减贫速度明显趋慢。1979—1990 年,中国农村贫困人口平均每年减少 1375 万,1991—2000 年平均每年减少 529.1 万,2001—2005 年平均每年只减少 168.8 万。2008—2010 年树立了新的贫困标准,2010 年起又新确定了一套农村扶贫标准。2005—2010 年平均每年减少 748.8 万人。2010 年起,新标准将减贫工作推向新的高度,2015 年农村贫困人口数量已减少至 5575 万人。③

2) 农村贫困人口主要集中在西部地区、重点扶贫县和粮食主产区

当前,中国的农村贫困人口主要集中在西部地区。2005 年,西部地区农村绝对贫困人口高达 1202 万人,占全国农村贫困人口比重的 50.8%,比 2003 年提高 1.8 个百分点。西部地区的贫困发生率也明显高于东部和中部地区,2005 年达 5.2%,而东部和中部地区分别只有 0.8% 和 2.5%。西部地区的农村贫困人口主要分布在贵州、云南、西藏、甘肃、青海、新疆等地,其中居住在山区的绝对贫困人口占 50%,连续贫困群体有 76% 居住在资源匮乏、环境恶劣的深山区、石山区、高寒山区和黄土高原地区。④ 中国现有国家扶贫开发工作重点县 592 个,其中东部 72 个,中部 204 个,西部 316 个,分别占全国的 12.2%、34.4% 和 53.4%。截至 2005 年底,在 592 个国家扶贫开发工作重点县中,农村贫困人口为 1433 万人,占全国农村贫困人口的 60.6%;低收入人口 2191 万人,占全国农村低收入人口的 53.9%。此外,2004 年,592 个国家扶贫开发工作重点县农民人均纯收入只有 1585 元,仅相当于全国农民人均纯收入的 54.4%。粮食主产区也是农村贫困人口集中分布的地区。2002 年,中国粮食主产区绝对贫困人口为 1554 万人,占全国农村绝对贫困

---

① 国家统计局住户调查办公室.中国农村贫困监测报告 2015[M].北京:中国统计出版社,2015.
② 魏后凯,邬晓霞.中国的反贫困政策:评价与展望[J].上海行政学院学报,2009(3).
③ 中华人民共和国国家统计局.中国统计年鉴 2015[M].北京:中国统计出版社,2015.
④ 刘坚.新阶段扶贫开发的成就与挑战[M].北京:中国财政经济出版社,2006.

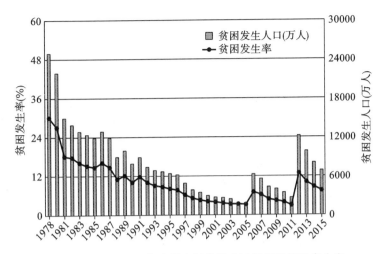

图 3-1 1978—2015 年中国农村贫困人口规模和贫困发生率

数据来源：根据国家统计局《中国统计年鉴》(各年度)和《2015 年中国农村住户调查年鉴》，中国统计出版社，2015 年绘制。

注释：2008 年标准：2000—2007 年为农村低收入标准，2008—2010 年为农村贫困标准。
2010 年标准：新确定的农村扶贫标准。

人口的 55.1%。到 2004 年底，在国家惠农政策的支持下，粮食主产区绝对贫困人口数量虽然减少到 1207 万人，但占全国农村绝对贫困人口的比重仍高达 46.2%。[①] 2013 年贫困线占农民人均纯收入的比例平均为 25.9%，其中有 12 个省份的贫困线占农民人均纯年收入的比例低于全国平均水平，只有贵州、甘肃两省的比例超过 40%。2013 年甘肃、贵州等地的农民人均年纯收入为 5107、5434 元，而上海、北京农村人均年纯收入为 19595、18337 元，可见东西部差距之大。[②]

3) 农村特殊群体贫困发生率较高

特殊群体包括少数民族和残疾人，该群体贫困发生率较高。在 592 个国家扶贫开发工作重点县中，少数民族自治县占 40%。从贫困人口所占比重来看，少数民族贫困人口占绝对贫困人口的 40%。作为少数民族人口的聚居地，在边境地区 41 个国家扶贫开发工作重点县中，贫困发生率高达 11.5%，低收入发生率达 28.5%。[③] 残疾人是农村贫困发生率较高的另一类贫困群体。据中国残疾人联合会 1998 年开展的全国残疾人贫困户调查，全国共有贫困残疾人 1372 万，占全国 6000 万残疾人的 20% 以上；约占当时全国农村贫困人口的 1/3。在全国贫困残疾人中，农村贫困残疾人 1206 万人，占 87.9%；中西部贫困残疾人 1253 万人，占

---

① 国家统计局农村社会经济调查司.2005 中国农村贫困监测报告[M].北京：中国统计出版社，2006.
② 王晓琦,顾昕.中国贫困线水平研究[J].学习与实践,2015(5).
③ 刘坚.新阶段扶贫开发的成就与挑战[M].北京：中国财政经济出版社,2006.

91.3%。2010年扶持全国贫困残疾人为204万人,2015年扶持全国贫困残疾人为226.8万人。截止到2015年,全国农村贫困残疾人危房改造受益残疾人人数为9.1万人。

2. 我国城市贫困问题的现状

简单来说,城市贫困就是指城市居民或家庭缺乏维持最低生活水准的能力。城市贫困可分为绝对贫困和相对贫困。绝对贫困是指将"最低生活水准"看作是居民生存的最基本需求,包括营养、衣着、住房等必不可少的生活必需品;而相对贫困则是指将"最低生活水准"理解为该社会群体的生活水平低于一个社会中能够被大多数人所接受的最低生活水平。中国城市贫困是在特定的社会背景下城市部分社会成员由于缺乏必要的资源而在一定程度上被剥夺了正常获得生活资料和参与经济和社会活动的权利,并使他们的生活持续低于社会的常规生活标准。

1) 城市贫困的规模

对中国城市贫困人口规模的估计,严格来说,是在20世纪90年代以后开始的。从20世纪90年代中期起,研究者们以不同的方法对我国城市贫困人口规模进行测算和估计得出的数据从1500万人到5000万人不等,估算的城市贫困率从4%左右到超过15%。根据民政部的数据,到2007年12月,全国城镇居民最低生活保障人数约为2270.9万人,而2007年城镇人口总数为59379万人,这说明在城市人口中有3.8%左右的人享受了最低生活保障制度的救助。但是根据社会上一些专家学者的估计,全国城市中的实际贫困者数量应不止2000多万,即城市贫困的规模比现有的统计数据还要大。2014年12月,全国城市居民最低生活保障人数1880.2万人,城市居民最低生活保障户数1027.5万户,农村居民最低生活保障人数5209万人,农村居民最低生活保障户数2939.2万户;2015年末全国享受最低生活保障人数为6611.2万人,其中1708万人享受城市居民最低生活保障4903.2万人,农村五保供养517.5万人。可见城乡居民享受惠民利民政策的高度又提升了一个台阶。

2) 城市贫困人口的分布

地域分布。受经济发展水平的影响,全国城市贫困人口的地域分布不平衡。我国中西部地区的城市贫困者的绝对数量和比例都高于东部地区。亚洲开发银行专家组的报告显示,我国西北部城市的贫困率最高,为全国平均水平的两倍,而东部城市的贫困率最低。一些研究者指出,城市贫困人口除了主要集中在中西部地区外,在内陆地区、三线地区、计划体制控制严格、国有企业集中的矿产和制造业产地,城市贫困者的比例也较高。

群体分布。在计划经济年代,城市贫困人口是指那些无劳动能力、无收入来源、无法定抚养人的所谓"三无"人员。当前,我国城市贫困人口,除了传统的"三无"人员以外,主要还包括以下四类人员。一是亏损、倒闭的国有企业、集体企业的下岗失业人员以及因企业不景气而处于半失业状态的人员,他们构成了城市贫困人口的主体;二是部分效益欠佳的企业的退休职工,他们收入低、积蓄少,长期处于贫困的边缘,疾病、物价上涨、拖欠工资等因素很容易使他们陷入贫困;三是部分外来的农民工;四是偶发因素造成的贫困者。

行业分布。从行业分布来看,城市贫困人口主要集中在纺织、煤炭、机械、轻工、森林工业和军工业。这些行业或者是传统的劳动密集型产业,或者是计划经济体制下发展起来的缺乏市场竞争力的行业,或者是以消耗资源为主的某些基础产业,或者是技术低下的小型商业、服务业和手工业。另外,一些研究者将城市贫困的行业分布与地域分布结合起来分析,认为"资源型城市"中贫困问题严重是我国城市贫困行业及区域分布的一个重要特点。

二、我国城乡贫困的特征

1. 我国农村贫困的特征

1) 生态环境制约型贫困

这种贫困是由于生态条件的欠缺所造成的,主要包括恶劣的自然地理环境和单一、落后的经济结构,小农经济仍然占主导地位,农业装备水平低,基础设施差,生产力水平低等。农村贫困最主要的特征往往是落后的经济结构与恶劣的自然环境共存共生,贫困与生态环境问题往往交织在一起,互为因果。资源和环境以自身的质量和数量分布制约着人类的生存发展,频繁发生的自然灾害和环境污染已成为农村人口绝对贫困和返贫的重要原因。而且,随着城市污染物向农村的扩散以及乡镇企业"三废"的排放,农村环境污染愈加严重,这也急剧增加了农民医疗和生活支出,扩大了农民的生存成本,增加了农民致贫的风险。

2) 满足基本生存和教育开支的低消费型贫困

农民的主要收入来源在土地上,而我国农产品价格相对低廉,因此农民的收入相对较低,再加上时常发生的天灾人祸,如 2008 年的汶川地震、2010 年的玉树地震,这些都是大面积的破坏性强的自然灾害,所带来的后果无法计算。农民一旦遇上这些不可测的灾难,陷入贫困的风险急剧上升。近年来,大量农民工涌入城市,但是农民工在城市处于边缘化的地位,付出的劳动和所得不成正比,是极其廉价的劳动力。因此,农民的收入总体上比较低。而他们受低收入水平的制约,农村贫困户的维持性投入特征明显,经营费用支出的绝大部分用于第一产业,用来购置生产性固定资产的投资额很小。另外,尽管我国已经基本普及九年制义务教育,但是高昂的高等教育(含高中和大学等)费用是贫困农民户所无法承担的。因此相当一些农民子弟在日益抬高的教育门槛前止步,农村辍学现象比较严重。这一新的致贫因素作用力大、影响深远。从以上分析可以看出,农村贫困人口消费基本上是"吃、穿、住"为主的生存型消费结构、低商品化程度的自给型消费、低水平食物摄入的营养不良型消费、基本耐用消费品拥有量较少的低生活质量型消费。

3）精神文化、人才匮乏型贫困

农村的贫困不仅是经济性、物质性的,也是社会文化性的,在社会文化上所表现出来的知识型贫困和精神型贫困比较典型。农村的平均教育年限比较短,并且农村中的贫困人口大多居住在偏僻、办学条件差、学校简陋的地方。适龄儿童失、辍学率高,入学率、巩固率、升学率低,导致整个贫困农民群体科技、文化水平低,文盲、半文盲比重大。大多数农民缺乏基本的科学生产知识,没有掌握一技之长,对一些新品种和新技术的实验、示范,即使在技术人员的指导下也很难完成,一部分青壮年农村劳动力对一般性农业生产技术都不能很好掌握。比这更可怕的是落后的心态和一成不变的思维方式、价值取向,有相当一部分贫困农民思想保守,逢事喜欢走老路,按老规矩办事,缺乏创新精神和敢闯、敢干、敢试的勇气和信心,部分干部形成了一种自甘落后、不思进取、依赖国家救济的惰性。精神贫困、思想意识和观念陈旧,导致科技利用率低,经营粗放,经济效益低下。并且我国的公共资源大多集中在城市,农村的休闲、娱乐、教育、培训等设施基本处于匮乏状态,农民的精神需求不能得到极大的满足。因此农民的精神生活是很贫乏的。

2. 我国城市贫困的特征

1）城市贫困人口结构呈现多元化趋势

20世纪五六十年代,我国城市贫困人口主要是因个人情况造成的"三无"群体。现阶段,中国城市贫困人口构成呈现多元化趋势,除传统救济对象——"三无"群体外,更多的城市贫困人口是伴随着市场经济而产生的"新的城市贫困群体",包括失业、下岗人员,停产、半停产企业中的半失业者和其他的一些由市场因素引起的贫困人口,他们占目前城市贫困人口总数相当大的部分。近年来,中国城市贫困人口构成的一个重大变化是,流动劳动力(主要是"农民工"群体)逐渐成为城市贫困的主体之一。

2）城市贫困越来越具有复合性、累积性的特点

尽管低收入对我国城市贫困群体生活有着重大影响,但城市贫困的实质并不仅指收入的低下,收入的不平等、医疗保健和公共教育设施的匮乏、人力资本不足、社会保障系统的软弱无力、就业机会的丧失以及社会排斥等因素都会严重影响到城市贫困群体的基本生活。有学者将城市贫困人口实际生活状态概括为六个方面,即经济收入不足、就业机会丧失、医疗教育缺乏、社会保障滞后、社会权利剥夺、社会交往排斥。这六个方面相互关联、相互影响、共同作用,形成贫困的累积效应,并使得城市出现这种"穷的越穷、富的越富"的马太效应。

3）城市贫困相对于农村贫困而言有更大的危害性

城市人口聚居密集,居民的主要收入来源就是工作所得的收入,获得就业机会

就获得收入,是保证其生存下去的基本条件。而农村在没有工作所得的收入情况下,还有一块土地可以维持生计,且农村还有各种扶贫措施。对城市居民来说,在社会保障制度不健全的情况下,人们如果失去就业机会,就会对基本的生存造成威胁。当前,城市内部失业下岗人员急剧增加,贫富差距不断扩大,容易使社会中的贫困群体产生剥夺感,进而导致他们的牢骚和不满。如果不进行有效的疏导处理,有可能诱发种种不利于社会稳定的越轨行为,造成社会秩序的混乱与政治的不稳定。而且城市贫困人口居住集中,具有群体意识和凝聚力,一旦出现内部认同和组织群体的冲突行为,极有可能产生群体性事件、上访事件等,对社会所产生的破坏力量更大。

三、我国城乡贫困问题的成因

1. 我国农村贫困问题的成因

1) 城乡二元格局的不平等机制

我国现有的城乡户籍制度导致的城乡二元格局人为地分割出等级差异,市民和农民之间社会参与、社会支持及社会保障体系的分割仍存在,造成了城乡之间新的不平等机制。农民工在城市受到了社会排斥,得不到与城市居民的同等待遇,沦为"二等公民"。制度性的歧视使得农民工陷入了工作贫困之中。另外,制度化的社会政策未能向农村贫困人口提供足够的医疗、失业、住房、教育和救济的保障,面向农村的公共产品和社会福利供给制度远未完善。在整个改革进程中,城市一直是利益的最大获得者,农村的发展落后于城市,农村社会事业的发展又落后于经济的发展。农村处于相对闭塞的状态,信息获得量较小。农村的贫困是我国社会经济发展过程中结构性、体制性矛盾长期积累的产物。

2) 社会结构的缺陷

农村贫困人口的产生不能单纯地归咎到农民自身,很大程度上是与整个社会结构有密切关系的,即外部存在的各种因素从多方面阻碍了农民自由发展的实现。就贫困农民人口来说,改革开放固然为他们致富创造了很多机会,但这些机会却难以得到公平分配。农村落后的生产方式、生活方式,短缺的科学文化和现代经济信息,极大地影响了他们脱贫致富的实现。国家产业结构调整政策的偏向,使农民很难从第一产业转移到第二产业和第三产业就业,并且农村贫困人口主要从事附加值低、增产、增收基础不稳固的第一产业,其收入来源单一,且有较大的不稳定性,因此脱贫的难度自然增大。

3) 扶贫政策存在缺陷

扶贫政策存在着局限使得农村贫困人口脱贫难度上升。尽管国家的扶贫思路已经从"救济式"转到"开发式",逐渐探索出了"开发式扶贫"的新模式,但其效果有限,一是不少扶贫项目流于形式,成效不佳。二是扶贫贷款到村、到户、到项目难,并不能有效地落实到真正需要帮助的贫困户中,甚至一些地方出现了"贷富不贷贫"的现象。三是资金投向不均。开发式扶贫投资项目应包括基础设施建设、教科文卫事业发展,生态环境改善等,但许多地方在实际操作中把扶贫款项主要用于投资生产性项目、基础设施项目上,而忽视了对教育和环保项目的投入,从而不利于农民自我发展能力的提高,不利于农村发展条件的优化。

2. 我国城市贫困问题的成因

1) 新旧体制转换导致城市下岗失业人员剧增

我国的经济体制经历了从计划经济向市场经济转变的过程,在这一转轨过程中,国企也进行了结构性的调整改革。随着国企改革的深入,相当一部分缺乏竞争力的国有企业和集体企业不能适应市场经济环境而出现严重亏损,处于停产、半停产状态。企业亏损,必然导致大量的员工失业下岗。由于各方面的原因,这些国企和集体企业的失业人员的再就业情况并不乐观,而长期失业必然使他们陷入贫困。

另外,除了这些显性的下岗失业人员之外,还存在一些隐性的失业人员。很多企业虽然很不景气,但是由于种种因素的限制,不能随意将企业的富余职工推向社会,因此存在大量的隐性失业,他们形式上处于就业状态,实际上却处于失业或半失业状态,开工不足必然使收入低下,他们的境遇与下岗和失业人员实际上相差无几。而且,随着改革的不断深入和产业结构的进一步调整,这些不景气的企业最终必定会裁员,甚至倒闭破产。这势必导致城市贫困人口的增加。

2) 收入分配机制不健全造成城市居民贫富差距拉大

在市场经济体制下,我国以"效率优先、兼顾公平"为收入分配的基本原则,形成了以按劳分配为主体,多种分配形式并存的分配制度,调动广大社会成员的积极性,大大提高了劳动效率。然而与此同时,城市居民的贫富差距也呈不断拉大的趋势,表现为高收入阶层的迅速形成和城市贫民生活水平的相对下降。一方面,行业垄断人为地拉大了不同行业间的收入差别。另一方面,国家多年来把大量的财政收入投入到大城市,使地区差距进一步加大,而且福利政策与企业单位紧密联系在一起,失业者在失去工资的同时,也失去了福利等相关保障,加剧了不同群体之间的差距。

3) 社会保障制度不完善加重城市的贫困程度

社会保障制度是国家为保障全社会成员基本生存与生活需要而建立的重要社会经济制度,是发展市场经济的安全网和保障器。目前,我国的社会保障制度存在着体系不健全、管理职能分散、政策不明晰完备、随意性大、覆盖范围狭窄、标准过低等缺陷,未能充分发挥社会保障和救助的功能。根据国家统计局1999年对13.7万户城镇居民的调查,只有36.6%的居民参加了养老保险,11.8%的居民参加了失业保险,13.9%的居民参加了医疗保险。2014年国家统计局数据表明,时隔15

年,各种社会保险制度大大发挥了社保深入民心的良好鞭策作用:2014年参加城镇职工基本养老保险人数已达到34124.4万人,城乡居民基本养老保险情况为50107.5万人,我国参加城镇基本医疗保险人数为59746.9万人,失业保险人数降至17042.6万人。十八届三中全会提出要"推进城乡最低生活保障制度统筹发展",多地实现城乡低保标准的统一,是社会救助实现城乡统筹的具体体现,有助于打破城乡二元壁垒,保障民生底线公平,让更多困难群众享受到经济发展成果。

第三节　我国反贫困政策回应

反贫困是一项长期而艰巨的任务,随着改革开放的推进,我国的反贫困事业取得了巨大的成就,但现阶段我国的贫困问题仍然十分严峻。反思我国的反贫困政策,并不断完善和调整政策,是推进反贫困事业的关键。

一、农村反贫困政策

农村贫困问题一直深受国家的重视,改革开放以来,我国农村反贫困政策的变迁主要经历了4个阶段。

第一阶段是体制改革推动扶贫阶段(1978—1985年)。1978年中国政府开始对土地经营制度进行改革,实施家庭联产承包责任制,同时采取逐步放开农产品价格以及推进农村工业化等多项措施,初步缓解了农村贫困现象。从1978年到1985年,中国的农业出现了持续的高增长率,农民人均纯收入由1978年的133.6元增长到1985年的397.6元,年增长率高达16.6%,农村贫困人口从1978年的2.5亿人减少到1985年的1.25亿人,绝对贫困人口平均每年减少1786万人。贫困发生率由30.7%下降到14.8%,年递减速度为9.4%。

第二阶段是大规模开发式扶贫阶段(1986—1993年)。在这一阶段,中央政府决定从救济式扶贫转变为重点扶贫。1986年通过的《中华人民共和国国民经济和社会发展第七个五年计划(1985—1990)》中,将解决大多数农村贫困地区人民的温饱问题定为中国政府的一个长期发展目标。针对特定人群开始进行目标瞄准,划定贫困区域,成立专门扶贫工作机构,安排专项资金,制定专门的优惠政策,确定了开发式扶贫方针。到1993年底,中国农村贫困人口由1.25亿人减少到8000万人,贫困发生率由14.8%减少到8.7%,年均递减6.2%。

第三阶段是扶贫攻坚阶段(1994—2000年)。以"满足贫困人口的基本需求"为目标,国务院颁布了《国家八七扶贫攻坚计划》,并使国家扶贫开发工作重点县增加到592个。1997—1999年,每年有800万农村贫困人口解决温饱,达到20世纪90年代以来中国解决农村贫困人口年度数量的最高水平,国家"八七"扶贫攻坚目标基本实现。

第四阶段是新阶段开发式扶贫阶段(2001年至今)。2001年,国家制定并颁布了《中国农村扶贫开发纲要(2001—2010年)》(以下简称《纲要》),明确提出继续解决和巩固农村贫困人口温饱问题,促进贫困地区全面发展,为达到小康水平创造条件的奋斗目标。政府采取了一系列重大措施配合《纲要》的实施,如农村税费改革、退耕还林、以工代赈、国家义务教育工程、农村新型合作医疗、增加直接面向贫困村和贫困户的扶持资金等,使贫困地区的状况有了进一步的改善。然而2001年至今贫困人口的下降速度缓慢并且趋向于刚性稳定。同时由于疾病和自然灾害等因素影响农村返贫现象十分普遍。

农村反贫困政策实施以来,中国农村的绝对贫困人口数量持续下降,各地区的贫困状况也得到明显缓解。农村居民人均纯收入由1978年的133.6元增加到2007年的4140.4元,有了大幅提高。2016年中国农村居民人均可支配收入达到12363元,促进社会稳定,增强国民经济硬实力。

中国农村反贫困政策的实施取得了巨大的成就,这是毋庸置疑的,但同时,对于当前依然数量庞大的贫困人口,我国的农村反贫困政策也暴露出了不少问题。

首先,贫困标准偏低,覆盖面较窄。按照世界银行1人1天消费1美元的标准,2003年中国有贫困人口1.73亿人;2004年为1.35亿人,占世界贫困人口的10%以上。2013年农村贫困人口降至8249万人,但西部偏远地区贫困程度仍较严重,政策普及力度还需增强。

其次,农村贫困人口人力资本投入严重不足。我国农村反贫困战略调整并没有将人力资本的投入和积累作为战略重点来考虑。农村贫困除了收入较低以外,还表现出营养不良、卫生条件差等深层次的贫困。目前农村贫困人口人力资本存量低的现状使得农村反贫困的成果巩固难度加大。

再次,农村财政扶贫政策存在困境。我国的农村财政扶贫政策主要是消除绝对贫困,即解决贫困人口的温饱问题。长期来看,农村经济资源开发式扶贫未能从根本上解决农村贫困人口的经济收入问题,主要原因是农村财政扶贫存在着两大困境:一是农村财政扶贫投入力度不够;二是中央政府的扶贫目标与贫困地区地方政府发展目标之间的差异。

最后,农村反贫困的制度建设滞后。一是农村社会保障制度建设滞后。我国的农村社会保障制度存在保障内容不全、覆盖面狭小等问题。由于自然灾害的侵袭或突发疾病,部分脱贫农民极易返贫,而一些贫困户则会更加贫困。为此,必须高度重视医疗卫生保障制度和农村最低生活保障制度在扶贫中的作用。二是金融市场,尤其是信贷市场的管理体制不顺畅。中央政府提供扶贫贴息贷款,其管理权属于农业银行,银行作为商业机构,为了保障自身利益,导致扶贫贴息贷款普遍存在"贷富不贷贫"的现象。

二、城市反贫困政策

由于中国的城市贫困问题是在20世纪90年代后才得到社会广泛的关注和重视的,城市反贫困政策还没有形成完善的体系,具有应急性和对策性的特点。根据政策的性质及内容,中国的城市反贫困政策大体可分为三种类型:一是就业政策,着重为下岗工人提供就业信息、再就业培训等帮助;二是社会保障政策,包括社会保险和社会救助,主要为普通劳动者提供养老、医疗、失业以及工伤、生育等保险,为下岗职工提供基本生活补贴、城市居民最低生活保障等;三是其他政策,包括教育扶贫、教育和医疗救助等。

在城市反贫困政策中,城镇居民最低生活保障制度是政策的核心。为了救助贫困居民,保障城市低收入者的基本生活,我国从1993年起,经过6年艰苦的努力,在全国所有城市和县城所在地的建制镇全面建立了城镇居民最低生活保障制度,即政府按照最低生活保障标准给予城市贫困居民基本生活保障的一项社会福利制度。这一作为城镇贫困家庭最后的安全网的制度,在保障城镇居民的基本生活方面发挥了重要作用。它不仅使城镇"三无"人员和部分特困户受益,而且覆盖了那些虽有劳动能力、有一定生活来源、有法定抚养人,但不能维持其基本生活水平的贫困人口,像企业下岗职工、失业人员、离退休人员等等。

自20世纪90年代中期以来,我国城市最低生活保障制度经过十多年的发展在21世纪已经取得了突破性的进展。根据民政部数据,我国城市居民享受最低生活保障的人数已连续多年稳定在2200多万。2009年全国城市居民享受最低生活保障的人数则达到了2347.74万人,比2008年增加了13.18万人,低保平均标准达227.75元/人·月,比2008年提高了10.9%,最低生活保障累计支出4614227.7万元。2014年12月,全国城市居民最低生活保障人数1880.2万人,城市居民最低生活保障户数1027.5万户;2015年末,全国享受最低生活保障人数为6611.2万人。

自20世纪90年代我国开始重视城市贫困以来,城市反贫困工作取得了显著的成果。但同时,我国的城市反贫困政策还没有形成完善的体系,尚存在着不少问题。

一是城市贫困监测体系不完善,缺乏对城市贫困状况的权威统计。由于对城市贫困的界定,目前尚没有统一的标准,各地区对贫困人口数的统计也就存在随意性。此外,城市中存在大量的流动人口,而这些流动人口往往是贫困群体,忽视流动人口的贫困问题,导致了城市贫困人口数量统计出现混乱,从而使得城市反贫困政策的实施陷入较为被动的局面。

二是由于缺乏统一的低保标准和以地方为主的援助体制,导致各地情况差别较大。从地域来看,中部地区尽管城市平均最低生活保障标准较低,但其低保人数却在全国城市低保人数中占较大比重,因此每人的月平均支出水平远低于东部地区。西部地区城市的平均低保标准和平均支出水平也比东部地区低。

三、精准扶贫

1. 精准扶贫的概念

扶贫政策和措施要针对真正的贫困家庭和人口,通过对贫困人口有针对性的帮扶,从根本上消除导致贫困的各种因素和障碍,达到可持续脱贫的目标。[1]

学术界对精准扶贫的理解有:黄承伟、覃志敏认为,"精准扶贫的核心与实质是做到'真扶贫、扶真贫',将扶贫资源更好地瞄准贫困目标人群";汪三贵、郭子豪认为,"精准扶贫最基本的定义是扶贫政策和措施要针对真正的贫困家庭和人口,通过对贫困人口有针对性的帮扶,从根本上消除导致贫困的各种因素和障碍,达到可持续脱贫的目标";李鸥、叶兴建指出,"所谓精准扶贫,依靠科学的技术手段,因时、因地对贫困户进行精确识别,按照当地的实际实施联动帮扶机制,并引入动态的考核机制,完成贫困户的动态进出"。

精准扶贫的最终目的是通过精确瞄准贫困人口投放扶贫资源,不仅从数字上减少贫困人口,更是要使贫困人口产生内生动力,稳定脱离贫困状态。综合多方观点可以得出,精准扶贫的内涵在于运用科学的识别机制、制定合理的贫困标准,精确识别到户到人,并针对个体分析致贫原因,给予有针对性的扶贫措施,做到扶真贫,真扶贫。

2. 精准扶贫的核心内容

精准识别:通过一定方式将低于贫困线的家庭和人口识别出来,同时找准导致这些家庭或人口贫困的关键性因素,它是精准扶贫的基础。

精准帮扶:在精准识别的基础上,针对贫困家庭的致贫原因,因户和因人制宜地采取有针对性的扶贫措施,消除致贫的关键因素和脱贫的关键障碍。

动态管理:对所有识别出的贫困户建档立卡,为扶贫工作提供包括贫困家庭基本情况,致贫原因和帮扶措施等方面的详细信息,为精准扶贫提供信息基础,然后根据贫困状况的实际变化,及时识别出新的贫困家庭和人口,同时将已经脱贫的家庭和人口调整出去,保证精准扶贫的有效性。

精准考核:针对地方政府,制定相应的考核制度,通过量化考核对精准评价各工作部门的工作成效,给予相应的奖惩,保证扶贫工作的有效进行以及充分调动基

---

[1] 汪三贵,郭子豪.论中国的精准扶贫[J].贵州社会科学,2015(5):149.

层干部工作的积极性。

"十三五"规划中提出:各地都要在扶持对象精准,项目安排精准,资金使用精准,措施到户精准,因村派人精准,脱贫成效精准上想办法、出实招、见真效。要因地制宜研究实施"四个一批"扶贫攻坚行动计划,通过扶持生产和就业发展一批,通过移民搬迁安置一批,通过低保政策兜底一批,通过医疗救助扶持一批,实现贫困人口精准脱贫。精准扶贫的核心内容就是习近平总书记所提出的"对象要精准、项目安排要精准、资金使用要精准、措施到位要精准、因村派人要精准、脱贫成效要精准",即"六个精准"。这一思想是在总结我国前期的"四个精准"基础上将精准扶贫、精准脱贫推向了新阶段,即扶贫对象更加精准,扶贫脱贫措施更加精细化,资金管理和使用更高效,扶贫脱贫措施和项目更加追求差异化和个性化,扶贫脱贫的结对帮扶更加紧密化,进一步丰富了"精准扶贫"内涵。①

3. 精准扶贫工作机制存在的问题

扶贫对象识别精准度不高,信息量大,成本高,扶贫针对性不强,责任重;扶贫帮扶措施与农户需求不一致,农户对贫困识别工作不配合现象普遍;扶贫资金管理效率低,忽视思想扶贫;精准帮扶措施的思路狭窄,缺乏创新,帮扶措施制定过程中忽视了农户的参与,信息管理成本高;缺乏统一的信息网络,存在识别渗漏现象;农户自我发展的动力及能力弱,导致扶贫效率低;缺乏有效的激励约束机制和保障机制,导致贫困扶贫对象脱贫却不愿意脱帽,造成国家资源无法有效的利用。

扶贫识别机制不精准:我国精准扶贫识别机制总体上存在贫困群众底数不清、情况不明、针对性不强、扶贫资金和项目指向不明确等问题。第一,谁是贫困人口、贫困程度如何、为何贫困、如何脱贫、谁来帮扶、帮扶效果如何等一系列不确定问题尚未解决。例如:扶贫对象大多由基层干部推测估算出来,由于扶贫干部对贫困居民底数不清,导致扶贫资金"天女散花",常常出现"年年扶贫年年贫"的现象。第二,现行的扶贫机制不健全,我国贫困户搬迁所需的总费用采取的是"政府补助+搬迁户自筹"的方式在两者之间分摊,受经济发展水平的限制,政府补助所占份额相对较小,还需要搬迁户自行筹集较大份额资金才能实现移民;第三,贫困状况评价体系不精准,由于我国幅员辽阔,各地经济发展水平不同,居民生活方式不同,地理气候条件不同,满足群众基本生活要求的收入也不一样,应对贫困状况进行多维评价,因地制宜制定贫困状况评价体系。②

扶贫资金整合困难,县级自主权不大:当前国内外环境相对复杂,我国经济运行稳中有忧,下行压力较大,财政收入增长放缓,国家的扶贫资金投入可能受到一定的影响,致使扶贫资金补助标准很难跟上来,造成很多扶贫开发项目实施起来比

---

① 张琦.精准扶贫助推我国贫困地区 2020 年如期脱贫[J].经济研究参考,2015(64).
② 王国勇,邢溦.我国精准扶贫工作机制问题探析[J].农村经济,2015(9).

较困难,有时甚至无法完成。例如:移民项目资金筹集困难,影响安置房以及配套设施建设的进度。由于县级财力较弱,通过县级财政筹措全县移民项目建设资金很困难,而且我国金融部门尚未明确支持扶贫生态移民信贷业务,参与移民的农户筹资压力较大。

4. 精准扶贫实施过程中存在问题的原因分析

1) 精准识别问题产生的原因分析

农户参与程度低:目前我国多数地方没有专职的扶贫团队,因此贫困的识别工作主要还是由各村来负责完成,通常村里走完相应程序后公示,公示完后再上报名单。农户很少有人参与贫困识别工作,主要原因有:一是一些农户自己不愿意参与贫困识别工作。部分老百姓对贫困识别不关心,表现得比较冷漠,觉得无所谓,与自己无关。二是一些农户根本就没有听过建档立卡的事情,没有接到任何与贫困人口识别工作相关的信息,也不知道贫困识别工作何时开始何时结束。确切地说就是精准扶贫的相关信息不对称造成的或者说是被垄断或故意封闭。三是现在的农村大部分农户外出打工,留下的基本上是老人、儿童,因此很多家庭都没有参与到精准识别工作中。因此,没有办法实现精准。①

2) 精准帮扶中的问题分析

需求排斥:由于不同贫困户在贫困表现、贫困根源、贫困特点和减贫需求等方面存在区别甚至显著区别,精准帮扶就应该针对贫困户的具体情况提供针对性的帮扶措施。但在实际帮扶工作中,很少甚至根本不考虑不同贫困户的实际情况,帮扶措施往往简化为提供部分资金,赠送一些生产资料(如种牛、种羊、果树苗等)、修建或改造贫困群体住房,甚至只是提供一些日常生活用品而已。很多地方热衷于为贫困户修房或改建房屋,其实有不少贫困户更关心的是创收活动。有的帮扶活动总是关注生产环节(如更换品种、扩大生产规模),其实贫困户更希望得到市场营销方面的帮扶,把现有产品更好地卖出去。②

配套排斥:目前,很多的减贫项目都要求地方以及贫困群体配套,而且有的配套比重要求很高。例如:在四川省凉山彝族自治州,每个贫困村的扶贫投入是 100 万元,但要求地方整合至少要给 200 万~300 万元的配套资金。如果地方政府不放弃项目,就只能采取虚拟配套,或者挪用其他资源搞配套。在集中连片扶贫开发框架下,地方政府挪用的资源往往是片区外其他贫困地区的减贫资金,这意味着在满足了一部分贫困群体减贫需求的同时,也剥夺了其他贫困群体的合法权益。在四川省的一些彝族地区,为彝族贫困户修建的房屋每套成本大约 10 万元,但要求贫困户配套 7 万元左右才能享受,很多贫困户只能放弃,而真正享受这些减贫新房

---

① 张爱琼.农村精准扶贫问题研究[D].昆明:云南财经大学,2016:26.
② 邓维杰.精准扶贫的难点、对策与路径选择[J].农村经济,2014(6).

的不少农户都不是贫困户。

5. 精准扶贫的创新工作机制、挑战和建议

1) 完善精准扶贫考核机制

目前国家统计局对全国农村贫困人口的估计依据是收入和消费指标和贫困线标准。但如果继续用该方法作为精准扶贫效果的考核,就会出现识别和扶持标准与考核标准不一致的问题。建议对精准扶贫效果的考核只针对建档立卡贫困户,主要评估建档立卡贫困户在收入、消费、资产、教育和健康等多个维度的改善状况和脱贫状况。这就需要改进农村住户抽样调查,特别是建档立卡信息要反映在住户抽样调查中。在此基础上,国家统计局每年可以对建档立卡户的变化情况进行可靠的评估。国务院扶贫办也可以利用建档立卡系统对扶持情况进行跟踪和评价。

2) 地方政府重点探索和建立贫困户的受益机制

由于导致贫困的因素是多方面的而不是单一的,精准扶贫不仅需要采取综合性的扶持措施,而且需要有长远的眼光,同时干预导致贫困的短期和长期因素。在重视贫困户的产业发展和创收的同时,需要重点解决儿童的营养、健康和教育问题,切断贫困的代际传递。在产业发展和创收方面,重点探索如何将贫困户纳入现代产业链中,解决贫困户经常面临的技术、资金、市场方面的困难。

3) 研究和解决贫困户脆弱性和外部突发性因素影响变大导致的扶贫脱贫的稳定性和长效性的新方法和新思路

精准扶贫、精准脱贫提升了扶贫脱贫的能力和效果,但经济发展脆弱性、自然和社会脆弱性不断增强,导致扶贫脱贫家庭返贫现象增多。返贫的易发性主要表现在突发性的自然灾害增多、突发性的疾病大病增多、突发性的交通事故和社会治安危害增大,同时因学致贫的影响度仍然很高,影响了扶贫脱贫效果和水平。建议国家加大医疗教育扶贫力度,降低返贫比例;强化产业扶贫力度和产业培育,提升贫困户的产业发展可持续能力,加大贫困户专业技术培训,尤其是强化"雨露计划"项目的实施。

4) 导致精准扶贫没能实现的根本原因

包括自上而下完全由政府体系主导的缺乏贫困群体参与的贫困户识别机制,以及政府财政投入少和缺乏独立第三方社会服务机构介入的协助和监督机制。要实现真正的精准扶贫,首先应该开展国家级和省级的贫困普查,对贫困村实施分类管理,在村级实施"应保尽保"和"应扶尽扶"政策。在贫困村和贫困户识别与帮扶环节,除了基于现行自上而下的体制,也要融合自下而上的贫困群体包括贫困户主导参与的机制,同时购买独立第三方非关键利益相关者的社会服务,实施有效协助和监督。只有在国家提供足够的减贫投入情况下,才能大幅减少精准帮扶过程中对贫困群体的排斥现象。此外,应该转变扶贫到户理念和减贫模式,构建以社会保障安全网为主要内容的保护式扶贫,要依托贫困地区资源优势,通过乡村旅游、休闲农业和生态旅游等创新减贫手段。

5)实施有效的扶贫模式

第一,为认定的贫困群体减贫规划提供足够资金支持,显著减少甚至免除地方资金配套要求,确保专项扶贫资金到村到户解决贫困问题,也避免个别地区和部门借此挤占挪用扶贫资金。第二,凡是扶贫部门主管、相关部门实施的扶贫项目,必须强调扶贫到户,确保其扶贫项目的属性,不能当成单一的产业发展项目来实施。在推行公司+农户、大户带动贫困户等产业扶贫模式的同时,必须明确提出贫困户的盈利模式,不能把贫困户理解为简单的原材料提供者。第三,对村干部和驻村干部提供能力建设服务,根据精准扶贫政策要求提供针对性培训。第四,建立精准识别和精准帮扶的过失追究机制,让贫困村村民代表和贫困户直接参与精准识别和精准帮扶决策过程,并与第三方社会监督服务结合,建立公众监督举报制度,确保精准识别和精准帮扶的公开透明和公正。[①]

四、对我国反贫困政策的建议

由于城乡体制及发展模式的差异,当前我国的农村贫困与城市贫困在贫困人口规模、地域分布等特征上均存在较大的差异,但同时,农村反贫困与城市反贫困又在某些方面存在着共同特征。

首先,现有的农村社会保障制度很不完善,试点工作不仅覆盖区域小,而且涉及的保障内容也很少,以最低生活保障和医疗保障为主;城市地区的贫困人口规模也在不断扩大,其中"农民工"的贫困数量占很大的比重,现有的城市社会保障制度仍需完善,特别是"农民工"的社会保障问题。为此,需要整合城乡社会保障体系,满足城乡贫困群体的生存和发展需求。

其次,与城市地区实施的"再就业"工程相比,农村地区缺乏必要的劳动培训、平等的就业机会和劳动保障,导致发展机会的缺失,产生贫困,需要完善城乡一体的就业制度,提高就业率。

最后,与农村反贫困政策体系相比,城市反贫困政策体系有待完善,城市贫困监测体系的不完善,城市扶贫管理机构的不完善,这样就需要建立一个完善的行政体制,统筹城乡反贫困政策的制定。

可见,农村贫困与城市贫困既相互区别,又相互联系。因此,我国要采取综合性的反贫困政策,一方面需要宏观上城乡兼顾,统筹规划,实行农村与城市反贫困并重;另一方面则需要根据农村和城市各自的特点因地制宜。

---

① 左停,杨雨鑫.精准扶贫:技术靶向、理论解析和现实挑战[J].贵州社会科学,2015(8).

1. 实现全国贫困标准的统一

当前,在贫困线界定和贫困人口统计上,存在两个问题:一是城市贫困线没有统一的标准,二是城乡之间的贫困标准也存在较大差异。要推动反贫困工作的进一步开展,有必要从国家层面实行相对统一的城乡贫困标准,以整合城乡各方面的反贫困资源,达到城乡统筹发展的目的。首先,要制定全国统一的城市贫困线标准作为城市反贫困的底线。国家应把城市反贫困政策的重点放在那些低于国家贫困线的城市贫困人口相对集中的地区。其次,在考虑城乡生活费差异的基础上,逐步实现城市和农村贫困线的接轨。对于农村贫困人口,要根据新时期的新情况,进一步提高农村贫困线标准,分阶段稳步推进,逐步向世界银行的1天1美元标准接近。

2. 进一步完善全国贫困监测体系

贫困监测体系一方面在于根据各发展时期的实际情况制定合理的贫困标准,另一方面在于对各地贫困状况进行动态监控,统计实际贫困人口。目前,我国的农村贫困标准偏低,而城市贫困标准缺乏权威的界定,且数量庞大的"流动人口"的贫困问题未得到重视。因此,城市贫困标准的制定不仅要体现其权威性,而且要涵盖流动人口中的贫困群体。在实现城市统一贫困标准的基础上,加强对城市贫困监测体系的构建;同时不断完善农村的贫困监测体系,逐步提高农村贫困标准,并最终形成全国城乡统一的动态监测体系。

3. 构建健全的反贫困管理体制

中国在20世纪80年代成立了专门的农村反贫困管理机构,并取得了举世瞩目的成效。相比之下,城市反贫困管理机构的建设较为滞后,一定程度上造成了反贫困资源的浪费和分散。为此,建议对现有的机构和资源进行整合,建立能够统筹农村和城市反贫困工作的国家反贫困机构。当前可以考虑赋予国务院扶贫办统筹城乡反贫困的职能,研究制定包括农村和城市反贫困在内的全国统一的反贫困战略规划和政策,确定全国统一的城乡贫困标准,开展全国城乡贫困人口的统计,以最大限度地减少中央政府、地方政府、企业和个人之间的交易成本,保障农村和城市反贫困资源的合理分配和有效利用。

4. 完善社会保障制度

当前,我国农村的社会保障制度还不健全,农村居民在住房、医疗、教育等方面享受的资源水平远低于城市居民,"农民工"这一社会特殊群体的社会保障问题也还没有得到解决。因此,完善社会保障制度已刻不容缓。首先,要逐步完善农村社会保障体系内容,并同时将"农民工"及其子女逐步纳入城市社会保障体系范围内,这样既有利于"社会公平",也有利于社会保障资源的有效分配,实现农村与城市社会保障体系的接轨。其次,农村新型合作医疗试点工作正在全面展开,但多数低收入农民没有能力支付参加新型合作医疗必须缴纳的合作费,建议政府针对所有城乡贫困人口建立城乡医疗救助制度,包括救助对象、救助病种、救助标准和申请审批等环节,其中,保障标准可以存在地区差异和城乡差别,但要最大限度地保证覆盖尽可能多的城乡贫困居民。

5. 统筹城乡就业制度

针对城乡分隔的户籍制度和就业制度,当前应统筹城乡就业制度,建立规范有序的城乡一体化的劳动力市场,不仅要降低城镇失业率,而且要保障城乡劳动者平等竞争的就业机会,尤其是消除对农民工就业的限制。首先,各级政府要建立专门的就业服务机构,对城乡劳动者实行统一管理,并提供统一的就业服务,同时鼓励企事业单位面向城乡劳动者统一招聘,这样,在城乡一体化的劳动力市场中,城乡就业中普遍存在的社会排斥问题可得到一定程度的缓解;其次,统筹城乡就业与城镇化和工业化过程密不可分,为此,要积极推进小城镇建设,加快其工业化和城镇化进程,在那些有发展潜力的小城镇创造更多的工作岗位和就业机会,吸引城乡劳动力就业,从而缓解就业压力。

基 本 概 念

贫困问题　贫困线　贫困理论　农村贫困问题　城市贫困问题
反贫困政策　国际贫困标准法　生活需求法　生活形态法　恩格尔系数法
贫困监测体系　社会保障

思 考 题

1. 简述贫困的分类类别。
2. 简述几种常见的确定贫困线的方法。
3. 简述当前我国农村贫困问题。
4. 简述当前我国城市贫困问题。
5. 简述我国的反贫困政策。
6. 请问如何才能消除贫困?

第四章

教育问题

第一节 教育社会学理论

一、结构功能主义视角

19世纪中下叶,一些社会学家开始将社会学中的功能理论运用到教育领域的研究,到20世纪初期,教育社会学的功能论基本形成。这种理论视角在教育学界、社会学界有着广泛深远的影响,是进行教育问题研究的一种颇为流行与成熟的理论与方法。

结构功能主义视角的代表人物有迪尔凯姆、帕森斯、默顿。迪尔凯姆被社会学界公认为教育社会学的创始人,有"教育社会学之父"之称。[1] 在《教育与社会》一书中,迪尔凯姆具体阐述了关于教育以及教育的目标功能的观念。迪尔凯姆认为,任何社会的教育制度的最终目的在于培养人们的共同价值观念或"集体意识",这是一个社会得以延续的前提。同时,教育必须根据社会的分化和分工做出相应的调整。社会阶级阶层的分化促使教育体制发生变更,要为不同阶级阶层的人们提供不同的教育;社会分工的高度分化使得教育必须为不同职业的人们提供专门的知识和特殊的技能。社会的分化与分工带来教育的分化与分工。显然,在迪尔凯姆看来,教育的目的在于对社会成员进行社会化,为社会培养合格的成员,促进社会的发展。

在帕森斯非常著名的"AGIL"分析模式中,教育作为社会系统中的一个子系统,主要承担模式维持功能。帕森斯认为,为了实现这一功能,教育首先必须保证与政治、经济、文化等其他社会子系统相适应,它对社会的功能才能有效发挥出来;

---

[1] 钱扑.教育社会学的理论与实践[M].南宁:广西教育出版社,2001:51.

同时它又必须维持教育子系统内部方方面面的结构关系,如教师、学生、教育行政人员、家长等,以达到内部的协调整合。只有这样,教育才能培养出合格的社会成员,达到维持模式的目的。

帕森斯的《作为社会体系的学校班级》一文是对学校班级体系做结构功能分析的典范。帕森斯提出,班级是学校大系统中的一个子系统,教育活动实际上大部分是在班级中展开的,因此分析学校功能必须从班级开始。他认为,学校教育的一大功能就是培养个人承担未来角色的基本能力和技能以及发展个人的社会责任感和未来特定角色表现的责任感,也就是迪尔凯姆所谓的社会化功能。但这只是学校的主要功能之一,另一个主要功能是选择功能,这是帕森斯对迪尔凯姆教育功能思想的发展。因为随着现代社会的演进,分工日趋精细化,为社会选择合格人才的任务便落在了学校教育的肩上。学校在塑造学生未来职业角色的同时,还必须根据学生的性格、成就对其进行分化、筛选,为社会输送各类人才。按帕森斯的分析,社会化属于学校对内的功能,选择是其对外的功能,二者都是现代社会所不可或缺的。①

作为帕森斯的学生和结构功能理论的继承者,美国社会学家默顿对结构功能理论的贡献之一是提出了"显功能""隐功能""正功能""负功能"等概念。虽然默顿本人并没有将这些概念应用到对教育领域的分析,但后来不少学者将这些概念拓展到教学论、课程论、学校组织和学生亚群体文化等社会学层面的研究中。

功能主义侧重于强调教育的社会功能,忽视了隐藏在教育制度背后的社会不平等、社会冲突、社会分化等方面,而对教育背后的不平等、冲突与分化的关注,就是从功能主义到冲突理论视角的转换。

二、冲突理论视角

教育社会学中的冲突论学派,主要包括侧重于分析、批判资本主义教育制度的鲍尔斯和金蒂斯的"新马克思主义冲突论",探讨教育阶层化的柯林斯的"新韦伯主义冲突论"以及对学校内部社会关系进行剖析的华勒的"教学社会学"。②

鲍尔斯和金蒂斯在《资本主义美国的学校教育》一书中,运用社会学的冲突理论,对以美国为代表的资本主义教育制度进行了无情的揭露与批判。鲍尔斯、金蒂斯从以美国为代表的资本主义制度背景出发对教育进行分析后,认为教育制度是维持资本主义不平等生产方式的一个重要手段,是复制资本主义社会不平等分工制度的主要工具,其本质上是为资产阶级服务的,主要表现为教育制度的工具性和

---

①② 钱扑.教育社会学的理论与实践[M].南宁:广西教育出版社,2001.

欺骗性。

首先来看资本主义教育制度的工具性。鲍尔斯、金蒂斯认为,教育受社会制度和经济体制的制约,它必然要为维持资本主义不平等的社会经济体制服务。这主要通过三个方面来实现:第一,通过专门化的学校教育,为个人提供从事特定职业所需要的知识与技能,为资本主义的维持与发展培养合格的劳动力;第二,向受教育者灌输资本主义价值观、政治观、人格、信仰等,塑造他们的劳工意识,接受资本主义的统治;第三,培养学生的爱国意识和法制观念,使其自觉接受资本主义社会不合理性和不公平性,从而增强他们对社会、对国家的凝聚力。以美国为代表的资本主义社会就是通过教育迫使青年一代接受资本主义的价值观念,承认资本主义的合理性,从而将资本主义的不合理性、不平等性合法化,教育实际上充当了资产阶级复制不平等地位的主要工具。

其次,资本主义教育制度的欺骗性。鲍尔斯和金蒂斯认为,为了有效地充当维持资本主义延续的工具,美国的教育制度又具有极大的虚假性和欺骗性,具体表现在:美国宣称其教育是向所有社会成员开放的,公正与公平的,任何人只要凭借自己的才能与刻苦攻读,取得教育成就和职业技能,就能在社会阶层体系中实现向上流动,最终获得上层阶级的地位。表面上看起来这是非常公平与合理的,但鲍尔斯指出,这一点极具欺骗性,因为教育制度在本质上受阶层背景制约,上层阶级可以利用手中的特权干预教育体制,无论是从学校的选择,还是从学校课程的设置来看,教育体系中所有"游戏规则"都有利于上层阶级的孩子,使他们能从容地获得较高的教育成就,维持上层阶级的地位;而下层阶级的孩子因教育体制本身对其不利而往往难以获得较高的教育成就,难以获得向上流动的机会,最终难以改变下层阶级的地位。在这里,教育一方面使社会不平等得以再生产,并在代际传递,另一方面又企图使人们相信这一结果不是社会制度造成的,而是因为个人的天资不如他人或努力程度不够,因而是公平合理的,这对处于社会底层的广大劳动者具有很强的欺骗性。

柯林斯的"新韦伯主义冲突论"认为,社会是不同利益集团为争夺财富、权力、声望而互相斗争的舞台,教育是各利益集团斗争的重要工具之一。因不同利益的集团制约、决定教育的基本性质,这种制约既表现在对受教育对象的选择上,也表现在学校所传授的与一定身份集团相配合的身份文化上。柯林斯通过实证研究发现,学历与生产能力之间并不存在对应关系,高学历者未必具有高生产能力,有时还出现偏低的情况。其次,很多对社会经济发展有利的专门技术并非来自学校教育,而主要是由企业提供的在职培训所获得的。

对于这一实证研究发现,柯林斯的理论解释是:首先,现代社会是由相互争斗的利益集团构成的,即使在同一集团内,具有不同身份、职位的成员也会为各自的利益而斗争不止。各利益集团总与一定的职业或行业相关联,因而通过教育选择一定的知识结构和知识水准的人员进入职业圈，便是各集团维护自己权力、利益的表现。其次，高学历的人，并非其职业技能就一定很高，而各集团所希望招聘高学历的人，实际上是为了维护该集团的文化身份与声望，从而阻止了低学历的人进行该利益集团。这充分说明，选择高学历表面上是知识、技能的追求，实际上成了社会控制的一种手段，教育也就成了各利益集团维持政治优势、争夺经济利益、谋求地位声望的重要工具。

如果说鲍尔斯、金蒂斯、柯林斯从宏观社会结构层面分析教育的不平等性，那么华勒则从微观视角分析了学校内部的不平等性。学校表面上看起来是精神的家园、宁静的港湾，其实内部仍然处于不断的冲突、争斗之中。具体来讲，华勒的观点可大致归纳为如下两个方面。

(1) 教师是制度化的领导。

华勒指出，支配与被支配、领导与被领导的关系存在于任何组织之中。领导按其不同的表现方式可分为两种模式：一种是感召式领导，是因领导者本人的人格魅力、远见卓识、知识经验以及被领导者对其的自觉追捧而自然形成的。这种领导一般是从人际互动中自发产生的，进而决定社会互动的模式，个人人格魅力是此种领导形成的基础，并由此获得较高的社会地位与社会声望。另一种是制度化领导，这是按照组织结构先预设一个领导位置，并规定其职责、权限等，然后再选择合适的人员占据这一位置行使领导职能。此类领导者不一定具备较强的人格魅力和感召力，其声望主要来自于地位，而非个人。在华勒看来，学校教师是制度化的领导而非感召式领导，因为教师的行为模式、权力、权威以及声望，是由其职位所赋予的，并非来自个人的人格特质，当教师的人只要表现出与该职位相适应的行为，就能对学生进行领导。

(2) 师生关系是制度化了的"支配—从属"关系。

正因为教师的行为模式是由社会制度、社会规范预先规定的，教师便代表了社会的预设，代表了成人要求，他容易与学生的兴趣爱好、自发活动产生不一致，进而形成冲突。由于教师始终居于支配者、统治者地位，学生处于被支配者、被统治者地位，因此在冲突过程中，教育处于有利地位，学生处于不利地位，冲突的结果往往不是双方妥协，而是以教师的胜利告终。华勒认为，师生之间的这种"支配—从属"关系已经制度化了，教师把学生视作材料，按社会的意志进行雕琢，把社会的要求、规范强加于学生，教他们一些枯燥无用的课程，希望他们表现出社会期望的行为，学生完全成了成人的复制品；学生虽然有自己兴趣爱好，想以自己喜欢的方式学习自己想学的知识，但最终仍不得不服从教师，因为教师是权威。同时教师为了维持课堂秩序，迫使学生服从自己，通常会采取一系列手段来控制学生，如命令、嘲笑、讽刺、孤立、责备、处罚、考试等，这就使师生关系走向对立。因此，华勒强调，为了维护自己的权威形象，提高学生的学习效率，教师要凭借自己的地位优势，严格控制学生,这是取得教学成效的重要环节。

三、互动理论视角

互动论者认为以往的功能论、冲突论强调学校和社会之间的宏观联系,没有对学校日常运作的具体过程,特别是教育系统内部群体之间、个人之间的互动进行分析,因而无助于日常教学质量的提高;教育社会学只有将研究视角放在学校内部的各行为主体的互动过程上,才能深刻揭示学校中各种不同角色的行为意义,才能看清学校功能的本质含义。互动论者主要从师生之间的互动和学生之间的互动两个角度揭示了教育体系中不同角色的行为意义。[1]

(1) 师生之间的互动。

师生互动构成了学校内部运作过程的基本层面,按大多数互动论者的观点,他们倾向于把师生关系看成是一种冲突关系,且在互动过程中,教师处于主动的、支配的、权威的地位,学生则处于被动的、被支配的、服从的地位。符号互动论者哈格里夫斯通过对课堂中师生之间互动过程的分析,提出师生之间的互动过程与社会中一般的人际互动相比,有两方面的不同。第一,社会中的人际互动往往是基于互动主体双方的意愿展开的,而学校中师生之间的互动只基于教师的意愿,很少考虑学生的意愿,学生没有选择的余地,甚至是被迫的。在互动过程中,教师如果感到不满意,可以调整互动的方式或策略。而学生在互动过程中感到不满意,而只能接受。第二,社会中人际互动双方的地位往往是平等的,而学校中师生之间的互动双方在地位、权力方面存在明显的差距,是一种不平等的互动关系。在学校情境中,教师的成人形象、身份角色、知识权威均赋予了他在与学生互动中的权威地位,其相应的权力大到足以惩罚学生,使学生服从自己。教师在课堂上始终扮演着"支配者"与"训练者"的双重角色,学生则始终扮演着"被支配者"和"受训者"的角色。这一"权力差距悬殊"的特征使教师在课堂上能按自己的意愿来界定情境,并通过互动迫使学生接受这种界定。

(2) 学生之间的互动。

学校为学生造就了另一特殊的互动情境——同辈群体。学生与学生之间的互动,主要受到同辈群体及其相应的亚文化的影响,它对青少年的人格发展起着重要作用。在现代社会,儿童入学之后,同辈群体的影响往往会超过家长的影响。在其与同龄人的相互作用中逐渐成为以兴趣、爱好、能力为基础的新群体的一分子,他们能在这种群体中获得自我认同,并且逐步确立与该同辈群体相适应的亚文化价值体系;而同辈群体也有其不成文的、但又必须共同恪守的规范、价值标准、行为准

---

[1] 钱扑.教育社会学的理论与实践[M].南宁:广西教育出版社,2001:91-93.

则,并以此来要求、约束群体成员,对成员的身心发展起着举足轻重的影响。

例如,哈格里夫斯曾分析了按"能力"分班形成的"快班""慢班"学生的不同价值导向,他发现"快班"学生认同校方的价值规范,积极参加学校活动,行为表现与教师期望相符;而"慢班"学生往往与校方的价值规范相抵触,迟到、旷课或不积极参加学校活动,其行为表现往往与教师的期望不相符。他认为,这代表了两种完全不同的亚文化,即"学术性"亚文化与"偏差性"亚文化。分属这两种不同亚文化的学生均把对方看成"负向参照群体"。如"快班"学生努力学习、积极参加学校的各项活动,并努力保住自己在该群体中的成员身份,不让自己下跌至"慢班";"慢班"学生也没有通过努力学习升入"快班"的动机,因为这样往往会导致"慢班"同学对其的嘲讽、排斥,而使其处于孤立地位。同辈群体及其亚文化对学生的压力与影响可见一斑。

第二节 教育公平

在中国共产党的十七大报告中指出:教育机会的公平,即让所有人都享有公平的接受教育的机会;教育环境的公平,也就是学校环境、办学条件的公平;教育政策和制度的公平,即从政策和制度上保证每个孩子在人生道路上都拥有公平的起跑线。平等接受教育是每个公民的基本权利。如联合国1948年通过的《世界人权宣言》规定,"人人都有受教育的权利"。《中华人民共和国教育法》第九条规定:中华人民共和国的公民有受教育的权利和义务。公民不分民族、种族、性别、职业、财产状况、宗教信仰等,依法享受平等的受教育机会。但就中国目前的现实而言,教育公平仍未能完全实现。

一、教育公平的概念

教育公平,又称教育机会均等。最早提出"教育机会均等"概念的是美国著名社会学詹姆斯·科尔曼,他提出了教育公平的四条标准,反映了教育公平观念的历史进程:①进入教育系统的机会均等。这是指社会应向人们提供某一规定水平的免费教育,即为所有儿童,无论背景,提供进入同样学校学习共同课程的机会。②参与教育的机会均等。即不同社会出身的组别,有相同比例的人数,能够得到同样的教育机会,并且在质和量上都得到相等的教育参与。③教育结果均等。这是指不同的社会群体都有一定比例的人,从每学年的教育进程和整体的教育经验中得到相似的教育成效。④教育对生活前景机会的影响均等。即通过教育来克服人的出身、性别等自然不平等和社会经济等方面的差别,取得相近的社会成就。①

瑞典教育家托尔斯顿·胡森对以前的研究做了概括性总结,指出教育机会均等在三个不同时期有着不同的含义,经历了起点均等论、过程均等论和结果均等论三个阶段。

起点均等论是一种保守主义的机会均等观,在第一次世界大战以前的多数西方工业国占主导地位。它主要是指法律保证人人都有受教育权利,都可进学校,但不同能力的人接受不同性质的学校教育。它强调的主要是教育权利平等。

过程均等论是一种自由主义的观点,在20世纪五六十年代的西欧和北欧教育界占据主导地位。其主要观点认为,教育的功能在于消除经济和社会的外部障碍,使每个人的天赋能力得到充分发展,并将每个学生分配到与其能力相称的社会地位上。因此,重要的是教育制度要平等地对待每一个儿童,应该让每个儿童有机会享受同样的教育,至于如何利用这种机会,则属于儿童及其家庭的权利。它强调的主要是教育机会均等。

结果均等论兴起于20世纪60年代中后期的美国,主张把均等作为总的指导原则,以便向每个学生提供使其天赋得以充分发展的机会,并向处于社会文化不利地位的儿童提供补偿教育,使其与其他儿童一样获得平等的教育效果。因此,它强调的是结果均等,即学业成功机会的均等。②

综上所述,可以认为教育公平是相对的,不是绝对的,教育公平不等于教育平均主义,它强调的是在同一历史时期在教育资源的配置、教育起点、教育机会、教育规则等方面的公平,而不单纯是结果上的平等。教育公平是人们对教育机会均等程度的认识和评价。

二、中国教育公平的现状

由于城乡之间、区域之间社会经济发展不平衡,再加上历史形成的体制、机制等原因,虽然我国的教育公平整体情况有所改善,但真正的教育公平还没有完全实现,在某方面还存在着扩大和蔓延的趋势,突出地表现在以下几个方面。

(一) 义务教育发展中的不均衡

义务教育是国家统一实施的公益性事业,统一办学条件和办学要求是义务教

---

① 袁振国.论中国教育政策的转变:对我国重点中学平等与效益的个案研究[M].广州:广东教育出版社,1999.
② 张良才,李润洲.关于教育公平问题的理论思考[J].教育研究,2002(12).

育的应有内涵。但这一目标还未真正实现,主要表现在以下几个方面:

1. 城乡之间义务教育发展不均衡

近年来,随着城乡经济发展差距的不断拉大以及农村教育资源的相对不足,城乡教育公平问题日益凸显出来。教育的城乡差距是我国教育差距的核心问题,缩小教育差距的关键在于缩小教育的城乡差距。[①] 在义务教育阶段,中国城乡教育差距主要表现在教育资源的配置方面。据教育部发展规划司发布的《2015年教育统计数据》显示(见表4-1),2015年城镇小学和初中生均公共财政预算教育事业费支出分别为8953.83元和12252.27元,比农村高出377.08元和903.48元;城镇小学和初中生均公共财政预算公用经费支出分别为2517.58元和3413.13元,比农村高出272.28元和319.31元;城镇小学和初中危房占比分别为1.19%和1.12%,分别比农村低1.74个百分点和1.38个百分点。

表4-1　2015年城乡中小学教育资源比较　　　　　　　单位:元

项目	小学		初中	
	城镇	农村	城镇	农村
生均公共财政预算教育事业费支出	8953.83	8576.75	12252.27	11348.79
生均公共财政预算公用经费支出	2517.58	2245.30	3413.13	3093.82
危房占比	1.19%	2.93%	1.12%	2.50%

(注:教育部发展规划司发布的《2015年教育统计数据》)

2. 区域间义务教育发展不均衡

可以说中国是世界上地区差异性最为显著的国家之一。义务教育投入的巨大差异是地区间教育差距最直接、最重要的表现形式,并将直接导致区域间办学条件、师资队伍、教育质量等方面的差异。基于此,这里主要以义务教育投入的差异来分析地区教育差距。表4-2、4-3的数据显示,不同省份义务教育投入表现出较大的差距。

从2015年不同省份义务教育生均公共财政预算内教育事业费来看(见表4-2),北京市的普通小学、普通初中生均预算内教育事业费最高,分别为23757.49元、40443.73元,是全国平均生均预算内教育事业费的2.69倍和3.34倍,是相应最低省份河南省的5.19倍和5.57倍。

---

① 闵维方.探索教育改革:经济学和管理政策的视角[M].北京:教育科学出版社,2005.

表 4-2 不同省份义务教育生均公共财政预算内教育事业费情况　　　　单位：元

地区	普通小学			普通初中		
	2014 年	2015 年	增长率(%)	2014 年	2015 年	增长率(%)
北京市	23441.78	23757.49	1.35	36507.21	40443.73	10.78
天津市	17233.85	18128.16	5.19	26956.43	28208.67	4.65
河北省	5349.05	6752.72	26.24	7749.39	9557.77	23.34
山西省	7359.19	9269.24	25.95	9016.90	11403.16	26.46
内蒙古自治区	10181.40	11972.33	17.59	11954.80	14362.59	20.14
辽宁省	8354.27	9138.21	9.38	11163.16	12706.60	13.83
吉林省	10192.63	12136.74	19.07	12707.69	15539.57	22.28
黑龙江省	11062.98	12939.48	16.96	12187.65	14435.89	18.45
上海市	19519.88	20688.35	5.99	25456.58	27636.22	8.56
江苏省	11175.06	11988.81	7.28	16690.42	19048.59	14.13
浙江省	9811.88	11599.79	18.22	14204.93	16616.16	16.97
安徽省	6658.15	7766.51	16.65	9210.80	11114.71	20.67
福建省	8175.63	9102.81	11.34	11544.45	13199.18	14.33
江西省	6851.82	7462.02	8.91	9002.57	9665.37	7.36
山东省	7253.54	8135.32	12.16	11333.87	13408.97	18.31
河南省	4447.63	4575.27	2.87	7139.84	7262.97	1.72
湖北省	7020.68	8790.99	25.22	11347.73	14435.84	27.21
湖南省	6363.41	7154.49	12.43	10068.21	10472.97	4.02
广东省	7738.55	8757.95	13.17	9264.05	11456.70	23.67
广西壮族自治区	5945.96	7061.36	18.76	7360.62	8745.99	18.82
海南省	8825.64	10460.87	18.53	10594.56	13205.91	24.65
重庆市	7259.92	8431.67	16.14	9224.77	10834.51	17.45
四川省	7530.41	8984.53	19.31	9111.07	11477.01	25.97
贵州省	6789.79	8645.83	27.34	6924.70	8704.94	25.71
云南省	6200.67	7532.21	21.47	7586.92	9335.79	23.05
西藏自治区	17905.94	25750.22	43.81	16631.68	23845.23	43.37
陕西省	10196.97	10896.37	6.86	12330.50	13619.44	10.45
甘肃省	7289.18	9118.26	25.09	8377.71	10187.13	21.60
青海省	9438.49	10472.79	10.96	11949.57	13295.04	11.26

续表

地区	普通小学			普通初中		
	2014年	2015年	增长率(%)	2014年	2015年	增长率(%)
宁夏回族自治区	6470.11	8034.85	24.18	9689.53	11047.18	14.01
新疆维吾尔自治区	11292.19	12929.81	14.50	14452.18	16999.84	17.63
全国	7681.02	8838.44	15.07	10359.33	12105.08	16.85

(资料来源:根据《2015年全国教育经费执行情况统计表》整理)

从2015年不同省份义务教育生均预算内公用经费来看(表4-3),北京的小学、初中生均预算内公用经费最高,分别为9753.38元和15945.08元,是全国平均生均预算内公用经费的4.01倍和4.74倍,是相应最低省份的5.58倍和7.14倍。

表4-3 不同省份教育生均公共财政预算内公用经费情况　　　单位:元

地区	普通小学			普通初中		
	2014年	2015年	增长率(%)	2014年	2015年	增长率(%)
北京市	9950.95	9753.38	−1.99	14127.64	15945.08	12.86
天津市	3968.87	4361.41	9.89	6134.37	6356.92	3.63
河北省	1439.30	1770.62	23.02	2121.14	2533.69	19.45
山西省	1842.46	2021.33	9.71	2546.16	2535.94	−0.40
内蒙古自治区	2527.43	2885.38	14.16	3283.98	4011.43	22.15
辽宁省	2445.02	1966.86	−19.56	3404.10	2809.37	−17.47
吉林省	2680.00	2882.10	7.54	3405.93	3770.65	10.71
黑龙江省	2640.90	2736.59	3.62	3518.84	3527.43	0.24
上海市	7383.61	6983.97	−5.41	9278.78	8642.69	−6.86
江苏省	2958.16	3081.26	4.16	3731.13	4246.20	13.80
浙江省	1693.05	2229.03	31.66	2639.24	3225.23	22.20
安徽省	2364.44	2520.97	6.62	3328.57	3611.80	8.51
福建省	2200.61	2500.47	13.63	2916.11	3234.93	10.93
江西省	2789.24	2672.51	−4.19	3954.21	3930.96	−0.59
山东省	2179.46	2053.95	−5.76	3586.74	3526.70	−1.67
河南省	2036.84	1954.99	−4.02	3295.80	3168.36	−3.87
湖北省	1642.83	2825.25	71.97	2308.60	3898.82	68.88
湖南省	2187.39	2383.31	8.96	3432.85	3069.44	−10.59

续表

地区	普通小学			普通初中		
	2014年	2015年	增长率(%)	2014年	2015年	增长率(%)
广东省	1851.39	2251.09	21.59	2382.21	2947.44	23.73
广西壮族自治区	1639.99	1748.87	6.64	2353.21	2545.93	8.19
海南省	3091.77	3485.96	12.75	3942.91	4923.72	24.88
重庆市	2513.19	2940.79	17.01	3050.43	3340.42	9.51
四川省	1824.03	1983.24	8.73	2322.48	2514.71	8.28
贵州省	1386.05	1785.02	28.78	1724.98	2233.70	29.49
云南省	1712.94	1948.57	13.76	2165.66	2695.30	24.46
西藏自治区	6641.25	8728.22	31.42	4951.50	5751.01	16.15
陕西省	3589.97	3563.14	−0.75	4388.87	4195.93	−4.40
甘肃省	1815.62	2116.95	16.60	2381.58	2499.15	4.94
青海省	3176.07	3260.35	2.65	4266.70	4343.68	1.80
宁夏回族自治区	2425.75	3158.89	30.22	4168.46	4534.91	8.79
新疆维吾尔自治区	2587.43	2389.88	−7.63	4238.65	4166.55	−1.70
全国	2241.83	2434.26	8.58	3120.81	3361.11	7.70

3. 区域内部校际的差距大

我国的"重点学校"政策由来已久,在新《义务教育法》颁布以前,重点办好一些学校是我国一贯的教育政策,无论大中小学都存在明确的和不明确的重点学校与非重点学校,二者的差距有显性的也有隐性的。一方面,显性差距主要表现在经费、师资、设备、校舍等方面。从生均经费来看,重点学校的生均经费普遍比非重点学校高出15%~20%,重点学校的教职工工资通常占经常性经费的60%左右,而非重点学校教职工工资通常占到80%左右;在师资方面,无论是教师的学历构成、生师比、晋升高一级职称的比例,还是获得进修深造的机会、特级教师的荣誉等方面,重点学校都要优越得多;在设备和校舍等方面存在的差异同样也是巨大的。另一方面,由于政策上的倾斜和"名牌效应"的影响所造成的隐性差距也是不可忽视的,主要表现在重点中学可以获取更多更好的资源,从而形成"马太效应",它的表现和影响有时甚至超出了显性差异。[①]

[①] 安晓敏.教育公平指标体系研究——基于义务教育校际差距的实证分析[D].长春:东北师范大学,2008.

(二) 职业教育发展中的不均衡

职业教育与我国绝大多数社会成员的生存有着密切的关系,它是人们追求幸福,实现个人价值的有效手段。追求职业教育公平就是希望职业教育平等地促进人们的就业,提高就业质量,并为个人的未来发展和美好生活奠定基础。但是,职业教育本身具有的价值和现实中它的价值的实现是两回事。改革开放以来,我国职业教育的现实发展与人们对它的期望始终存在距离:一方面,与普通教育相比,它处于不利地位,社会认可度低,一直面临经费、师资、生源等问题的困扰;另一方面,它自身发展也存在许多不公平,城乡之间、地区之间、不同群体之间的差异严重制约着它的公平性。[①] 具体表现如下。

1. 职业教育经费投入严重不足

经费是教育发展的必要条件。一般来说,职业教育比普通教育的成本高,发展中国家职业和技术学校生均成本通常比普通中学生均成本要高153%。新西兰政府投入占70%,美国约为75%,丹麦为67%~75%,我国只占20%。[②] 而我国职业教育生均教育经费基本与普通高中教育持平(见表4-4)。

表 4-4 普通高中和职业中学生均预算内教育事业经费   单位:元

年份	普通高中	职业中学
2010	4509.54	4842.45
2011	5999.60	6148.28
2012	7775.90	7563.95
2013	8448.14	8784.64
2014	9024.96	9128.83
2015	10820.90	10961.07

(资料来源:根据教育部发布的历年《全国教育经费执行情况统计表》整理)

职业教育经费不足直接影响着职业教育的办学条件,而办学条件又影响着人才培养的质量。我国国家投入职业教育经费水平的低下,严重影响了那些没能通过普通高中入学考试的学生公平享受教育的机会。过高的学费把一部分人挡在校门之外,使他们失去继续接受教育的机会,同时,对于那些进入职业学校的学生来说,又由于经费的限制使得职业教育的设备条件、师资培养和新课程开发等受到限制,使他们不能很好地利用职业教育的过程,而遭遇公平问题。

2. 缺乏对农村职业教育的实质关怀

职业教育与一个地区的经济发展状况紧密相关。一般来说,城市发达地区的

---

①② 李延平.职业教育公平问题研究[D].西安:陕西师范大学,2008.

职业教育要比农村偏远落后地区的职业教育发展得好,这与职业教育中所提倡的职业教育为当地生产发展和社会发展培养人才的思想有关。对于职业教育而言,现有的经济和生产力发展水平不仅决定着当地人们对职业教育的需求,而且也决定着它为职业教育发展提供的资源和它为职业教育提供的就业岗位情况。

农村职业教育一直是我国职业教育的薄弱环节,从学校的建设到学校专业的设置、课程的提供;从教师的配备、经费的投入到教育质量,与城市相比,都处于明显的劣势。在观念上,人们对职业教育的重视程度也低于城市,认为农村人有地种,而城里人要不受教育,生活就没有保障,这虽然是事实,但观念已经落后。国家通过政策的手段在农村地区设立的规划性职业教育机构,很难被当地的民众认可,职业学校处在艰难维持中,再加上经费投入方式的原因,职业学校的办学水平根本难以保证。越是落后的地方,人们对职业教育的认可程度越低。从学生到家长,甚至地方行政部门的领导对职业教育都表现出不屑一顾,即使有人不得已选择了职业教育,那么也会选择城市的职业学校。所以,农村地区的职业教育一直落后于城市,这与我国职业教育整体发展水平低,职业教育还没有能力培养出更多的创业者有关,也与我国发展的城镇化目标和长期存在的城乡二元结构造成的城乡生活水平的差异有关。

3. 忽视对处境不利群体的职业培训

我国职业教育政策重视学校职业教育、城市职业教育,而忽视了对残疾人和妇女、少数民族、农民工和城市失业人口的培训。职业教育是"人人的教育",而在我国现有的教育政策和制度中,还没有充分体现这种思想。

职业教育与普通教育相比,不仅处于相对落后的发展状态,而且在职业教育内部也存在着不同群体之间的不公平。这种不公平的存在,不仅影响了我国社会发展、政治进步和公平目标的实现,更为重要的是,人们的受教育状况直接影响着其生存权的保障和生活质量的提高。

职业教育一方面作为"次等教育"不被人们认可,另一方面,职业教育作为一种受教育的权利和机会,也因个人条件的差异和所处情况的限制,使很多人没有机会拥有职业教育资源,这些人中,处境不利的人占主要部分。职业教育的对象群体包括很大的范围,可以说所有超出义务教育年龄的人都是职业教育的对象。在不同人群的比较中,存在着明显的年龄、性别、身体状况、家庭出身和所在地区的差别。一般来讲,年轻人接受职业教育的机会和可能性要多于年纪大的人;生活在农村偏远落后地区的人,接受职业教育和培训的机会要少于生活在城市发达地区的人;来自于社会底层的女性虽然通过自己的努力成为支撑现代城市日常生活不可缺少的力量,但是,她们的职业教育和培训的权利与机会没有受到应有的重视;残疾人和少数民族人群的职业教育仍然处于职业教育中最薄弱的环节,是职业教育中尚待加大关注力度的领域。①

(三) 高等教育发展中的不均衡

1. 区域之间发展不均衡

1) 高等教育资源区域布局不均衡

由于经济、地域等因素,加之在国家教育政策的引导下,中国东西部地区高等教育区域布局有很大不同。从普通本科院校区域布局来看,截至2013年,中国普通本科院校共计879所,其中北京直属高校23所,地方院校36所,总数高达59所,约占全国普通本科院校总数的6.7%;上海直属高校8所,地方院校25所,总数33所,约占全国总数3.8%;江苏直属高校7所,地方院校41所,总数48所,占全国总数5.5%。西部12省区直属高校共有12所,占全国总数的1.4%,其中,西藏、青海两省无直属高校,仅有3所地方院校,数量位居全国最后,仅占北京的1/20。西部12个省区地方院校总数达201所,占全国总数的23%。内蒙古、贵州、新疆、宁夏、青海及西藏6个省区的普通本科高校数量总计56所,与北京大体相当。另外,西部地区普通本科院校主要集中在四川和陕西两省,其高校数之和占西部地区高校数的37%。可见,我国普通本科院校区域布局欠合理,直属高校主要分布在东部发达地区,西部主要以地方院校为主,普通本科院校数量与发展速度上东西部差距较大,呈现东多西少、东强西弱的格局。

从优质高等教育资源的分布上看,东西部差距也较为明显。当前,教育部直属高校、"985工程"高校、"211工程"高校是中国优质高等教育资源的主要代表。教育部直属高校的东西部比值为4.2∶1,"211工程"院校的东西部比值为3∶1,"985工程"高校的东西部比值为3.6∶1。②

2) 高等教育入学机会区域间不公平

中国高考招生采取的是分省定额录取政策。由于高等教育资源的配置存在东西部的地区差异,尤其在优质教育资源的分布上,存在数量和质量上东强西弱的态势,这种差距也必然会体现在东西部招生配额方面。从2013年北京大学、清华大学、浙江大学、上海交通大学4所重点高校招生计划省级配额来看,都表现出共同特点,即都在本地投放生源计划最多,在西部投放计划相对较少,反映了地域间录取率的差异性。在4所重点高校招生计划中,本地生源的比例平均高达51%。北京大学在京招生人数408人,而在西部12省区招生总数为560人,占该校招生总数的20%;清华大学在京招生人数为364人,而在西部12省区招生总数为524人,占该校招生总数的15.5%;浙江大学在浙江招生人数为2300人,而在西部12

---

① 李延平.职业教育公平问题研究[D].西安:陕西师范大学,2008.
② 魏玉梅,刘先春.中国西部高等教育入学机会公平发展研究[J].高教发展与评估,2015(3).

省区招生总数为453人;上海交通大学在上海招生人数为300人,而在西部12省区招生总数为33人。4所重点高校投放于西部省区的招生计划明显低于东部地区,尤其以青海、宁夏、新疆及西藏4省为甚,其中西藏招生数额最少,浙江大学仅在西藏招收了3人,4所高校在西藏的招生数均没超过10人。[①] 可见,高校招生配额的地区差异,使西部考生进入这些重点大学的机会极少。重点大学常常采取对当地考生的保护政策,直接为当地学生提供了更多接受优质高等教育的机会,虽然国家一直对西部少数民族地区在高考录取方面有政策倾斜,但重点大学在这里的招生仍然不多,西部地区教育人口接受优质高等教育的机会非常有限。

3) 高等教育投入区域间不均衡

从2015年不同省份高等教育投入来看(见表4-5),北京生均公用经费和生均教育事业费最高,分别为32147.32元和61343.96元,分别是全国平均生均公用经费和生均事业费的3.88倍和3.38倍,分别是相应最低省份的8.90倍和5.51倍。

表4-5 不同省份高等教育投入情况　　　　　　　　　　　　单位:元

地区	生均公用经费			生均教育事业费		
	2014年	2015年	增长率(%)	2014年	2015年	增长率(%)
北京市	34710.96	32147.32	−7.39	58548.41	61343.96	4.77
天津市	10224.68	10847.94	6.10	18667.98	20415.31	9.36
河北省	6520.68	7162.19	9.84	12292.61	13828.69	12.50
山西省	5227.05	5182.68	−0.85	11715.30	11795.65	0.69
内蒙古自治区	7153.14	6850.57	−4.23	17682.18	18337.39	3.71
辽宁省	7309.70	6141.50	−15.98	12888.56	13202.29	2.43
吉林省	5810.11	9193.72	58.24	13784.20	18523.81	34.38
黑龙江省	5266.34	5894.20	11.92	13039.42	14960.91	14.74
上海市	17831.19	18267.01	2.44	27111.70	30081.89	10.96
江苏省	6940.78	8324.41	19.93	15728.38	17764.50	12.95
浙江省	6579.33	7155.18	8.75	14868.84	16515.92	11.08
安徽省	6701.01	7002.26	4.50	11235.56	12253.01	9.06
福建省	6918.24	6916.40	−0.03	13427.79	15173.96	13.00
江西省	6178.38	5880.29	−4.82	12701.09	13608.29	7.14
山东省	4559.01	3613.99	−20.73	11962.63	12340.97	3.16

① 魏玉梅,刘先春.中国西部高等教育入学机会公平发展研究[J].高教发展与评估,2015(3).

续表

地区	生均公用经费			生均教育事业费		
	2014年	2015年	增长率(%)	2014年	2015年	增长率(%)
河南省	6510.68	6675.10	2.53	12231.98	12572.33	2.78
湖北省	3864.77	6632.48	71.61	11086.72	14859.21	34.03
湖南省	6278.24	4377.14	−30.28	12337.59	11137.42	−9.73
广东省	5546.02	7694.91	38.75	14361.68	17823.43	24.10
广西壮族自治区	6699.62	8498.90	26.86	12794.96	15489.02	21.06
海南省	7637.47	9444.94	23.67	13951.93	16967.72	21.62
重庆市	8181.15	8382.12	2.46	13119.07	14109.99	7.55
四川省	5484.51	5274.63	−3.83	11623.22	13056.98	12.34
贵州省	6086.65	7233.90	18.85	13093.56	15414.17	17.72
云南省	5080.44	7050.94	38.79	11570.24	14711.33	27.15
西藏自治区	6738.22	11477.46	70.33	22714.97	34219.19	50.65
陕西省	6886.48	7005.89	1.73	12731.51	14283.11	12.19
甘肃省	7706.92	10064.50	30.59	12179.37	15537.85	27.58
青海省	4442.74	10611.35	138.85	13397.21	19651.26	46.68
宁夏回族自治区	8313.68	16596.21	99.63	17948.27	27782.20	54.79
新疆维吾尔自治区	5655.15	7062.59	24.89	14289.26	19382.01	35.64
全国	7637.97	8280.08	8.41	16102.72	18143.57	12.67

(资料来源:根据《2015年全国教育经费执行情况统计表》整理)

2. 城乡之间发展不均衡

由于城乡教育机会的差异是从基础教育阶段开始,以及教育经费、教学条件、师资力量等因素造成的教育质量的差距逐层累计的结果,造成了现行高校招生制度客观上倾向于城市,最终导致城乡学生在接受高等教育机会的巨大差距。一般认为,高等教育入学机会的城乡差距主要包括两个方面:一是城乡学生在"有没有大学上"的差距,即普通高校的入学机会在城乡之间的分配是否均衡;二是城乡学生在"上什么样的大学"方面的差距,即不同类别的高等教育资源在城乡学生之间的分配是否均衡。"有没有大学上"和"上什么样的大学"是两个不同的问题,后者显然更为隐蔽,也更为深刻。自1999年高校开始扩招后,高校入学机会的城乡差距经历了一个扩大的过程;但在2001年前后发生了历史性的转折,高等教育入学机会的城乡差距开始改善,正在从显性的总量不均衡,转为更深层的、隐性的教育差距,体现为城乡学生在不同层次、不同类型高校的分布上的不均衡。① 如高耀和刘志民 2010 年通过选取江苏省不同层次、不同类型代表性高等院校,对 1892 名在校学生抽样调查发现,城乡学生就读专科学校、一般本科的机会不存在显著性差异,但出生于地级市或省会城市的子女就读重点院校的机会是出生于农村的子女的 1.622 倍。② 这充分说明城乡学生在"有没有大学上"的差距不明显,而在"上什么样的大学"方面的差距比较大。

城乡高等教育的巨大差异不仅体现在招生数量和规模上,也反映在城乡学生就读高校的专业选择上。这可能有两个方面的原因:一是由于城镇学生的教育资源相对具有优势,造成了对许多目前热门专业的垄断;二是城镇考生和农村考生在高考填报志愿时的心理状态不同,农村考生因为惧怕填报较好的学校或较好的专业使考试难度增大造成无法录取,所以填报志愿时十分保守,许多农村考生都抱着"能上就行"的想法,而城镇考生具有一定的心理优势,填报志愿则相对客观,敢于填报更有竞争力的学校和专业。刘元鑫曾以南京大学 2006 级学生就读专业为样本考察得出的数据可以发现,"城镇学生占该专业全部学生比例最大的 10 个专业依次为:舞蹈学 100%、表演艺术 95.24%、广播电视编导 82.61%、建筑学 81.36%、城市规划 80.65%、园林 80.95%、国际贸易 78.57%、对外汉语 76%、景观建筑设计 75.86%、工商管理 72.50%;而农村学生占比例最大的 10 个专业依次为:工程力学 67%、工程管理 65.71%、机械设计制造及其自动化 65.48%、微电子学 64.29%、数学基地班 63.33%、核工程与核技术 63.13%、信息管理与信息系统 62.32%、农林地矿工程 62.00%、冶金工程 61.54%、工业工程 60.98%。"③ 城镇学生就读的专业在学校所有专业中所占比例较大的专业往往是南京大学的优势学科或者是目前的热门学科,以及在当今社会行业中收入较为丰厚的专业,城镇学生选择的专业从未来的就业地区选择、经济收入都比农村学生就读的专业有明显的优势。一般看来,农村学生占比例较大的专业主要集中在理工科及农学等专业,这些专业绝大多数在目前来看属于就业地区相对偏远和经济收入较低的行业。可以看出,城乡学生在入学机会上的差异在某种程度上也决定了他们在未来踏入社会后的竞争力是有差别的,这也决定了他们就业之后的社会地位和经济地位会有一定的差异。④

3. 阶层之间入学机会不公平

李春玲通过对西方文献的梳理发现,有关教育扩张与教育不平等之间关系的

---

① 杨东平.中国教育公平的理想与现实[M].北京:北京大学出版社,2006.
② 高耀,刘志民.机会扩展、社会分层与高等教育公平——基于高校学生调查数据的实证研究[J].教育科学,2015(1).
③ 刘元鑫.高校收费对教育机会均等的负面影响及反思[J].复旦教育论坛,2008(2).
④ 唐海龙.促进高等教育公平的政府责任与对策研究[D].长春:吉林大学,2011.

最著名的一个理论假设是最大化维持不平等假设。这一假设声称:教育扩张并不会导致教育机会分配的平等化,相反,只要上层阶级或占优势地位的群体还有可能去提高他们的教育水平,教育机会不平等就会维持。之所以如此,是因为教育扩张创造的新的教育机会通常被上层阶级的子女占据,他们拥有的经济、文化和社会资源有利于他们抓住这些新产生的机会。只有当上层阶级在某一级别的教育中达到饱和——比如说80%以上的上层阶级子女都能上大学,这一级别的教育不平等才会下降。①

其一,不同阶层子女获得高等教育机会存在较大差距。李春玲利用国家统计局2005年1‰人口抽样调查数据研究发现,阶层之间的高等教育机会不平等十分明显,父亲的职业地位越高、父亲的文化水平越高、父亲的收入越高,本人接受高等教育的机会就越大。管理人员的子女上大学的机会是农民子女的5.1倍,专业人员的子女上大学的机会是农民子女的3.3倍,办事人员的子女上大学机会是农民子女的5.5倍,商业服务业员工的子女上大学的机会是农民子女的3.7倍,产业工人的子女上大学的机会是农民子女的3.5倍。父亲受教育年限每增加1年,其子女上大学的机会即提高26%。父亲是中高收入者,其子女上大学的机会是低收入者的2.6倍。②

其二,在高等教育质量获得方面,不同阶层子女仍然存在较大差距。如高耀和刘志民2010年通过选取江苏省不同层次、不同类型代表性高等院校,对1892名在校学生抽样调查发现,家庭社会阶层等级越高,其子女在重点院校就读机会的优势越明显。具体表现在社会中下层和社会中上层家庭子女在重点院校就读的机会分别是社会下层家庭子女的2.159倍和2.539倍。社会中层和社会上层家庭子女在重点院校就读的机会分别为社会下层家庭子女的1.096倍和12.108倍③。而且这种差距呈上升趋势,黄四林的研究发现,父亲是专业技术人员或国家机关管理人员,其子女在重点大学构成比例从2007年的35.8%上升到2012年的40.5%。父亲受教育程度在本科及以上的,其子女明显占优势,从2007年的34.1%增加到2012年的48.3%。高收入家庭的学生比例远远高于低收入家庭,家庭月收入在5000元以上的学生比例呈现明显上升趋势,从2007年的30.4%增长到2012年的57.3%。④

---

①② 李春玲.高等教育扩张与教育机会不平等——高校扩招的平等化效应考查[J].社会学研究,2010(3).

③ 高耀,刘志民.机会扩展、社会分层与高等教育公平——基于高校学生调查数据的实证研究[J].教育科学,2015(1).

④ 黄四林,等.家庭背景与高等教育入学机会的关系及其趋势[J].中国青年研究,2014(3).

三、促进教育公平的对策分析

(一) 促进义务教育公平的对策分析

1. 加大中央政府对义务教育经费支出的统筹力度

目前,关于我国的义务教育,财政采用"以县为主,多级政府负担"的体制,因省与省之间、区县之间的财政实力差别巨大,导致城乡之间、区域之间教育经费投入差别大。因此,为了缓解这种状况,应加大中央政府对义务教育经费支出的统筹力度,根据义务教育在校学生数建立经费支出统一标准。在此基础上,对于经济发展比较慢、财政困难的省、自治区,中央政府应通过转移支付的方式予以重点扶持,从而较好地实现省际义务教育经费投入公平。应逐步强化省级政府的责任,加大省级政府对义务教育的投入,重点向经济发展落后,财政困难的区县和农村倾斜,努力做到省内各县之间、城乡之间的义务教育公平。

2. 进一步完善师资流动机制

由于我国城乡之间、区域之间经济发展不均衡,教师待遇差别大,造成经济发展滞后的农村和贫困地区优质师资流失较大,农村或薄弱地区师资数量和质量存在较大缺口。解决这一问题可通过进一步完善师资流动机制,在同一区(县)范围内,实现优质学校与薄弱学校、城市学校与农村学校之间实行校长和骨干教师的定期相互轮岗制度,促进同一区县范围内教师资源实现公平。将义务阶段师资纳入地方行政部门的统一管理、统一聘任,这样不仅有利于政府引导城市超编教师到农村和边远地区任教,也解决了一些教师的后顾之忧。此后要对一定区域范围内的义务教育师资实行统一的工资标准,并且要通过对落后县区、薄弱学校教师在评优晋级、福利待遇等方面给予优惠政策,稳定农村和薄弱学校的教师队伍。

3. 制定办学条件标准,促进教育公平

学校作为义务教育最主要的实施者,能够在硬件设施及师资水平方面最大限度做到无差别,是实现义务教育公平的有效保证。如果一定范围内的各个学校在硬件设施及师资方面能做到几乎没有差别,学生在每所学校都能享受到无差别的义务教育,那么将在一定范围内缓解义务教育不公平的现象。对于义务教育的校际办学条件不均衡的问题,国家应出台政策,实施全国中小学办学规范制度。通过法律规定,制定科学合理的中小学基础设施标准,约束政府合理分配教育资源,重点改善农村和薄弱学校的办学条件,使每所中小学校都能按照法定标准,拥有大体均等的物质条件。

4. 严格执行义务教育免试就近入学原则

为有效保障适龄儿童少年基本受教育的权利,并促进教育公平的实现,义务教育免试就近入学政策必不可少。严格执行义务教育就近入学是解决择校问题的有力措施,有利于义务教育的均衡发展。但是,在执行就近入学政策的过程中,遇到了诸多阻力。为均衡发展义务教育,保证教育公平,使义务教育就近入学顺利开展,应充分利用已经基本建成的全国联网的中小学学生学籍信息管理系统,加大力度查处在入学工作中组织笔试、面试或任何变相的考试、考核,抢夺生源和举办相关培训班,择校乱收费等违规行为;引入社会监督机制,使就近入学公开透明。①

(二) 促进职业教育公平的对策分析

通过法律和政策规范我国职业教育的发展,是我国职业教育发展应坚持的道路。改革开放以来,职业教育作为我国经济发展的重要推动力量,得到了党和政府的高度重视,职业教育的重要意义从经济领域不断扩展到政治和文化领域,尤其是它对实现教育公平和最终实现社会公平的重要性越来越被认可。

1. 扩大职业教育的对象的范围

职业教育公平是以职业教育的发展作为前提的,没有职业教育的发展就不可能有职业教育的公平,"公平"是伴随着量的积累而逐渐达到的一个过程和结果。

20世纪80年代以来,党和政府颁布的一系列职业教育政策与法规,为我国职业教育的健康发展指明了方向、指出了发展的路径和方式,职业教育对象的外延在不断扩展,职业教育的对象不单纯是传统的在校学生,还包括城乡新增劳动者、下岗失业人员、在职人员、农村劳动者及其他社会成员;职业教育的形式也不单纯是学校形态的,职业培训成为职业教育重要的组成部分。

进入21世纪后,我国社会发生了很大的变化,职业教育的发展也出现了新的机遇,2002年8月24日,国务院颁布了《关于大力推进职业教育改革与发展的决定》,认为职业教育为初、高中毕业生和城乡新增劳动者、下岗失业人员、在职人员、农村劳动者及其他社会成员提供多种形式、多种层次的职业学校教育和职业培训,是我国教育体系的重要组成部分,是国民经济和社会发展的重要基础。职业教育的对象发生了根本性的改变,扩大到了全体国民,将"城乡新增劳动者""下岗失业人员""农村劳动者及其他社会成员"纳入到职业教育对象,是新时期我国职业教育公平性的积极体现。2005年10月28日,国务院《关于大力发展职业教育的决定》指出:大力发展职业教育,加快人力资源开发,是落实科技兴国战略和人才强国战略,推进我国走新型工业化道路、解决"三农"问题、促进就业再就业的重大举措;是全面提高国民素质,把我国巨大的人口压力转化为人力资源优势,提升我国综合国力、构建和谐社会的重要途径;是贯彻党的教育方针,遵循教育规律,实现教育事业

---

① 周洪宇.中国教育黄皮书——2015年:以信息技术与教育深度融合促进教育改革[M].武汉:湖北教育出版社,2015.

全面协调可持续发展的必然要求。把加快职业教育,特别是加快中等职业教育发展与繁荣经济、促进就业、消除贫困、维护稳定、建设先进文化紧密结合起来,增强紧迫感和使命感,采取强有力的措施,大力推动职业教育快速健康发展。

2. 加强国家对职业教育经费的投入力度

自 2002 年以来,教育经费问题受到了政府的高度重视,国家逐渐加大了对职业教育的投资和对西部偏远地区的资助,在 2002 年国务院颁布的《关于大力推进职业教育改革与发展的决定》中指出:发展职业教育的主要责任在地方,各级人民政府要加大对职业教育的经费投入,省级人民政府要制定本地区职业学校生均经费标准,县级以上地方各级人民政府和国务院有关部门用于举办职业学校和职业培训机构的财政性经费应当逐步增长;中央财政增加职业教育专项经费,重点用于补助农村和中西部地区加强职业教育师资培训、课程开发和多媒体教育资源建设,地方人民政府也要增加职业教育专项经费;利用金融、税收以及社会捐助等手段支持职业教育的发展。2005 年,国务院《关于大力发展职业教育的决定》中关于经费的问题进一步要求:各级人民政府要加大对职业教育的支持力度,逐步增加公共财政对职业教育的投入,建立职业教育贫困家庭学生助学制度,中央财政和地方财政要安排经费,资助接受中等职业教育的农村贫困家庭和城镇低收入家庭子女。

3. 建立职业教育贫困生助学制度

为建立职业教育贫困生助学制度,2007 年国务院颁布了《关于建立健全普通本科高校高等职业学校和中等职业学校家庭经济困难学生资助政策体系的意见》。同年 7 月,为加强中等职业学校国家助学金(以下简称"国家助学金")的管理,确保资助工作顺利进行,财政部、教育部印发《中等职业学校国家助学金管理暂行办法》(以下简称《办法》)。《办法》规定,中央和地方政府共同出资设立助学金,主要资助受助学生的生活费开支。凡根据国家有关规定批准设立并备案,实施中等学历教育的各类职业学校(包括公办和民办的普通中专、成人中专、职业高中、技工学校、职业技术学院附属的中专部和中等职业学校等),具有中等职业学校全日制正式学籍的在校一、二年级所有农村户籍的学生和县镇非农户口的学生以及城市家庭经济困难学生,每生每年获政府资助 1500 元。《办法》要求省级教育、财政部门要根据实际情况,对享受资助政策的民办中等职业学校,在办学条件、学费标准、招生就业、资助家庭经济困难学生措施等方面做出明确规定。民办中等职业学校要依法办学,规范管理,要按照国家有关规定收取学费,并从事业收入中足额提取 5% 的经费,用于家庭经济困难学生的学费减免、校内奖学金、助学金和特殊困难补助等方面的开支。中等职业教育实行以国家助学金为主,以校内奖学金、学生工学结合、顶岗实习、学校减免学费等为辅的资助政策体系。国家鼓励地方政府、行业企业和社会团体设立中等职业学校助学金、奖学金,鼓励和引导金融机构为接受中等职业教育的学生提供助学贷款。有条件的中等职业学校要积极实行"绿色通道"制度。该《办法》的推出,切实保证了那些有困难的学生继续他们的职业教育,保证了他们的职业教育权利的实现。

(二) 促进高等教育公平的对策分析

1. 合理配置高等教育资源

国家是高等教育发展的长期受益者和最终受益者,发展高等教育是国家的义务。政府作为国家行政的主体,保障其投入是职责所在,因此,应建立和完善各种财政制度,从制度上保证国家对高等教育发展的稳定投入,同时应该实行教育资源的均衡制度,缓解区域间高等教育资源布局不合理状况。具体而言,其一,在区域间合理配置高等教育资源。建立全国统一高等教育财政投入标准,不搞差别化和特殊化,尤其是对于中西部的地方高校,考虑到中西部省份财力有限,应加大中央财政的投入力度。根据各个高校发展需要以一个恰当的比例在发达地区和落后地区、东西部之间合理分配高等教育资源。其二,实现高等教育资源校际共享。从人们对优质教育资源要求不断增长的角度来看,教育资源总是具有一定的局限性。教育资源共享不仅可以为在校生提供更好的教育,还对教育资源的配置发挥着很大作用。为此,政府要引导高校之间在师资队伍资源、图书文献资源、优质课程资源、教学硬件设施资源等方面实现共享。

2. 建立更合理的高校招生制度体系

要消除在高等教育入学机会,尤其是优质高等教育资源获取方面的城乡之间、区域之间、阶层之间的差异,最直接有效的办法,就是从招生制度本身着手,建立更为合理或者说对处于弱势地位的农村学生、社会较低阶层的子女给予更多优惠政策的招生体系,消除现存招生制度障碍。具体包括:

其一,减少招生属地化。高校招生属地化有历史、经济、地理、文化等多方面因素共同作用。当前政策的制定必须遏制属地化现象的进一步严重化。高校尤其是教育部直属院校分省进行招生计划分配过程中,应以各省当年参加高考人数为重要依据,打破招生属地化格局。

其二,深入实施专项招生计划。近年来,面向农村和贫困地区学生实施了"三大专项招生计划",包括"国家专项计划",即面向贫困地区定向招生;"地方专项计划",即地方重点高校定向招生各省(区、市)实施区域的农村学生;"高校专项计划",即定向招收边远、贫困、民族等地区县(含县级市)以下农村学生。通过这些专项计划的实施,增加了农村学生接受高等教育的机会,促进了教育公平。在今后的实施过程中,要进一步扩大专项计划招生规模和覆盖范围;加强资格审查,确保考生信息真实准确;规范操作流程,严格录取管理;加大信息公开,确保公平公正。

第三节 教育质量问题

一、应试教育与基础教育质量下滑

时任教育部部长周济在2006年4月27日向全国人大常委会作关于普及义务教育和实施素质教育的工作报告时说,教育发展不均衡,办学行为不规范等问题,在某种程度上助长了应试教育之风。目前,应试教育倾向仍未从根本上得到改变,学生负担过重的现象未能得到有效扭转。

学术界大多认为,应试教育就是以考试为中心的教育,这种教育把考试分数看作是评价学生、教师、学校和不同地区之间教育质量的唯一或最高标准。应试教育已远不是一种教育观念、教育现象或教育模式,它已经成为一种教育制度。它是中国传统文化、科举制度与西方主智主义教育混合的产物。应试教育制度没有正式的规则体系,但它渗透于现存的教育制度的方方面面,发挥着强大的作用。它是一种非正式的、隐性的制度,由一些包含了一定的思维方式和价值观的隐性规则系统组成,深刻调节着人与人、人与教育、人与社会的关系,对人、教育和社会的发展产生着巨大的影响。[①] 应试教育的弊端主要表现在以下几个方面。

1. 教育目标单一化,违背促进学生全面发展的教育方针

应试教育的目标单一化,把提高升学率作为教育的唯一目标。为了达到这一目标,在教学内容的安排上侧重于与应试相关的知识,忽视多方面知识的掌握和各种能力的培养,忽视思想道德素质、身体心理素质、审美素质和劳动技能素质的全面培养和提高。这就造成了全体学生的片面发展,即使是那些受到重视的少数升学有望的学生,他们的发展也是片面的。这与"全面提高教育质量"的要求、促进学生全面发展的教育方针背道而驰。

2. 智育目标狭隘化,导致学生的知识面狭窄和高分低能

应试教育模式虽然把智育放在第一位,但其智育的目标是片面的、狭隘的。智育是传授知识、发展智力的教育,其中发展智力是智育最重要的目标。但是,应试教育从应试这一角度出发,过分强调知识的传授,强调知识掌握的熟练程度,大多采取强化训练的手段,把学习局限于课堂之内,致使学生无暇参与课外各种有益发展智力的活动,导致学生知识面狭窄和高分低能。

---

① 李涛,陈玉玲.应试教育制度的文化反思[J].教育文化论坛,2010(1).

3. 教育过程模式化，阻碍学生个性发展

在应试教育模式中，教育目标狭隘，教育手段单一。学校成为按一个模式改造人的"教育机器"。人的个性发展未能受到应有的重视，对培养和丰富学生的个性极为不利。特别值得注意的是，创新精神和创新能力的培养，需要一种宽松、民主、自由的教育氛围，只有在这种氛围中才有可能追求真理、勇于探索、独立思考。而应试教育模式为学生提供的是一个封闭的、狭窄的学校小天地，这样培养出来的学生充其量只能是一般的操作型人才，而不是创造型人才。

4. 教育手段简单化，影响学生的身心健康

在应试教育模式下，教育手段简单、机械，普遍采取强化训练的方法，增加课时和学生作业量，使学生课业负担过重，挤压了必要的休息、健身和娱乐的时间，影响了青少年的健康发育，尤其是使那些基础较差的学生失去了克服困难的信心，加剧了他们的紧张情绪产生厌学心理，有的甚至患上恐校症、抑郁症等心理疾病。过重的学业负担，既影响了学生的身体健康，又造成了学生的心理创伤，甚至酿成恶果。

二、大众化与高等教育质量下滑

翻开世界高等教育发展史，我们可以发现凡是高等教育从精英阶段过渡到大众化阶段的国家，都未能避免高等教育质量下滑的问题。如 20 世纪 70 年代，美国高等教育由于发展过快，再加上世界性的经济危机，高等教育质量严重下滑，人们对高等教育开始产生怀疑，高等教育出现了"信任危机"，由此，1983 年美国高教质量委员会发布了《国家处于危机之中：教育改革势在必行》的报告。20 世纪 70 年代中期，德国进入高等教育大众化阶段，同样因为规模扩大带来质量下降，导致大学 30% 的辍学率。20 世纪 60 年代中期，日本进入高等教育大众化阶段，严重的质量问题困扰了日本近 20 年。1986 年 6 月 3 日，《远东经济评论》撰文尖锐地指出："在日本，保守得最好的秘密就是大学教育质量的低劣。"1988 年，我国教育部副部长周远清在分析高等教育质量现状时就一针见血地指出："一部分学校在滑坡，个别学校严重滑坡，一部分学校存在滑坡的趋势，一部分学校即便是基础较好的学校，也存在着滑坡的潜在危险。"因此，他强烈呼吁，高等教育要"增强质量意识"。时任教育部部长周济在 2005 年亚洲教育北京论坛上说："目前中国高等教育的总规模已经达到了 2000 万人，毛入学率已经达到了 19%，进入了国际公认的大众化发展阶段。"我国还将继续推进高等教育大众化，到 2020 年实现高等教育毛入学率达到 40% 的目标。① 虽然改革开放以来，尤其是 1998 年高校扩招以来，我国的

---

① 戴林富. 大众化背景下我国高等教育质量的困惑与对策[J]. 湖南师范大学教育科学学报，2007(1).

高等教育取得了巨大成就,但高等教育质量下滑问题也成为社会关注与议论的焦点。

1. 教育资源短缺,影响了正常的教学工作

虽然教育资源的投入不一定会带来教育质量的相应提升,但是没有一定的教育资源投入作保障,必然会影响到教育质量。高校扩招以来,招生规模与高等教育投入并没有同步增长,引发了人均教学资源占有量下降,使得人均经费投入、师资力量、教学设备、图书资料、教学场所、基本生活设施等呈现紧缺的状态。师资紧缺的问题尤为严重,生师比急剧上升,班级规模急剧膨胀。目前,我国不少高校的生师比已经达到 20∶1,有些学校甚至超过 30∶1[①],以 1998 年为参照年份,扩招 4 年之后,即到了 2003 年,我国高校招生人数增长了 2.5 倍多,生师比也提高了近 1 倍。教师的工作量大大高于从前,这将导致他们无暇进修提高,其从事科研的时间也将大为减少。这将直接或间接地导致教育质量的下降。此外,厦门大学教育研究院谢作栩教授的一项研究再次表明教育资源短缺这一现象的存在。如对 2004 年全国高等学校基本办学条件指标合格率分析显示:2004 年上半年全国公办本专科院校 1811 所,其中本科 643 所,在这些学校中,生师比大于 18 的高校 1775 所,生师比大于 23 的高校 181 所,其中本科 88 所;生均图书少于 70 本的本科院校 449 所,少于 40 本的本科院校 101 所;生均教学行政用房面积少于 14 平方米的高校 832 所,少于 8 平方米的本科高校 85 所,专科 8 所。[②]

2. 人才培养目标趋同与社会需求多样化之间的矛盾

高等教育作为社会结构的组成部分,人才培养、科学研究及社会服务是其三大职能,其中又以人才培养最为根本。不同类型的高校对于这三大职能有所侧重。因此近年来,高等教育分类发展的呼声越来越高,政府也采取了一些相应措施来推动、引导高等教育分类发展,但许多高等学校不从自身客观实际出发,发展定位出现偏差。体现在人才培养上比较普遍地存在着比照、借鉴甚至复制名牌大学的人才培养模式的倾向,重心上移,人才培养目标趋同,脱离本校实际,人才培养的特色和针对性没有彰显。结果导致一方面在低水平上模仿,办学质量不高,人才输出与社会需求脱节,另一方面出现人才需求的空白。联合国教科文组织总结世界高等教育时指出:"多样化是当今高等教育中值得欢迎的趋势,应当全力支持。"但在我国没有引起足够重视。诚如诺贝尔奖获得者阿诺·彭齐亚斯所言,我们已经进入了一个"以质取胜的时代"。而高等教育发展进入大众化阶段以后,如果高等教育质量不能得到社会的基本认可,高等学校"所授予的资格和技术不能满足社会的要

---

① 潘懋元.新时期中国高等教育的质量战略[J].中国大学教学,2004(1).
② 施华珺.高等教育规模扩张中潜在的质量问题与对策[J].西南交通大学学报(社会科学版),2006(3).

求时",社会将"拒绝制度化教育所产生的成果",会引起高等教育的"雪崩"。①

3. 师资学科专业结构失调

许多高等学校的专业还来不及调整,就在大众化的目标下仓促上马,其结果是:一方面,一些师资富余但社会需求量原本就很少的专业招收了过多的学生;另一方面,由于社会上培养的人才日益增多,毕业生就业竞争加剧,学生及其家长更加关注专业与就业之间的关系。加上近几年来,招生管理相对灵活,出现了许多应用型专业、短线专业,这些专业对于市场来说,似乎是很"热销"的。但是一些高等学校为追求短期效益,不顾其师资和设备充足与否,不考虑其专业和课程设置是否与办学能力、课程资源相适应,热门专业扩张过快,专业建设缺乏理性,使热门专业教学资源更趋紧张,这不仅影响了所培养的学生质量,同时,也给学生就业留下了隐患。②

三、功利化与成人教育质量下滑

1987年,国家教育委员会《关于改革和发展成人教育的决定》中明确指出,"成人教育是我国教育的重要组成部分,在整个教育事业中,它与基础教育、职业技术教育、普通高等教育同等重要"。近年来,由于成人教育招生的持续扩大、办学规模迅速发展,成人教育的质量却出现滑坡现象,引起了社会的广泛关注。成人教育表现出的质量问题多种多样,桑宁霞曾从教学管理、教学过程、教学结果等角度,把成人教育质量问题归纳为以下八个方面③:

(1) 违反规定和政策,擅自放宽招生条件、扩大招生范围、改变办学形式。

(2) 功利意识影响严重。以营利为目的,自行提高收费标准,或另立名目乱收费,违反国家规定颁发学历证书(或混同于学历证书的文凭),甚至以学经商,牟取私利。

(3) 自学考试主考学校办全日制住校助学辅导班,影响全日制普通班教学,办学与办考不分,辅导与命题不分,在辅导中违反纪律。

(4) 与社会力量所办学校或境外的一些机构搞"联合办学",不对教学过程全部负责却以学校的名义颁发证书。

(5) 专业设置与招生布点脱离经济、社会发展的实际需要,科类结构不合理,开设专业的条件不足或脱离实际需要重复设置,尤其是对实践性的环节研究不够,应用价值不大。

(6) 随意减少课程和教学环节、缩短学制,考纪和学籍管理不严,规章制度不

---

①② 柏昌利.大众化背景下的高等教育质量问题研究[M].西安:陕西人民出版社,2008.
③ 桑宁霞.关于成人教育质量问题的思考[J].山西大学学报(哲学社会科学版),2005(3).

健全,教学秩序和考试纪律松弛甚至混乱。

(7) 不能按成人教学规律组织教学环节。教师、管理力量和设备条件的投入不足,办学规模过大,尤其是一些热门专业,生源多,市场大,但是学生招回来,却不能按教学计划开设课程,只能老酒换新瓶,不能真正满足社会的需要。

(8) 教学质量缺少监督体系。各个学校缺少标准,也缺少规范,题库没有建立起来,教考不分,老师讲什么考什么,讲多少考多少,毕业设计要求不严,学生抄袭现象严重。

基 本 概 念

教育公平 教育质量 应试教育 高等教育大众化

思 考 题

1. 试比较结构功能主义、社会冲突理论、符号互动理论三大流派对教育的分析有何差异。
2. 结合现实,分析中国教育的不公平主要体现在哪些方面。
3. 结合现实,分析应试教育的危害。
4. 高等教育大众化对高等教育质量会产生哪些影响?

第五章

失业问题

失业是现代市场经济运行的必然产物,也是工业化社会的伴生物。随着我国社会主义市场经济制度的逐步建立和国有企业改革的不断深化,失业已逐步成为我国社会的一个普遍现象。一方面,随着经济体制的转轨,减员增效成为国有企业的首要目标。一些效益不高的企业在市场竞争中被淘汰,或者因为经营不善而破产,导致部分城市人口因为个人的知识、经验不足而下岗,由此在城市中出现了大量的失业人员。另一方面,每年庞大的高校毕业生、城镇新增劳动力、农村转移劳动力、退役军人等群体大量涌入劳动力市场,在劳动力供大于求的总形势下,同样面临着找不到工作或没有工作机会的窘境。当前,我国正处在一个就业高峰,同时也必然是一个失业高峰,作为一个普遍且长期存在的社会现象,失业为整个社会所关注。

第一节 失业的一般理论

一、失业的定义

1. 国际上对失业的定义

失业有广义和狭义之分。广义的失业是指生产资料和劳动者分离的一种状态,在这种状态下,劳动者的生产潜能和主观能动性无法发挥。从狭义上来看,失业是一种现象,其主体是失业者,因此现代市场经济国家一般从失业者的角度对失业进行界定。按照国际劳工组织的统计标准,凡是在规定年龄的一定时期内(如一周或一天),属于下列情况的均属于失业人口:①没有工作,即在调查期间没有从事有报酬的劳动或自我雇佣;②当前可以工作,就是当前如果有就业机会,就可以工作;③正在寻找工作,即在近期采取了具体的寻找工作的步骤,如到就业服务机构登记、通过各种渠道主动去面试等。

各国由于经济、文化的差异,对失业的概括也不同。在美国,年龄在16周岁以上有劳动能力而没有正式工作或正在寻找工作的人都被称为失业者,还包括以下几种情况:①被暂时解雇而等待重返原工作岗位的人;②于30天之内到新的工作单位报到的人;③由于暂时患病或认为本行业一时没有工作可找又不寻找工作的无业者;④作为新生劳动力寻找工作或离职寻找新的工作在4周以上。在法国,失业者被认为是无工作、调查时向职业介绍机构提出应征固定全日制就业申请、进行求职登记者,且能立即工作的16周岁以上者。日本对劳动者的年龄认定是15周岁,在劳动力调查中显示无工作,但进行了求职活动的有劳动能力的15周岁以上者被认定是失业者,包括等待过去求职活动结果的人。

2. 中国对失业的定义

目前,我国对失业的解释,主要是依据1994年国家统计局对失业的界定。失业是指在规定的年龄内,具有劳动能力,在调查期内无业并以某种方式寻找工作的人员。它包括:①16周岁以上各类学校毕业或肄业的学生中,初步寻找工作但尚未找到工作者;②企业宣布破产后尚未找到工作的人员;③被企业终止、解除合同或辞退后,尚未找到工作的人员;④辞去原单位工作后,尚未找到工作的人员;⑤符合失业定义的其他人员。

在我国的失业统计中,通常会提到三个相关概念。一是登记失业,登记失业制度始建于20世纪80年代初,当时由于我国还处于计划经济体制下,称为待业登记,即城镇无业者都必须首先到政府劳动部门登记,处于等待期的劳动者被称为待业者。随后,党的十四大提出要从计划经济向市场经济转变,中国劳动用工制度发生重大变化,政府不再对劳动者进行统一分配和安置,取而代之的是企业和劳动者开始双向选择,于是1994年"登记失业"代替了"待业登记"。二是城镇登记失业人员,是指在劳动年龄(16周岁至退休年龄)内,有劳动能力、有就业要求、处于无业状态并在公共就业服务机构进行失业登记的城镇常住人员。其中,没有就业经历的城镇户籍人员,在户籍所在地登记;农村进城务工人员和其他非本地户籍人员在常住地稳定就业满6个月的,失业后可以在常住地登记。我国用来衡量城镇失业率高低的重要指标就是城镇登记失业率,是用城镇登记的失业人员总数除以劳动年龄人口的总数而得出的。由此可见,城镇登记失业人员仅仅包括非农业户口的失业登记者,排除了农业户口的失业者、城镇中没有去登记的失业者、学生及下岗者等,这也成为城镇登记失业率饱受诟病的原因。三是城镇调查失业率,是指城镇调查失业人数占城镇调查从业人数与城镇调查失业人数之和的比,是国际劳工组织通用的一个指标,能较好地反映城镇失业情况。国家统计局从2005年开始探索城镇调查失业率,每半年进行一次统计,只是具体数字没有正式对外公布。不过在"十二五"(2011年,即"十二五"规划的第一年)期间正式实施调查失业率,此时调查失业率不仅仅会涵盖城乡的全口径调查失业率,也会有城镇和农村的分项调查失业率。2014年国家统计局首次公布调查失业率，2016年我国调查失业率的统计范围从31个大中城市扩大为全国所有地级市，样本更为科学，数据更加真实、准确，能为中国的经济目标实现及国家的宏观调控提供参考。

二、失业的社会学理论

1. 功能主义理论

功能主义把社会与有机体进行类比，强调社会中的各个部分相互依存，并以系统的方式结合在一起，各部分都在系统中承担一定的作用或功能，并由此维持着社会的稳定。社会具有生存所必需的一些条件，即功能先决条件，对社会的组成部分而言，它们的功能就是满足这些基本生活条件。失业是现代化、工业化的衍生物，是社会分工的具体体现，也是社会分层的直接结果。从功能主义的视角出发，劳动分工和社会分化对社会各部分的有机结合具有重要作用，在传统社会向工业社会的变迁过程中，旧的价值观念解体，新的工业秩序和劳动分工开始呈现。这种变化对社会造成的影响包括在机械团结中起支配作用的外部不平等被打破，最好地实践了社会的共同价值的人能在社会分层中获得高位及其他次级回报，社会流动加强，激发了个体积极性从而创造大量的社会财富等，同时也出现了下层群体的形成、内部不平等与外部不平等的存在等消极面。从功能主义视角分析失业现象，其积极功能表现为：体现了社会分工的细化、促进了产业结构的调整、加强了第三产业的发展、整合了合适的人才到合适的岗位上。其消极功能表现在：强化了阶层的划分、各种社会资源急剧减少且不易再获得、容易引起其他社会问题等。

2. 社会冲突理论

冲突理论关注社会生活中普遍存在的冲突现象，反对将冲突仅仅看作是消极的分裂，强调社会现实有两张面孔，一张是稳定与一致，另一张是冲突与强制，两者都是社会存在的基本动因。冲突是社会结构中固有的成分，在社会系统中同样具有建设性的功能，是社会变迁的重要推动力。我国很多学者用冲突论的视角分析了失业现象，如孙立平教授用失衡、断裂来描述我国的失业，他在分析下岗失业者的特征时提到，他们的年龄基本在40岁左右，大多数只受过中等教育，过去所从事的主要是低技术的工作，面临的困境是：回到社会的主导产业中去，已经没有可能；回到原来那种稳定的就业体制中去，也基本没有可能；朝阳产业不会向他们提供多少就业机会。这些人不能在当前的社会结构中就业，又与社会保障制度脱节，失业对他们来说不仅意味着失去工作和工资收入，同时也意味着失去了福利和保障。[①]

---

① 孙立平.如何消化失业这个历史包袱[J].吉林大学社会科学学报,2004(2).

这种被社会结构所抛弃的状态可能导致个体与个体、个体与群体、群体与群体之间的冲突,他们因行动方向和行动目标的不一致,而采用相互对抗的方式进行社会互动。

3. 交换理论

交换理论借用心理学的行为主义、社会学的结构主义及经济学的功能主义进行微观分析,从个体需要、心理动机出发,认为个人的资源是有限的,为了获取报酬或减少惩罚而进行的付出,即进行有目的、理性的社会交换,通过支付代价与获取报酬的一系列行动结成一定的社会关系与结构。霍曼斯着重以个人心理的解释推导所有的群体行为,认为社会组织与社会制度的产生与变化的基础,都是个人之间的交换过程。布劳则更多地认可整体结构论:社会复杂的结构不能还原为个人的心理现象,而是具有整体效应。除了对等性交换之外,还存在不对等性的交换,这也是产生权力差异和社会分层现象的原因。对失业群体而言,容易因财富、权力及声望的下降与其他社会群体主动或被动隔离,这种相对隔离又进一步促进了失业群体内的广泛交往与沟通,导致他们有相互交流、表达不满的机会,由此可能导致为自己的侵犯性情感进行辩护,做出攻击性行为,对社会稳定产生巨大冲击。

4. 未来学理论

对未来社会的研究是当代西方社会学中越来越重要的研究课题。托夫勒的《未来的冲击》《第三次浪潮》《权力的转移》等未来三部曲奠定了其未来学奠基人及未来学大师的地位。他把人类的文明划分为三个阶段:农业社会的文明——称为"第一次浪潮";工业社会的文明——称为"第二次浪潮";正在到来的西方社会是超工业社会,这种未来社会的力量称为"第三次浪潮"。在谈到权力时,他说权力是所有社会系统和全部人类关系中的固有成分,它不是可见物,而是某种或全部人际关系中的一个方面,因此它无所不在、不偏不倚,本质上不好不坏。[①] 在谈到权力转移形式之一的知识分配权转移时,大规模的停产、破产和其他巨大变化,冲击着美国的工业经济,电脑、机器人和电子信息系统的使用给一部分未使用此技术的人带来威胁。如果是在工业社会,增加资金花费或者消费者的购买力就可以刺激经济并提供就业机会了,即只注重资金的循环而不注重知识的循环。但托夫勒指出,仅仅通过增加就业人数来减少失业已经不可能了,因为失业不再是数量问题,而是质量问题。我国目前的失业也是这种状况,社会转型期,因结构调整而失业的人口无法适应新岗位上复杂的工作技巧,除了给他们提供必要的社会救助之外,还要对失业者进行技能培训,充分发挥知识循环的作用,才能有效解决失业问题。

---

① 托夫勒.权力的转移[M].北京:中共中央党校出版社,1991:488.

第二节 失业的现状

一、失业的状况

改革开放以来,我国先后出现了三次失业高峰。第一次失业高峰发生在20世纪70年代末80年代初,失业群体主要是上山下乡的知识青年陆续返城,人数超过500万人。1990年我国开始出现第二次失业高峰,国家企业在转换经营机制、调整产业结构的过程中,因"关、停、并、转"导致大量职工下岗。1993年下岗职工为300万人;到1997年突破千万人关口,达1151万人;2006年6月底劳动和社会保障部(现与人事部合并为人力资源和社会保障部)公布的资料显示,中国国有企业累计下岗职工已经达到2611万人,其中91%进入各企业自办的"再就业中心",依靠政府和企业发放的基本生活费维持生活,但实现再就业则困难重重。[①] 第三次失业高峰在理论界还没有具体的起始时间,但伴随着高校扩招的大学生毕业、大批农村剩余劳动力向城市流动及转业军人的安置等,第三次失业高峰已悄然而至。来自国家发改委的数据显示,2006年中国劳动力供给量达到峰值,劳动力资源增量达1700万人,劳动力供大于求的数量将达到1400万人。不过从2012年开始,我国的劳动年龄人口连续下降,2016年全国劳动年龄人口为90747万人,占总人口比重为65.6%,比上一年减少了349万人。虽然劳动年龄人口规模下降,但是经济活动人口和就业人口的数量仍在持续增长,劳动力供给没有减少,相反劳动力数量仍然充裕,预计失业现象还将长期存在。2002—2015年我国城镇登记失业率见表5-1。

表 5-1 2002—2015 年我国城镇登记失业率

年份	2002	2003	2004	2005	2006	2007	2008
失业率/(%)	4.0	4.3	4.2	4.2	4.1	4.0	4.2
年份	2009	2010	2011	2012	2013	2014	2015
失业率/(%)	4.3	4.1	4.1	4.1	4.05	4.09	4.05

从历年的《国民经济和社会发展统计公报》的数据可看出,近年来我国的城镇登记失业人数和登记失业率呈现先高后低的特点。登记失业率在2009年之前呈缓慢上升的态势,但从2010年开始,逐渐回落,不过基本都维持在4%的高位,因

---

① http://www2.chinahrd.net/zhi_sk/jt_page.asp?articleid=104431.

此,短期内失业问题不会有太大改观。从这些数据来看,我国的失业率和西方发达国家比起来不算高,但如果把下岗工人、农民工和大学生失业者加进来,我国的失业率将大大增加。

首先,下岗失业人员的数量没有减少。劳动和社会保障部公布的资料显示,中国国有企业累计下岗职工于2006年已经达到2611万人,同年国有企业下岗职工还有60多万人,集体企业下岗职工约400万人,至2009年国企实施政策性破产还需安置360万人,辅业改制约有300万职工需要分流安置。[1] 这些失业人员人数多,失业周期长,实现就业较为不易。目前虽然有一部分下岗失业人员达到了退休年龄,但按年龄推算仍有一部分下岗员工还需要不断寻找就业机会和就业岗位。2015年底中央经济工作会议提出了以"三去一降一补"为核心的供给侧改革任务,即去产能、去库存、去杠杆、降成本、补短板,居于首位的"去产能"将推动钢铁、煤炭、水泥等产能严重过剩的行业进一步减少用工需求,压缩岗位数量。根据中金公司的测算,未来2~3年,如果产能过剩的行业减产30%,那么相应地会造成300万左右的失业量,相当于当前我国城镇就业的0.3%。[2]

其次,农村剩余劳动力的转移还在继续。第二次全国农业普查数据显示,2006年末,农村劳动力资源总量53100万人,其中男劳动力占50.8%,女劳动力26111万人,占49.2%;农村从业人员47852万人,占农村劳动力资源总量的90.1%;农村外出从业劳动力13181万人,其中,男劳动力8434万人,占64%,女劳动力4747万人,占36%;外出从业劳动力中,20岁以下占16.1%,21岁至30岁占36.5%,31岁至40岁占29.5%,41岁至50岁占12.8%,51岁以上占5.1%;外出从业劳动力中,文盲占1.2%,小学文化程度占18.7%,初中文化程度占70.1%,高中文化程度占8.7%,大专及以上文化程度占1.3%;去省外从业的劳动力占49.3%,从事第二产业的劳动力占56.7%,从事第三产业的劳动力占40.5%。随后几年这一趋势不断加强,国家人口计生委流动人口服务管理司发布的《中国流动人口发展报告2010》显示,2009年中国流动人口已达到2.11亿人,平均年龄约为27.3岁,26岁至59岁人口中86.8%接受过初中教育。从国家统计局发布的历年国民经济和社会发展统计公报来看,农民工规模一直在稳步增长,2015年我国农民工数量高达2.77亿人。日益增多且接受过中等文化水平的农村剩余劳动力涌入城市,加重了城镇就业的负担。另外,去产能也会对农民工就业产生影响。

最后,大量高校毕业生成为新失业群体。人力资源和社会保障部全国人才流动中心的数据显示,从2000年到2010年的全国高校毕业生就业率在60%到74%之间,始终有三成左右的高校毕业生徘徊在失业与就业之间。2005年全国青联、

---

[1] 彭人哲.我国转型期失业现状及对策探析[J].兰州学刊,2010(4).
[2] 沈煜,丁守海.去产能会引起较大的失业风险吗?[J].上海经济研究,2016(11).

劳动和社会保障部劳动科学研究所公布了《中国首次青年就业状况调查报告》,15岁到29岁青年的失业率为9%,高于中国目前6.1%左右的社会平均失业率,72%的失业青年长期(指失业一年以上)失业。根据人力资源和社会保障部发布的数据,2013年因699万毕业生被称为"史上最难就业季",但很快这一数据年年都被刷新,2016年高校毕业生达765万人,再创新高。加上往届未实现就业的毕业生,需要就业的毕业生数量更多。由于高校毕业生缺乏工作经验,在劳动力市场上竞争力不强,且对工作期望值较高,宁愿等待也不愿意屈就。与此同时,持续的经济下行压力导致市场有效需求不足,因此给高校毕业生就业形势造成了巨大压力。

由此可见,不同的测算方法,得出的结果也有很大的不同。2008年12月,中国社会科学院发布的《社会蓝皮书》中,称中国城镇失业率攀升到了9.4%,已经超过7%的国际警戒线。该数据在调查方法、调查口径方面,与一般国家进行劳动力调查或者与国际组织建议的方法有所不同,没有采用国际上通行的"只要在过去的一周,曾经有过1小时的有报酬劳动就不能算失业"作为标准,而改为15个小时。无论是人力资源和社会保障部公布的城镇登记失业率,还是学者、学术机构通过抽样调查所得的城镇失业率,以及民间流传的实际失业率,在数字上虽相差较大,但都说明了一个事实,即失业是一个客观存在的社会现实,就业是民生之本,过高的劳动力剩余率和失业率,将会使大规模的城乡居民陷入生活窘境,会导致贫富差距越来越大,不利于社会的和谐与稳定,因此解决失业问题将是一个长期、艰巨但必须解决的社会难题。

二、失业的分类

理论界对于失业的种类划分有较为一致的看法,认同将失业划分为五种类型。①

1. 摩擦性失业

摩擦性失业是由于劳动力市场的信息不完全,雇主提供的岗位与失业者之间的匹配需要一定的时间消耗而产生的失业现象。可见,摩擦性失业与劳动力供求没有必然联系,而是由于寻找工作、达成就业协议的时间滞差所引起。在现代市场经济的条件下,摩擦性失业是竞争性劳动力市场的自然特征,它是由于经济运行中各种因素的变化和劳动力市场的功能缺陷所造成的临时性失业。摩擦性失业主要由三个方面的原因引起:一是劳动力市场的动态属性,经济总是变动的,个体也将根据自身的情况而变动;二是市场信息不充分,尽管失业的人适合填补现存的岗位

---

① 劳动部劳动科学研究所劳动法及社会保险研究室.失业保险的理论与实践[M].北京:中国劳动出版社,1991:114.

空缺,但岗位空缺的事实并不为劳动力所知,从而失去填补岗位的机会;三是求职者与雇主之间存在一个时间差,求职者寻找最适合自己偏好和技能的工作需要时间,雇主找到最适合岗位及需求的雇员也需要时间。因此在自由经济中,摩擦性失业是一种经常性的失业,只要加强劳动力市场的建设,增加劳动力的流动性,加快劳动力市场信息的搜索传递速度并扩大其扩散范围,就可以有效地降低摩擦性失业。

2. 结构性失业

结构性失业是由于国民经济产业结构的变化及其产生形式和规模的变化,使得劳动力结构不能与之相适应而导致的失业。具体来说,是指经济结构、体制、增长方式发生变动,而劳动力在包括技能、经验、工种、知识、年龄、性别、地区、主观意愿等方面的供给结构与之不相符,而导致了失业的发生,即由于经济变动使社会对劳动力的需求结构发生了变化,且由于种种条件的限制使劳动力的供给结构满足不了需求结构的变化。这些失业具体表现为,某些产业、部门迅速崛起,快速发展,成为"朝阳产业",同时,另一些产业、部门日趋衰落,逐步缩小,迈入"夕阳产业",劳动者因自身素质、技能等方面的原因而不能顺利地从"夕阳产业"转向"朝阳产业"而形成失业。其特点包括:与产业的兴衰及经济技术进步相联系;具有明显的群体性特征;失业者再次得到工作需要花费较长的时间。从导致劳动力供求结构不一致的原因可以把结构性失业分为结构调整型失业、体制转轨型失业、经济增长方式转变型失业、技术进步型失业、知识经济发展型失业及教育发展滞后型失业。从劳动力供求结构不一致的表现进行划分,可以把结构性失业分为就业观念滞后型失业、地区供求不对称型失业、年龄供求不对称型失业及性别供求不对称型失业。

3. 周期性失业

周期性失业又可称为总需求不足的失业,一般出现在经济周期的萧条阶段,是指周期性经济危机对就业产生影响,因总需求的不足,难以创造足够的就业机会而引起的失业。周期性失业反映了国民经济的周期性,以及宏观经济对就业的影响,经济处于上升期时,各厂商和企业纷纷扩张生产,劳动力需求量大,就业机会增多,失业率下降;经济处于衰退期时,由于社会需求不足,各厂商和企业纷纷压缩生产,大量裁减雇员,劳动力需求减少,失业率上升。目前,人们对经济萧条到来的时间、持续时间、影响的深度和广度缺乏足够的认识,因此,周期性失业也是一种最普遍、最严重、影响范围最广的失业形态,而且周期性失业的失业人口众多且分布广泛,通常需要较长时间才能恢复。对此,政府可以通过宏观经济政策的实施,诸如刺激有效需求等积极的财政政策来拉动总需求。

4. 季节性失业

季节性失业是指由于行业受气候变化、社会风俗或购买习惯等因素的影响,使生产对劳动力的需求出现季节性波动而形成的失业。造成季节性失业的原因包括:一些部门或行业对劳动力的需求随季节的变化而波动,如农业、建筑业、旅游业、矿业、冷饮业等；还有一些行业随季节的不同会产生购买高峰或低谷，如汽车业、服装业等，从而影响作为产品需求引发的劳动力需求，造成季节性失业。季节性失业的特征表现为：地理区域性较强、行业性差别较大、有一定的规律性、失业持续期有限。从整体来看，季节性失业是一种自然失业，生产和就业季节性只表现为一年之内的不稳定，而经济活动的周期性膨胀和收缩时间都要长一些，因此，季节性失业对社会和劳动者的影响较小，但季节性雇员因为就业时间较短，收入将受到影响，也不利于劳动力资源的充分利用。为了减少季节性失业的影响，可以对季节性失业人员进行职业指导，着重向他们提供信息服务，便于他们在淡季以灵活的形式临时就业。

5. 技术性失业

技术性失业是指由于使用新机器设备和材料，采用新的生产工艺和新的生产管理方式，导致社会局部生产节约劳动力而形成的失业。在经济增长过程中，技术进步的必然趋势是生产中越来越广泛的采用资本、技术密集型的技术而非劳动密集型的劳动，使越来越先进的设备取代了工人的劳动，相对压缩了对劳动力的需求。同时，在经济增长的过程中，资本品的相对价格下降与劳动力价格相对上升也加剧了机器取代工人的趋势，可以说，技术进步造成了技术性失业，这是劳动效率得到提高的外在表现。

此外，根据失业表现出来的不同形式，还可以把失业分为显性失业和隐性失业两大类。显性失业一般是指个体有劳动能力、有就业的愿望、愿意接受现行工资水平，但是没有机会得到工作岗位、找不到工作的一种状态。隐性失业又称为隐蔽性失业，是英国经济学家罗宾逊夫人在 1937 年出版的《就业理论概论》中首次提出的，是指当产品市场上对产品的有效需求下降时，会引起劳动力脱离生产力高的职业而转入生产力低的职业，劳动力未能充分发挥生产能力的一种状态。后来经济学家罗丹把这个概念引入了发展经济学，用来描述发展中国家普遍存在的人力资源浪费现象。隐性失业的特点是个体有劳动能力并有岗位，即劳动者表面上与生产资料相结合，但工作量不足，且不能通过工作获得社会认可的正常收入，即他们的实际劳动供给始终低于其供给愿望。

目前社会上比较关注的隐性失业人群主要有两大类，一是企业的冗余人员。在过去的计划经济体制下，企业按照计划设立岗位，用多余的职位谋得全民的充分就业，随着减员增效的推行，降低冗余人员的比例成为企业的首要任务。政府部门一般认为我国国有企业冗员率为 20% 到 30%，若以 25% 计算国有企业冗员已经是最为保守的比例，按这一比例计算，1997 年及 1998 年国有企业冗余人员应该分别是 2691.5 万人和 2202.3 万人。[①] 随着企业中的冗余人员被逐步释放出来，我

---

① 国家统计局.中国统计摘要[M].北京:中国统计出版社,1999:35.

国的失业人员开始逐渐增加。当前国企改革进一步加大力度,原来隐性过剩劳动力将显性化,成为新的失业人口。第二大类是农村剩余劳动力。劳动生产率的提高、可耕土地面积的减少,大量剩余农村劳动力开始向城镇的第二产业、第三产业转移,在吸收不了的情况下,将滞留在农业部门,成为隐性失业群体。20世纪90年代,一些学者通过国际比较法、抽样统计法、定性分析与推理法等方法,测算了我国农村的隐性失业率,得出的结论迥异,从12%到77.1%不等,目前比较普遍的看法是我国农业的隐性失业人数约为1亿到1.2亿,未来15年内可能达到2亿。① 随着工业化和城镇化浪潮的兴起,大量农用土地转为非农用地,导致我国失地农民群体数量开始迅速扩张。从中国社科院发布的报告来看,中国失地农民人数仍以每年300万的速度在增长,预计到2030年我国失地农民总人数将超过1.1亿。②

三、失业的原因

1. 现阶段劳动年龄人口出现负增长,但劳动参与率依旧在高位运行

我国人口基数大,进入劳动力市场的人口仍处于高位。2010年第六次全国人口普查数据显示,全国总人口为13.71亿人,与第五次全国人口普查的12.65亿人相比,十年共增长5.84%,年平均增长率为0.57%;较前一个十年的年均增长率1.07%相比,增速下降较快。从最近一个十年看,我国较为严格的计划生育政策发挥了应有的作用,控制人口增长的效果明显。但由于人口基数大,每年将有大量的新增劳动力进入劳动力市场,我国就业市场压力依然不小。2003年,全国16岁以上人口为99889万人,其中城镇42375万人,农村57514万人,经济活动人口76075万人,劳动力参与率为76.2%。2010年中国人口与发展咨询会上,国务院参事马力做题为《中国劳动力变动趋势及判断》的报告时说,2008年15岁至64岁劳动年龄人口为9.55亿人,我国劳动年龄人口占总人口的比重为71.68%,超过欧洲人口总和,居世界首位,而且"十二五"期间还将净增2449万人。有学者曾经预测,从劳动力供给总量来看,2001年到2005年是劳动力供给的高峰期,劳动力供给年均增加400万人以上;此后劳动力供给增量逐渐减少,2006年至2010年间年均增加200万人以上,2011年至2015年间年均增加约100万人,2016年至2020年间劳动力供给量才开始成为负值。③ 实际上,劳动年龄人口的减少比预估来得更快一些。据国家统计局的数据显示,我国劳动年龄人口在2011年的时候达到了峰值9.25亿,2012年比2011年减少345万,这是劳动年龄人口的首次下降。

---

① 许雄奇,杜鹃. 我国农村隐性失业的现状[J]. 经济论坛,2003(6).
② http://www.caijing.com.cn/2011-08-09/110804337.html.
③ 薛峰. 中国劳动力就业状况预测和分析[J]. 人口学刊,2008(2).

2012年开始逐年下降,2013年减少244万,2014年减少371万,2015年减少487万。人力资源和社会保障部表示,我国劳动年龄人口将持续下降,到2030年以后将会出现大幅下降的过程,平均以每年760万人的速度减少。① 不过2015年我国15岁至64岁人口占总人口的比例仍有七成以上,明显高于世界劳动年龄人口比重的平均水平。中国社科院发布的《中国人口与劳动问题报告——"十二五"回顾与"十三五"展望》中提到,当前中国新增劳动力供给并未出现急剧下降,至少在2020年以前,劳动力总量供给大于需求,并不存在严重的短缺现象,甚至在未来一段时间劳动力供给还有富余。可见,目前我国劳动力人口数量正在经历标志性的转折,但人口结构的缓慢变化致使我国的劳动参与率还在提高,因此最近几年,失业现象仍需要引起我们的重视。

2. 经济运行放缓、产业结构的调整与转换致使就业需求不高

在我国长期的计划经济体制条件下,为了达到充分就业的目的,采取的是"低工资、高就业"的方针,造成产业结构严重失调,表现为:第二产业比重太高,第三产业比重太低;资本密集的重工业比重偏高,劳动密集的轻工业比重偏低;落后技术装备的比重偏高,先进技术装备的比重偏低等等。这种情况直接影响了国民经济的健康、持续、稳定发展。而随着经济体制改革的深入,企业由面向政府转而面向市场,同时,经济增长方式也由粗放型向集约型经济增长方式转变。在这种形势下,企业为了生存和竞争,必须降低成本、提高劳动生产率,迫使企业对长期计划经济体制下的就业结构进行调整,对历史积淀下来的大量富余人员进行剥离。企业要减人增效,不仅向劳动力市场投放富余人员,而且还要减少招人的数量。这样,过去长期以来一直维持着的"三个人的活五个人干、三个人的饭五个人吃"的现象就再也不可能维持下去了。在对产业结构大幅调整过程中,过去片面、畸形发展的一些产业部门必须压缩其过于庞大的生产能力,诸如长期以来我国的城镇劳动力就业多集中在第二产业,随着近几年来的产业结构调整,第二产业所占的就业比重在不断下降,造成了这些部门的大量企业出现亏损、破产和倒闭,从而引起这些企业的失业人员猛增。同时,部分老工业基地面临资源枯竭或产业过于单一,经济结构转换已成为经济发展的关键。而在经济发展过程中,有的产业部门在迅猛发展,而有的产业部门却日益衰落;一些地区正在开发,而另一些地区正在衰落;新兴产业出现,旧的产业被淘汰。这就使劳动力需求产生了新的变化,然而劳动力的供给却会由于劳动力市场的技术结构、地区结构与年龄结构等因素难以迅速适应这种新的变化,于是劳动力供求结构不能适应劳动力的需求结构。可见,当前的失业人员中,相当一部分是属于结构性失业,即不是没有工作,而是难以胜任工作。中央经济工作会议把去产能列为2016年五大结构性改革任务之首,部署了钢铁、煤炭

---

① http://www.mnw.cn/news/china/1467350.html.

等行业去产能的专项配套文件和进度表。民革中央在《关于多措并举,做好去产能过程中人员安置工作的提案》中预测,我国产能过剩产业大多是劳动密集型产业,就业人数众多,因此在结构调整与转换中将产生近1000万的劳动力转移,对就业、社保、劳动供求双方造成巨大压力。

3. 农村剩余劳动力向城镇转移

美国经济学家刘易斯的二元经济理论认为,发展中国家并存着农村中以传统生产方式为主的农业和城市中以制造业为主的现代化部门,由于发展中国家的农业存在着边际生产率为零的剩余劳动力,因此农业剩余劳动力的非农化转移能够促使二元经济结构逐步消减。我国在计划经济时期,国家实行严格的户籍管理制度,形成了城乡二元化社会分离的格局,劳动力在城乡之间不得随意流动。随着家庭联产承包责任制的深化,越来越多的农村劳动力从农业生产中脱离出来。据测算,中国农村人口约占世界农村人口的四分之一,中国农业劳动力则占世界农业劳动力的三分之一,而我国可耕地面积只占世界的7%,这表明我国农村劳动力存在巨大的剩余空间。以2000年为例,我国农村农业剩余劳动力约占现有农村农业劳动力总数的43%,达1.42亿人。[①] 一方面,农村人均可耕地面积不断减少。2001年国土资源部、国家统计局、全国农业普查办公室联合发布《关于土地利用现状调查主要数据成果的公报》,数据显示,从人均耕地看,全国人均耕地面积0.106公顷(1.59亩),仍不到世界人均的一半,且地区分布很不平衡。人均耕地大于0.13公顷(2亩)的12个省,主要分布在东北、西北和西南自然条件较差、粮食产量较低的地区。人均耕地少于0.067公顷(1亩)的7个省(市、区),主要分布在东南沿海和京津沪3个直辖市。这些地区自然条件较好,粮食产量高,但也是耕地大幅度减少的地区。另一方面,农业生产率在不断提高。截至2017年,我国共开展了三次全国农业普查,从国家统计局发布的第一次、第二次与第三次全国农业普查主要数据公报中,比较1996年、2006年和2016年的相关数据可以看出,全国农业机械装备水平有显著性提高。2006年全国大中型、小型拖拉机及配套农具、联合收割机的数量比1996年增长1倍和4倍,而2016年底,全国发动机额率功率在2.2千瓦以上的拖拉机达到2690万台。同时还统计了2006年没有涉及的耕整机、旋耕机、联合收割机、播种机及排灌动力机械等农业机械;全国灌溉耕地面积达到6189万公顷,其中有喷灌、滴灌、渗灌设施的耕地为1001.8万公顷。机械耕种与灌溉的使用,使得规模农业经营有序发展,同时也导致隐性的农村剩余劳动力迅速显性化,大量的剩余劳动力得到释放,不断涌入城镇寻找工作,增加了解决城镇失业问题的难度。这些因素均导致隐性的农村剩余劳动力迅速显性化,大量的剩余劳动力得到释放,不断涌入城镇寻找工作,增加了解决城镇失业问题的难度。

[①] 胡鞍钢.扩大就业与挑战失业[M].北京:中国劳动社会保障出版社,2002:298.

4. 我国劳动力市场存在缺陷

缺陷一：我国劳动力市场呈分割状态。① 劳动力市场分割是以阻碍劳动力的流动为特征的，严重的分割将使市场配置劳动力资源的功能大大削弱，从而出现不同地区、不同行业和职业以及不同层次的劳动力市场供求失调的状况。当前，我国城市劳动力市场被分割成了两大块，一级劳动力市场和二级劳动力市场。一级劳动力市场具有良好的工作条件、稳定的工作环境、高额的工资和优厚的福利待遇，该市场中的劳动者成为社会羡慕的对象。相较而言，二级劳动力市场则具有较差的工作条件、微薄的工资和随时可能失业的工作环境，其成为众多新进入劳动力市场的劳动者、从国有企业下岗的工人、从农村进入城市的打工者以及其他弱势就业群体的无奈选择。由于一级市场和二级市场存在明显的差异，同时受到制度政策和劳动者自身素质的制约，劳动力在一级劳动力市场和二级劳动力市场之间不能自由流动。如果笼统地将采掘业、建筑业、批发零售餐饮业、社会服务业、制造业列为开放型的二级市场，把金融业、地质勘查、水利管理业、房地产业、卫生体育业、电力、煤气及水的生产供应业、交通运输、仓储、邮电通信业以及教育公共行政行业看作带有一定垄断性质的一级市场，对比其需求量可以发现，一级市场的劳动力需求量在总需求量中的比例非常低，且每年保持平稳，而二级劳动力市场的劳动力需求量比例在所有行业中非常高。这些因素都将恶化劳动力供给需求间的不匹配，强化了失业现象。

缺陷二：我国劳动力市场的特点导致信息不对称的情况比较严重，使劳动力的供给结构不能及时根据市场信息进行调整，出现较长时期的供求结构失衡。具体来说，我国劳动力市场信息不完全主要表现在以下三个方面。一是我国劳动力市场分割现象严重，分布又比较分散，导致分布在不同市场中的各种信息很难收集，更难传递到失业的劳动者那里，这样就形成了比较严重的不完全信息。二是劳动中介组织相对缺乏且缺少相应的规范。由于劳动者个体与企业之间存在较为严重的信息不对称，这就需要劳动中介组织收集并向劳动者个体提供真实有效的劳动信息。但是我国规范的劳动中介组织能力有限，不能满足社会对其的实际需要，并且劳动主管部门对其监管的力度不够，大量的中介组织都存在一定程度的欺诈行为，加剧了我国劳动力市场信息不完全的状况。三是我国原有的户籍制度仍然发挥着一定的作用，劳动力市场仍处于多层分割状态，形成较明显的城乡壁垒。比如自发流入城市的劳动力，通常只能从事临时性的、劳动强度大的、保障程度低的短期职业，甚至不少发达地区和大城市出台了保护性地方规章，限制外来劳动力的进入，提高外来劳动力就业成本；还有一些地区和城市设立文凭（高学历方可进入）、资金（进入城市交高额的城市容纳费）门槛等。

---

① 张车伟.失业严重地区的失业问题研究[M].北京:方志出版社,2009:103-105.

5. 高等教育人才培养与劳动力市场需求相脱节

1999年教育部出台《面向21世纪教育振兴行动计划》,文件提出到2010年,高等教育毛入学率将达到适龄青年的15%。此后高等教育的规模发生了历史性变化,短短几年中,大学招生迅速扩大。2015年,我国高等教育在学总规模达到3647万人,高等教育毛入学率达到40%,超过中高收入国家的平均水平。伴随而来的是高校毕业生人数的激增,就业率的下滑,"毕业即失业"现象尤为突出。从历年高校毕业生就业率数据来看,2001年毕业生就业率仅为70%,此后逐步上升到2006年的77%,从2007年开始急剧下滑至68%,出现了博士生抢硕士生的岗位,硕士生抢本科生的岗位,本科生与中专、技校生争饭碗的局面。2010年,高校毕业生的就业率开始攀升,根据第三方调查机构麦可思公司的数据显示,2011年至2016年高校毕业生毕业半年后的就业率均超过九成。

与此同时,我们应该看到,高校毕业生失业率下降的主要原因有两个,一是选择读研而非就业的学生比例持续上升,二是越来越多的毕业生选择了自主创业而不是进入传统的就业领域。对于那些缺乏家庭资本、教育资源、社会资源的普通青年来说,如果没有办法进入这两个就业渠道,到市场上找一份满意工作还是非常艰难的。《中国人口与劳动问题报告——"十二五"回顾与"十三五"展望》对毕业未找到工作的失业人员的学历分析发现,大学本科、专科和研究生毕业生未找到工作的比重达到44%,占全部失业人员的比重为9.6%,如果不考虑以往累积下来的人数,则可以说每10个失业人员中就有1个是刚毕业的大学生。按照2010年2283万人的失业总规模,刚毕业的大学生找不到工作的将近200万人。

但在大学生大呼工作难找的同时,用人单位却反映急需的人力资源缺口不断扩大。人力资源和社会保障部的数据显示,市场供求匹配度的差距日益扩大,2003年以来一直保持在年均1.5∶1以上,而2010年至2012年年均比率已经超过2∶1的水平[①]。显而易见,我国目前还需要大力发展高等教育,培养更多的高学历、高素质劳动者,从总量上来说,我国还不至于出现大学生失业,即高校毕业生失业现象是一种结构性失业。

造成大学生结构性失业的原因有以下几个方面。首先,个人和家庭对高等教育投入的大幅增加给就业带来不利影响。从"十五"开始,我国高等教育就发生了一次质的飞跃,即由教育的精英化转变为大众化,突破了国际上公认的毛入学率达到15%的指标,但由于政府的教育投入不足,使得个人和家庭的教育投入大幅增加。近年来,子女教育费用在中国居民总消费中排在第一位,超过了养老和住房,"攒教育费"是居民储蓄的首要目的。高等学校的学费增长迅猛,在近20年的时间里上涨了约25倍。导致的结果一是青年因负担不了大学费用而不再升入大学,有

---

① 牛琳.青年失业率缘何更高[N].工人日报,2014-03-04(7).

可能因技能不够、素质不高而找不到工作;二是高昂的大学成本让高校毕业生对未来的工作岗位充满了美好的期待,实际的工作待遇与环境如果不能达到其经济和心理上的底线,就很容易导致"高不成低不就"的失业。其次,中国高等教育培养的人才不完全适应劳动力市场的需要。目前国内的教育分成两条线,一条是教育部门的学科教育,另一条是劳动保障部门的职业技能教育,在很多情况下,两条教育线各行其道,互不交叉。在学科教育中,部分高校为了扩大招生规模,随意开设专业而缺乏长远的眼光,往往只盯着当前就业形势大好的热门专业,而大学生的培养周期需要至少四年的时间,其间的产业结构调整以及地区经济发展对职业、岗位需求瞬息万变,由此可能导致大学毕业生求职遇冷。同时,我国的学科教育偏重学术上的研究与学习,部分专业设置不合理,课程内容陈旧,灌输概念和原理多,实际动手操作能力的机会少,使得毕业生的专业面过于狭窄,学非所用,高分低能;传统的教学模式强调知识要点的掌握,而不去开发学生独立性和批判性思维的能力,培养出来的学生缺乏自主意识和创造性思维,因缺少主动的思考能力和独立创新的勇气而与现实社会劳动岗位需求相脱节,在动手能力和知识储备等方面达不到用人单位的要求。另外,我国的职业技能教育没有充分发挥其作用。与大学生失业率节节攀升形成鲜明反差的是技工短缺在全国范围内普遍存在,熟练工和技校毕业生最受企业欢迎,供求之间存在较大差距。但我国现行的教育体制重学历教育、轻技能培训,职业技能教育不吸引人,没有得到社会、家庭和青年的认可。而且由于经费不足、规模有限、设备设施老化等问题,技校毕业生的数量和质量还不能满足社会的需求。院校专业结构、教育培养与经济发展、市场需求联系不够紧密,导致了人力资源的闲置和短缺同时出现。

6. 劳动者自身的不利因素

劳动力自身素质的提高落后于技术进步的速度,从而造成失业。第三次科技革命中大量机械化、自动化的机器设备在生产过程中得到广泛运用,在带来生产力突飞猛进的同时,也使传统产业部门出现了大规模的失业现象。党的十一届三中全会以来,我国的改革开放取得了丰硕的成果,我国的科技水平也得到了迅猛发展,在企业生产科学技术水平迅速提高的条件下,企业为了获得最大的经济效益,必然要尽可能地降低用人成本、减少就业岗位。

因此,在一段时期内出现了大规模的"机器排挤工人"的现象。再加上近几年来随着我国国有企业"抓大放小"的改革战略的落实,在"抓大"过程中大量企业合并或者被兼并,使企业资本规模迅速扩大,也使得一部分经济效益差的企业职工不得不面临失业的危险。一般来说,随着经济的迅速发展,技术的不断更新,不少技术含量低、劳动密集型的产业被淘汰,其中溢出的劳动者由于技术素质低,不能或难以转向高技术含量的新产业而沦落为失业者。另外,新的产业常因存在年龄、学历上的限制,也使得部分劳动力难以重新就业。

劳动者就业观念无法跟上时代的步伐。具体表现在劳动者对就业岗位的预期与实际就业岗位所提供的条件不一致而造成的失业,大致存在两种情况:一是一部分下岗职工不能从以前"铁饭碗"的思想中解放出来,总认为国家会来养活他们。由于他们不适应市场经济发展的要求,就业的竞争意识不强,抱着"等、靠、要"的心理,等待政府和企业安排再就业,同时不愿放弃国企职工的身份,拒绝接受非公有制经济单位提供的就业机会,从而导致失业。二是一些大学生在择业时期望值过高,认为读了大学就理所当然地应该当干部、管理者或白领,愿意选择党政机关、企事业单位,期望到东南沿海城市或大城市就业,"到基层去,到农村去,到祖国需要的地方去"的意愿不高,对国家出台的一系列鼓励和引导大学生面向基层、服务农村和西部的就业政策,如"一村一名大学生工程"、"大学生志愿服务西部计划(国家计划)"、"高校毕业生到农村服务计划"、选调应届优秀高校毕业生到基层锻炼和工作(简称"选调生")等兴趣不高,"宁要城市一张床,不要基层一间房"的想法根深蒂固,造成不必要的失业。

第三节 失业的影响及对策

一、失业对社会的影响

失业可以说是在任何一个实行市场经济体制的社会都必然存在的社会现象,多数社会学者和经济学者认为要把失业控制在合理的范围之内,否则将给社会稳定和经济发展带来巨大的负面影响。

1. 不利于我国经济的持续发展

失业意味着有劳动意愿、有劳动能力的人不能和生产资料相结合,意味着失业人口虽然理论上是生产者,但已经从生产领域中退出,不能从事国民生产,劳动力资源被闲置,造成经济资源的较大浪费和效率的降低。西方经济学家用机会成本来解释失业对经济的影响。当失业率上升时,经济中本可由失业工人生产出来的产品和劳务就损失了,造成资源浪费,国民收入减少,正如保罗·A.萨缪尔森所说:高失业率伴随着高水平的生产损失或高水平的生产停顿——就好像干脆把相同数量的汽车、食品和房屋扔进大海;在高失业期间的损失是现代经济中有文献记载的最大浪费,这比垄断或关税和限额导致的浪费所造成的缺乏效率估计要大好多倍。① 我国的劳动力数量位居世界第一位,劳动力资源非常丰富,但劳动力资源不同于其他资源的最大特点就是具有时效性,随着时间的推移会逐渐消失,而我国也将进入社会抚养比过高的时期。"十二五"期间,我国的劳动年龄人口规模和比重开始减少,刘易斯拐点开始出现,据预测在"十三五"期间劳动年龄人口总量和占总人口的比例将双双下降,浪费的宝贵劳动力资源将给国民经济带来巨大的损失。奥肯定律描述了失业率和实际国民生产总值之间的关系,劳动力需求的水平在动态意义上决定了经济的增长。经济增长速度快,对劳动力的需求量相对较大,就业岗位增加,就业水平高,失业率就低;经济增长速度慢,对劳动力的需求量相对较小,会直接制约就业岗位的增加,就业水平低,失业率就高。因此,较高的失业率会拖累国民经济增长速度,预示着社会总产量的下降,导致国民实际总收入的降低,经济增长的停滞。由此可见,失业者不是生产者但还是消费者,仍然要消费掉一定比例的国民财富,这也加重了经济运行的成本和负担。

2. 不利于我国社会的和谐稳定

减少失业、扩大就业是保障和改善民生的头等大事,是经济发展持久的动力,也是国家长治久安的根基。首先,失业将加剧社会分配不公。我国现行的分配制度是以按劳分配为主体、多种分配方式并存的分配制度,即投入劳动力的,按劳分配;投入技术的,可按技术分配;投入资本的,可按资本分配,其中按劳分配是主要的分配形式。目前的失业者,多是投入劳动力的人,他们在没有失业的情况下,应得的收入数量取决于他们为社会提供的劳动数量和质量。而失业者在失业期间丧失了以劳取酬的机会,不仅无法以现有的工作技能换取适量的收入,还因为脱离就业市场,无法积累和更新符合时代需求的工作技能,进而又丧失了在未来劳动力市场上竞争的潜力,导致永久地丧失获得工作收入的机会,这种恶性循环将一部分劳动者排除在正常的经济生活、社会生活之外,他们不能依靠自己的能力、技能换取生活所需,永远处于社会的最底层。

其次,失业将导致我国贫困现象加剧。在我国社会保障体制不完善的情况下,失业与贫困像一对难兄难弟,如影随形。一方面,失业与就业状况直接或间接地影响着经济收入、社会地位和政治资源的传导;另一方面,失业相当于失去了收入,使家庭收入降低,陷入贫困状态。改革开放前,我国实行低工资、高就业政策,绝大多数城市居民衣食无忧,贫困更多地被看作是一种农村现象,城市的贫困人口基本上局限于无劳动能力、无生活来源、无法定赡养人和抚养人的"三无"人员和一些政府规定的特殊救济对象。进入20世纪90年代,城市贫困人口的主体发生了结构性变化,数量庞大的失业人员成为新贫困问题的主力军。诺贝尔经济学奖获得者阿马蒂亚·森认为贫困人口陷入贫困的主要原因是由于他们获取收入的能力丧失以

---

① 保罗·A.萨谬尔森,威廉·D.诺德豪斯.经济学[M].12版.北京:中国发展出版社,1992:336.

及机会丧失,疾病、人力资本不足、社会保障系统的软弱无力、社会歧视等因素也不可忽视。而这些因素也是致使劳动年龄人口失业的显著因素。可以说,因失业导致的贫困现象不仅将长期存在,还有进一步恶化的趋势。

最后,失业将引发一系列的社会治安问题。失业人口收入上的窘迫、社会地位的下降、生活的艰难将导致心理上的失衡,易导致犯罪率和自杀率上升,从而引发社会治安问题,造成社会不稳定因素。美国纽约是世界上最重要的金融中心之一,但根据覆盖纽约全部5个城区的官方调查显示,纽约市贫困人口比例最高的两个社区中,每五名16岁以上的成年人就有一人失业,比例位居全市之首。同时这两个社区的犯罪率也高于全市平均水平,平均每10万居民就有371人曾被关入监狱,而纽约市的平均值为十万分之九十三。在这两个社区被袭击的概率同样不低,平均每10万居民就有166人曾因遇袭而入院,为全市平均水平的近3倍。[①] 2015年,山东省临沂市治霾紧急关停57家污染企业造成6万多人直接失业,随着失业人口增多,当地盗抢案件在增多,犯罪率出现上升迹象。[②]

3. 不利于个体的发展

失业对个体而言,将遭受心理和物质的双重打击。心理上,失业者因自己处于社会利益分配体系中最不利的地位,生活无保障,因而感到社会的不公平,有强烈的相对剥夺感,自我评价较低,时常感到迷茫、沮丧、无能为力,甚至破罐子破摔,对自己的前途不抱什么希望,容易对社会产生怨恨、绝望、报复情绪,做出一些伤害自己、伤害他人、危害社会的过激行为和极端行为。物质生活上,因丧失了收入或生活来源,他们的日常生活受到威胁,生活水平低是其共同特征;因失业而不能缴纳或支取养老保险、医疗保险、失业保险等社会保障项目,距离社会保障体系越来越远,导致今后的生活也缺乏保障;因收入很低或没有收入无力负担孩子的教育费用,不利于提高下一代的人口素质,也容易导致贫困的代际传递。

二、治理失业的对策

失业是商品经济发展的必然产物,同时由于必要、合理的失业能够在社会再生产过程中,起到调节劳动力供求关系的作用,因此没有必要、也不可能完全消灭失业。失业问题的解决是一个长期过程,只有从我国的基本国情出发,把失业问题的解决上升到基本国策的高度,全民上下齐动员,各级部门互相配合,才能真正解决失业问题。

[①] http://news.xinhuanet.com/world/2015-11/23/c_128455002.html.
[②] http://news.rugao35.com/newsshow-140280.html.

1. 强化政府职能,为就业创造有利环境

十一届全国人大二次会议之后,温家宝总理在回答中外记者提问时说:将把扩大就业作为经济社会发展的一项重要任务,继续采取有力措施。失业问题是社会经济问题的多元复合体,各级政府应强化就业意识,从宏观决策的角度,把劳动就业纳入国民经济和社会发展规划之中全盘部署。在体制改革、结构调整过程中掌握力度,有效控制失业率的增长。同时,要建立健全失业预警和调控系统,及时分析预告劳动力市场状况,多渠道筹集就业应急基金,有计划地发展就业基地,有效预防和消解失业危机。随着我国经济发展进入新常态,可以在去产能和去库存过程中启动内部消化机制,并通过保企稳岗的方式,给予符合条件的企业一定支持,鼓励企业通过技能培训或者转岗等方式,让富余劳动力胜任内部新岗位。同时对小微企业进行政策支持和税收支持,鼓励和引导小微企业发挥就业主渠道的作用。进一步深化商事制度改革,贯彻落实注册资本登记制度改革,推动工商营业执照、组织机构代码证和税务登记证"三证合一",营造宽松便捷的准入环境。

2. 建立完善的劳动力市场

劳动力市场的功能是使用人单位和劳动者能够自由地进行双向选择,进而使双方都取得效益,达到人力资源的有效配置。完善劳动力市场,应本着以下原则:一是高效、开放和全方位;二是统一领导和分级管理相结合;三是兼顾经济效益和社会效益。具体而言,要做到以下两点:首先,要加快建设劳动力初级市场和次级市场。劳动力初级市场是劳动力资源原始配置市场,它对于消除不必要的劳动力资源再配置具有十分重要的意义;次级市场是劳动力资源配置市场,它直接影响着劳动力资源能否合理流动。因此各级政府、各部门都应该制定切实可行的措施,推进劳动力初级市场和次级市场的建设。其次,要采取多种有效措施,保护农民工群体、灵活就业人员以及困难就业群体的合法权益,保证他们与城市劳动者公平竞争、相同保障。打破我国城乡劳动力市场的割据状态,增强我国的劳动市场的统一性、流动性、开放性和自由竞争性,实现劳动力在全国范围内自由、有序的流动。

3. 大力发展吸纳就业能力强的产业,鼓励大众创业、万众创新

从传统的三大产业分类来看,第三产业的就业劳动需求弹性大,是吸纳劳动力、提供就业的主要渠道,所以发展第三产业将是未来我国创造就业机会、降低失业压力与解决结构性失业问题的最主要方法。中国产业结构调整必须大力发展第三产业,尽快实现劳动力逐步由第一、第二产业向第三产业的转移。我国第三产业发展滞后,在总量不足的同时,其内部结构也不尽合理。中国目前正处在第三产业的大发展时期,这将为中国提供巨大的就业机会。也就是说,依靠科技进步,提高劳动生产率为基础的第一、第二产业的"富余人员分流",是科技进步、社会发展的必然规律。只有这样才能把劳动者从第一、第二产业中解放出来,增加第三产业即服务业的人力资源,这不但是经济发展的必然规律,也是社会发展的必然规律,欧美发达国家的发展历程都是这样的历史轨迹。同时,大力发展一些弹性工作、非全日制工作、钟点工等灵活多样的就业形式,以拓宽就业渠道。对节能环保、电子商务、现代物流等生产性服务业和健康养老、家庭服务、社会工作、文化体育等生活性服务业大力支持。这些灵活的工作形式,可以满足社会上多样的用工需求,同时可以使人们实现灵活就业,还有利于充分挖掘潜在的就业岗位,有利于增加就业机会,在一定程度上有利于就业问题的解决。实施积极的就业政策,引导农民创业与发展县域经济相结合,开发农产品加工、休闲农业、乡村旅游、农村服务业等;实施大学生创业引领计划,支持高校毕业生从事现代农业、灵活就业或者自主创业,为社会群体的创业、创新搭好发展平台、解除后顾之忧,把创业和就业结合起来,以创业创新带动就业,催生经济社会发展新动力。

4. 进一步完善社会保障体系

我国当前的失业问题之所以非常严峻,主要原因之一就是缺乏一套有效的社会保障制度缓冲失业现象对经济生活和社会稳定的冲击。社会保障制度被看作是市场经济能否正常运行的主要配套制度,它使劳动者在年老、失业、生病时无后顾之忧,保障其基本生活来源。由于我国采取渐进式的改革,目前的社会保障体系还在完善过程中,成为推进经济体制改革的"瓶颈"。尽快建立健全失业保险、社会救助与就业的联动机制,充分发挥失业保险保生活、防失业、促就业的积极作用。用活、用足各项保险制度,对已经领取失业保险的失业人员和就业困难群体加强职业培训和创业培训,推动其尽快实现就业或者自主创业。

5. 加大宣传力度,让失业者清醒地认识到当前的就业形势

对下岗失业职工而言,让他们尽快认识到时代的进步和形势的变化,必须加大宣传力度,让他们尽快适应市场经济的冲击。一方面,要帮助他们转变择业、就业观念,使他们从对就业期望过高、不切实际地希望找到舒适轻松、报酬优厚、相对稳定的工作的思维定式中解脱出来,彻底打消他们"等、靠、要"的心理,增强就业、择业的竞争意识。另一方面,还应改变大家对苦、脏、累、险等工作岗位的认识,树立"劳动者最光荣"的意识,让整个社会都对他们的劳动有一个认识的转变,并非只有"金领""白领"对这个社会意义重大。

对于那些刚毕业的大学生而言,针对他们在择业时期望值过高,无法找到满意的工作就选择失业的现象,应加大宣传,让他们对当前的就业形势有一个更加清醒的认识。引导他们到祖国最需要的地方去,现在开展支援西部计划,对农村的"支农、支医、支教"计划都给毕业生提供了较好的就业机会。这些地方虽然条件较差,但是可以为刚毕业的学生提供一个不错的锻炼的环境。现在国家对这些学生的奖励措施越来越完善,不仅让他们得到了锻炼,而且几年后还可以享受很多的就业优惠政策。此外,还要引导大家树立"先就业再择业"的思想,先获得必要的工作经验,为以后找工作积累资本。

基 本 概 念

失业　结构性失业　摩擦性失业　周期性失业　隐性失业
农村剩余劳动力　新失业群体

思 考 题

1. 简述失业的分类类别。
2. 结合现实,分析我国失业的严重性。
3. 结合现实,分析我国失业原因有哪些。
4. 简述失业给我国带来的影响。
5. 简述我国治理失业的对策有哪些。

第六章

婚姻家庭问题

家庭是社会的细胞,是个人社会化的最基本场所。婚姻家庭问题不仅是个人问题,而且也是一个基本的社会问题;不仅关系到个人人生的幸福,也关系到整个社会的发展与稳定。作为社会的细胞,家庭正在经历急剧的变迁,"家庭是整个社会各种趋势的一个交会点:不断扩大的性别平等、越来越多的妇女进入劳动力市场、性行为和性期待改变,以及家庭与工作之间关系的转变,都首先体现在家庭之中"。[①] 由于快速的城市化、工业化、现代化以及急剧的社会变革,当代中国所出现的婚姻家庭问题,既有普遍的世界性、全人类性,又有鲜明的中国特色。

第一节 婚姻家庭的社会学理论

一、家庭的概念

婚姻既是一种社会现象,也是一种社会制度。无论是在学术领域还是在日常生活中,人们从不同的角度对"婚姻"有不同的理解。中国古代,"婚"指妇家,"姻"指婿家(夫家),且"婚"与"昏"是不分的。这是因为那时将婚礼看成阴礼,必须在黄昏阳去阴来之时进行。所以东汉郑玄注《仪礼·士昏礼》时则说"士娶妻之礼,以昏为期,因而名焉"。郑玄还说"女氏称昏,婿氏称姻",即妻子与丈夫的父母称为婚姻。东汉班固等编撰的《白虎通》说"婚者谓昏时行礼,故曰婚,姻者妇人因夫而成,故曰姻"。先秦的礼仪选集《礼记》则说,"昏礼者,将合二姓之好,上以事宗庙,而下以继后世也"。这些都是"婚姻"原来的词义。显然与现在的"婚姻"词义不同。

而在现代社会,婚姻是男女两性经由一种社会认可的方式结合起来的承担相应责任与义务的社会生活共同体。婚姻跟男女两性的同居不同,虽然同居也能给

---

① 安东尼·吉登斯.第三条道路:社会民主主义的复兴[M].郑戈,译.北京:北京大学出版社,2000:93.

伴侣以心灵上的交流、情感上的慰藉、生理上的满足与生活上的互助,但婚姻比同居包含更多的社会责任与义务、承担更多的制度性后果、得到的社会与法制的保护也更多。

对于什么是家庭,古德认为家庭应该包含以下 6 种情况中的大多数:①至少有两个不同性别的成年人在一起;②他们之间存在着某种劳动分工;③他们共享许多事物,如吃饭、性生活、居住;④成年人与其子女之间有着亲子关系,父母对孩子有着某种权威并对子女负有一定的义务;⑤他们进行许多经济和社会交换;⑥兄弟姐妹之间有相互支持、保护和分享的关系。[1] 可见,古德是通过对传统社会的家庭结构、家庭功能、家庭关系的概括来界定家庭的,因此,对于现代社会出现的一些新型家庭类型如单亲家庭、收养家庭、"丁克家庭"等并不适合。美国社会学家洛克和伯吉斯在《家庭》一书中指出:"家庭是被婚姻、血缘或收养的纽带联合起来的人的群体,各人以其作为父母、夫妻或兄弟姐妹的社会身份相互作用和交往,创造一个共同的文化。"[2] 这是一个非常宽泛的定义,可以包容不同的家庭类型,如单亲家庭、无子女家庭。综上所述,家庭是建立在婚姻关系、血缘关系或收养关系基础上的人类共同生活的初级社会群体。家庭中最重要的活动乃是性、生育与经济往来。

人类学家摩尔根在《古代社会》中认为,当人类开始以捕鱼为业或依靠人力获取食物生存时,家庭开始形成。历史上,人类家庭大致经历了以下几种形式:①血婚家庭。它出现于人类的蒙昧时代,是群婚制的早期阶段。这种家庭的基本特征是族内通婚,但排除不同辈分的人之间的婚姻关系,所有的兄弟姐妹互为夫妻。②普那路亚(伙婚)家庭。大约也存在于人类的蒙昧时代。"普那路亚"在夏威夷语中的意思是亲密的伙伴。这种家庭的基本特征是,族外通婚,排除同族同辈亲属之间的婚姻关系,一个血缘中的众兄弟和另一血缘中的众姐妹结成夫妻集团。恩格斯认为,这种家庭的出现是人类历史上的一大进步。③偶婚家庭。这是从群体婚向个体婚过渡的一种家庭形式。这种家庭的基本特征是,族外通婚,一个男人同时有许多妻子,但其中有一个是主要的,称主妻;一个女子同时有许多丈夫,但其中有一个是主要的,称主夫。这种家庭大约存在于人类的野蛮时代。④父权制家庭。出现于人类野蛮时代的晚期,是偶婚家庭与一夫一妻制家庭的中间环节。在这种家庭中,父权至上,一个稳定的丈夫同时有很多妻子。⑤一夫一妻制家庭。这是人类进入文明时代的产物。这是今天世界上流行最广的婚姻制度,是人类婚姻制度由低级向高级进化的结果。

按家庭的代际层次和亲属关系划分,可将家庭分为:①核心家庭,即由父母及未婚子女组成的家庭;②主干家庭,即由两代或两代以上夫妻组成,每代最多不超

---

[1] 何雪松.社会学视野下的中国社会[M].上海:华东理工大学出版社,2002:132.
[2] 中国大百科全书·社会学卷[M].北京:中国大百科全书出版社,1991:102.

过一对夫妻,且中间无断代的家庭,如父母和已婚子女组成的家庭;③联合家庭,指家庭中任何一代含有两对以上夫妻的家庭,如父母和两对或两对以上已婚子女组成的家庭,或是兄弟姐妹婚后不分家的家庭;④其他家庭,即以上三种类型以外的家庭,如同性恋家庭、单亲家庭、丁克家庭。

二、家庭的社会学理论

(一) 结构功能理论

结构功能理论在家庭研究领域,也被广泛使用。其主要用来分析家庭功能、家庭结构以及各种家庭关系,如夫妻关系、亲子关系等,并分析家庭在广阔的社会生活领域中所承担的各种职能,如生育、教育、性生活、宗教和职业等方面的职能。

不同的社会形态、不同的文化背景、不同的经济发展状况、不同的民族和地域、不同的家庭类型,构成了不同的家庭功能。有些功能是共同的,是任何社会的家庭都具有的,而有些功能只有在特定的社会形态中才存在;有些功能形式上相同,但不同的社会其内涵往往有很大的不同;有些功能是显性的,而有些功能是潜在的。对于家庭功能的分类,人们的认识并不一致,有人认为可分为家庭对其内部成员的功能和家庭对外部社会的功能,有人主张应分为物质的功能和精神的功能,还有人提出可依据家庭需要的范围来确定家庭的功能。著名社会学家塔尔科特·帕森斯和罗伯特·贝尔斯认为家庭有两个基本的不能忽视的功能:第一,生育孩子,初级社会化,以及使他们真正成为社会的一员。第二,使社会成年人的性格具有稳定性。我国社会学界一般认为,家庭作为一个基本的社会组织,总有一些基本的和相同的功能。这些功能主要有:生产功能、生育功能、消费功能、抚养和赡养功能、感情交往功能、娱乐功能、教育功能、文化功能和性生活的功能等。家庭功能的内容和形式是动态的,其发展变化的原因是多方面的,既有家庭外部社会环境的影响,也有家庭内部变化的影响。社会性质、家庭性质和家庭结构的变化,是引起家庭功能变化的直接原因。反过来,家庭结构和功能的变化,也会进一步推动社会发展。正如奥地利社会学家赖因哈德·西德尔所言:"家庭的社会结构和关系实体均受到它所在社会的社会经济发展水平和它的阶级、阶层、社会氛围的从属性的规定。另一方面,家庭也不断地通过日复一日劳动力的恢复,通过新的劳动力和消费者的再生产,产生了社会新的阶段和阶层。"[①]

基于此,结构功能论认为家庭必须根据外部社会环境的变迁调整其结构和功能,否则家庭与社会之间就会产生失调或脱节,并导致其他一些社会问题的产生。

---

① 赖因哈德·西德尔.家庭的社会演变[M].王志乐,等,译.上海:商务印书馆,1996:253.

显然，结构功能理论过于强调家庭内部的整合与稳定，忽视了隐藏在家庭内部的权力关系、利益冲突以及家庭成员之间的相互理解与互动的日常生活过程。

（二）冲突理论

与功能理论不同，冲突论认为社会体系的均衡，不仅依赖于体系内部各部分之间的调适，也依赖于它们之间的冲突，冲突不仅有破坏社会体系均衡的作用，而且有社会整合的作用。冲突理论的假设来源于一系列假定的看法，即许多不平等的资源分配引起了统治者和被统治者之间的巨大冲突，被统治者开始意识到他们的集体利益，并日益怀疑现存的正统模式。主要矛盾是不平等，从而使他们广泛地加入公开反对统治集团的斗争中来，以促使社会发生巨大的变化，使资源再分配。从冲突理论的角度研究家庭的学者认为，在婚姻和家庭关系中冲突是自然的，与其强调婚姻家庭关系中的秩序、平衡、一致或功能系统的存在和平衡，不如把注意力集中在冲突的规律和调解上。

在冲突论者看来，家庭成员之所以产生冲突，是因为家庭成员对稀缺资源如时间、空间、金钱、精力、情感等方面分配的不平等。冲突导致家庭的变迁，它打破旧的均衡，形成新的均势，同时包含着新的冲突。如果不能有效地解决家庭中的夫妻冲突、亲子冲突，家庭可能因为成员的退出而解体。在冲突论看来，家庭的解体既有消极意义又有积极意义。消极意义主要表现在家庭解体后会影响家庭成员的正常生活，如陷入贫困、子女的抚养与教育会受到影响等等；积极意义主要表现在有利于家庭成员追求自身独立，摆脱原有家庭的困扰而组建新的家庭。

马克思则从宏观社会层面分析了家庭中男女之间的不平等。马克思在考察家庭时发现，在资本主义生产条件下，新的经济制度使传统家庭的经济和生产职能转向社会。但新经济制度对男性更加青睐，使得更多的男性有走出家庭、参与社会经济生产的机会，而女性则因为生育等原因的影响，使得其参与社会经济生产的机会被剥夺，逐渐丧失经济独立性，使得其在经济上不得不依赖男性，从而加剧了男女之间的不平等。从这个意义上，马克思认为家庭是资本主义压迫妇女的工具。

（三）交换理论

从交换理论视角来分析家庭，当以诺贝尔经济学奖得主加里·贝克尔的分析最具代表性。贝克尔认为，家庭如同企业一样，是一个生产单位，家庭成员就是这个生产单位的雇员，家庭成员的物品、时间、货币和技能等就是这个生产单位的生产要素。男女之所以组建家庭，最根本的目的是为了追求家庭产出最大化或家庭成员福利最大化。男女组成家庭之所以能够产生效用或促进效用最大化，是因为夫妻之间彼此了解、相互信赖，这就大大减少了监督和管理费用，降低了管理成本；婚姻登记就如同企业签订的契约，避免了支付交易费用，降低了生产成本。贝克尔甚至认为,人们结婚的目的在于想从婚姻中追求效用最大化。如果婚姻效用超过单身的效用,那么,人们就会选择结婚;否则,人们就不会结婚而保持单身。

从交换理论出发的贝克尔明显忽视了社会制度、社会规范、价值取向等对人类婚姻家庭行为的影响和制约。

(四) 符号互动理论

符号互动理论主张从互动着的个体的日常自然环境去研究家庭及其成员的关系与活动,通常认为家庭成员之间的关系、家庭与社会的联系都是通过象征性的行为来沟通的。注意研究家庭内部互动关系,强调个人对家庭的顺应、家庭内部的协调。

伯吉斯的家庭理论研究是将符号互动论运用到家庭研究之中的范例。伯吉斯直接将家庭理解为互相关联着的人们之间的一种调适关系,是"人格互动的单元"。在研究中,他注重家庭互动的不同模式,如求婚、蜜月期、抚育子女、离婚和分居、老年人角色等,探讨家庭生活中的角色构成。

符号互动论在20世纪初盛极一时,对家庭研究产生了很大的影响。但互动论较少讨论宏观社会制度和社会过程对家庭的影响,而经常把家庭当作一个单独的社会现象来分析。

(五) 家庭发展理论(生命周期)理论

家庭发展理论主要是建立在以下的4个假设之上:①人们是行动者,也是反应者;②家庭成员的增加与减少是互动的重要变项;③家人在同一场景的互动不同于家人在不同场景的互动;④急速的转变(如新生儿诞生),会导致家庭结构的改变。

在西方家庭社会学研究里,家庭生命周期通常是指在家庭的建立与解体之间,其规模与结构等方面所经历的一系列具有不同特点的阶段,以及相应的变化发展。按照家庭生命周期理论,在整个家庭生命周期中,每个家庭要经历许多同类型、相似的事件,如结婚、生子、子女入学、子女结婚、老伴去世等。而且这些同类型、相似的事件一般都大致发生在家庭生命周期的特定时间里,并具有一定的规律性,或者说,各个家庭在相同的生命周期阶段都要发生同类型的事件,如结婚、生子、子女上学等等。这些事件就构成家庭生命周期的转折点,两个转折点间形成家庭生命周期的特定阶段。如杜瓦尔认为家庭生命包括以下相互联结的8个阶段,每个阶段有不同的任务。①初始家庭阶段(无孩子的新婚夫妇家庭);②养育婴儿家庭(年长孩子在30个月龄以下);③学龄前子女家庭(孩子30个月~6岁);④学龄子女家庭(孩子6~13岁);⑤学龄青少年子女家庭(孩子13~20岁);⑥孕育新家庭阶段(从第一个到最后一个孩子离开家庭期间);⑦中年家庭阶段(产生空巢家庭到退休);⑧老年家庭阶段(从退休到夫妇双双去世)。① 杜瓦尔的理论引起了学术界的争议。有的学者认为这种划分方法只是针对核心家庭,明显不能适用于多子女家庭、同性恋家庭、丁克家庭、单亲家庭等特殊类型的家庭。

尽管不同的学者对家庭生命周期阶段的具体划分存在较大的争议,但家庭生命周期理论重视家庭发展中的阶段性、家庭生活中的转折事件对家庭生活的影响、不同时期的家庭任务和家庭规范、不同家庭成员在家庭中的位置、角色的认知及其适应性调整的重要性等,这对从微观层面分析某一个家庭的动态过程是非常有帮助的。在该理论看来,对于整个家庭发展而言,家庭生活各阶段是前后延续的,其间有一种转折和衔接,后面阶段将受到前面阶段的影响;每一个阶段都有其特别的发展任务,若重点的发展任务不能得到很好执行,或者家庭不能因阶段之间的转折而相应地做出调整,不仅容易遭遇家庭关系的紧张和家庭矛盾,而且会影响到下一阶段的家庭生活;阶段之间的转折过渡时期是最容易导致家庭关系紧张、家庭成员焦虑的时期,也是需要家庭成员加倍投入精力,努力做出适应和调整的关键时期,应该给予特别的重视。

第二节 离 婚

一、离婚及离婚率

离婚是指夫妻双方通过协议或诉讼的方式解除婚姻关系,终止夫妻间权利和义务的法律行为。2001年4月28日,第九届全国人民代表大会通过的《婚姻法》修正案第四章对离婚做出明确规定,其中第三十一条规定,男女双方自愿离婚的,准予离婚。双方必须到婚姻登记机关申请离婚。婚姻登记机关查明双方确实是自愿并对子女和财产问题已有适当处理时,发给离婚证。第三十二条指出,男女一方要求离婚的,可由有关部门进行调解或直接向人民法院提出离婚诉讼。人民法院审理离婚案件时,应当进行调解,如感情确已破裂,调解无效,应准予离婚。因此,法院诉讼离婚和到民政部门婚姻登记机关办理协议离婚是离婚的两种方式。

离婚率表示一定时期(通常为一年)人口中离婚频率的指标。根据不同需要,有几种不同指标。

(1)总离婚率=全年离婚对数/年平均人数×1000‰。通常所说的离婚率均

---

① 李竞能.现代西方人口理论[M].上海:复旦大学出版社,2004:237.

指总离婚率。

(2) 一般离婚率,是一年中离婚对数与 15 岁以上人口数之比,即 15 岁以上在可结婚的前提下的离婚比率。如果可婚年龄变动则应以最低可婚年龄为起点计算。

(3) 已婚者离婚率,是某一年离婚对数与已婚男子(或妇女)人数之比。它说明有可能离婚的概率。

(4) 分年龄离婚率,是一年当中某年龄段男性(或女性)离婚人数与该年龄段男性(或女性)平均人口之比。由于同年龄段男女离婚人数不同,因此一般应男性女性分别计算。

二、新中国成立以来离婚率的变化及当前的新特点

(一) 新中国成立以来三次离婚高峰

学术界普遍认为,新中国成立以来先后经历了三次离婚高峰。[①]

第一次离婚高峰发生在新中国成立初期,即 1951—1953 年。原因是 1950 年的《婚姻法》彻底否定封建包办婚姻制度,明文规定废止重婚、纳妾、收童养媳等旧婚俗和旧婚制。新《婚姻法》的宣传和贯彻,不仅使众多公众在新旧婚姻制度的问题上划清了思想界限,而且使无数深受封建婚姻制度之害的当事人中有百万夫妇挣脱痛苦婚姻的桎梏,以致离婚人数骤然上升,创下了至今未被打破的历史最高纪录。全国离婚案件由过去的每年几万件逐年大幅上升,1953 年高达 117 万件,总离婚率比 1950 年增长了好几十倍。[②] 政府对这一次的高离婚率持支持态度。这次离婚高峰与婚姻制度的革命性变化紧密联系在一起,政府从意识形态上支持男女平等,从法律上反对封建包办婚姻制度,离婚成为追求自由、权利和解放的象征。

第二次离婚高峰是在 1959—1961 年。三年自然灾害时期,国民经济受到严重的挫折,很多地区难以解决温饱问题。恶劣的经济形势自然严重影响家庭内部关系和婚姻的稳定性,离婚另嫁他乡成为许多妇女的生存策略。如江苏省北部许多县都有农村已婚妇女离家出走,到当时实行"包产到户"的安徽省农村另行成婚以度日。

第三次是在"文革"结束后,即 1980—1982 年。原因是结束动乱,许多知青经招考、招工而返城,影响了婚姻的稳定性。再加上 1980 年《婚姻法》规定"感情确已

---

① 何雪松.社会学视野下的中国社会[M].上海:华东理工大学出版社,2002:143.
② 童星.世纪末的挑战——当代中国社会问题研究[M].南京:南京大学出版社,1995.

破裂,调解无效,准予离婚",确立了无过失离婚的原则。离婚的法律限制放松从客观上刺激了离婚案件的增多,致使离婚率上升。

(二) 当前离婚新特点

进入21世纪以来,离婚现象又出现了一些新动向、新特点,主要表现为:

"高",即离婚率高。据民政部发布的《2015年社会服务发展统计公报》显示(见表6-1),2015年依法办理离婚手续的共有384.1万对,比上年增长5.6%,其中:民政部门登记离婚314.9万对,法院办理离婚69.3万对,粗离婚率为2.79‰。

表6-1 2008年至2015年粗结婚率和粗离婚率

年份	2008年	2009年	2010年	2011年	2012年	2013年	2014年	2015年
粗结婚率/(‰)	8.27	9.10	9.30	9.67	9.80	9.92	9.58	9.00
粗离婚率/(‰)	1.71	1.85	2.00	2.13	2.29	2.58	2.67	2.79

(注:资料来源于民政部《2015年社会服务发展统计公报》)

"广",即离婚主体广泛性。加入离婚队伍的离婚主体除了传统的中青年、物质条件优越者外,年迈老人、经济条件一般者等提出离婚的情况有增无减。有人说,过去朋友见面问"吃了吗?"现在人们则问"离了吗?"这一说法虽然片面,但也确实反映了我国当代离婚率"高"而"广",婚姻家庭生活不稳定的新动向。

"多",即对待离婚的态度和方式多样化。离异方式除了法院判离的,也有采取协议离婚的。有的离婚双方还举办离婚舞会、离婚宴会、离婚旅行,离婚后还能相互来往,有的在正式离婚之前还经过一个"试离婚"阶段,有的从结婚到离婚不到一个星期,称为"闪离婚"。

三、离婚率上升的原因分析

西方学者一般从社会和个人两个角度来分析离婚率上升的原因。从社会角度来看,离婚的影响因素有城市化、工业化、经济波动、价值观念的变迁等;从个人角度来看,离婚的影响因素有结婚年限、年龄、同居、性格等。在此,我们也从这两个角度来分析当前中国离婚率上升的原因。

(一) 社会因素

我们认为,当前中国离婚率上升的社会因素主要有:

1. 社会转型对传统婚姻家庭观念的冲击

随着改革开放的逐步深入,西方婚姻家庭观念的进入,过去那种强调"从一而终""嫁鸡随鸡,嫁狗随狗",习惯把婚姻看成一成不变的人身安排的传统婚姻观念发生了根本性的改变。特别是市场经济的自主性、平等性、开放性、竞争性,使人们从原来的"家族本位"转为了"个人本位",真正成为婚姻关系的主体,自主依照本人意愿进行选择,不再考虑家庭因素和社会因素对婚姻关系的影响。马克思主义认为,生产方式和交换方式的变更,是一切社会变迁的终极原因。因此,从计划经济向市场经济这种生产交换方式的变革,无疑对婚姻家庭观念产生冲击和影响,是导致离婚率上升的主要原因。[①]

2. 工业化、城市化对婚姻稳定的影响

一方面,工业化、城市化造成了大量的人口流动,使得夫妻两地分居的婚姻家庭生活模式逐渐增多。长期夫妻两地分居,使婚姻的正常功能得不到很好发挥,如夫妻间心灵沟通、情感交流受到影响,性生活得不到满足,这些都有可能影响到婚姻的稳定。另一方面,工业化、城市化为妇女走出家庭,广泛参与社会经济生活,提高其经济地位、社会地位创造了有利条件,摆脱了对男性的依附,一旦婚姻出现裂痕,广大职业女性更容易通过离婚来把握自己的命运。

3. 社会限制因素减少

首先是法律的宽松。现行的《婚姻法》第三十二条规定,有下列情形之一,调解无效的,应准予离婚:①重婚或有配偶者与他人同居的;②实施家庭暴力或虐待、遗弃家庭成员的;③有赌博、吸毒等恶习屡教不改的;④因感情不和分居满二年的;⑤其他导致夫妻感情破裂的情形。这比较充分地体现了离婚自由的原则。法律放松了对离婚的限制,人们可以在法律所允许的范围内自由离婚。其次是社会舆论限制的减少。社会舆论对离婚的宽容与理性化促使夫妻关系紧张的婚姻关系不再继续"冷战"对峙下去。人们过去长期以来存在的那种"好人不离婚、离婚不正经",视"离婚"为耻辱的观念已得到改变,离婚不再是不光彩的"新闻""怪事",而是自然而然的正常社会现象。

(二) 离婚的个人因素

苏联社会学家莫斯科夫将苏联离婚的主要原因概括为酗酒、通奸、感情不和及住房问题。美国社会学者杰科伯逊对美国离婚案的研究发现,离婚的主要原因有家庭暴力、遗弃、通奸、酗酒、拒绝抚养。其他比较少见的离婚理由还有重婚、骗婚、恶疾、重罪或其他犯罪行为、性无能、入狱、乱伦、感情不和、婚前受孕及自愿分居等等。

中国学者李银河的调查研究发现,导致离婚的几个主要原因依次为:①婚姻基础不好(41.9%);②婚后一方或双方发生过失(35.7%);③性格不合(34.6%);④性生活不和谐(34.4%)。多数离婚者的离婚原因并不限于一项,而往往是多因

---

① 刘普生,段喜春.通向21世纪的中国法治之路[M].北京:中国青年出版社,1999:531.

的,即每一个案的离婚原因可能不只是上述四项中的一项。①

所谓婚姻基础不好,是指婚姻并非双方充分自愿和自由恋爱的结果,而是或迫于家庭、社会压力勉强凑合,或权衡利弊得失草率成婚,或为结婚而结婚(男大当婚,女大当嫁)。

所谓过失,既包括通奸、外遇,也包括一方与第三者有一般异性接触而为配偶所不容者。

性格不合导致离婚。此类离婚者一般都承认对方是好人,也无外遇,但就是合不来。有的是一方喜欢清静,另一方却偏偏喜欢热闹;有的是一方喜欢干净整洁,另一方却觉得过于整洁会减少家庭亲切随意的气氛,等等。

性生活不和谐导致离婚。在中国人的观念里,性生活不和谐是不大能说得出口的理由,因此被调查者在这个问题上往往闪烁其词。

2001年易松国在深圳的调查发现,不忠、性格不合、不顾家、恶习、性生活不和谐以及与双方父母关系不好等是导致离婚的几项主要原因,而其中最主要的原因还是一方不忠或双方性格不合。②

四、离婚的后果

所谓离婚的后果,是指离婚给夫妻双方和给子女带来的消极的影响。对研究离婚的人来说,离婚的后果分析是重要的,因为离婚后果不仅仅是离婚之后的效应,离婚后果反过来还会影响到离婚决策,即前人的离婚后果如何,会直接影响到后人的离婚行为;而且,离婚后果反映了人们对待离婚的态度,这种态度还受社会的现代化水平和文化内涵的影响。③

(一)离婚对孩子的影响

西方众多关于离婚对孩子的影响的研究主要得出两个结论:一是"严重影响说",认为父母离婚将对孩子产生深远的伤害;二是"有限影响说",即承认离婚确实会给孩子造成一些不良后果,但在父母离婚的家庭中,问题特别严重的孩子并不是多数,且大多数孩子都能从父母离婚的阴影中走出来,很少有持久的负面影响,也就是说,父母离婚对孩子的影响并非如人们所想象得那么严重。中国学者徐安琪对上海500名父母离异的孩子及其家长、班主任定量研究的分析结果,支持了西方

---

① 李银河.中国人的性爱与婚姻[M].北京:中国友谊出版社,2002:179-183.
② 易松国,陈丽云,林昭寰.从家庭主义到集体主义和个人主义:中国离婚模式的变迁[J].南方论丛,2005(2).
③ 吴德清.当代中国离婚现状及发展趋势[M].北京:文物出版社,1999:137.

学者的"有限影响说",即婚姻破裂虽对学龄子女的生活福利、学业、品行、心理发展和社会适应有消极影响。如有 24.2% 的监护人自述生活水平下降,而子女认为父母离婚后自己的生活受到影响的达 43.5%;班主任认为父母离异的学生的学习成绩较差或很差的达 41.8%。同时,父母婚变的经历也对不少孩子的成长具有积极意义并出现一些正向的改变。班主任在回答"您认为父母离异的学生与同班父母未离异的普通学生相比,有哪些差异? 如有,请具体描述"的问题时,认为比一般学生差或更消极的占 28.4%,既有积极、好的又有消极、差的方面的为 26.8%,无明显差异的占 32.4%,另有 12.4% 的父母离异少儿则具有比一般学生更积极、成熟或好的品格性情。[①]

(二) 离婚对夫妇本人的影响[②]

夫妇离婚后首先遇到的问题是经济上的问题。他们普遍感到经济压力大,尤其是女性。维兹曼发现离婚后一年中,男性的生活水平提高了 42%,而女性的生活水平却降低了 73%。离婚后面临生活水平降低的重要因素之一是离婚后一家变成两家,夫妇二人各自独立承担生活开支,并要抚养子女,经济上一下子变得紧张起来。

责任压力大,离婚者身为子女的父亲或母亲,作为监护者其责任是较大的。他(她)要承担全部的家务,抚养和教育孩子,平衡家庭和工作的关系。这些都不是容易的事,而且困难重重,他们中多数人为此感到精疲力尽。尤其对女性而言,责任压力更大,因为她们常常是孩子的监护人。对夫妻二人来说,一起抚养孩子尚且是难事,对离婚的女性来说,抚育孩子更是一件难事。

离婚男女可能面临着感情伤害和孤独的问题。感情被对方伤害、对异性失去信任、对婚姻的失败感、压抑、罪恶感、缺乏自信和孤独等,都可能会因离婚而起。根据巴赫的资料显示,20% 的离婚者要经历这类感情问题。

在中国社会,不管哪一方主动提出离婚,他(她)都可能会承受舆论的压力。对于男性而言,旁观者多以此眼光看待他,甚至把他与不道德、喜新厌旧、见异思迁、玩弄女性联系起来。对于女性,其承受的舆论压力更大。

正如离婚对子女有消极影响和积极影响一样,离婚对夫妇本人有消极影响的同时,也有积极的影响。夫妇最终还是选择离婚,就是因为他们中的很多人认为离婚会有益于他们今后的生活。如离婚者获得了重新追求幸福婚姻的机会,即再婚,如李银何在 20 世 80 年代末的调查发现,离婚后有再婚意向的占 55.1%,无再婚

[①] 徐安琪,叶文振.父母离婚对子女的影响及其制约因素[J].中国社会科学,2001(1).
[②] 吴德清.当代中国离婚现状及发展趋势[M].北京:文物出版社,1999:146-151.

意向的占31.9%,准备再婚的7.1%,其余的人回避了这一问题。[①] 而今天离婚后准备再婚的比率肯定更高。

五、维护婚姻稳定的对策分析

对比国外的婚姻政策法规、家事调解制度及婚前教育与辅导,中国的相关法规、政策及教育中缺乏缓冲机制。中国结婚与离婚程序相对简单,也是导致"闪婚""闪离"以及造成离异家庭子女受伤害的原因之一。[②] 因此,为了维护婚姻稳定,有效降低离婚率,必须加强婚前教育、完善婚姻调解制度。

(一) 加强婚前教育

当今社会,几乎所有的职业都需要经过专门的训练,取得相应的职业资格,才能胜任相应的岗位。大量婚姻关系的解体,说明人们缺乏维持美满婚姻所必要的知识和技能。因此,在步入婚姻殿堂之前,加强有关婚姻知识的教育,是维护婚姻稳定的一个重要条件。

第一,政府和社会可以开办婚前教育学校。政府和教育部门可以起到支持和推动作用,政府在开办婚前教育学校方面可以提供政策支持,针对婚前教育的稀少性、不受重视,可出台相关政策措施,以吸引和鼓励社会各界参与进来,使参与的各方都能从中得到实惠,达到互利互惠的效果。同时,教育部门也应当采取积极措施推动婚前教育的开展,可以在高中和大学开设有关婚姻家庭知识的公共课程,使在校的青年学生能够尽早掌握婚姻家庭知识,为未来婚姻生活打下基础。

第二,大众媒体的积极宣传和引导。大众传媒应当在促进婚前教育的过程中发挥积极的宣传引导作用,即应起到领航的作用。媒体应当做好宣传和引导工作,例如:可以制作有关婚姻家庭生活方面的影片,通过影片来告知人们缺乏婚姻家庭生活教育所导致的不良后果,以此来引导人们关注婚前教育,重视婚前教育;同时也可以开办相关电视栏目,积极吸引出现家庭问题的家庭参与进来,从中分析问题,找出问题原因,引导人们关注婚前教育,并最终积极参与婚前教育。

第三,社会组织的积极参与。政府应当制定优惠政策鼓励社会组织参与到婚前教育中来,并在其中发挥积极作用。作为社会组织自身也应当积极参与进来,承担相应的责任,也可以根据自己的优势开办相关培训班,引导人们参与进来。例如,红枫妇女咨询中心2004年开设的家庭暴力专线,为受伤害的妇女提供援助,对

---

① 李银河,冯小双.对北京市部分离婚者的调查[J].社会学研究,1991(5).
② 刘统霞,张雯莉.多媒体环境下两性关系模式的探讨研究:北京地区离婚原因的人类学调查[M].北京:中国政法大学出版社,2013.

其丈夫进行相关家庭生活教育。

第四,社会青年的自身素质培养。对于即将建立自己新家庭的社会青年男女来说,他们自身有着不可推卸的责任。未婚的社会青年对于家庭生活知识掌握的多寡将直接影响到他们婚后生活质量的高低和婚姻美满程度。那么,这就需要社会青年男女从现实生活出发,认真学习婚姻家庭知识和技巧,积极做好婚前准备,学习掌握与家庭生活相关的法律法规,承担相应的责任和应尽的义务,同时应当在这方面起到模范带头作用,积极参与婚前教育活动,以身作则,为婚前教育做出贡献。未婚的社会青年在促进家庭和谐方面负有直接的责任,所以社会青年应当肩负起发展婚前教育的重担,促进婚前教育的发展。[①]

(二) 完善婚姻调解制度

在我国,关于婚姻调解的规定散见于《婚姻法》《民事诉讼法》等法律和相关司法解释中。我国《婚姻法》第三十二条:人民法院审理离婚案件,应当进行调解;如感情确已破裂,调解无效,应准予离婚。最高人民法院《关于人民法院民事调解工作若干问题的规定》第二条也规定:对于可能通过调解解决的民事案件,人民法院应当调解。在有关人民调解的立法《人民调解委员会组织条例》、1990年的《民间纠纷处理办法》、2002年司法部的《人民调解工作若干规定》及最高人民法院《关于审理涉及人民调解协议的民事案件的若干规定》都没有专门针对婚姻调解的较为系统的法律规范,这使婚姻调解范围、调解机构、调解程序都没有明确的规定。调解对于解决婚姻案件有一定优势,能够缓解离婚夫妻双方感情上的对立,有利于实现实质上的正义。法院调解中查明事实、分清是非的原则不利于婚姻调解的实施,正因为调解既有优点,又有缺陷,所以30年来中国立法和司法过程中诉讼调解经历了由"冷"到"热"转变的过程。在婚姻家庭纠纷解决中经历几次大变化,从"着重调解""齐抓共管"到20世纪80年代中期民事司法改革,提倡诉讼正规化,弱化法庭调解,再到近期衔接诉讼与非诉的解决方式,重建多元化婚姻纠纷解决模式的变革。调解主体构成多样,配置不专,婚姻调解主体从新中国成立初期多个部门齐抓共管到法院为主的单一模式再到现在比较多元的主体模式。尽管婚姻调解主体构成多样,但其调解功能以及人员专业性构成都存在一定的问题,调解主体配置不专。新中国成立初期,民政部门、妇联及其他相关单位协同进行婚姻纠纷的调解工作,很多离婚纠纷通过基层组织、妇联或亲朋好友的介入协调,得到了妥善的解决,

---

[①] 刘统霞,张雯莉.多媒体环境下两性关系模式的探讨研究:北京地区离婚原因的人类学调查[M].北京:中国政法大学出版社,2013.

取得了不错的效果,留下了宝贵的经验。①

婚姻调解不能是对过去调解模式的简单回归,而是在充分借鉴过去经验的基础上,一方面提高民政部门、妇联、村委会、社区干部在婚姻调解方面的专业化水平,调解主体既要熟悉国家相关政策、法律法规,也要掌握一定的学科知识,诸如心理学、教育学、社会学等方面的学科知识。另一方面,充分发挥专业社会工作者的力量,适时介入婚姻家庭关系的调解,系统开展婚姻家庭治疗工作,运用团体社会工作开展婚姻家庭教育等。总之,需要明确婚姻调解的范围,建立多机构合作的调解机制和逐步完善调解主体的专业化,实现民间调解机制与专业婚姻治疗的有机衔接。

第三节 家庭暴力

一、家庭暴力的概念

吉登斯认为,家庭暴力是指一个家庭成员对另一个或另一些家庭成员所进行的身体虐待。身体虐待的首要对象是孩子,尤其是六岁以下的孩童。丈夫对妻子施暴是第二种最常见的类型。② 我国政府第一次明确使用"家庭暴力"一词是在《中国妇女发展纲要(1995—2000年)》第11项"改善妇女发展的社会环境,依法保护妇女在家庭中的平等地位,坚决制止家庭暴力"。其后,最高人民法院基于实践的需要,在司法解释中对家庭暴力做出了界定,即指"行为人以殴打、捆绑、残害、强行限制人身自由或其他手段,给家庭成员的身体、精神等方面造成一定伤害后果的行为"。国内对家庭暴力的最为详细的界定研究来自法学界,如有学者将家庭暴力界定为:发生在基于婚姻、血缘、法律或其他亲密关系基础上而联系在一起的家庭成员之间在肉体、精神、性等方面实行的侵害行为。有学者总结归纳出家庭暴力的四个要件:第一,家庭暴力的主体是家庭成员。第二,主要涉及权利有身体权、健康权、生命权、自由权和性权利。第三,家庭暴力主观要件要求施暴者须具有主观的故意。第四,家庭暴力的客观方面通常表现在持续或经常性的摧残或折磨家庭成员的身体、精神和实施性暴力,造成一定的伤害后果。③

---

① 刘统霞,张雯莉.多媒体环境下两性关系模式的探讨研究:北京地区离婚原因的人类学调查[M].北京:中国政法大学出版社,2013.
② 安东尼·吉登斯.社会学[M].赵旭东,等,译.4版.北京:北京大学出版社,2003:244.
③ 杨肖光.家庭暴力干预政策过程分析及社会组织在其中的作用[D].上海:复旦大学,2008.

二、家庭暴力的分类

从不同的角度,可以对家庭暴力进行不同分类,在目前的学术和司法实践过程中,常用的家庭暴力分类有:

1. 从家庭暴力的受害对象,可以把家庭暴力分为以下几种类型

(1) 配偶暴力:指配偶一方遭受另一方身体、性和精神暴力伤害。在这种暴力行为中,大部分受害者是女性。

(2) 儿童暴力:父母或家庭成员对儿童施加身体或精神伤害、虐待。

(3) 对老人的暴力:指对家庭中老人的生理和心理造成伤害,念其恐惧和不安的行为。

(4) 家庭其他成员间的暴力:指对其他家庭成员造成的生理和心理的伤害。

2. 从家庭暴力方式,可以把家庭暴力分为以下几种类型

(1) 身体暴力:指施暴者对受害者身体各部位的种种攻击行为,如殴打、推搡、抓头发、打耳光、脚踢、使用工具攻击等。

(2) 性暴力:用武力或身体暴力强迫发生性行为、性接触等。如丈夫违背妻子的意愿强迫发生性关系就是最常见的性暴力。

(3) 精神暴力:以语言威胁恐吓、恶意诽谤、辱骂受害者,直接影响受害者的自尊和自我价值,控制受害者的行动自由等。

(4) 经济控制:施暴者通过对家庭资源(金钱、时间、交通工具、食物、衣服、住房等)的控制来制约受害者,造成其人身及精神的依赖。

三、中国家庭暴力现状

由于家庭暴力的特殊性和隐蔽性,其现状还难以准确把握,下面就以家庭暴力的相关调查数据为依据,对当前中国家庭暴力的现状进行分析。

1. 家庭暴力在中国还比较普遍

全国妇联 2002 年的一项调查显示,仅就针对妇女的暴力来说,在我国 2.7 亿个家庭中约有 30% 的家庭存在着不同程度的家庭暴力,其中施暴者九成是男性。此外,2002 年全国妇联和国家统计局曾在 21 个省进行中国妇女社会地位的调查显示:"有 0.9% 的女性经常被丈夫打,8.2% 的女性有时挨打;丈夫对妻子实施暴力的占绝大多数,家庭暴力的受害者近 95% 为女性。"全国妇联 2003 年的一项最新抽样调查表明,在被调查的公众中,有 16% 的女性承认被配偶打过,14.1% 的男性承认打过自己的配偶,有 38.4% 的夫妻承认发生冲突时会动手,其发生的频率一般为"几个月一次",调查还显示,当受到配偶殴打时,有 48.2% 的男性会"和配偶对打"，而女性更多的是"被动地让配偶打""躲进另一个房间"和"大声向邻居呼救"。目前，我国每年约有20万个家庭解体，其中超过1/4缘于家庭暴力。① 2010年第三期中国妇女社会地位调查显示，"在整个婚姻生活中曾遭受过配偶侮辱谩骂、殴打、限制人身自由、经济控制、强迫性生活等不同形式的家庭暴力的女性占24.7%，其中，明确表示遭受过配偶殴打的比例为5.5%，农村和城镇分别为7.8%和3.1%"②。

2. 家庭暴力从"蓝领"蔓延到"白领"

近年来，家庭暴力正呈现出从低层次家庭向高层次家庭发展的趋势。从某种程度上说，家庭暴力已不分社会阶层了，"蓝领"家庭或"白领"家庭都可能出现。按照过去的调查分析，家庭暴力一般都发生在知识水平、职业层次、社会地位都比较低的家庭。但根据上海市妇联权益部的一个负责人介绍，在目前的家庭暴力投诉中，施暴者受过高等教育的比例已经超过了10%，并且还有明显增长的趋势。③ 据分析，"白领"家庭发生家庭暴力是因为：一些"高知"文化程度虽高，道德涵养却不高；封建传统观念在当今社会仍没有消亡，且在一定程度上得到了强化。如一些人有经济实力后，婚外性行为、"二奶"便出现了，由此诱发家庭暴力。

3. 家庭暴力恶性案件呈上升趋势

据全国妇联2006年的一项调查，在家庭暴力事件中，发生致伤致残和死亡事故的比例，已经由2002年的33.4%上升到60.5%，其中致死的占12%。家暴恶性案件数量上升的原因，主要有三条：一是社会的复杂性和生存的压力，导致一些人的心理变异和扭曲，使人性中的丑陋部分膨胀，让人变得凶狠和残忍；二是社会道德规范的松弛和一些情色诱惑，使人们的生活方式多元化甚至让有些人变得堕落，导致情变、婚变，诱发家庭暴力升级；三是社会、政府对家庭暴力现象的无可奈何和变相的放任，让受暴力者失望，只好自行以恶制恶。

四、家庭暴力的原因与预防

(一) 家庭暴力的理论解释

1. 资源理论

资源理论认为，夫妻在家庭决策时的地位是由双方带入夫妻关系中的资源所决定的：资源多的一方在决策时处于有利的控制地位。根据古德的观点，作为一个

---

① 黄燕华.城乡家庭暴力原因与趋势分析[J].福建师范大学福清分校学报,2006(1).
② http://www.china.com.cn/zhibo/zhuanti/ch-xinwen/2011-10/21/content_23687810.html.
③ 许永强.刑事法治视野中的被害人[M].北京:中国检察出版社,2003:198.

完整的系统,家庭成员在互动过程中有时会使用武力或是威胁使用武力。资源少的一方在夫妻决策中处于不利地位,因而也更容易借助于武力。因此,当夫妻双方的资源相当时,家庭暴力最不容易发生;相反,当夫妻双方的资源相差悬殊时,较弱的一方很容易使用暴力来达到控制对方的目的。

2. 女性主义理论

女性主义理论强调男女两种性别在整个社会上的地位差异及其对家庭暴力发生的决定性作用。一般来讲,女性主义学者认为社会中的资源主要由男性控制,而男权文化使得这一资源分配的倾斜得以维系,进而导致男性对女性的控制地位。这种两性间不平等的地位固化成了制度。家庭内夫妻间的不平等也是这种性别差异的缩影。在夫妻关系上,妻子总是处于弱势地位。她们的经济和社会地位都要低一些。因而,丈夫在家庭事务中始终处于决策者的地位。这种关系生成了一种女性很容易成为其丈夫暴力行为的受害者的情况。在这种意义上,家庭暴力是一种男性在家庭中控制女性的手段。

3. 交换理论

交换理论认为,人类的互动行为都受到成本-收益的支配。殴打、虐待家庭成员,也是基于成本-收益的考虑。在交换理论看来,丈夫殴打妻子,获得收效包括发泄压力、实现个人愿望、做一个具有控制力的男人等,而付出的成本包括警察的干预、妻子的反抗、社区的耻笑、妻子的离家出走等。如果丈夫殴打妻子获得的收益大于成本,就会助长家庭暴力。

4. 社会结构理论

社会结构理论认为,家庭暴力在社会上的分布并不是均匀的。年轻、文化程度低以及收入不高的家庭更容易产生家庭暴力。这些家庭之所以容易产生家庭暴力,是由于这些家庭承受着更多的生活压力。生活压力越大,家庭暴力发生的可能性就越大。除了生活压力以外,这类家庭由于缺乏资源来有效地化解压力也是家庭暴力较易发生的原因之一。换言之,家庭在社会结构中所处的位置决定了其产生家庭暴力的可能性。

此外,解释家庭暴力的理论视角还有社会生物学视角、心理学视角、生态论视角、经济学视角等。

(二)当前中国家庭暴力的成因

根据当前中国家庭暴力的特点和上述理论视角,我国家庭暴力的主要因素包括:

1. 法律因素

我国的各种法律、法规正在不断地发展和完善之中,我国妇女权益的法律化程度还处在初级阶段,现行的法规、政策尚有不完善之处。虽然我国《刑法》《婚姻法》

《妇女权益保障法》《治安管理处罚条例》等法规对家庭暴力有禁止性条款规定,但都缺乏明确的认定和制裁条款,缺乏可操作性。有的执法人员以"清官难断家务事"为由拒绝为受害妇女开验伤单的现象时有发生,以情代法、以情抵罪的做法仍存在。许多夫妻不知法、不懂法,丈夫打了妻子,不知道是犯了法;妻子挨打,也不知道用法律武器来保护自己。滞后的法律制度和落后的法律意识是家庭暴力蔓延的重要原因。

2. 文化因素

男权文化和夫权思想为家庭暴力提供了文化基础。中国古代宗法社会的人伦纲常,是以血缘和家庭为基础的尊卑等级秩序。孔子将其概括为"君君、臣臣、父父、子子"。按这种旧礼制与传统的要求,在男女关系上,男尊女卑,妇女一生必须服从于男人。改革开放以来,这种思想文化观念虽然受到了极大的冲击和影响,但直到今天仍然很大程度地影响着中国的家庭,尤其是在落后农村显得尤为严重。在较多的农村落后地区,部分丈夫对妻子的占有、支配意识很严重,对妻施以暴力非但未觉不妥,反认为理所当然,仍然坚信"娶来的媳妇买来的马,任我骑来任我打"。而相当一部分农村妇女对这种观念也有某种程度的认同,委曲求全,因害怕家庭破裂而对家庭暴力采取忍受和认命的消极态度。

3. 社会因素

社会的漠视是家庭暴力频繁发生的间接原因。多年来,对家庭暴力问题,我们的社会认识不清,重视不够。长期以来,家庭暴力问题不受政府和社会重视,被贴上"清官难断家务事"的标签,少有人过问。丈夫打妻子、父母打子女等不视为人身侵权。这种对家庭暴力轻描淡写甚至视而不见的社会氛围,使施暴者感觉不到压力,更不会因施暴而内疚。连道义责任都无须承担的施暴者,一身轻松,难免一再施暴。甚至司法机关对家庭暴力一推了之,不仅助长了施暴者的气焰,而且使受害人痛上加痛。社会的漠视使许多家庭陷入暴力的恶性循环,难以摆脱。

(三)家庭暴力的预防

1. 加强立法,运用法律机制制止家庭暴力的法律制度

针对家庭暴力的长期性、复杂性与严重性,许多国家和地区制定了专门的家庭暴力法。1995年12月,新西兰国会通过了《家庭暴力法》,全面调整家庭暴力问题;英国也于1994年出台了《家庭暴力法》;新加坡对此也有专项立法;在我国台湾地区,1998年也通过了《家庭暴力防治法》,从刑事、民事、家事和防治服务多种角度,治理家庭暴力问题。由于我国家庭暴力有关的现行法规,均散见于各类法典、法条中,如《婚姻法》《未成年人保护法》《妇女权益保障法》《老年人权益保障法》等,而这些法律不是专门针对家庭暴力的,因此并未提供根本防止及解决家庭暴力问题之途径,不利于司法操作及社会实践。建议我国立法机关,从我国实际出发,在总结我国现行立法经验,以及地方性法规和各地行之有效的司法实践经验的基础上,借鉴国外经验,制定一部全国性的"预防和制止家庭暴力法规"。

2. 强化宣传教育,提高妇女的自我保护意识与能力

强化宣传教育功能,重点提高妇女的主体保护意识,要加强对妇女进行普法宣传教育的力度,向妇女宣传法律知识,培养广大妇女的法制观念。增强广大妇女的自我保护意识,摒弃"男尊女卑"的思想,真正做到"自尊、自信、自立、自强"。广大妇女要自尊、自信,牢记女人不是丈夫的附属品,应该保持独立的人格,不断提高自我保护意识,增强防暴、抗暴的能力。在遇到家庭暴力时,要及时求助于组织,寻求社会力量的帮助。

3. 强化社会支持,营造反家庭暴力的社会环境

强化社会支持是制止家庭暴力的重要途径。政府、社会团体、社区都要以不同的方式来预防和制止家庭暴力。国家要加强对反家庭暴力的立法,并协调各部门共同制止家庭暴力。妇联、未成年人保护委员会等组织和机构应采取积极行为反家庭暴力,真正为受害者提供切实有效的帮助。媒体要加强反家庭暴力的宣传,使家庭施暴者成为社会舆论的靶子和社会谴责的对象,有效遏制暴力行为。社区要确立干预家庭暴力的理念,加强对社区内家庭暴力行为的调查;充分利用社区资源,进行宣传教育,增强居民反对家庭暴力的意识;吸纳、培养社区志愿者参与反家庭暴力工作。

第四节　非主流家庭模式

一、单亲家庭

目前,在西方单亲家庭已经越来越常见。超过 20% 的受抚养孩子生活在单亲家庭中。大部分单亲家庭(约占 90%)由妇女当家。到 20 世纪 90 年代中期,英国已经有 160 万单亲家庭,而且这一数字还在增长。[①]《婚姻家庭大辞典》中认为"单亲家庭是指由父亲或母亲一方与未婚子女共同构成的家庭"[②]。目前,国内多数学者都将单亲家庭界定为只有父亲或母亲一方与其未婚的、年龄在 18 周岁以下的、不具备独立生活能力的子女共同生活的家庭。单亲家庭的概念应包括以下 3 个方

---

① 安东尼·吉登斯.社会学[M].赵旭东,等,译.4版.北京:北京大学出版社,2003:229.
② 彭立荣.婚姻家庭大辞典[M].上海:上海社会科学出版社,1988:78.

面：①家庭成员关系只有一种，即只有单一父亲或母亲与子女关系；②子女应有年龄界定，以未成年为标准，我国年满18周岁的人在法律上已被赋予成年人的权利与义务，因而单亲家庭的子女年龄应界定在18周岁以下；③子女的婚姻状态应是未婚且不具备独立生活能力。

根据单亲家庭产生的原因，一般可以将单亲家庭分为以下几种类型。

1. 丧偶式单亲家庭

核心家庭中配偶一方因死亡使家庭成员不全，只能由配偶另一方抚养孩子而组成的家庭，称之为丧偶式单亲家庭。在中国历史上，丧偶式单亲家庭一直是单亲家庭的最主要形式。但是，随着离婚率上升，离异式单亲家庭的数量有所增加，丧偶式单亲家庭的比重逐步降低，但丧偶式单亲家庭形式仍是中国目前单亲家庭的主要形式之一。

2. 未婚式单亲家庭

未婚式单亲家庭是指未婚者同居生子后，由未婚者的一方与未成年子女共同生活的家庭。这种类型的单亲家庭主要表现为未婚妈妈与孩子组成的单亲家庭。在西方，这类单亲家庭随非婚生子女率大幅度提高而逐渐增长。以美国为例，1970年未婚式单亲家庭只占单亲家庭总数的7％，到1991年这一比例已经上升到29.5％，20年的时间里未婚式单亲家庭的比例增加了3倍多。① 在中国，目前未婚式单亲家庭比例还处于极低的状态，对这类单亲家庭的调查研究也极少，缺乏相应的统计调查资料。但这类单亲家庭数量不断增加的趋势已初露端倪。

3. 离异式单亲家庭

无论在当代西方社会还是中国社会，单亲家庭之所以受到广泛关注，就是因为离异式单亲家庭增加而引发的社会问题日益严重。在我国城市中，由离婚而产生的单亲家庭在单亲家庭中已占主导地位，如在南京市的调查发现，70％以上的单亲家庭是由离婚造成的。② 离异式单亲家庭的多少与离婚率的高低有关。离婚率高的时候就是离异式单亲家庭的高发期。但是有相当部分离异单亲家庭还会再婚，因此离婚与单亲家庭不是一一对应关系。

单亲家庭面临的主要困难或问题有：

（1）经济压力。

绝大部分单亲家庭的经济压力与离异、丧偶前相比有所增加，女单亲家庭尤其如此。女性与男性职业和经济收入分化日渐显著，从而进一步拉开男女间的收入差距，一旦女性因丧偶、离婚造成单亲时，在经济上就会遇到极大困难。如果男方给的抚养费偏低或有意拖欠，那么单亲母亲的经济压力就会增加，生活水平就会下

---

① 王世军.坚强与无奈——单亲家庭[M].石家庄：河北人民出版社，2002：35.
② 王世军.坚强与无奈——单亲家庭[M].石家庄：河北人民出版社，2002：28.

降。就离异式单亲家庭来看,法律规定的抚养标准主要是根据离婚当时的生活水平确定的,缺乏必要的调整与增长机制,导致十年后这一标准根本就是杯水车薪,加之教育、医疗等社会支出不断攀升,更使得单亲家庭捉襟见肘。

(2) 心理问题。

单亲家庭的心理问题包括父(母)的心理问题与子女的心理问题两个方面。从单亲家长来看,离婚或失去配偶之后,会由于突然失去心理交流和感情沟通的对象而顿生孤独感。家庭的解体、婚姻关系结束后,稳定的、合法的性生活终止,容易产生性压抑。如颜农秋调查发现,有21.55%单亲(父)母选择"自慰"来解决性需要,12.18%选择"性伙伴",12.86%选择"再婚",53.41%选择"其他"。[1] 还有部分单亲家长对未来生活悲观失望。从单亲家庭的孩子来看,容易产生的心理问题主要有:产生强烈的自卑感和不安全感;性格孤僻,交际能力欠缺;精神负担重,学习成绩不理想;以自我为中心,自我调节及适应能力弱。

(3) 子女教育问题。

随着单亲家庭在中国的不断增加,单亲家庭的子女教育问题引起了整个社会的广泛关注。目前学术界的研究发现,单亲家庭的子女教育问题主要有:其一,体质差,严重影响孩子的教育。单亲家庭由于经济条件比较差,不能很好地满足子女生长发育的营养需要,造成子女身体素质比较差。其二,单亲家庭子女智力与非智力因素受损,难以提高学习成绩。单亲家庭子女的智力在一定程度上因其父母离异而受到损伤,认知水平普遍偏低,随之学习成绩明显低于完整家庭子女。其三,单亲家庭子女遵守课堂纪律方面逊于完整家庭子女。[2]

二、丁克家庭

"丁克"是英文DINK(double income no kids)的音译,意思是双收入却不要孩子的家庭,这里主要指夫妻有生育能力而不愿意生育的家庭。丁克家庭从20世纪90年代在西方发达国家开始流行,美国人口普查局1994年5月公布的年度分析报告表明,1993年美国有6180万个家庭,其中3480万家庭无子女,即占56%,丁克家庭已超过家庭总数的一半。[3] 近年来,丁克家庭在中国城市青年尤其是白领夫妇中的比例有逐渐上升之势。根据零点调查公司2002年2月进行的一项社会调查,目前中国的大中城市已出现60万个自愿不育的"丁克家庭",而且近七成被

---

[1] 颜农秋.珠三角单亲家庭存在的问题及社会对策[J].人口研究,2004(1).
[2] 王世军.坚强与无奈——单亲家庭[M].石家庄:河北人民出版社,2002:156-157.
[3] 刘杰森.社会学视野中的"丁克"家庭[J].社会,2003(3).

调查的人认为"丁克家庭"将会增多。① 2012年,上海市妇联针对全市家庭状况所做的一项调查显示,"丁克"家庭已经占上海家庭总数的12.4%。②

目前,学术界主要从以下几个方面分析了丁克家庭产生的原因。

第一,生育孩子成本的提高与"效用"的降低。

在"丁克"们看来,生育孩子的选择应该更加富于理性,而对理性的理解,专指生育孩子的成本与效用之间的比值或净费用是正数还是负数。如果这个比值被认为是不利的或净费用是一个正数,那么他们就不会要孩子,因而选择"丁克"生活方式。有调查显示,选择"丁克"生活方式的都是一些"三高家庭",即高收入、高学历、高消费的家庭。对于他们来说,如果生育一个孩子,那么他们的孩子会比一般普通家庭的孩子吃得好些、穿得好些,住的房子也会好些,受得教育也会多一些好一些,甚至参加社会娱乐活动也会增多,为子女结婚准备的嫁妆或聘金、彩礼也会增加,毫无疑问抚养和教育子女的直接成本会上升。由于"丁克"们的学历高、收入高,因此,他们的时间价值也会相应增大。如果他们生育一个孩子,即使花普通家庭一样多的时间去培育,但他们付出的机会成本也会增多。从孩子的效用来看,因"丁克"们占据"三高",因此如果他们生养孩子,就必然会在提高孩子质量上下功夫,如让孩子利用更多的时间去接受更多的正规教育和业余训练,让孩子利用更多的时间去发展和提高自身,而不是让他们去为家庭挣钱付出,这样必然导致从孩子身上获得的劳动经济效用减少。"丁克"们具有较高的收入,可以将一部分收入储蓄起来或作为经济投资去获取利润或利息,再加上现代社会的保险制度日趋成熟与完善,这样便为自身养老保险打下了基础,从而导致孩子的保险效用大大削弱。

第二,家庭关系重心的转移。

进入21世纪,中国家庭关系的重心发生了一些新的变化,具体表现为在亲子关系仍然被重视的同时,夫妻关系的地位逐渐上升,出现了重心由纵向向横向转移的趋势。这一变化城市特别是大城市比农村更为剧烈,青年夫妇比老年夫妇更为认同。在"丁克"一族中,他们价值观念的取向在自身,在本代,不在子女,不在下一代。他们更重视夫妻关系,更多地重视爱情和自我价值的实现,自身生活质量和事业的成功,而把家庭、子女放在较后的位置。

第三,社会文化环境的宽松。

社会的转型,不仅使社会经济制度和政治体制发生深刻变革,人们的生活方式、行为方式、心理状态,以及价值评判标准,都在发生深刻变革。在现代年轻人特别是城市年轻人看来,生育和道义、责任之间并没有必然的联系,生育并不是婚姻的必须和唯一的选择;生儿育女不再是婚姻的必然目的,甚至还认为孩子会夺走他

---

① 许传新,陈国华.选择"丁克"家庭的多学科透视[J].西北人口,2004(6).
② 何蕾蕾.从成本效用理论角度浅析中国"丁克"家庭模式[J].经济研究导刊,2015(2).

们相互间的感情及自己对生活的情调与充实。现代老年人也越来越尊重子女的个人选择,尊重他们的生活方式。与文化多元化相伴随的必然是价值评判标准的多元取向,形成不同的价值评判标准。人们逐渐以开放的心态来看待和接受别人的行为模式和生活方式。整个社会越来越持一种宽容、理解的态度,对丁克家庭不会去说长道短,指指点点,议论纷纷。这些成为"丁克家庭"的社会文化基础。

第四,妇女地位的提高。

对各类社会现象都有广泛涉猎的英国哲学家罗素在20世纪初就提出了这样的看法,他说"虽然生育的节制可能以经济的动机为最强,但是还有一个动机正在不断地加强它。妇女正在获得自由——不仅是外在的和形式的自由,而且有内心的自由使她们能够真正地思考和感觉……很多妇女,当她们有充分的自由来考虑自己的问题时,不愿意有孩子,或者至多有一个孩子,以使她们不至于完全没有带孩子的经验"[①]。随着社会经济的发展,妇女自身地位的提高,她们走出家庭,参与到更广阔的社会空间中去。男人和女人在社会分工上几乎达到了平等的地位,妻子已从先前的"家庭人"逐渐过渡为"家庭职业人"。一部分妇女基本与男人一样完全摆脱烦琐家务的束缚而变成了一个"职业人"。这样一来,她们的价值观念也发生了变化,她们逐渐认识到,自己并不是生儿育女的工具,生育的需求是一种文化强加给她的;除了生育她们应该有更多的优选权,有更高的人生追求;她们认为自己的工作、事业比生儿育女更有价值。妇女地位的提高,成了"丁克"这一社会现象产生的直接推动力。调查显示,选择不生育孩子的许多家庭,都是由妻子提出来的。

从目前的研究来看,丁克家庭对社会的影响主要包括以下几个方面。[②]

第一,对传统家庭的挑战。

丁克家庭追求的是自身的生活、发展和自我实现,以及个人现实生活的幸福,重视夫妻关系,轻视亲子关系。在这种思想下,家庭传宗接代和繁衍人口的功能完全被取消了,从而大大降低了离婚以及人口流动的成本。丁克家庭充分肯定自我,这对忽视自我的传统家庭不仅是道德上的挑战,也是观念上的挑战。

第二,对妇女的影响。

丁克家庭使妇女从固化的生育工具的地位解脱出来。由于丁克家庭少了亲子关系的牵绊,家务劳动大大减少,妇女可以有充裕的时间和旺盛的精力投入到社会工作中去,这也为其争取较高的社会地位创造了条件。

第三,对人口发展的影响。

首先,对人口再生产的影响。丁克家庭的出现,对改变过去传统意义上的生育

---

① 罗素.婚姻革命[M].靳建国,译.北京:东方出版社,1988:89.
② 徐斌."丁克"家庭的社会学考察[J].广西社会科学,2005(1).

观念有很重要的影响,在控制人口增长的当代,他们有特殊的作用,这种作用不仅表现在他们本身少生的人口上,而且还表现在他们的生育观念对其他人的影响上,从而一定程度上达到少生的目的。其次,对人口质量的影响。因为多数丁克家庭是知识层次较高,物质条件较好的家庭,他们更有条件培育高质量的子女。再次,对人口结构的影响。我国已迈入了老龄化社会的门槛,不生育家庭队伍的不断扩大加剧了人口老龄化及社会养老的压力。

三、独身

美国每4个家庭中就有1个单身家庭,独居的人口正在迅速膨胀。1970年至1978年间,美国14岁至34岁的独身人数几乎增长了2倍——从150万增加到430万。据统计,加拿大的单身家庭在家庭总数中也占到五分之一。[①] 在国外,独身者大多是自愿选择的结果,而非因某种原因找不到配偶而独身。当然,婚姻的重要性在中西两种文化中的差别还同许多其他条件联系在一起。例如,在西方,单身并不意味着没有性生活,但在中国,婚姻几乎是性生活唯一被允许的途径,家庭内部是唯一合法、合乎伦理道德的性生活场所。在中国,婚姻家庭既给人们提供了合法的性生活场所,同时也限定了人们的性生活场所。这恐怕也是在中国人人要结婚的原因之一。

在中国这一推崇婚姻的国家,在一个家庭承担着多种社会功能的国家,不结婚,不建立家庭会给自身的生活带来诸多不便,乃至会成为人们议论甚至指责的对象。因此,独身者在中国总人口中所占比例甚小。也正因为独身者在中国人口中所占比例甚小,难以对其进行经验研究。到目前为止,对独身进行过经验研究,且在国内产生较大影响的当属李银河所做的研究。[②] 考虑到独身在中国人口中比例小,且很分散,李银河没有采用学术界常用的随机抽样的方法选取样本,而是采用非随机抽样方法取得样本。具体做法是,在报刊上刊登广告,征求志愿者参与调查。用这种方法共征集到47名独身者,全部是北京市民。调查采用深入访谈、了解个案史的方法进行,因而属于定性研究。经对调查得来的资料所做的分析研究,并将目前的独身现象概括为三种类型,第一类是对男女两性均无兴趣的独身,第二类是对异性有兴趣的独身,第三类是对同性有兴趣的独身。第一、三类两种类型属于选择性质的独身,即真正的独身,第二种类型中有相当一部分属于被迫性质的独身,即假性的独身或暂时的独身。第二种类型的独身又可细分为两类,即浪漫型(先锋型)独身和保守型(传统型)独身。

[①][②] 李银河.中国人的性爱与婚姻[M].郑州:河南人民出版社,1991.

基 本 概 念

家庭　离婚　离婚率　家庭暴力　单亲家庭　丁克家庭　独身

思 考 题

1. 比较结构功能理论和冲突理论关于家庭的基本观点。
2. 结合现实,分析当前中国离婚率上升的原因。
3. 谈谈如何预防家庭暴力。
4. 单亲家庭面临的主要困难或问题有哪些?
5. 当前中国丁克家庭逐渐增多的原因是什么?

第七章

环境问题

随着社会经济的发展,人类对环境的破坏达到前所未有的程度,环境问题日益引起了人们的关注,全世界都在行动,共同为解决环境问题,保障人类生存和生活的良好环境做出共同的努力。

第一节 环境问题的一般理论

环境问题古已有之,它是伴随人类文明特别是工业化进程而出现的危害人类健康甚至生存的问题。如今,环境问题早已成为现实生活中的重要问题,不但引起了自然科学的关注,同时也引起了社会科学的广泛关注。环境问题不仅是技术性问题,而且已成为社会问题。现在,我们从社会学的角度对环境问题的一般理论进行简单的介绍。

一、邓拉普和卡顿的"新生态范式"

在对环境社会学的理论研讨中,邓拉普和卡顿等人认为,传统的社会学研究,都有一个共同的假设和前提,那就是"人类豁免主义"的解释范式(human exceptionalism paradigm,HEP)。这一范式可以被这样阐释:人类最独特的东西就是他们是制造文化、承载文化和被文化控制的实体,正是人类的这些特殊的特征,如文化、技术、语言以及复杂精细的社会组织能够使人类从生态规律和环境影响中豁免出来。[①]

邓拉普和卡顿认为,要想对当今出现的环境问题做出社会学的解释,必须对这种传统的理论基础进行完全的改造,他们提出了"新生态范式"(new ecological

---

[①] 查尔斯·哈珀.环境与社会——环境问题中的人文视野[M].肖晨阳,等,译.天津:天津人民出版社,1998:69-337.

paradigm,NEP)的概念。这一范式认为:人类并不能因为文化和技术等特征而免受生态规律和环境影响,相反,人类社会必然要受到自然环境的制约,所以,我们在分析社会现象和变迁的时候,需要加入环境的变量。在提出"新生态范式"的基础上,邓拉普和卡顿提出了研究社会—环境关系的新思路。不过他们的新思路是在对邓肯提出的"生态复合体"以及帕克的"社会综合体"进行改造的基础上提出的。

所谓"生态复合体"就是所谓的 POET 模型,是一个由人口(population)、组织(organization)、环境(environment)、技术(technology)四要素组成的分析框架(见图 7-1)。在这个分析框架中,人口、组织、环境、技术等四个因素相互影响,其中每一个因素都与其他因素相关,任何一个因素的变迁都会导致其他因素的变迁,这是一个连锁反应系统。①

图 7-1 人类"生态复合体"的结构框架

邓拉普和卡顿对"生态复合体"的改造,是以专门的方式突出了环境,并且将环境的概念固定在自然环境或物理环境上。这样,原来的 POET 模型就变成了环境与人口、组织和技术之间关系的探究。另外,借助"社会综合体"的概念,邓拉普和卡顿又将"生态复合体"中的"组织"要素细分为文化体系、社会体系和人格体系。这样就形成了他们有关环境和社会关系的新分析框架——自然环境或物理环境与人口、技术、文化体系、社会体系和人格体系之间的关系。

后来,邓拉普和卡顿又在原来的基础上提出了"环境的三维竞争功能"(three competing functions of the environment)。所谓"环境的三维竞争功能",是指环境对于人类来说具有三种功能:一是为人类和其他生物提供生活空间的功能;二是为人类和其他生物提供生存资源的功能;三是为废物和污染提供存储场所的功能。环境每一种功能的过度使用,都会导致其他功能不能正常发挥作用。比如,环境在为人类提供废物储存功能的时候,有可能影响到周围居民的正常生活,还有可能污染了地下水源,这就说明,废物储存和转化功能的过度使用,导致了为人类和其他生物提供生存资源和生活空间的功能不能正常发挥作用。人类的影响如此巨大,有可能使之变成反功能,也会影响到环境履行这三种功能的能力。②

---

① James W,Vander Zanden. The Social Experience:An Introduction to Sociology[M]. New York:Mcgraw-Hill,1990:560.
② 查尔斯·哈珀.环境与社会——环境问题中的人文视野[M].肖晨阳,等,译.天津:天津人民出版社,1998:69-337.

二、马克思"代谢断层"思想

马克思关于"代谢断层"(又称"物质变换裂缝")的论述是同他对资本主义农业的批判联系在一起的。马克思在德国农业化学家J.里比格19世纪50年代后期和60年代初期研究的影响下,充分看到了一套系统的理论来批判资本主义对土地的剥削,并在《资本论》中概括了其核心思想是"人与自然的相互代谢作用"中的"断层"。"代谢"与"断层"这一矛盾同资本主义制度下的大工业和大农业的发展是同时发生的,大工业为大农业提供了更大规模的土地剥削的手段。马克思所要论述的中心思想是资本主义大农业组织了对土壤管理新科学的任何真正的合理化应用。尽管资本主义在农业领域取得了一系列的科学和技术成就,但是资本主义不可能保持使土壤构成要素再循环的必要条件。[①]

在这个领域,马克思整个理论思想的关键概念是"社会—生态"的代谢,这个概念根植于它对劳动过程的理解。马克思从广义的角度来定义劳动过程,用代谢这个概念来描述人与自然界通过劳动结成的关系。而资本主义社会则通过食物与棉布的远程贸易使土壤的构成要素相分离(土壤营养净流失),使人与土地代谢出现断层,并为更大规模的土地剥削提供了手段。在这种资本主义制度下,不仅会引起土壤肥力的下降,还会引起城市污染问题、人口问题以及森林消失、煤矿枯竭这些已经引人注目的环境退化问题。在《资本论》第三卷第一篇第五章中,马克思写道:在伦敦,450万人的粪便,就没什么好的处理方法,只好花很多钱来污染泰晤士河。按照马克思的观点,人的自然代谢所产生的排泄物,与工业生产和消费所产生的废弃物,需要重新循环回到生产之中,是完整的代谢周期的一部分。

马克思关于资本主义农业和土地养分循环必要性的观点,导致了一个更为广泛的概念:生态的可持续性概念。但是生态的可持续性却并不能在资本主义社会实现,因为在资本主义的生产中,种植某特定的农作物依赖于市场价格的波动,并且随着市场价格的变化不断调整种植的品种,这是与农业可持续的本质根本对立的。农业要关心全部的、持久的生活条件,这是生命的时代延续性所必需的。马克思寄希望于未来的新社会,这个自然必然性的王国会随着人的发展而扩大,因为需要会扩大;但是,满足这种需要的生产力同时也会扩大。这个领域内的自由只能是:社会化的人,联合起来的生产者,将合理地调节他们和自然之间的物质变换,把它置于他们的共同控制之下,而不让它作为一种盲目的力量来统治自己;靠消耗最小的力量,在最无愧和最适合于他们的人类本性的条件下来进行这种物质变换。[②]

---

① 李友梅,翁定军.马克思关于"代谢断层"的理论[J].思想战线,2001(2).
② 马克思,恩格斯.马克思恩格斯文集(第7卷)[M].北京:人民出版社,2009:928.

三、施耐伯格"苦役踏车"理论

A. 施耐伯格提出了一种人类与环境互动的冲突理论。他认为大多数对环境问题的分析都过分强调大量消耗造成的能源和资源的浪费，以及造成的环境污染的严重，却忽视了造成大量消费的社会制度，忽视了当代社会中的生产劳动。为此，他提出了"苦役踏车"(a treadmill of production)理论，在大量生产—大量消费—大量废弃的模式下，造成了今天越来越严重的环境危机。[1]

对于"苦役踏车"的概念，我们可以这样解释：在工业社会的市场中，中心动力就是要求持续的经济扩张，通过竞争而获得更多的利润，成为公司生存的关键，同时，也是一个国家富裕昌盛的关键。所以，经济的不断增长是工业经济成功的标准，是企业成功和生存下去的标准，也是一个国家生存下去的标准，而经济的萎缩则有可能导致系统和社会的崩溃。那么，正统经济学理论和社会经济政策常规上都基于这样一个假设：无限的经济扩张是合乎众意的，是可能的，而且是必要的。竞争使得高额利润成为公司生存的关键。市场经济中的企业将会本能地力图从有限的投资中榨取尽可能多的产出，为了避免积压和库存，要使消费者数量不断增长，以刺激生产的继续增长。大规模的生产、大规模的消费和大规模的废弃，成为维持资本主义市场经济的连环圈。[2]

经济扩张还带来了可能超过地球消化污染能力的环境问题，即使人们通过技术的手段，使环境的恶化得到一定程度的缓解，但是整体消费的持续增长却抵消了技术对环境产生的积极作用。所以，施耐伯格认为这种丝毫不受限制的竞争逻辑，才是导致环境危机加剧的重要机制，只要这种结构性的因素没有改变，环境问题就不可能得到最终的解决。

对于环境与社会关系的未来，施耐伯格提出了最有可能的三种前景：第一种前景称为"经济综合系统"，即最大限度地追求经济增长，而忽视经济扩张与生态破坏之间的矛盾；第二种称为"管理综合系统"，即尝试通过管理去控制那些威胁到健康和进一步生产的最有害的环境问题；第三种称为"生态综合系统"，即通过对"苦役踏车"和消费机构实行特定的控制手段来减少对环境的破坏，并通过对更新资源的利用使得生产和消费变得可持续。

---

[1] 查尔斯·哈珀.环境与社会——环境问题中的人文视野[M].肖晨阳，等，译.天津：天津人民出版社，1998：334-335.
[2] 李友梅，邓春燕.环境社会学[M].上海：上海大学出版社，2004：36-37.

四、建构主义视角

不论"新生态范式""代谢断层"思想,还是"苦役踏车"理论,都是在坚信"自然科学提供给我们的有关环境的知识必然是真实、客观和可靠的"这样的基础上开展具体工作的。所以,也可以将这些理论探讨者看作是环境的"现实主义者"。但是,实际情况却往往与实在论的假设不相一致。自然科学的知识,包括发布这些知识的自然科学家,并不如人们想象的那样,是客观和真实的代表,他们也属于社会的一部分,也无法逃脱社会的法则。由于种种原因,比如技术的误差、不同人的认识水平、他们所处的社会背景,以及科学的怀疑本质等,都使得他们得到的所谓知识,很难说是客观和真实的。在这样的疑惑中,我们可以明显地看到实在论过于简化自然与社会关系的一面。实际情况可能是,自然并非那样直接地作用于人类,而人类社会也同样不是那样直接地作用于自然环境,两者之间的相互作用,必然经过了繁杂的过程。对于"环境实在论"的批判,导致了"环境建构主义"的产生。[①]

环境建构主义理论出现得比较晚,从20世纪80年代中期开始,巴特尔及其同事较早地采用了源自科学社会学的社会建构的视角,以分析全球社会变迁的出现,并提出环境社会学关于这一问题的研究纲领,强调"解构"的重要性。其他如福克斯、安嘎、马卓和李,也都从建构主义视角研究环境问题。特别是安嘎采用社会问题研究中的定义或建构的视角,强调了声称制造者(claims-makers)和媒体在激起对于全球变暖的社会关注方面的重要作用。[②]

建构主义者采取了另外一种视角来看待环境问题。与现实主义者不同,他们并不关心环境是否真的日益恶化,甚至故意将这样的疑问和关注置于一边。他们关注的问题是,环境问题是如何走入人们的视线、意识之中的。也就是说,他们关注环境问题是如何被世人所意识到的,也就是环境问题的建构过程。环境建构论到目前为止已经展开了丰富的经验研究,通过这些经验研究,出现了一些比较成熟的社会理论成果,具体如下。

在环境议事日程和环境评估以及环境政策的形成中,突出宣称行为的主要作用。在以下方面得到研究:化学污染的分析,全球气候变迁,环境议题和环境冲突的媒体报道,以及风险和安全的议题。全球环境问题的建构(如酸雨问题的建构、生物多样性的缺失、作为环境问题的微生物技术等)特别关注媒体和科学的作用以及环境运动、环境政策和环境法、环境知识的建构过程。

环境建构论经过二十多年的发展,其理论日渐成熟。环境社会学者致力于发

---

① 李友梅,刘春燕.环境问题的社会学探索[J].上海大学学报(社会科学版),2003,10(1).
② 洪大用.西方环境社会学研究[J].社会学研究,1999(2).

展建构论理论,并用其去指导环境问题、风险和知识的产生以及经验研究。如弗登博格和帕斯特已概述的概念视角,关注由制度行动者参与的风险争论的拟定。他们主张"风险冲突的社会建构"应基于它把风险带给社会学而不是相反,强调而不是隐藏深植于技术风险中的政治和话语的争论是合理的。巴特尔和泰勒也认为环境社会学必须更加关注环境知识的社会建构。他们认为,环境议题的全球建构与其说是单纯对生物、物理现实的反映,不如说是社会建构与知识生产的政治结果。卡匹克则明确利用社会运动和来自于包括社会建构论分析社会问题文献的资料去解释环境正义的框架,以及在美国南部有关有毒污染的社区斗争的动员力。耶雷则在承袭斯拜特和科塞斯的基础上,从道德承办和宣称人的视角审查了"绿色案例",亦即最近20年环境意识和环境行动兴起的原因。汉尼根则是全面系统地研究环境建构论的环境社会学家。在承袭社会问题社会建构论研究的基础上,他认为环境问题社会建构论的研究应通过环境问题的聚集、呈现和竞争过程这样的分析工具,来考察环境问题建构的过程。通过对全球环境问题的经验研究,他指出了成功建构环境问题的必要因素,并且对环境风险和环境知识的建构进行了研究。①

总之,相对于环境实在论而言,环境建构论试图解构环境问题的自然实在性——这种实在论把环境问题仅仅视为由科学技术的负面效应所导致的生态破坏,或者由社会因素(对科学技术应用的不当以及其他如人口增长等社会因素)导致的自然环境破坏。一旦解构了环境问题的这种纯自然性质(自然实在性),无论是就环境问题的提出、提问方式本身而言,还是就解决环境问题的范式、途径的陈词与论争过程而言,全部都向社会因素或文化实践的解释方式开放了。换言之,环境建构论视角大大降低了环境问题论争中自然要素的决定论地位,而且突出了社会或文化实践的解释学意义。②

第二节　中国环境问题

20世纪末至21世纪初,我国经济、社会得到了空前的发展,综合国力明显增强,人民生活和整个社会发展水平大幅提高。然而,伴随着经济的高速发展,作为经济、社会发展物质前提的生态环境,却呈现出退化甚至恶化的趋势,日益突出的

---

① Hannigan, J. A. Environmental Sociology: A Social Constructionist Perspective[M]. London: Routledge, 1996:56.

② 赵万里,蔡萍. 建构论视角下的环境与社会——西方环境社会学的发展走向评析[J]. 山西大学学报(哲学社会科学版),2009(1).

生态环境问题已成为危及我国未来持续发展的关键因素。

从全国总的情况来看,我国环境污染正在不断加剧,生态恶化积重难返,环境形势不容乐观,生活环境和生态环境正在受到空前的污染和破坏。中国地域辽阔,人口众多,自然条件千差万别,经济发展很不均衡,因此产生的环境问题也复杂多样,各种类型、不同程度的环境问题交织在一起,使得中国的环境问题表现得极为复杂。

一、生态破坏

随着中国经济发展速度的日益加快,经济发展对于自然环境的破坏也愈趋明显,生态退化现象严重,土地资源、水资源、森林资源和生物多样性等都在逐年减少。

1. 荒漠化加剧,沙尘暴发生率上升

中国是世界上荒漠化(中国学者称沙漠化)危害范围广、程度深的地区之一。其广阔的干旱、半干旱及部分湿润、半湿润地区存在严重的荒漠化问题,危害着农田、牧场、交通及人民生活,造成土地生产力下降和环境退化。中国土地荒漠化是由于人口总量超出脆弱环境的承受能力所造成的。

2013年7月至2015年10月底,国家林业局组织相关部门的有关单位开展了第五次全国荒漠化和沙化监测工作。报告显示,截至2014年,全国荒漠化土地总面积为261.16万平方千米,占国土总面积的27.20%,分布于北京、天津、河北、山西、内蒙古、辽宁、吉林、山东、河南、海南、四川、云南、西藏、陕西、甘肃、青海、宁夏、新疆18个省(自治区、直辖市)的528个县(旗、市、区);全国沙化土地面积为172.12万平方千米,占国土总面积的17.93%,分布在除上海、台湾及香港和澳门特别行政区外的30个省(自治区、直辖市)的920个县(旗、区)。另外,全国具有明显沙化趋势的土地面积为30.03万平方千米,占国土总面积的3.13%,主要分布在内蒙古、新疆、青海、甘肃4省(自治区),面积分别为17.40万平方千米、4.71万平方千米、4.13万平方千米、1.78万平方千米,其面积占全国具有明显沙化趋势的土地面积的93.3%。[①]

目前,我国荒漠化和沙化状况总体上有了明显改善,已从20世纪90年代末的"破坏大于治理"转变到"治理与破坏相持",荒漠化和沙化整体扩展的趋势得到初步遏制,但局部地区仍在扩展,整个防治沙尘暴的任务非常艰巨。

2. 水土流失面积较大

水土流失是中国的重大环境问题,中国水土流失防治进程与国家生态建设的

---

① http://www.forestry.gov.cn/main/69/content-831684.html.

总体目标差距很大。《2008中国环境状况公报》数据显示：全国水土流失面积356.92万平方千米，占国土总面积的37.2%，其中水力侵蚀面积161.22万平方千米，占国土总面积的16.8%，风力侵蚀195.70万平方千米，占国土总面积的20.4%。[①]

资料显示，我国每年流失的土壤总量在50亿吨左右。大量肥沃的土表流失，造成土地生产力的持续下降；江、河、湖、泊、水库等泥沙淤积，水利设施的蓄水、排水能力大大降低，调控、抵御洪水与自然灾害的能力严重削弱。如果不能科学评估并妥善处理水土资源有限性和需求增长之间的矛盾，其直接后果将导致资源破坏、环境恶化、自然灾害频繁，从而危及国家生态安全，加剧贫困程度，势必对经济社会可持续发展产生巨大的负面影响，并有可能引发资源危机。

3. 森林覆盖率降低

中国国土辽阔，森林资源少，森林覆盖率低，地区差异很大。全国绝大部分森林资源集中分布于东北、西南等边远山区和台湾山地及东南丘陵，而广大的西北地区森林资源贫乏。根据第八次全国森林资源清查结果显示，全国森林面积2.08亿公顷，森林覆盖率21.63%，森林蓄积151.37亿立方米。

尽管随着国家加大退耕还林的力度，森林覆盖率逐年上升，但我国森林资源问题依然严峻。我国森林覆盖率远低于全球31%的平均水平。人均森林面积不足世界人均占有量的1/4，人均森林蓄积只有世界人均占有量的1/7，而且新增营造林难度越来越大。我国现有质量好的宜林地仅占10%，质量差的占54%，且2/3分布在西北、西南地区，立地条件差，造林难度越来越大、成本投入越来越高，见效也越来越慢，如期实现森林面积增长目标还要付出艰巨的努力。[②]

一个国家要保持良好的生态环境，其森林覆盖率一般要达到30%。保护森林，提高森林覆盖率，是关系到子孙后代生活环境的重要课题。

4. 草原退化

草原是覆盖我国陆地面积最大的绿色植被和生物资源，既是我国陆地生态系统的主体，又是农牧民基本的生产生活资料。然而，农业部《2014年全国草原监测报告》中指出：从整体看，全国草原退化、沙化、盐碱化、石漠化现象依然十分严重。全国重点天然草原的牲畜超载率为15.2%，水土流失面积接近1333万公顷，鼠虫害年均危害面积3481.2万公顷，草原旱灾、火灾、雪灾等灾害严重，防灾减灾救灾能力不强。草原监管体系比较薄弱，与草原保护建设的客观需要还有较大差距。加强草原保护建设，维护国家生态安全，推进草原地区科学发展的任务依然十分

---

① http://zls.mep.gov.cn/hjtj/qghjtjgb/200909/t20090928_161740.html.
② http://www.forestry.gov.cn/main/65/content-659670.html.

艰巨。①

5. 生物多样性减少

生物多样性,是指所有来源地形形色色的生物体。这些来源包括陆地、海洋和其他水生生态系统以及其所构成的生态综合体。生物多样性也就是地球上所有生物体和生态环境的丰富性和变异性,是对大自然物种拥有程度的一种衡量。

随着全世界物种灭绝的速度加快,我国的物种多样性和生物遗传多样性也面临着严重的威胁。例如,新疆虎、野马等已经灭绝或者在我国境内绝迹,毛脉蕨等野生植物也早已绝迹。大熊猫、金丝猴、野骆驼、银杉、珙桐、人参等野生植物的分布区域明显缩小,种群数量骤减,处于濒临灭绝的状态。我国的生态系统多样性同样面临着严重的威胁。例如,长江流域的许多湖泊被改造成农田。截止到1994年,仅湖北、湖南、江西和安徽4省的湖泊,被围垦的面积就有1132.2平方千米。我国的生物多样性正遭受着巨大的威胁。

二、环境污染

1. 大气污染

我国是世界上大气污染极其严重的国家之一,特别是在工业和人口集中的城市,污染更为严重。大气污染以煤烟为主,主要污染物是二氧化硫和烟尘。2014年,全国废气中二氧化硫排放总量为1974.4万吨,烟尘排放量为1740.8万吨,工业粉尘排放量为1456.1万吨。②

近年来,我国城市空气质量总体有好转的趋势,但仍有21.8%的城市空气质量未达到二级标准。颗粒物是影响城市空气质量的主要污染物。部分城市二氧化硫污染严重。南方地区酸雨污染较重,在相关检测局监测的470个城市(县)中,出现酸雨的城市208个,占44.3%;酸雨发生频率在25%以上的城市125个,占26.6%;酸雨发生频率在75%以上的城市43个,占9.1%。③

2. 水污染

我国的水质污染相当严重。《全国环境统计公报(2008年)》中地表水质检测结果,给我们敲响了警钟:七大水系水质总体为中度污染,浙闽区河流水质为轻度污染,西北诸河水质为优,西南诸河水质良好,湖泊(水库)富营养化问题突出。④

全国河流水质情况不容乐观。200条河流409个断面中,Ⅰ~Ⅲ类、Ⅳ~Ⅴ类

---

① http://www.moa.gov.cn/zwllm/jcyj/zh/201504/t20150414_4526567.html.
② http://zls.mep.gov.cn/hjtj/qghjtjgb/201510/t20151029_315798.html.
③ http://zls.mep.gov.cn/hjtj/qghjtjgb/201510/t20151029_315798.html.
④ http://zls.mep.gov.cn/hjtj/qghjtjgb/200909/t20090928_161740.html.

和劣Ⅴ类水质的断面比例分别为 55.0%、24.2% 和 20.8%。其中,珠江、长江水质总体良好,松花江为轻度污染,黄河、淮河、辽河为中度污染,海河为重度污染,如图 7-2 所示。

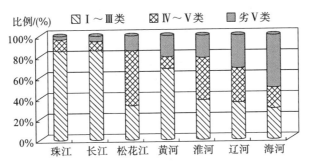

图 7-2　七大水系水质类别比例

我国湖泊水质也同样出现了不同程度的污染,全国各类湖泊都不同程度上出现了水体富营养化的现象。28 个国控重点湖(库)中,满足Ⅱ类水质的 4 个,占14.3%;Ⅲ类的 2 个,占 7.1%;Ⅳ类的 6 个,占 21.4%;Ⅴ类的 5 个,占 17.9%;劣Ⅴ类的 11 个,占 39.3%(见表 7-1)。主要污染指标为总氮和总磷。在监测营养状态的 26 个湖(库)中,重度富营养的 1 个,占 3.8%;中度富营养的 5 个,占 19.2%;轻度富营养的 6 个,占 23.0%;如图 7-3 所示。①

表 7-1　重点湖(库)水质类别

水系	个数	Ⅰ类	Ⅱ类	Ⅲ类	Ⅳ类	Ⅴ类	劣Ⅴ类
三湖*	3					1	2
大型淡水湖	10		2	1	3	1	3
城市内湖	5				1		4
大型水库	10		2	1	2	3	2
总计	28		4	2	6	5	11
比例(%)		0	14.3	7.1	21.4	17.9	39.3

*:三湖指的是太湖、滇池和巢湖。

3. 固体废弃物污染

固体废弃物是指人类在生产建设、日常生活和其他活动中产生的污染环境的固态、半固态废弃物质,主要来源于工矿业固体废物、农林业固体废物和城市垃圾等。固体废弃物对环境的危害很大,不仅侵占土地、污染土壤、污染水体、污染大气,还会影响环境卫生。

---

① 资料来源:《2008 年全国环境质量状况》。

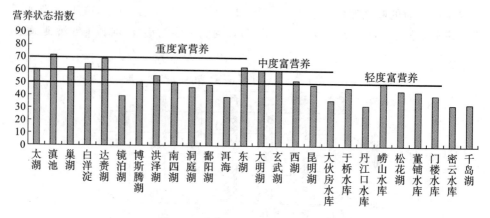

图 7-3 重点湖(库)营养状态指数

2014年,全国工业固体废物产生量为32.5620亿吨;综合利用量(含利用往年贮存量)、贮存量、处置量分别为20.4330亿吨、4.5033亿吨、8.0387亿吨。① 由此可见,我国固体废物的污染情况还是比较严重的。

4. 噪声污染

随着我国经济的迅速发展和城市化进程的加快,噪声污染日趋严重。在我国的一些大中城市的环境污染投诉中,噪声投诉占到了60%～70%,噪声污染同大气污染、水污染一起,被公认为当今世界的三大公害。

《全国环境统计公报(2014年)》中声环境的检测报告显示:全国71.6%的城市区域声环境质量处于好或较好水平,环境保护重点城市区域声环境质量处于好或较好水平的占73.4%。全国68.9%的城市道路交通声环境质量为好,环境保护重点城市道路交通声环境质量处于好或较好水平的占97%。城市各类功能区昼间达标率为91.3%,夜间达标率为71.8%。② 虽然噪声污染在一定程度上得到了控制,但我国的环境噪声污染的防治仍然任重而道远。

三、雾霾问题

近年来,随着我国经济的飞速发展,燃油、燃煤、汽车尾气以及废弃物燃烧等严重污染了城市大气,雾霾问题越来越严重。一方面,这使得城市居民的呼吸道疾病患者急剧增多,严重危害了人们的身体健康;另一方面,雾霾造成的能见度降低给人们的出行也带来了极大的交通安全隐患。

1. 我国雾霾的现状

近年来,我国的雾霾天越来越严重,不仅在发生的频率上较以往大幅增加,而

---

①② http://zls.mep.gov.cn/hjtj/qghjtjgb/201510/t20151029_315798.html.

且在严重程度上也比以前大,可以说雾霾状况不管从数量还是质量上都较以往令人担忧。雾霾中的污染物并不是静止不动的,不同的区域中的雾霾颗粒是会不断移动,彼此相互传输的。曾有研究者将中国的霾区分成九块,其中四块区域已经成为重雾霾区。第一个重雾霾区是西南地区,四川盆地在这些年的不断破坏中也成了霾区;第二个重雾霾区是华南地区,以珠三角为中心,广东广西为两翼;第三个重雾霾区则为华东地区的长三角;第四个重雾霾区是华北平原,也就是北京、天津、河北、山东及河南关中平原等地。①

2. 雾霾的成因

研究认为,严重的雾霾污染是人为空气污染物排放、异常气象因素和地形等共同作用的结果,空气污染物的产生主要来源于汽车尾气的排放、煤炭燃料的燃烧、工业企业的排放以及沙尘叠加等多种因素。

主要的空气污染物排放有以下3个方面:

(1) 机动车尾气的排放。

行驶在全国大小道路上的汽车已经成为国内气溶胶污染物的主要来源。据相关研究显示,目前中国已经超过法国,排在美国、日本、德国之后成为世界第四大汽车生产国。与汽车市场蓬勃发展相比,尾气污染已经变成令人触目惊心的现实,汽车尾气排放占据了大气颗粒物浓度的70%~80%。

(2) 煤炭燃料的燃烧。

燃料是人们在生产和生活中必不可少的能源。就世界整体而言,燃料燃烧给我们提供了85%的能量。然而,空气中的煤烟型空气污染物达到一定的浓度时,在特定气象条件的作用下,污染物得不到充分的扩散,就会爆发严重的煤烟型污染事件。

(3) 工业企业废气污染。

随着现代化的发展,工业企业如雨后春笋般出现,排放污染物的工业企业主要有发电站、冶炼厂、化工厂、机械加工厂、硫酸厂、建材厂等。

与大气污染有密切关系的气象条件主要有风、逆温、气压、气湿等,这些气象因素都影响和制约着大气污染物浓度及其时空分布情况。

(1) 有风。

近年来,随着城市建设的迅速发展,大楼越建越高,阻挡和摩擦作用使风流经城区时明显减弱。静风增多,不利于大气污染物的扩散稀释,却容易在城区内和近郊区周边积累。

(2) 逆温。

对流层大气的热量主要直接来自地面的长波辐射,在自然的大气条件下,大气

---

① 张文博.浅析雾霾问题及其应对措施[J].资源节约与环保,2015(2).

温度随着高度增加而下降。空气对流良好则有利于污染物的扩散和稀释。然而，近地面的大气实际情况非常复杂，在一定条件下，会出现气温随高度增加而升高的反常现象，气象学家们称为"逆温"。

(3) 气压。

气压的高低与海拔高度、地理纬度和空气湿度等相关。世界上著名的煤烟型烟雾事件、多诺拉事件及马斯河事件，其发生的气象条件正是由于逆温造成地面受高气压控制，导致低气层低温、无风，空气污染物不能及时扩散和稀释，酿成重大的烟雾事件。

3. 雾霾的危害

人们之所以关注雾霾，是因为它对人们造成了极大的危害。

(1) 对身体健康的危害。

空气中有许多大小不同的颗粒物，而有些颗粒物的直径则小于等于2.5微米，我们称之为PM2.5。这些微型颗粒可以通过鼻腔上呼吸道长驱直入直达我们的肺部，并永久地停留在我们肺泡里，对我们的呼吸系统造成很大的影响，可能诱发哮喘、支气管炎、肺炎等疾病。

(2) 对心理健康的影响。

有专家指出说，持续大雾天对人的心理产生重大影响。大雾天会给人造成沉闷、压抑的感受，使人心情压抑烦躁。雾霾天气阴沉昏暗，空气污浊，人的情绪就会变得低落，心情烦躁会刺激或者加剧心理抑郁的状态，做起事来缺乏活力。

(3) 对交通安全的危害。

雾霾天能见度非常低，很容易造成交通拥堵，甚至诱发交通事故。而一旦在堵车的情况下，汽车发动机处于一个低速运转状态，这时燃料燃烧是不充分的，所以排放出的污染物反而更多，反过来又加重了雾霾的污染。能见度低也会导致飞机不能起飞，对出行造成不便。[①]

四、我国出现环境问题的原因

1. 历史原因

中国的环境问题可以追溯到遥远的过去，农耕文明的发展对森林、草原和水土等资源的破坏，早期城市中产生的噪声和固体废物等对环境的破坏。但和整个环境问题发展的历程相伴随，这些早期的污染表现出少量的、局部的特征，总体上也并不严重。新中国成立以来，随着经济建设和大城市的日益发展，环境问题逐渐严重起来，"大跃进"和"文化大革命"时期是改革开放前环境污染最严重的两个时期，

---

① 宁晓雅.大气污染之雾霾问题浅析[J].神州(中旬刊),2015(9).

也是给中国环境状况埋下巨大隐患和造成巨大影响的两个时期。

1958年至1960年的"大跃进"时期,遵循"以钢为纲"的方针,四处修建极为简陋的炼铁炼钢炉,工业企业从1957年的17万个猛增到1959年的31万个。与此同时,城镇人口由1957年的900多万增至1960年的1300万。而此时期的建设全然没有顾及生态条件,也没有采取防止污染的政策和措施,结果一些城市的环境受到了一定程度的污染和破坏,建设中的滥挖滥采现象也给矿产资源和许多地方的地貌和景观带来了破坏。同时自然环境特别是森林资源也遭到了很大的破坏。①

1966年至1976年是"文化大革命"十年动乱时期,不仅使国民经济走到了崩溃的边缘,也造成了恶劣的环境污染和破坏问题。在城市建设中,冲破规划和一切规章制度的约束,随意布局有严重污染的工厂。在此期间,建设的13万多个工厂,大都建在了大中型城市。由于布局的不合理和没有任何防治污染的措施,环境质量急剧恶化,特别是大气污染和水质污染达到了十分严重的程度。在自然环境方面,主要江河湖海都受到不同程度的污染,森林资源锐减,草原大面积退化,沙漠化土地急剧扩大,水土流失日益加剧。

2. 现实原因

中国产业结构不合理,产业结构中工业占据着很大比例,而工业中重工业又占据很大比例。众所周知,重工业的发展是造成环境污染的重要因素之一。"十五"期间,出现了污染排放严重反弹的局面,其原因之一就是重工业比例的回升。由于重工业的加速发展,"十五"期间,煤炭消费陡增,一方面加重了矿产资源的消耗,另一方面增加了二氧化硫排放量,致使本阶段降低二氧化硫排放的目标落空。

产业结构不合理,同时现有产业经济增长方式粗放,也对能源造成巨大消耗和浪费,并增加了污染的排放量。新中国成立以后,中国的GDP增长了10多倍,而矿产资源的消耗增长了40多倍,且数字差距还在不断扩大。

3. 体制原因

20世纪70年代以后,中国政府开始将环境保护作为国家的一项基本职能,制定了环境保护的相关法律,并成立了相应的环保机构来开展全国环境问题的治理工作。治理工作开展以来,取得了一定的成效,但环境问题仍然十分严重。就开展环境治理工作主体——政府而言,其环境治理工作开展不力,不得不说是环境问题生成的另一原因。政府环境治理工作开展不力的原因很多,如环境治理的欠债深重,公众环保意识不强等等。但从环境问题治理的主导者——政府的角度而言,其中主要原因在于政府主导型环境治理模式的缺陷。

中国政府主导型的环境治理模式存在两个方面的不足。首先,此模式下政府应有治理能力发挥不足。政府进行环境治理的主要手段是立法和执法,通过立法

---

① 吕忠梅.超越与保守——可持续发展视野下的环境法创新[M].北京:法律出版社,1996.

为环境问题的治理奠定法律基础,通过执法进行具体的治理工作,但是现实中由于各种因素的制约,这两个手段的治理作用的发挥都很不理想。其次,此模式下缺乏对公民社会参与环境治理的重视,面对严峻的环境问题,由于没有公民社会的参与,中国政府基本上是孤军奋战、单打独斗,不仅耗费了大量的人力、财力、物力,而且治理效果不尽如人意。此模式的这些缺点阻碍了政府环境治理工作的有力开展,也最终影响了环境问题的有效治理。

第三节 环境治理与可持续发展

一、中国环境问题的治理

中国环境治理的策略经历了多个阶段。[①]

(1) 20 世纪 70 年代。

1973 年,在第一次全国环境保护会议上,我国制定了环保工作的三十二字基本方针,强调要"全面规划、合理布局、综合利用、化害为利、依靠群众、大家动手、保护环境、造福人类"。

(2) 20 世纪 80 年代。

从 20 世纪 70 年代到 80 年代初,我国的环境污染和生态恶化一直在加剧。当时有人认为,环境污染和生态破坏是现代化建设中不可避免的,发达国家过去走的"先污染后治理"的道路,现在发展中国家也无法避免。但大部分人对此持反对意见,认为西方国家"先污染后治理"已经付出了惨痛的代价,我们应该引以为戒,走经济建设和环境保护协调发展的道路。

1982 年底,我国召开了第二次全国环境保护会议,提出"环境保护是一项基本国策",确定了环境保护在现代化建设中的战略地位。另外,这次会议还明确了中国环境保护工作的三大政策思想:一是"预防为主、防治结合、综合治理";二是"谁污染谁治理,谁开发谁保护";三是"强化环境管理""奖惩结合"。

(3) 20 世纪 90 年代。

1989 年,我国召开了第三次全国环境保护会议,形成了环境管理的八项基本制度:排污费、环境影响评价、环境保护目标责任制、企业环保考核、城市环境综合治理量考核、排污许可证制度、污染集中控制、污染源限期治理。

---

① 曲格平.我们需要一场变革[M].吉林:吉林人民出版社,2000.

另一方面,为了协调人类与环境的关系,保护人民健康和保障经济社会的持续、稳定发展,自新中国成立后,我国在环境保护法律的制定上也取得了很大的发展。

1973年,召开了第一次全国环境保护会议,会后颁布了《关于保护和改善环境的若干规定》,初步形成了中国环境保护基本法的雏形。1978年,新颁布的《宪法》第11条对环境保护做了专门规定,"国家保护环境和自然资源,防治污染和其他公害",环境保护首次被列入国家的根本大法中。十一届三中全会以后,我国的政治经济形势发生了根本性改变,社会主义法制建设也进入了恢复时期,我国的环境立法也飞速发展。1979年9月,国家环境保护基本法《中华人民共和国环境保护法(试行)》的颁布,标志着中国的环境法体系开始建立。随后,一系列环境法相继出台,国家颁布了6部环境法律和9部相关资源法律,国务院发布了29件环境法规,环保部门发布了70多件环境规章,地方性环境法规900多个,初步建立了比较完善的环境立法体系。

应该说,上述政策和法律的措施,对于保护和治理我们国家的环境,起到了非常重要的作用。但我们也要看到,虽然我们制定了很严格的预防和管理制度,不愿走西方国家"先发展后治理"的老路,但在实际执行和操作过程中,经济发展与环境保护之间的矛盾依然是非常尖锐的。许多地区的环境退化、环境污染还是不可避免地出现了,而且有日益恶化的趋势。因此,在总结过去经验的基础上,我们还需要不断完善环境治理的政策和模式,以适应国家环境保护的需要。具体来说,我们可以从以下3个方面入手。

1. 加强政府自身能力建设,发挥其主导作用

一方面,我们要明确政府角色定位,转变政府职能。目前,在政府环境治理过程中,政府还不明确自身的定位,常常出现了越位、缺位和错位的现象。因此,我们必须明确政府在环境治理中是主导,而不是全部包揽。对于具体的环境治理事务,政府应该采取渐进式的方法,放手交给市场或公民社会去做,而政府的主导作用则应该体现在制定符合可持续发展的政策、规划和计划;重新审视和修改现行的立法、法规和政策,改革现行的各项制度和措施,使之符合可持续发展的精神;引导产业结构的调整,优化产业结构;扶持科学技术的发展,节约和合理使用资源;协调社会各方的利益和行为,共同进行环境保护活动等。[1]

另一方面,要继续完善环境法律体系,严格依法行政。我国应继续以环境保护和可持续发展为依据,进一步制定和完善环境相关的法律体系,进一步明确政府、企业和公民的职责、权利和义务,使环境治理工作能够有章可循,有法可依。同时,要坚持依法行政,在环境治理的过程中,政府要严格按照"有法可依、有法必依、执法必严、违法必究"的方针,切实保证我国环境保护法律法规的贯彻执行,及时有效

---

[1] 李挚萍.20世纪政府环境管制的三个演进年代[J].学术研究,2005(6).

查处违反环境保护法律法规的行为,保护和改善环境。

另外,要设立统一的资源环境监管机构。我们可以借鉴发达国家普遍设立环境部,统一监管污染控制、自然和资源保护工作的经验,推进资源环境管理体制改革。应在国务院的领导下,设立统一的资源环境监管机构,统筹负责资源环境保护工作的政策制定和监督管理。必要时对涉及全局性工作的资源环境保护的主要管理部门予以行政级别升级,甚至考虑整合调整部门间的职能和机构设置,提高资源环境保护工作的管理效能。[①]

2. 实现政府与市场的良性互动,发挥市场的辅助作用

(1) 政府要培育企业的公共责任。

政府可以通过制定并监督执行规范企业行为的政策来强化企业的责任感。法律法规的限定,有利于从强制的角度提高企业履行环境治理的责任感,将这些责任与企业的利益结合起来,才会把企业个体利益同社会利益结合起来,把眼前利益同长远利益结合起来,把生态效益与经济效益、社会效益结合起来。只有培育起企业的公共责任感,企业才能够与政府很好地进行互动,才能够自觉地参与到环境治理过程中,起到辅助的作用。

(2) 政府要鼓励企业通过环境认证。

目前,企业仍然是环境污染的重要源头之一,要解决环境污染这个问题单靠政府的法律法规、行政和经济手段是远远不够的,还必须充分调动企业进行自身环境管理的积极性和主动性。因此,为了获得公众的青睐,树立良好的企业环境形象,很多企业都开始积极争取获得环境标志,通过ISO14000环境管理体系标准,许多企业开始采用清洁生产、绿色生产等方式,严格按照环境标准来生产。应该鼓励更多的企业加入到申请环境认证的队伍中来,实现企业的可持续发展。

(3) 政府要规范和引导企业的行为。

政府就必须将一些准公共产品私人化,进一步明晰产权,建立市场机制实现资源的有效配置。只有通过明晰产权,建立起相应的市场机制,使环境权利真正归属一定的个体或企业,从而以多种产权的形式开始在市场上进行自由交易,从而提高环境治理的效率。[②]

3. 实现环境治理的公众参与

一个国家要实现有效的环境治理,必须注重对公众意见的吸纳,提高公众在环境治理各个环节的参与度。环境资源的全民所有性质决定了公民有权利和义务参与环境治理,并且要求其在环境治理中承担非常特殊的角色。[③] 实现环境治理的

[①] 刘兆征.中国环境治理失灵问题的思考[J].环境保护,2007(5).
[②] 樊根耀.生态环境治理的制度分析[M].西安:西北农林科技大学出版社,2005:154.
[③] 黄爱宝.生态普治目标下的生态型政府构建[J].理论探讨,2006(4).

公众参与可以从以下几方面入手。

(1) 培育公民环保意识,提高参与环境治理的水平。

为了能更好地发挥公民社会的作用,我们应不断地培育公民的环保意识,让他们积极参与到环境治理的行动中。一方面,我们要积极开展环保教育,培育公民的环保意识,向公民灌输环保方面的概念、手段、意义等;另一方面,我们要进一步拓宽公众参与环境治理的途径和范围。从我国的现实出发,拓宽公众参与环境治理的途径包括官方组织的环保行动、民间团体组织的环保活动、公众个人根据自己的愿望和要求而实施的环保行为。[①]

(2) 加强非政府组织尤其是环保 NGO(non-government organization,非政府组织)的建设。

虽然目前我国环保 NGO 的发展还处于起步阶段,但是正在为公共服务尤其是环境方面的治理贡献着自己的力量,通过整合民众资源来弥补政府失灵和市场失灵,积极参与到环境治理过程中,在维护公众环境权益等方面发挥着越来越重要的作用,已经成为我国环境治理过程中不可或缺的力量之一。要完善有关环保 NGO 的法律法规,摆正非政府组织尤其是环保 NGO 与政府之间的关系,在环境治理过程中,应充分重视非政府组织作用的发挥。

(3) 扩大公众环境权益,增加公众治理途径。

要保障公众的知情权、监督权、索赔权、议事权。主张公众参与,强调社会制衡,并不是否定政府在环境政策中的作用,通过责权利的规定来激励公众对污染环境的行为进行监督和制约,以鼓励群众关心环保,参与环保,使公众参与成为环境保护的一种基本力量。[②]

二、可持续发展战略

发展是人类社会不断进步的永恒主题。人类发展过程中出现的各种各样的环境问题,不禁让人发问,我们今天的发展能保障明天的发展吗?我们这一代人的生存会影响下一代人的生存吗?人类将如何处理社会发展与环境的矛盾,追求怎样的发展方式?

世界环境与发展委员会(WCED)于 1987 年发布了《我们共同的未来》报告,明确提出了可持续发展的观点——既满足当代人的需求又不危及后代人满足其需求的发展。这个定义鲜明地表达了两个基本观点:一是人类要发展,尤其是穷人要发展;二是发展要有限度,不能危及后代人的发展。可持续发展的实质可归纳为以下

[①] 戴京,隋兆鑫.环境保护的公众参与现状、问题及对策[J].环境保护,2008(12):57-59.

[②] 刘兆征.中国环境治理失灵问题的思考[J].环境保护,2007(5).

三方面：

一是可持续发展鼓励经济增长，因为它体现国家实力和社会财富。可持续发展不仅重视增长的数量，更追求改善质量、提高效益、节约能源、减少废弃物，改变传统的生产和消费模式，实施清洁生产和文明消费。

二是可持续发展要以保护自然为基础，与资源和环境的承载能力相协调。因此，发展的同时必须保护环境，包括控制环境污染，改善环境质量，保护生命保障系统，保护生物多样性，保持地球生态的完整性，保证以持续的方式使用可再生资源，使人类的发展保持在地球承载能力之内。

三是可持续发展要以改善和提高生活质量为目的，与社会进步相适应。可持续发展的内涵应包括改善人类生活质量，提高人类健康水平，并创造一个保障人们享有平等、自由、教育、人权等权利，以及免受暴力的社会环境。

落实可持续发展，必须坚持三个基本原则。[①]

1. 公平性原则

可持续发展所追求的公平性原则，包括三层含义。一是当代人的公平即同代人之间的横向公平性。可持续发展要满足全体人民的基本需求和给全体人民机会以满足他们要求较好的生活的愿望。二是代际的公平，即世代人之间的纵向公平性。要认识到人类赖以生存的自然资源是有限的，当代人不能因为自己的发展与需求而损害人类世世代代满足需求的条件——自然资源与环境。要给世世代代以公平利用自然资源的权利。三是公平分配有限资源。

2. 可持续性原则

可持续性是指生态系统受到某种干扰时能保持其生产率的能力。资源与环境是人类生存与发展的基础和条件，离开了资源与环境，人类的生存与发展就无从谈起。资源的永续利用和生态系统可持续性的保持是人类持续发展的首要条件。可持续发展要求人们根据可持续性的条件调整自己的生活方式，在生态许可的范围内确定自己的消耗标准。可持续性原则的核心是人类的经济和社会发展不能超越资源与环境的承载能力。

3. 共同性原则

鉴于世界各国历史、文化和发展水平的差异，可持续发展的具体目标、政策和实施步骤不可能是唯一的。但是，可持续发展作为全球发展的总目标，所体现的公平性和可持续性原则，则是共同的。并且，实现这一总目标，必须采取全球一致的联合行动。从广义上说，可持续发展的战略就是要促进人与人之间及人与自然之间的和谐。

---

① http://www.eedu.org.cn/Article/es/envir/edevelopment/200405/1311.html.

三、中国的可持续发展战略

我国正承受着空前庞大的人口压力,面临着前所未有的生态环境问题,迎接着有史以来最严峻的生态破坏与环境污染的双重挑战。正是在这种内外压力影响下,中国实施了可持续发展战略。

经过多年的努力,我国实施可持续发展战略取得了举世瞩目的成就,主要表现在以下诸方面。

(1) 经济发展方面。

国民经济持续、快速、健康发展,综合国力明显增强,人民物质生活水平和生活质量有了较大幅度的提高,经济发展模式正在由粗放型向集约型转变,经济结构逐步优化。

(2) 社会发展方面。

人口增长过快的势头得到遏制,科技教育事业取得积极进展,在社会保障体系建设、消除贫困、防灾减灾、医疗卫生、缩小地区差距等方面都取得了显著成效。

(3) 生态建设、环境保护和资源合理开发利用方面。

国家用于生态建设、环境治理的投入明显加大,能源消费结构逐步优化,重点江河水域的水污染综合治理得到加强,大气污染防治有所突破,资源综合利用水平明显提高,通过开展退耕还林、还湖、还草工作,生态环境的恢复与重建取得成效。

(4) 可持续发展能力建设方面。

各地区、各部门已将可持续发展战略纳入了各级各类规划和计划之中,全民可持续发展意识有了明显提高,与可持续发展相关的法律法规相继出台并得到不断完善和实施。

但是,我国在实施可持续发展战略方面并不是一帆风顺的,仍面临着许多矛盾和问题。当前,制约我国可持续发展的突出矛盾主要是:经济快速增长与资源大量消耗、生态破坏之间的矛盾,经济发展水平的提高与社会发展相对滞后之间的矛盾,区域之间经济社会发展不平衡的矛盾,人口众多与资源相对短缺的矛盾,一些现行政策和法规与实施可持续发展战略的实际需求之间的矛盾等。

同时,亟待解决的问题主要包括:人口综合素质不高,人口老龄化加快,社会保障体系不健全,城乡就业压力大,经济结构不尽合理,市场经济运行机制不完善,能源结构中清洁能源比重仍然很低,基础设施建设滞后,国民经济信息化程度依然很低,自然资源开发利用中的浪费现象严重,环境污染仍较为严重,生态环境恶化的趋势没有得到有效控制,资源管理和环境保护立法与实施还存在不足。

基 本 概 念

环境问题　新生态范式　代谢断层　"苦役踏车"理论
建构主义　生态破坏　环境污染　资源短缺
可持续发展　环境治理　政府能力建设　市场辅助

思 考 题

1. 简述环境问题的一般理论。
2. 我国的环境问题主要有哪些？
3. 简述对"可持续发展"概念的理解。
4. 造成我国出现环境问题的主要原因是什么？
5. 如何完善和提高我国环境治理的效能？
6. 谈谈对人与自然和谐发展的理解。

第八章

民族问题

社会上很多人把2008年的拉萨"3·14"事件和2009年的乌鲁木齐"7·5"事件当作民族问题。其实,这两个事件不是民族问题,它们是暴恐活动。但是,这样的事件给民族关系带来了不利影响。那么,什么是民族问题?当代中国的民族问题有哪些内容和表现?当代中国民族问题有哪些特点?该怎么处理民族问题?本章将对上述问题进行介绍。

第一节 民族问题的一般理论

什么是民族问题?在认识和处理民族问题方面有哪些理论?本节对这些问题略作介绍。

一、民族问题概念

关于民族问题的概念,学术界有不同的看法。以不同观点提出的时间为序,分别介绍三种观点。

1. 民族问题就是民族之间的矛盾问题

从1949年中华人民共和国成立,到改革开放初期,在很长时间内,我国民族研究领域的专家普遍认为,民族问题就是民族之间的矛盾问题。这种观点强调,民族之间的矛盾、摩擦、纠纷、冲突就是民族问题。若各个民族之间关系良好,各民族之间没有矛盾、摩擦、纠纷和冲突,那么各民族之间就不存在民族问题。该观点的实质是民族问题只可能发生在不同民族之间,而一个民族内部的问题,不属于民族问题的范畴。

2. 民族问题也渗透于每一个民族的内部

1981年,有学者提出了一个新的观点:民族问题"不仅表现于各民族之间……而且渗透于每一个民族的内部"。这种观点认为,"所谓民族问题,就是民族这个人们共同体从产生、发展到消亡的长期历史过程中基于民族差别而产生的一切问题的总和。它不仅表现于各民族之间（民族差别、民族矛盾、民族斗争、民族压迫等等），而且渗透于每一个民族的内部（经济、政治、语言、文化、思想、风俗习惯等等），并贯穿于民族兴亡的始终。"①

具体而言，该观点认为，如果认为"民族问题就是民族之间的矛盾问题"，那就是只有民族之间发生了关系，出现了矛盾或斗争，才能构成民族问题。这样，只有到了资本主义尤其是垄断资本主义时代，由于帝国主义的殖民掠夺，民族问题才会产生；而在无产阶级专政条件下，一旦各民族的关系处理好了，民族问题也就解决了，社会主义时期也就不存在民族问题了。显然，这些看法是把民族问题等同于民族殖民地问题了，不符合我国当前的实际情况。其次，在我们的民族工作实践中，当谈到民族问题时，绝不仅仅是指处理民族关系，而是包含了民族内部的各种问题在内的。我们主张在各民族内部实行社会改革，发展经济文化，实现各民族的发展和繁荣，这也是民族问题的重要内容，但不是指民族之间关系，而是指民族内部的发展问题。② 这种观点的实质是，民族问题不仅发生在民族之间，而且民族内部的问题，如发展问题，也属于民族问题的范畴。

该观点提出后，引起了学术界的广泛关注和讨论。该观点丰富了我们对民族问题的认识，中国政府也逐渐接受了这个观点。

3. 当今中国政府和学术界普遍认可的观点

经过学术界的充分研究和讨论，越来越多的学者赞成民族问题也"渗透于每一个民族内部"的观点。这个观点对中国政府认识和处理民族问题的态度和立场也产生了比较大的影响。1992年1月，江泽民在中央民族工作会议的讲话中提出："民族问题既包括民族自身的发展，又包括民族之间，民族与阶级、国家之间等方面的关系。"③

第一次中央民族工作会议上所提出的民族问题的定义，对民族问题的内涵和外延做了进一步的扩展，得到了学术界和社会大众的普遍认可。今天，人们普遍认为民族问题包括四个方面的内容：

第一，民族自身的发展问题；

第二，民族之间的关系问题；

第三，民族与阶级之间的关系问题；

第四，民族与国家之间的关系问题。

民族问题定义的逐步厘清与含义界定，为认识民族问题的本质、了解民族问题

---

①② 彭英明，唐奇甜.民族问题及其实质浅论.民族研究,1981(1).

③ 国家民族事务委员会.中国共产党关于民族问题的基本观点和政策（干部读本）[M].北京:民族出版社.2002:282.

的特点、找到解决民族问题的对策奠定了基础。

二、马克思主义关于民族问题的理论

1. 民族的政治权利与宗教信仰自由的关系

1816年5月4日,普鲁士政府规定犹太人不能在国家机关担任公职。犹太人要求政治平等却遭到了拒绝。在德国,占人口多数的是信奉基督教的日耳曼人,犹太人信奉犹太教,是人口中的少数。基督徒对犹太人的歧视与压迫,最直接的表现就是规定犹太人不能在国家机关担任公职以及反犹主义和大日耳曼主义盛行。在此背景下,很多人开始研究犹太人问题和宗教冲突问题。

从1839年到1843年,青年黑格尔派领袖布鲁诺·鲍威尔发表了一系列文章讨论犹太人问题,主要有《现代犹太人和基督徒获得自由的能力》《犹太人问题》等,散布了很多错误的言论。例如:第一,犹太教的本质是利己主义。犹太教和基督教比起来,只是人类精神发展的低级阶段,是基督教的准备阶段。第二,犹太教要求民族平等,就是利己主义。第三,犹太人要想获得政治解放,就必须先放弃自己的犹太教信仰。为了批判他这两篇文章中的错误思想,马克思于1843年秋开始写作文章,对鲍威尔的两篇文章进行批判。马克思的两篇论战文章合称《论犹太人问题》。

在《论犹太人问题》中,马克思提出,犹太人问题是世俗问题、社会问题、政治问题,而不是纯粹的宗教问题、神学问题。犹太民族的首要问题是实现政治解放,获得平等的公民权利。政治解放不一定要放弃宗教信仰,相反,近代的公民解放(政治解放)给予公民宗教信仰自由。把放弃宗教信仰作为政治解放的前提是错误的。让犹太人享有公民权(即政治解放)是必需的,是具有进步意义的,因为实现了人的平等,解放了生产力中最活跃的因素——人,但也有局限性,主要表现在:没有解决社会问题、没有解决宗教问题、没有消灭私有制而是巩固私有制、没有实现人类的解放;仅仅实现政治解放还是不够的,还要实现人类解放。①《论犹太人问题》是马克思第一篇关于民族问题的著作,标志着马克思主义民族问题理论形成的开始。

2. 生产力与民族同化、民族关系

1845年9月到1846年秋,马克思和恩格斯合著了《德意志意识形态》一书,批判了费尔巴哈、布鲁诺·鲍威尔和麦克斯·施蒂纳所代表的德国哲学以及各式各样先知所代表的德国社会主义。该书共分两卷:第一卷主要是研究历史唯物主义的一些基本原理,并批判费尔巴哈、布鲁诺·鲍威尔和施蒂纳的哲学思想。第二卷的内容是批判所谓的"真正社会主义"形形色色的代表。该书当时在德国不能出

---

① 中国社会科学院民族研究所.马克思恩格斯论民族问题[M].北京:民族出版社,1987:1-19.

版,当时只发表了第二卷的第四章,所以马克思在1859年《政治经济学批判》的序言中说:既然我们已经达到了我们的主要目的——自己弄清问题,我们就情愿让原稿给老鼠的牙齿去批判了。恩格斯在1883年6月13日给伯恩施坦的信中说:"1847年马克思和我写了一部无比大胆的著作。"该书虽然不是民族问题理论的专著,但在其中提出了民族、民族关系、民族殖民地问题以及民族语言问题等方面的重要原理,也提出了研究民族问题的方法,其中一个很重要的理论就是从生产力角度观察民族问题和民族同化问题。

关于同化问题,他们说:在蛮人的占领下,一切都取决于被征服民族此时是否已经像现代民族那样发展了工业生产力……占领的性质是受占领的对象制约的。如果占领者不依从于被占领国家的生产和交往的条件,就完全无法占领当地银行家的体现于票据中的财产。……定居下来的征服者所采纳的社会制度形式,应当适应于他们面临的生产力发展水平……征服者很快就学会了被征服民族的语言,接受了他们的教育和风俗。[①] 这里,实际上提出了这样一个理论,征服者和被征服的民族,到底谁同化谁,关键看生产力发展水平。野蛮的征服者总是被被征服者所同化。

关于生产力与民族关系,马克思、恩格斯提出:各民族之间的相互关系取决于每一个民族内部的生产力、分工和内部交往的发展程度。一个民族的生产力发展水平,最明显地表现在该民族分工的发展程度上。任何新的生产力,只要它不仅仅是现有生产力的量的扩大,如开垦新的土地,都会引起分工的进一步发展。[②③]

3. 资本主义及全球化时代的民族问题

马克思是最早提出全球化理论的思想家,他当时使用的概念是"世界历史"。在1848年的《共产党宣言》中,马克思、恩格斯提出:资产阶级,由于开拓了世界市场,使一切国家的生产和消费都成为世界性的了。不管反动派怎样惋惜,资产阶级还是挖掉了工业脚下的民族基础。古老的民族工业被消灭了,并且每天都还在被消灭。它们被新的工业排挤掉了,新的工业的建立已经成为一切文明民族的生命攸关的问题;……过去那种地方的和民族的自给自足和闭关自守状态,被各民族的各个方面的互相往来和各个方面的互相依赖所代替了。……资产阶级,由于一切生产工具的迅速改进,由于交通的极其便利,把一切民族甚至最野蛮的民族都卷入到文明中来了。它的商品的低廉价格,是它用来摧毁一切万里长城、征服野蛮人最顽强的仇外心理的重炮。它迫使一切民族——如果它不想灭亡的话——采用资产阶级的生产方式;它迫使他们在自己那里推行所谓的文明制度,变成资产者。一句

[①②] 中国社会科学院民族研究所.马克思恩格斯论民族问题[M].北京:民族出版社,1987.

[③] 马克思、恩格斯这里提出的内部交往,也叫交往形式,即马克思后来所用的另外一个概念:生产关系。

话,它按照自己的面貌为自己创造出一个世界。资产阶级使乡村屈服于城市的统治。它创造了巨大的城市,城市人口比农村人口大大增加,因而使很大一部分居民脱离了乡村生活的愚昧状态。正像它使乡村从属于城市一样,它使未开化和半开化的国家从属于文明的国家,使农民的民族从属于资产阶级的民族,使东方从属于西方。① 这个理论揭示了全球性的民族压迫现象及其产生的原因。

4. 阶级问题与民族问题理论

马克思是最早把阶级问题和民族问题关联起来考虑的思想家和社会学家。在《共产党宣言》中,马克思、恩格斯提出:人对人的剥削一消灭,民族对民族的剥削就会随之消灭。民族内部的阶级对立一消失,民族之间的敌对关系就会随之消失。② 1847年11月,在纪念1830年波兰起义17周年的大会上,马克思说:要使各民族真正团结起来,它们就必须有共同的利益。要使它们的利益能一致,就必须消灭现存的所有制关系,因为现存的所有制关系是造成一些民族剥削另一些民族的原因。③

三、民族关系测量理论

1964年,美国社会学家戈登在他的著作《美国人生活中的同化》中,提出了一个如何衡量不同群体(民族、种族、族群、移民)之间关系的理论。这个理论和体系包括了7个变量:①文化或行为的同化。这个变量包括语言、宗教和风俗习惯3个小变量。语言差异越大的民族之间通常会形成相互隔离的社区,他们之间也很难互相融合或同化。若他们之间的宗教信仰、生活习惯差异巨大,也会影响民族间的日常交往和民族关系。总之,文化最根本的是人们的价值体系和行为规范。文化的同化也就意味着行为准则的相互认同。②社会结构的同化。这个变量主要测量不同民族的成员之间是否出现了比较亲密的私人接触。在种族、语言、宗教、习俗等方面差异越大的群体,结构同化遇到的阻力也就越大。③婚姻的同化。一般来说,当两个民族之间的通婚率在10%以上时,就可以被认为两个民族间的融合已经达到一定程度,民族关系也比较和睦。④身份认同的同化。身份认同的同化就是民族身份认同差异的消失。各民族成员不再认为属于不同的民族群体,而是属于同一个大群体。⑤意识中民族偏见的消除。即指一个民族在态度上、心理上对另外一个民族的接纳。对民族意识中偏见的测量,一个常用的概念是1921年美国芝加哥学派的派克等人提出的"社会距离"。⑥民族间歧视行为的消除。以上所说的偏见主要是观念形态的,此处所提到的歧视行为是指不同民族在现实行为方面的不平等。民族间歧视行为一旦开始消除,也就意味着民族间同化的开始。长久

---

①②③ 中国社会科学院民族研究所.马克思恩格斯论民族问题[M].北京:民族出版社,1987.

隔绝的民族之间,在消除制度性隔绝和歧视行为的初期,并不能立即导致相互间同化的开始。在有些案例中,相反会带来不同民族间互相的不适应。⑦公共事务的同化。主要是指价值观和权力分配方面冲突的消除。

基于以上 7 个变量发生的先后顺序,戈登提出了 3 个假设:一是在主要民族和较小民族接触的过程中,首先发生的是文化同化;二是若文化同化单独出现,所持续的时间可能是没有期限的;三是若结构同化与文化同化同步发生,或发生在文化同化之后,那么其他类型的同化现象将接踵而至。

1975 年戈登在《种族和民族关系理论的探索》①一文中提出了一种新的民族关系测量理论和体系,划分为衡量同化程度的自变量与同化程度的因变量两个方面。其中,自变量包括三组变量,分别是:人的生理-社会发展变量、互动过程变量、社会变量。因变量包括四组变量,分别是:同化的类型、总体同化的程度、民族冲突的程度、各民族获得社会酬赏的程度。②

四、民族分层理论

"社会分层"是一个重要的社会学概念,是指在社会等级制度中,地位不同的人获得社会报酬的机会不同。利用"分层"这个概念来研究不同的民族群体获得社会报酬的机会差异,始自格莱泽和莫尼汉等人的研究。1975 年,哈佛大学出版社出版了格莱泽和莫尼汉主编的 *Ethnicity* 一书,该书中的多篇文章都使用了一个新术语 ethnic stratification③,也有人提出了"结构性差异"概念。

1985 年,美国的两位社会学家辛普森和英格尔出版了《种族和文化的少数群体:关于偏见与歧视的分析》(第 5 版)。该书主要从产业、城市化程度、教育、就业与经济活动、职业、收入、犯罪率、自我认定的社会阶级这 8 个方面分析美国不同民族群体的分层情况。

(1) 产业。一个国家的经济通常分为第一产业(农业)、第二产业(制造业)和第三产业(服务业)。一般来说,在现代化进程中社会劳动力首先从农业向制造业转移,然后再向服务业转移。在发展中国家,通常农民的收入最低,工人收入高于农民,金融、保险和服务业人员收入最高。因此,分析一个国家各民族群体劳动力的产业分布情况,就可以大致判断出该群体在现代化程度中的位置。

---

① 戈登的《种族和民族关系理论的探索》一文的译文,收入马戎主编的《西方民族社会学的理论与方法》(天津人民出版社 1997 年版,第 113-138 页)。
② 戈登的民族关系测量理论的详细介绍,见马戎的《民族社会学》(北京大学出版社 2004 年版)。
③ ethnicity 和 ethnic stratification 两个概念,在马戎主编的《西方民族社会学的理论与方法》(天津人民出版社 1997 年版)中被翻译为"民族"和"民族分层",在马戎的《民族社会学》(北京大学出版社 2004 年版)中,被翻译为"族群"和"族群分层"。

（2）城市化程度。这个指标主要是指各个民族群体中城镇人口与农村人口的比例，城镇人口比例高的民族，就是城市化程度高，也意味着参与制造业和服务业的人口比例高。

（3）教育。教育对一个民族的社会地位有非常重要的影响，整体教育水平标志着一个民族的劳动力的整体素质与能力。判断一个民族的教育水平，有以下几个常用指标：学龄者入学率和毕业率、民族（族群）在教育中的隔离程度、学校的教育质量、专业领域的分布。

（4）就业与经济活动。常用的判断指标是就业率和失业率。

（5）职业。职业与社会地位和收入密切相关。不同民族群体的职业分布与比例，通常从管理与专业人员，技术、销售与行政支持人员，服务业人员，高级技工、修理、工艺人员，操作、装配工人员，农林渔业劳动力等指标方面进行统计与分析。

（6）收入。民族群体整体收入的绝对水平和产生的相对差距是社会分层的重要指标。国外常用的统计指标有家庭平均收入、家庭收入的中位数、家庭收入指数、"贫困线"以下的人口数量或比例。

（7）犯罪率。一个民族的犯罪率，可以从一个侧面反映该民族的整体社会地位和经济地位，社会地位高的民族犯罪率较低，而社会地位低的民族，由于受教育程度低、收入低而容易诱发犯罪行为。

（8）自我认定的社会阶级。上述7个指标均可进行客观的统计与计算。但也有学者还从"自我认定的社会阶级"这个角度研究民族分层，重点研究不同民族群体的成员对自己在社会中的地位的主观判断。这种"自我认定"的分层研究有时可以起到一种辅助作用，可以帮助我们判断被调查者的自我预期。[①]

第二节 当代中国民族问题概况

一、中国民族问题的表现

当代中国的民族问题，主要表现在以下五个方面。

(一) 发展问题

这里所说的发展问题，既有少数民族自身发展水平偏低的问题，也有民族之间

---

① 马戎.民族社会学[M].北京：北京大学出版社，2004：231-296.

发展不平衡问题。发展问题，涉及我国少数民族的很多方面。其中，以下几个问题是比较突出的。

1. 我国少数民族历史起点低

中华人民共和国成立后，要在少数民族地区建立新的政权，要在少数民族地区实行民族区域自治政策，首先需要了解我国少数民族的基本状况。于是，我国政府组织专家学者在全国范围对我国少数民族的情况进行了广泛的社会调查。根据当时调查的资料显示，全国有60万少数民族人口还处于原始社会末期的发展阶段，这些少数民族人口主要分布于东北、云南和海南的五指山等地；全国有100万少数民族人口还处于奴隶制度之下，主要是四川大、小凉山地区的彝族；全国有400万少数民族人口实行的是封建领主制（农奴制），主要有藏族、傣族和一部分蒙古族；另外有2300万少数民族人口处于封建地主制发展阶段，主要是满族、回族、朝鲜族、维吾尔族、壮族等。到新中国成立初期，少数民族中还有少量的资本主义生产关系。[①] 而当时，汉族地区基本上是封建地主制和资本主义。

与汉族相比，少数民族整体发展水平明显低于汉族和汉族地区的发展水平。特别是那些还处于原始公社制、奴隶制、封建农奴制的少数民族，没有或几乎没有商品生产的历史，也没有这方面的经验，还有严重的不注重积累的意识、有严重的鄙视商业流通和贸易的意识，有严重的平均主义分配意识。由于没有商品生产的历史，或者商品生产的历史短、经验少，商品生产的意识也就比较淡薄。在当前建设现代化的过程中，特别是我国实行社会主义市场经济以来，很多少数民族在市场竞争中，由于起点低，他们在竞争中处于不利地位。一些民族鄙视商业流通的观念、平均主义分配意识等，也决定着他们在商品生产和市场竞争中将会有更多的不适应。这些问题，都决定了少数民族地区的现代化更加困难，在现代化、市场化的过程中将遇到更多困难。

2. 少数民族生产力发展水平相对较低

马克思主义认为，生产力这个概念包括劳动者、劳动对象和劳动工具这三个要素。反过来说，通过考察一个民族的劳动者素质、劳动对象和劳动工具，就可以了解一个民族的生产力发展水平。

新中国成立初期，我国少数民族和少数民族地区的生产力发展水平和汉族与汉族地区相比，有很大差距。这种差距分别表现在劳动者素质、劳动对象和劳动工具方面。

首先，就劳动者素质的差距而言，如何准确判断一个民族的劳动者素质，这是一个难题。一个人的受教育程度和他的劳动者素质未必呈正相关关系。也就是说，一个人受教育程度高，他的劳动技能未必就强。可是，若一个民族的所有劳动

---

① 黄光学，施联朱.中国的民族识别[M].北京：民族出版社，2005：72-73.

者都接受过良好的教育,那么这个民族的劳动者接受新技术、新方法的能力比较强,这是大家公认的。所以,这里以劳动者受教育程度这个指标为例进行分析。新中国成立初期,我国少数民族群众受教育程度很低。西藏和平解放前,近代教育尚未起步,全区只有6所地方政府办的归式学校和少量私塾、家塾,文盲人数高达人口总数的95%以上。西双版纳地区仅有6所小学,学生200余人。①② 新中国成立后,中央和地方政府非常重视少数民族的教育事业。2005年,国家开始实施扶持人口较少民族发展专项规划,对22个人口在10万人以下的少数民族的教育发展大力投入,在《扶持人口较少民族发展规划(2011—2015年)》中又把人口较少民族扩大到人口在30万人以下的28个少数民族,覆盖范围进一步增加。对比第五次和第六次人口普查资料发现,少数民族平均受教育年限从2000年的6.73年提高至2010年的7.84年,这说明少数民族地区的教育事业有了很大发展,少数民族劳动者受教育程度得到较快提升,这是一个举世瞩目的重大成就。但我们也应该看到,目前少数民族地区的教育发展水平还落后于发达地区,少数民族地区的办学条件还比较差,师资队伍水平有待提高,教育公平还没有实现。这些状况决定了少数民族和少数民族地区目前不仅缺少高端人才,而且缺少大量的适用人才,即目前少数民族和少数民族地区劳动者素质和汉族地区相比,还有不小的差距。

其次,就劳动对象的差距而言,劳动对象和一个民族的经济结构有密切关系。所谓经济结构,主要是指经济生活内部的各种比例关系,其中最重要的经济结构是产业结构,即各种产业之间的比例关系。一个民族所从事的产业是什么,决定了他们的劳动对象是什么。在人类历史上,最早产生的产业是农业(农、林、牧、副、渔),即第一产业。进入18世纪以后,制造业(轻工制造和重工制造)异军突起,成为新兴的产业,即第二产业,也就是通常所说的工业。现代第一产业和第二产业的快速发展,刺激了第三产业即服务业的发展,于是第三产业成为现代化社会的主要产业部门。在现代化的国家和地区,第三产业成为最重要的产业部门,社会总财富主要是由第三产业创造的,劳动者也主要就业于第三产业。新中国成立初期,我国少数民族几乎全部从事第一产业,主要从事种植农业和牧业,劳动对象是土地和牧场。有一些少数民族还在从事刀耕火种的农业。当时的少数民族地区,制造业特别是重工制造业几乎为零,现代服务业更是空白。而汉族和汉族地区,虽然大部分人从事农业生产,但基本上是精耕细作的农业,而且制造业已经有一定程度的发展。经过几十年的发展,我国少数民族和少数民族地区的产业结构升级换代步伐加快,其现代化水平有明显提高。但从经济结构和产业结构方面看,少数民族从事第一产业的人数比例明显高于汉族,第二产业和第三产业发展水平也明显落后于汉族

---

① 黄光学,李宏烈.当代中国的民族工作(下)[M].北京:当代中国出版社,1993:315.
② 其中"归式学校",疑为"贵族学校"。

地区。

最后,就劳动工具的差距而言,一个民族的生产力发展水平,最明显地表现在劳动工具方面。一个民族所使用的劳动工具越复杂、越先进,不仅意味着劳动者素质和技能越高,而且意味着生产力发展水平也越高。从人类的生产工具发展史来看,大约经历了三个大的发展阶段,分别是石器时代、铁器时代和机器时代。这三个时代代表性的生产工具分别是石器、手工铁器和自动化的机器。新中国成立初期,我国少数民族和少数民族地区几乎没有自动化的机器生产,所使用的生产工具主要是手工铁器,还有不少人使用木器工具,生产效率是很低的。相比之下,汉族地区的制造业,很大程度上是机器生产,而汉族地区的农业,也普及了铁器。这充分说明了少数民族地区和汉族地区在生产工具方面还有很大差距。新中国成立以后,少数民族地区的生产工具有了很大改进。铁器已基本普及,机器生产也在越来越多的领域中得以推广,表明少数民族地区的生产力发展水平有了极大提高。但毋庸讳言的是,目前我国的发达地区,以信息化为基础的自动化已经具有很高的水平,而在这方面,少数民族地区的发展水平还有待提高。

总之,虽然新中国成立后,少数民族和少数民族地区的生产力发展水平有了极大提高,但目前和我国的比较发达地区相比,还有不小的差距。由于各民族生产力发展水平有较大差距,导致各民族在民族关系中处于不同的地位。马克思主义认为:各民族之间的相互关系取决于每一个民族的生产力、分工和内部交往的发展程度。这个原理是公认的。然而不仅一个民族与其他民族的关系,而且一个民族本身的整个内部结构都取决于它的生产以及内部和外部的交往的发展程度。[①] 也就是说,生产力发达的民族,在民族关系中往往处于主动的地位,而发展水平低的民族,在民族关系中往往处于被动的和不利的地位。

3. 少数民族和少数民族地区贫困面大

我国少数民族地区由于历史上发展水平相对较低,经济结构和产业结构落后,再加上自然条件差,因此,民族地区的贫困问题十分突出。

贫困通常被分为绝对贫困和相对贫困。绝对贫困是指人们的生活水准达不到维持正常生活的最低水平,也就是我们通常所说的吃不饱穿不暖。相对贫困是指虽然能达到温饱水平,但仍然是低收入和低消费。2000年世界银行提出的贫困概念,基本上包含了绝对贫困和相对贫困两个方面,认为贫困的含义不仅指低收入和低消费,还在教育、医疗卫生、营养以及人类发展的其他领域取得成就较少。贫困是一种伴随人类社会发生、发展的历史经济现象,是人类由于不能合法地获得基本的物质生活条件和参与基本的社会活动的机会,以至于不能维持一种个人生理和社会文化可以接受的生活水准状态,即贫困不仅表现为收入低下,而且体现为人们

---

① 马克思,恩格斯.马克思恩格斯选集(第1卷)[M].中央编译局,译.北京:人民出版社,1972:25.

缺少发展机会、缺少应对变化的能力。

在改革开放以来的很长时间内,中国政府的贫困标准是由两部分组成的。一是绝对贫困线标准,低于该标准的就是所谓赤贫人口;二是低收入贫困线标准,指高于绝对贫困线、但收入依然较低的人口。自1985年开始,我国启动政府扶贫计划,确定人均年纯收入200元作为贫困线,人均年收入200元以下定为绝对贫困线,低收入标准为201~399元,约占当时农民年收入的一半。此后根据物价指数,逐年微调。2008年中国的绝对贫困线为人均年收入786元,低收入贫困线标准为人均年收入786~1067元。因为有两个扶贫标准,政府扶持力度也有所区别。这些年来,绝对贫困人口一直是扶贫开发工作的首要对象,即首先要解决这些人的温饱问题,同时,对低收入人口给予支持。

2009年中国调整贫困统计标准,取消现行的"绝对贫困"人口与"相对贫困"人口的区分,要求"对低收入人口全面实施扶贫政策",就是要改变上述"区别对待"的政策,原先对绝对贫困人口实行的扶持政策,低收入人口也全部享受。2009年新确定的贫困线标准是1196元/人·年,凡是人均年收入少于1196元的,均为贫困人口。由于贫困线的调整,扶贫对象有所扩大,由2008年的1479万人增至2009年的4300多万人。[1] 2011年,我国将贫困线调整为2300元/人·年,并在《中国农村扶贫开发纲要(2011—2020年)》中确立了扶贫攻坚的主战场。根据这个标准,我国贫困人口共有7017万人,以及14个集中连片的贫困地区,其中绝大部分是少数民族地区。到2015年底,我国还有5630万农村建档立卡贫困人口,分布在832个国家扶贫开发重点县、集中连片特困地区县和贫困村。

在我国的贫困问题中,少数民族和少数民族地区的贫困问题是比较突出的。1986年,国家重点扶持的331个贫困县中,少数民族贫困县有141个,占42.6%,主要分布在内蒙古、新疆、宁夏、广西、贵州、云南、青海等14个省区。在这141个少数民族贫困县中,连片的有102个县,近90%分布在西部。[2] 西部地区少数民族社会发展程度低、贫困程度深、致贫成因复杂、返贫现象严重。这些贫困人口大部分居住在自然环境恶劣、基础设施落后、社会发育程度较低的地区。1994年公布的《国家八七扶贫攻坚计划》的592个国家级贫困县,有259个是少数民族自治县和享受少数民族自治待遇的贫困县,其中221个分布在西部地区。1994年全国农民人均年收入在400元以下的县有175个,民族地区占了131个。1997年全国没有解决温饱的5000万贫困人口中,有2000万生活在5个少数民族自治区和云南、贵州、青海等少数民族人口比较多的省,占总数的40%。到2000年底,实施《国家八七扶贫攻坚计划》结束,西部少数民族地区的贫困人口大幅减少,剩下的绝对贫

---

[1] http://www.caijing.com.cn/2008-12-19/110040952.html.
[2] http://www.gmw.cn/01gmrb/1999-09/28/GB/gm^18193^6^GM6-2803.htm.

困人口和相对贫困人口仍主要集中分布在西部的西南和西北两大片,农村地区尤为突出。在国务院印发的"十三五"脱贫攻坚规划中提到,目前我国西部省份的贫困发生率在10%以上,民族8省贫困发生率达12.1%。现有贫困人口的贫困程度更深、减贫成本更高、脱贫难度更大。

4. 人口与经济的协调发展问题形势严峻

新中国成立后,由于各项优惠政策(民族平等政策、民族区域自治政策、人口政策、教育政策、经济政策、医疗卫生政策等)的实施,少数民族人口在全国人口中的比重持续上升。中国人口和少数民族人口数据情况见表8-1。

表8-1 历次人口普查数据 （单位:亿人）

年份	1953	1964	1982	1990	2000	2010
全国人口	5.78	6.91	10.4	11.31	12.95	13.71
汉族人口	5.43	6.51	9.37	10.39	11.59	12.26
少数民族人口	0.34	0.4	6.6	0.91	1.06	1.14
少数民族人口所占比例(%)	5.89	5.77	6.62	8.01	8.41	8.49

注释:1953—2000年数据为全国人口普查数据。其中1953—1990年数据,见国家民族事务委员会经济发展司、国家统计局国民经济综合统计司编《中国民族统计年鉴》,民族出版社,1999年12月第1版,第398页;2000年第五次全国人口普查数据见中华人民共和国国家统计局《2000年第五次全国人口普查主要数据公报(第一号)》(2001年3月28日);2010年人口普查数据,见中华人民共和国国家统计局《2010年第六次全国人口普查主要数据公报(第1号)》。

从表8-1的数据可以看出,少数民族人口在全国人口中的比重越来越大,我国的人口结构逐渐改变,这也就意味着民族问题将越来越重要。同时,还应该注意到,由于少数民族人口快速增长,给民族地区的经济建设和社会发展都带来了沉重压力。

具体地说,少数民族人口快速增长,将会有以下影响:

(1) 我国人口结构的改变,民族问题的重要性将更加突出。

从表8-1可以看出,1964年第二次全国人口普查时,少数民族人口在全国人口中的比重与1953年相比,略有下降。1964年以后,少数民族人口在全国人口中的比重持续上升。从少数民族人口比重曲线中可以推测出这样的结论:在未来一个较长时期内,少数民族人口在全国人口中的比重还会继续上升。因此,有充分理由相信,民族问题的重要性在增长。

(2) 增加了解决少数民族地区贫困问题的难度。

少数民族地区,特别是少数民族农村和牧区,人口自然增长率显著高于汉族地区和全国平均水平。这将导致少数民族地区农村和牧区的贫困问题更突出。少数民族的贫困问题是多种原因造成的,其中一个重要原因是比较高的人口自然增长率。社会发展的成效和脱贫的成效,常常被新增人口所抵消。

(3) 加重了国家和地方的财政负担。

人口大量增加,就需要更多的教育投入、更多的就业岗位等。而教育投入和提供就业岗位,都需要有比较多的财政收入为前提。现在农业税、牧业税取消后,以农业为主要产业的地区,财政收入比较紧张,而刚性支出如人员工资并没有减少,甚至还在增加。这无疑加重了少数民族地区和国家的财政负担。

(4) 延缓了民族地区现代化和城镇化的进程。

英格尔斯提出现代化有10个衡量指标,其中城市人口在总人口中所占的比重,是判断一个地方现代化的重要指标。在我国的现代化进程中,一方面,农村人口大量进入城市和城镇,我国的城镇化水平在逐步提高;另一方面,少数民族地区农村人口大量增长,又抵消和延缓了少数民族地区的现代化、城镇化进程。

(5) 给民族地区的生态带来沉重压力。

由于人口大量增加,加剧了少数民族地区人口与资源之间的紧张关系。根据世界公认的标准,在高寒草甸草原,养1只羊需要1.33公顷草原,养1头牛需要6.6公顷草原;而要维持一个牧民的正常的、基本的生活需求,需要20只羊和5头牛。也就是说,一个牧民需要约60公顷(900亩)的草场才能维持基本的生活。西藏那曲草原就属于高寒草甸草原。有学者对那曲草原的人口与资源(草原)之间的紧张关系进行了剖析,西藏那曲草原1990年实际利用草场面积58459万亩,而牧区、半牧区人口85.4万人,人均草场面积只有685亩,只相当于正常标准(人均900亩)的76%。换句话说,58459万亩草场,按每人需要900亩草场的标准计算,那曲草原只能养活65万人口,而实际承载了85.4万人口,人口超载率为31%。人口超载,必然会过度放牧,不仅导致草场退化,还导致物种(雪豹、白唇鹿、藏羚羊、野牦牛、野驴)减少,因为人们为了解决食物的不足,猎杀野生动物。①

综上所述,少数民族和少数民族地区在现代化进程中,如何实现控制人口数量、提高人口质量,如何保持人与资源的平衡,如何实现又好又快地发展,以及如何建设和谐社会,这都是和发展问题紧密相关的,也是发展过程中应该解决的突出问题。

(二) 文化差异与文化冲突问题

在现实生活中,每个民族都有自己的特点和特殊性,即民族之间是有差异的。民族差异就是指各民族之间的不同点。因此,各个民族在相互交往的时候,都是携带着自身的特点与其他民族交往的,承认民族差异是民族和谐交往的前提条件。

---

① 王奎正.藏族传统文化与青藏高原环境保护[J].中南民族学院学报(哲学社会科学版),1997(2).

民族交往有两个结果。一个结果是各民族之间相互尊重、相互借鉴、相互学习，那么，这种民族交往的结果一定是取长补短、共同进步，这是一个皆大欢喜的结局。民族交往的另一个结果是互不尊重、各自为政，那么在各民族之间就会出现矛盾、摩擦、纠纷，严重的还会出现暴力冲突，这是一个两败俱伤的结局。从民族交往的两个结果看，在民族交往中，有民族差异并不可怕，可怕的是相互之间不尊重。即使有民族差异，只要相互尊重，未必会产生民族之间的矛盾和冲突。民族差异表现在各个方面，下面以各民族文化差异和文化冲突为例进行具体分析。

文化差异表现在生产方式、生活方式、语言文字、风俗习惯、宗教信仰、价值观念等很多方面。这里只着重分析各民族在语言文字、风俗习惯、宗教信仰等方面的差异和冲突。

1. 语言文字问题

语言文字问题的性质已发生变化。旧中国的民族语言文字问题，主要是语言不平等问题和语言文字歧视问题。今天虽然仍有一些人歧视少数民族语言文字，但从全国总体情况看，语言平等已经实现，我国的 80 多种少数民族语言和 39 种少数民族文字都有使用和发展的权利。当前，我国少数民族语言文字在发展过程中，主要面临着两个压力。

（1）濒危少数民族语言文字的数量在增长。

在市场经济中，市场在配置资源方面发挥着基础性作用。市场经济越发达，资源的自由流动越频繁。资源的自由流动，迫切需要在各个民族之间搭建一个各民族语言交流的平台——普通话。目前，我国少数民族中，使用普通话的人数在增长。这本是正常现象，但从保护文化多样性的角度看，濒危少数民族语言文字的数量在增长，这对民族文化的多样性发展是不利的。

（2）信息化和全球化进程给少数民族语言文字的生存带来了沉重压力。

语言文字具有工具性。一种语言文字若没有人使用，那它就失去了生命力。在今天这样一个信息技术的时代，语言文字能否实现信息技术处理，已经成为语言文字生命力的重要标志。目前，我国的汉字、蒙古文、藏文、维吾尔文、朝鲜文、彝文已经实现了信息技术处理，即已经有编码字符集、字型、键盘的国家标准。其他 34 种少数民族文字还没有实现这样的技术突破。那么，以这 34 种语言文字为母语的少数民族青年，要进入互联网检索信息，必须使用汉字、蒙古文等语言文字，而本民族的语言文字使用的范围越来越小，因此，这些语言文字面临严峻的生存压力。

2. 风俗习惯问题

风俗习惯是一个民族在长期历史发展过程中形成并流传下来的表现一个民族衣食住行、人生礼仪、节庆娱乐、生产生活方式以及待人接物等方面的风尚、习惯、爱好、禁忌等。风俗习惯是民族文化的重要组成部分，也是一个民族区别于其他民族的重要标志。

在风俗习惯问题方面,我国的问题突出表现在穆斯林与非穆斯林之间。我国的回族、维吾尔族、哈萨克族、东乡族、撒拉族、柯尔克孜族、乌孜别克族、塔吉克族、塔塔尔族、保安族等 10 个民族信仰伊斯兰教。这些民族在饮食等方面有严格的禁忌:他们不吃自死动物,认为疾病、衰老或中毒是导致动物自死的原因;不食一切动物的血液,认为血液是动物所需各种养分的输送渠道,往往残存有害物质;不食单蹄动物,只食偶蹄动物;水产类,只食有鳞、有腮的;不食妄杀之物,对禽畜动物都要请阿訇(老师傅)下刀;不食猪肉;不食一切性情凶恶的动物,如虎、豹、狼、狗、鹰等。《古兰经》里说为了"重视人的心灵纯洁和身体保健",穆斯林必须要遵循这些禁忌。若不尊重这些民族的风俗习惯,就会造成严重的民族问题。

有些人不尊重穆斯林的饮食习惯,完全是出于无知,而有些人却是故意伤害少数民族风俗习惯。在当前市场经济条件下,有些人为了一己之私,竟公然违背国家相关政策和法律,故意做出一些不尊重少数民族风俗习惯、伤害少数民族情感的不法事情。湖南邵阳假冒清真火锅底料事件就是一个典型的案例。2002 年 2 月,邵阳市民委反映,隆回县穆斯林发现市场有人销售打着"清真"牌子的狗肉火锅底料、佐料,生产地是成都。回族群众义愤填膺,要去成都砸店烧壶。该县领导和相关职能部门在参加穆斯林开斋节时,了解到了上述情况后,及时制止了回族群众的过激行为,并将情况报告给邵阳市政府、市民宗委。市政府指示,由市民宗委牵头,市工商局、市伊斯兰教协会参与,查封了该产品以及许多打着"清真"牌子的不规范商品,随后,成都市伊斯兰教协会马上派人前来处理,及时化解了矛盾,得到了邵阳市穆斯林的谅解。[①]

3. 宗教问题

我国有不少少数民族信仰宗教,有些民族甚至是全民信仰宗教。宗教问题若处理不当,也容易造成民族问题。目前,在民族与宗教问题方面,主要有以下几类问题:

(1) 非法宗教和宗教极端势力有滋生的土壤。

历史上,凡是社会转型时期,各种社会矛盾集中爆发,往往非法宗教和宗教极端势力的传播提供土壤。诸如"五斗米教""天地会""白莲教""拜上帝会"等都是在社会矛盾集中的社会转型期爆发的。当前的中国社会矛盾突出:"三农"问题、失业问题、腐败问题、经济危机问题等,也容易给非法宗教和宗教极端势力的传播提供土壤。

(2) 不尊重少数民族宗教信仰的问题。

近年来,时常有个别单位和个人,因不了解民族政策和少数民族的宗教信仰或

---

① 王奎正,朱朝晖.湖南杂散居区城市民族关系影响因素探析[J].中南民族大学学报(人文社会科学版),2005(2).

者没有考虑少数民族群众的思想感情,发表了一些不符合少数民族宗教信仰的言论与作品,伤害了少数民族的宗教情感。

(3) 一些国家利用宗教向我国渗透的问题。

改革开放以来,有不少外国企业和公民来华投资经商。这些外国公民中,有不少人信仰基督教和天主教,这本是正常的。可是,其中有一些人,甚至一些公司和企业,非法传播宗教,煽动群众对政府的仇恨情绪。试想,若我国的执政基础都被别有用心的、带有政治目的的敌对国家利用宗教而挖空了,那还怎样保护国家的主权呢?

(4) 达赖喇嘛问题。

由于达赖喇嘛是藏传佛教的精神领袖,所以达赖问题也必须处理好。达赖问题处理不好,也会影响藏族群众的感情。由此对达赖要有两手准备:一方面争取他回国,即和平争取;另一方面,也要根据事实揭露他的分裂言行,用事实教育全国人民。

(三) 国家政策与民族问题

在多民族国家里,国家的政策往往会给不同的民族带来不同的影响,造成民族之间的利益分化。例如,改革开放之初的1982年,召开了中国共产党第十二次全国代表大会。这次会议提出了东、中、西三级梯度发展的战略构想。该战略的基本内容是:我国的现代化发展要优先发展东部、促进中部发展、带动西部发展。这项政策的用意是好的,而且也是符合当时我国的国情。因为当时中央政府能力有限,不可能帮助各地平均发展。政府的投资,只能投向基础条件较好且能较快产生效益的地方。也就是说,这项政策是符合当时实际情况的。但经过将近20年的发展,东西部差距却扩大了。东西差距的扩大,可能会导致区域矛盾、阶级矛盾、民族矛盾的加剧,甚至会对我国的统一和稳定产生不利影响。为防止区域间、民族间发展的不平衡,1999年,江泽民代表中央提出了西部开发的构想。从2000年开始,我国正式实施西部大开发战略。该战略实施以来的近20年中,取得了辉煌的成就,极大地遏制了东西差距扩大的趋势。

我国政府奉行民族平等和民族团结政策,尚有可能出现这样的问题,更不用说在有些国家里,或故意制定一些不平等的政策,限制弱势民族的发展;或没有帮助弱势民族发展的政策。前者如印度,规定英语和印地语为国语,这对那些母语非印地语的群体来说,在就业、收入、教育、参选公务员等领域存在着明显的不公平。后者如美国,虽然从公民权利的角度看,美国的黑人和白人地位是平等的,但从民族分层看,美国的黑人无疑处于分层的下端,而白人则确定无疑处于上端。美国在帮助弱势群体发展方面的不作为,实际上也是一种"作为",这种做法有利于白人而不利于有色人种。

(四) 民族分裂主义与民族问题

当今,很多国家都受到了民族分裂主义的困扰,而民族分裂主义是和民族主义相伴相生的现象。因此,要了解民族分裂主义,有必要先了解民族主义。

民族主义是全球化的孪生兄弟。西方主要资本主义国家进入近代社会以来,经济实力逐渐增强。这些国家在完成了国内政治和经济的统一以后,还要向世界扩张,要按他们自己的模样重新塑造世界。哥伦布的环球航行,就是向世界扩张的一个信号。在这之后的500年时间里,资本主义每到一个地方,便改变一个地方。到今天为止,世界的各个角落都已经被西方的扩张改变了。世界成了一体化的世界。

亚洲、非洲、南美洲等东方各个民族是被迫卷入全球化和现代化进程中的。中国的国门也是在鸦片战争中被强行打开的。全球化的过程对东方各民族来说,基本上都是痛苦的过程。这种痛苦,直接刺激了东方国家和民族的民族主义意识的觉醒。东方各个国家和民族开始思考这样的问题:怎样才能立足于这个充满竞争和压力的世界。面对西方的强势文化,东方各民族采取了不同的回应策略。主要的回应策略有三种:第一种策略是贬低本土文化的价值,主张全盘接受西方文化,这种策略的目的是学习西方并希望能超越西方。第二种策略既主张学习西方,也主张固守本土文化的价值。从正面说,这是兼收并蓄;从负面的效果看,这种方案经常导致一个国家和民族无所适从。第三种策略是固守本身文化的价值,坚决对抗西方文化。

中国该选择哪条路线呢?这个问题到现在还没有完全解决。一直到现在,我们还无法摆脱这种左右摇摆的命运:到底是应该更深入地学习西方,还是应该更坚决地坚持本身文化的价值。我国大多数少数民族现在所遇到的问题,就像鸦片战争后中国在世界上所遇到的问题一样。少数民族和少数民族地区在全球化和现代化的过程中,也不得不做出两难的抉择:过分学习先进民族的经验,又怕丧失了自己的传统;过分坚守自己的传统,又怕与世界先进民族之间的差距越来越大。在这样的背景下,任何政策上的失误,都有可能造成民族之间的敌意或者矛盾。新中国成立后,奉行民族平等和民族团结政策,各民族都成了国家的主人,民族关系空前改善。但我们也应该看到,由于少数民族和少数民族地区的历史起点低,发展的差距还严重存在。在现代化和全球化过程中,少数民族和民族地区会遇到更沉重的压力。因此,任何的政策失误,或者敌对势力的恶意挑唆,都有可能成为新的导火索。

从世界范围看,全球化和现代化的任务远远没有完成,那么,民族主义也不可能从世界的舞台上消失。民族之间因利益纠纷而导致的摩擦还会存在,因文化差异而导致的矛盾也会存在。中国是一个多民族国家,中国要顺利实现现代化,需要一个和平、安定的国内环境和国际环境。没有良好的民族关系,国内不可能安定。因此,所有的中国人都应该对民族问题的重要性和长期性抱有充分认识。在这个问题上,千万不能麻痹大意。

(五)西方反华势力利用民族问题插手中国事务的问题

在当今世界,由于人口流动,几乎所有国家都不是单一民族国家,而是多民族国家。正因为如此,当今世界几乎所有国家都受到了民族问题的困扰。这是正常的社会现象。但不正常的是,一些国家出于自己利益的需要,插手别国的事务,在其他国家挑拨民族关系,故意煽动甚至制造民族仇恨,使这些国家的民族关系更加恶化,也使这些国家的民族问题更难处理。

中国作为一个多民族国家,民族关系和民族问题本身就是一个比较棘手的问题。由于敌对国家的插手,中国的民族问题更加复杂。目前我国的西藏和新疆分裂势力,以及所谓的"西藏问题",都有敌对势力插手的国际背景。从清朝末期(1904年)到民国时期,所谓的"西藏问题"的幕后主使者是英国。1904年英国殖民者入侵西藏,1913—1914年间的"西姆拉会议"和所谓的"麦克马洪线"的划分,1943年的"泛亚会议",都是英帝国主义妄图把西藏从中国分裂出去的铁证。新中国成立后到1956年前,西藏地方政府和中央政府之间的关系是友好的。1956年后,支持西藏分裂势力并制造所谓的"西藏问题"的,主要是美国。近年来,随着中国国际地位的提升,一些反华势力是极不甘心的,也是极不情愿的,他们频繁邀请达赖访问,目的就是给中国制造麻烦,达到限制我国国际地位上升的目的。目前,所谓的"西藏问题"(西藏的历史地位未定、西藏的人权问题等)以及达赖分裂分子,是西方反华势力的两张王牌,是反华势力限制中国发展的两个工具。

因此,我们应该对西藏和新疆分裂势力和所谓的"西藏问题"有清醒的认识:

第一,西藏和新疆分裂势力不属于民族问题,也不属于宗教问题。它是涉及维护国家主权和独立的政治问题。但是,我们应该看到,西藏分裂势力和新疆分裂势力的活动不但对国家的统一构成了威胁,也对民族团结构成了威胁。

第二,西藏和新疆分裂势力都有国际反华势力插手的背景。

第三,所谓的"西藏问题"以及达赖分裂分子,是西方反华势力的两张王牌。

二、中国民族问题的特点和趋势

我国当代的民族问题和旧中国的民族问题相比,有不同的特点。和计划经济时代相比,也不一样。当前我国的民族问题呈现出以下新的特点和新的趋势。

(一) 市场化与杂居化

1992年,我国提出要建立社会主义市场经济。1997年,正式开始实行社会主义市场经济。市场经济是市场在配置资源方面发挥基础性作用和决定性作用的经济体制。在市场经济条件下,资源是自由流动的。在资源频繁流动的过程中,各民族之间因经济利益纠纷而引发的民族问题将呈上升趋势。同时,由于实行了市场经济,人的自由流动导致整个中国越来越杂居化。有越来越多的汉族人去西部少数民族聚居区经商、办企业;也有越来越多的少数民族公民到东部去学习、经商、打工。过去没有少数民族或少数民族人口很少的一些地方,现在有了更多的少数民族人口。因此,未来民族问题的突发事件,很有可能发生在东部少数民族散杂居地区。

(二) 全球化与国际化

资本主义开启了全球化进程。从世界范围看,全球化每前进一步,都会涉及资源、利益的重新分配,都会刺激民族意识。因此,全球化和民族主义是相伴相生的矛盾统一体。在全球化背景下,将从三个方面对我国的民族问题产生影响:

第一,我国各民族都必须面对资源、利益的重新分配。

第二,我国很多少数民族聚居于边境地区,甚至是跨境而居。其他国家的民族政策、民族关系将会对我国产生影响。

第三,国际上的宗教极端势力、恐怖主义、民族分裂势力也会向我国境内渗透。

(三) 多元化

多元化包括两个方面:一是我国各民族文化丰富多彩,即文化多元;二是我国各民族认知和需求各不相同,形成多元化的价值观。

1. 文化多元化

从发展程度方面看,到中华人民共和国成立时,我国少数民族中,有的处于原始公有制末期阶段,有的处于奴隶制阶段,有的处于农奴制阶段,有的处于封建地主制阶段,也有少量资本主义生产关系。从政治制度方面看,到中华人民共和国成立时,我国少数民族中,各种制度并存。有原始民主制、家支制度、头人制度、土司制度、伯克制度、盟旗制度等。从经济生活方面看,到中华人民共和国成立时,我国少数民族中,有的从事刀耕火种农业,有的从事精耕细作农业,有的从事渔业,有的从事游猎,有的从事畜牧业。从宗教信仰方面看,到目前为止,我国少数民族中主要有以下宗教信仰:佛教、伊斯兰教、天主教、道教、东正教、原始宗教。从语言文字方面看,我国少数民族使用的语言有80多种,使用的文字有30多种。上述情况充分说明,我国的少数民族文化和汉族文化存在着很大差异。

2. 价值观多元化

我国少数民族价值观多元化受到了两个因素的影响。

第一，不同的生产方式、生活方式的影响。从上述少数民族文化多样性来看，我国少数民族的生产、生活方式，和汉族相比，有很大不同。这是一个客观现实。按照马克思主义的一般原理，社会存在决定社会意识。不同的生产、生活状况，决定着各个民族的精神文化必然有不同的特点。作为精神文化核心内容之一的价值观，也是受制于一个民族的社会存在的。只要各个民族的生产、生活方式不一样，必然表现出不同的价值观。

第二，全球化和市场化的影响。在当今时代，全球化已经成为不可逆转的趋势。各个民族越来越深入到世界分工之中。因此，一个民族受其他民族价值观的影响，就是在所难免的现象。同时，由于市场经济的实施，市场主体（国家、地区、行业、公司、企业、个人等）自主选择的程度不断提高，也导致了市场主体价值观日益多元化。

由于文化多元化和价值观多元化，在民族交往和人际交往中，文化冲突和价值观冲突的可能性显著提高。

（四）信息化

互联网彻底地改变了我们的生活。互联网时代的信息传播具有传播渠道广、辐射面宽、传播速度快等特点。通信方式的改变，导致一个地方发生的事件，可以很快地传遍全国甚至传遍世界。不同民族之间发生的正常矛盾，一旦被恶意地歪曲传播，很容易造成大事件。如2009年6月26日凌晨，广东韶关旭日玩具厂发生了一起新疆籍务工人员与当地员工数百人群体斗殴事件，这原本是一个纯粹的治安事件。但一些不实的言论与网帖在网络上迅速传播，造成恶劣影响，境外"三股势力"借"6·26"事件大肆炒作，造成新疆乌鲁木齐市"7·5"打砸抢烧事件，严重破坏了民族团结、破坏了和谐稳定的社会局面。

（五）城市化

随着现代化进程的加快，我国的城市化水平也在提高。一方面，少数民族大量进入少数民族聚居区的城市，另一方面，也有很多少数民族进入中、东部城市。少数民族大量进入城市，特别是进入中、东部城市，在政治权益保障、生存技能、文化适应等方面都存在很多需要解决的问题。城市流动少数民族人口问题，已经成为城市民族工作的重要内容。城市流动少数民族人口问题如果处理不好，很容易波及少数民族聚居区。

综上所述，在"五化"背景下，影响民族关系的因素必然是复杂的，很多情况前所未有。这对我国的民族工作也提出了新的挑战。如何根据当前民族问题的新特点和新趋势,及时把握民族问题的发展方向,制定科学合理的民族政策,比较好地解决我国的民族问题,这已经是一个十分紧迫的问题。

第三节　处理民族问题的基本原则和主要政策

中国是一个多民族国家。处理好民族问题,对中国来说十分重要。中国共产党成立以来,一直重视民族工作和民族问题。在中国共产党成立初期,由于对中国国情还不是十分了解,再加上受到共产国际和苏联的影响,所以当时提出的解决中国民族问题的原则是联邦制和民族自决权。① 中国共产党和工农红军第五次反围剿失败后,被迫长征。红军长征经过了湖南、贵州、云南、四川、西藏等少数民族比较聚居的地区,对中国实际和少数民族的情况有了比较切实的了解。红军到达西北后,建立和扩大了以延安为政治中心的陕甘宁根据地。在陕甘宁边区西部和西北部的青海、西藏、新疆等地,聚居着维吾尔族、哈萨克族、柯尔克孜族、藏族、东乡族、撒拉族、裕固族、蒙古族等少数民族。在陕甘宁边区的北部和东北部,主要聚居着蒙古族等少数民族。总之,在延安时期,中国共产党对中国西北部和北部的少数民族情况有了更深入的了解,对中国国情的认识不断加深。同时,抗日战争全面爆发以后,日本帝国主义分化瓦解中国的图谋也日益暴露出来。日本帝国主义在中国东北建立伪满洲国后,又妄图在中国北方建立伪蒙古国,在中国西北建立伪回回国。日本帝国主义的目标就是要分化瓦解中国。由于中国共产党在抗日战争时期对中国国情的认识不断深入,又由于要对抗日本帝国主义分化瓦解中国的政治图谋,所以中国共产党逐渐放弃了早期的用联邦制和民族自决权解决中国民族问题的主张,而主张中国各个民族联合起来共同对外,各民族联合建国,在统一国家内,在少数民族聚居的地方实行区域自治。中国共产党解决中国民族问题的政治主张逐渐成熟。

中华人民共和国成立后,根据中国的实际情况,创造性地提出了一系列处理民族问题的基本原则和政策,民族平等得到贯彻落实,我国的民族关系空前改善,民族团结空前加强。

但是,20世纪50年代后期,"左倾"思想开始抬头。在十年"文革"期间,极"左"错误发展到登峰造极的地步,新中国成立后形成的行之有效的民族政策被否定,以阶级斗争为纲的观点对我国的民族政策造成了极大冲击,民族关系和民族团结遭到损害。

---

① 中共中央统战部.民族问题文献汇编[M].北京:中共中央党校出版社.1991:18,22.

改革开放以后,我国否定了"民族问题的实质是阶级问题"的观点①,我国的中心工作转移到了经济建设方面。在处理民族问题的原则和政策方面,恢复了新中国成立初期的正确的民族政策,还根据新时代的要求,提出了一些符合当今实际的新的政策。这些原则和政策的贯彻实施,有效地改善了民族关系,促进了民族平等和民族团结。

一、民族平等的原则和政策

民族平等就是主张各个民族有相同的权利、相同的义务,就是反对民族特权,就是反对民族压迫。民族平等作为一种权利,最早是由资产阶级在反对民族压迫的过程中提出来的。学术界普遍认为,民族平等思想最早产生于美国独立战争时期。当时的美国,还是英国的殖民地,美利坚民族不是一个独立自主的民族。反对殖民统治,争取民族独立,就是当时美国所倡导的民族平等的主要内容。

从历史上看,西方资产阶级思想家所提出的民族平等,主要有两个方面的内容与局限性。

第一,他们所说的民族平等,是指"民族"(nation)之间的平等。而当时的资产阶级思想家认为,所谓"民族"(nation),就是指"民族国家"(nation state),即国家属于全民所有的、国内文化同质性比较高的"民族"(nation)。按这样的标准看,在整个自由资本主义时期,能称得上"民族"(nation)这个称呼的,仅仅局限在西欧和北美,只有十几个国家。也就是说,广大的东方民族和被压迫民族,不包含在民族平等这个概念之内。这就是西方资产阶级思想家提出的民族平等的第一个方面的内容与局限性。

第二,他们所说的民族平等,是指各民族政治权利的平等,不包含民族之间经济与社会的平等。这就是西方资产阶级思想家提出的民族平等的第二个方面的内容与局限性。

马克思主义继承并发展了资产阶级思想家的民族平等。马克思主义民族平等主要包含四个方面的内容:

第一,主张一切民族的平等。

第二,主张各民族在一切权利上平等并对少数民族的权利给予更多保护。

第三,主张通过消灭私有制,消灭阶级,铲除导致民族不平等的社会根源来实现各民族真正的平等。

第四,主张民族平等不仅表现在政治法律上,还应体现在社会关系、社会生活

---

① 人民日报特约评论员.评所谓"民族问题的实质是阶级问题"[N].人民日报,1980-07-15.

的各个方面,成为真实的社会关系。①

中华人民共和国奉行民族平等政策。邓小平指出:"我们的民族政策是正确的,是真正的民族平等。"②我国法律规定,各民族公民,无论民族身份是什么,都是国家公民,政治地位一律平等;各民族公民都有参政议政的权利;国家帮助少数民族和少数民族地区发展,帮助少数民族和少数民族地区达到真正的平等;在少数民族聚居的区域,可以实行民族区域自治;各种语言的地位平等,各种语言文字都可以使用等。

二、民族团结的原则和政策

民族团结是指各民族之间和民族内部各个部分之间的团结。

在现阶段,要搞好民族团结,必须坚持以下原则:

第一,我国是各族人民共同缔造的统一的多民族国家。祖国统一是各民族人民的最高利益,各族人民都要继承和发扬爱国主义传统,自觉维护祖国的安全、荣誉和利益。我国的民族问题是内部事务,反对一切外部势力利用民族问题对我国进行渗透、破坏和颠覆活动。

第二,社会主义时期是各民族共同繁荣发展的时期,各民族间的共同因素在不断增多,但民族特点、民族差异和各民族在经济文化发展上的差距将长期存在。

第三,平等、团结、互助、和谐是我国社会主义民族关系的本质特征,汉族离不开少数民族,少数民族离不开汉族,各少数民族之间也相互离不开。各族人们要互相尊重、互相学习、互相合作、互相帮助,不断巩固和发展全国各族人民的大团结,构建社会主义和谐社会。

毛泽东曾指出:国家统一、民族团结,这是我们的事业能取得胜利的基本保证。目前,民族团结事业对我国来说尤为重要。新中国一贯奉行民族团结政策,主要的有:坚持民族平等,为民族团结创造条件的政策;帮助各民族特别是少数民族的发展,为民族团结奠定物质基础的政策;进行民族团结教育和宣传的政策;坚决打击民族分裂势力的政策等。

三、帮助少数民族发展的原则和政策

马克思主义认为,民族之间不仅要在政治上实现平等,还要在经济和社会领域实现平等。这种平等,才是真正的民族平等。邓小平指出:"我们帮助少数民族地

---

① 吴仕民.中国民族理论新编[M].北京:中央民族大学出版社,2008:175-176.
② 邓小平.邓小平文选(第3卷)[M].北京:人民出版社,1993:362.

区发展的政策是坚定不移的。"①在帮助少数民族发展方面,我们的基本原则是:

第一,各民族共同团结奋斗、共同繁荣发展是现阶段民族工作的主题。加快少数民族和民族地区经济社会发展,是现阶段民族工作的主要任务,是解决民族问题的根本途径。要坚持科学发展观,大力支持、帮助少数民族和民族地区加快发展。

第二,中国特色社会主义道路是解决我国民族问题的根本道路。我国的民族问题,只有在建设中国特色社会主义、实现中华民族伟大复兴的共同事业中才能逐步解决。

为解决我国少数民族和民族地区与汉族和汉族地区发展水平差距较大的问题,我国采取了一系列政策和措施。主要的有:坚持用科学发展观统领民族地区发展全局的方针政策;坚持改革开放的政策;实施西部大开发战略和"兴边富民"计划;国家大力支持,帮助少数民族地区发展的政策;发达地区对少数民族地区对口支援,扶持少数民族和民族地区发展的政策;坚持自力更生,增强民族地区自我发展能力的政策等。

在上述政策措施中,尤其值得一说的是少数民族地区的精准扶贫和脱贫攻坚工作。2013年11月,习近平在湘西考察时首次提出了"实事求是、因地制宜、分类指导、精准扶贫"的重要指示。2015年,习近平再次提出,"消除贫困、改善民生、逐步实现共同富裕,是社会主义的本质要求,是我们党的重要使命。全面建成小康社会,是我们对全国人民的庄严承诺"。他提出:"确保2020年所有贫困地区和贫困人口一道迈入全面小康社会。"②

自习近平提出精准扶贫的思想后,我国把扶贫攻坚的重点放在了深度贫困地区,主要包括一些少数民族地区、山区和革命老区。我国的目标是,到2020年,要稳定实现农村贫困人口的"两不愁"(不愁吃、穿)和"三保障"(义务教育、基本医疗、住房安全有保障)。

四、民族区域自治的原则和政策

民族区域自治制度和人民代表大会制度、政治协商会议制度,是我国的三项基本政治制度。民族区域自治制度是马克思主义基本原理同中国实际相结合的产物,是中国共产党和各族人民的一个伟大创造,也是对马克思主义民族理论的重大贡献。

民族区域自治是在国家的统一领导下,在少数民族聚居的地方实行区域自治,

---

① 邓小平.邓小平文选(第3卷)[M].北京:人民出版社,1993:246.
② 习近平.习近平谈治国理政·第二卷[M].北京:外文出版社,2017:83.

第八章 民族问题

设立自治机关,行使自治权。① 邓小平指出:解决民族问题,中国采取的不是民族共和国联邦的制度,而是民族区域自治的制度。我们认为这个制度比较好,适合中国的情况。② 我国的民族区域自治遵循和体现的基本原则有:

第一,民主原则。我国宪法规定:"中华人民共和国的一切权力属于人民。"民族区域自治是中国社会主义民主的重要内容,是国家的一项基本政治制度,有利于少数民族参加国家和地方社会事务的管理,更好地享受经济、政治、社会和文化权利。民族自治地方的设立及其管理,也都遵循民主的原则。自治地方的领导机关——自治机关在运行中,必须保证当地各族人民当家做主的权利,必须体现民主集中制的原则。

第二,平等原则。我国宪法规定:"中华人民共和国各民族一律平等。"我国的各个民族,不论大小,不论发展程度高低,都享有平等的权利。建立自治地方,就体现了民族平等原则。只要是少数民族聚居的地方,按照宪法规定,都可以建立自治地方;在自治地方内,自治机关必须保障境内各民族有平等的权利。

第三,法制原则。中国境内所有民族自治地方的建立和管理,都需要依法进行。民族区域自治制度的发展与完善,是与我国社会主义法制建设的进程相一致的。我国已经形成了具有中国特色的民族法律法规体系。这一体系主要包括了《宪法》《民族区域自治法》、其他部门法、《国务院实施〈中华人民共和国民族区域自治法〉若干规定》、自治地方的自治条例、单行条例等方面的内容。民族法律法规体系是我国社会主义法制体系的重要组成部分。

第四,实事求是原则。中国地域辽阔,我国的各民族在历史传统、经济生活、文化传统、风俗习惯、宗教信仰等方面各具特色。民族区域自治的实施,充分考虑了这些特殊性,因地制宜,一切从实际出发,而不是生搬硬套,更不是千篇一律。在一个少数民族聚居的地方,可以建立以这个民族为主的自治地方;有两个或两个以上少数民族聚居的地方,它们可以联合建立自治地方。自治机关对本地方的管理,也在不违背宪法和法律法规基本原则的前提下,根据当地实际进行管理,当地的政策,可以有当地特色;上级国家机关对民族自治地方的管理,也要考虑到各个地方的实际情况和特点,不能一刀切。

第五,团结统一原则。实行民族区域自治,要着眼于自治地方内各民族的团结和整个中华民族的大团结,这符合国家的利益,也是各族人民的最高利益。《民族区域自治法》规定:民族自治地方的自治机关,必须教育各民族公民维护国家统一和民族团结。民族自治地方界限的划分、自治机关的民族构成等重要问题,都必须由各个方面充分协商。民族自治地方在处理境内各民族关系时,也要本着慎重、民

---

① 中华人民共和国民族区域自治法(单行本)[M].北京:民族出版社,2001:2.
② 邓小平.邓小平文选(第3卷)[M].北京:人民出版社,1993:257.

主协商的原则,相互尊重,相互谅解,使问题得到妥善解决。

第六,发展繁荣原则。实行民族区域自治的根本目的之一是促进民族自治地方的发展,促进各民族的共同繁荣。邓小平指出:少数民族是想在区域自治里面得到些好处,一系列的经济问题不解决,就会出乱子;实行民族区域自治,不把经济搞好,那个自治就是空的。① 因此,在民族区域自治制度建设中,始终要着眼于发展。要让自治地方在经济发展方面拥有更多的自主权,国家也要帮助自治地方的发展,发达地区也应该帮助和支持少数民族自治地方的发展。只有这样,中国各个地方才可能比较平衡地发展,民族团结大业和国家的稳定才有保障。

关于如何实行民族区域自治这个问题,我国有一系列政策规定。

在建立自治地方方面的主要政策规定有:只能在少数民族聚居的地方实行民族区域自治制度;我国自治地方的行政地位分为自治区、自治州、自治县(旗)三级;我国的自治地方都是中央政府统一领导下的地方政府;要确保自治地方区域界线的相对稳定等。

在设立自治机关方面的主要政策规定有:自治机关是自治地方的人民代表大会和人民政府。在自治地方的人民代表大会中,不仅要有自治民族的代表,还要有境内其他民族的代表。由实行自治的民族的公民担任自治机关的主要领导职务:人大常务委员会主任或副主任,人民政府行政首长。自治机关的工作机关,要尽量配备境内各民族人员。自治机关既行使一般国家地方政权的权力,同时行使自治权利等。

在行使自治权利方面的主要政策规定有:自治机关的自治权有立法权、组建地方公安部队的权利、自主安排地方经济建设的权利、自主安排当地财政的权利、自主安排当地文化教育事业的权利等等。

民族区域自治制度,是解决中国民族问题的基本政治制度。时代在发展,社会在进步,民族区域自治制度也应该不断根据新情况进行不断的调整和完善。但是,作为解决中国民族问题的一项基本原则,必须坚持。2005年,胡锦涛在中央民族工作会议的讲话中指出:"民族区域自治作为党解决我国民族问题的一条基本经验不容置疑,作为我国的一项基本政治制度不容动摇,作为我国社会主义一大政治优势不容削弱。"②

五、尊重和发展少数民族文化的原则和政策

文化,是人们所创造的一切物质财富和精神财富的总和。民族文化,是各族人

---

① 邓小平.邓小平文选(第1卷)[M].北京:人民出版社,1994:167.
② 胡锦涛.在中央民族工作会议暨国务院第四次民族团结进步表彰大会上的讲话(单行本)[M].北京:人民出版社,2006:17.

民在长期的生产、生活中创造出来的,是该民族智慧的结晶。在现实生活中,每个民族都以自己独特的文化显示着自己的存在。他们创造了自己的文化;反过来,这种文化又对该民族成员的思想观念、行为方式、物质生产、社会制度等方面起着约束作用。

我国少数民族文化丰富多彩,其文化多样性非常明显。这些丰富多彩的文化,是中华民族文化的重要组成部分。我国各民族都对中华民族文化做出了重要贡献。传承、发展和创新各民族文化,具有重要意义:首先,有利于促进我国社会主义物质文明建设;其次,有利于促进我国社会主义政治文明建设;再次,有利于我国社会主义精神文明建设;最后,有利于促进各民族团结进步和共同发展繁荣。

民族文化传承、发展和创新的原则有:

第一,尊重文化多样性原则。自然界的基因越丰富,就越有利于发展出新的物种。同理,人类文化越丰富,一个民族就可以从其他民族的文化中吸取智慧和力量。因此,保护人类文化的多样性非常重要。

第二,保护和创新相结合的原则。发展和创新都离不开一定的基础,因此,民族文化的保护就成为民族文化发展和创新的前提。在当今社会,受全球化、市场化影响,我国少数民族文化正在发生快速的变迁。因此,在文化领域,当前的一个紧迫问题就是要保护好少数民族文化。但是,我们也应该注意到,静态的保护是不可能的。把少数民族文化陈列在博物馆中,这不是好的保护办法。没有生命力的文化,是无法保护的。因此,要保护少数民族文化,最好的办法是创新,就是让这种文化有生命活力。有生命力的文化,就会传承下去。所以,创新和保护是统一的。由此可见,保护少数民族文化的最根本的原则是激发少数民族文化的创新能力和发展能力。

第三,整体原则。对民族文化的保护、发展和创新,都要从整体着眼。对某一种具体文化样式进行保护时,既要考虑到这种文化样式本身,还要考虑这种样式与其他事物之间的内在联系,更要考虑到保护这种文化存在的生态环境。

要保护民族文化,实现民族文化的发展与创新,必须有切实可行的政策与措施。在这个方面,我国的政策措施主要有:尊重各民族文化;尊重各民族的风俗习惯和宗教信仰;各种语言政治地位一律平等;各民族都有使用自己语言文字的权利;各民族都有保持或改革自己风俗习惯的自由;国家帮助少数民族和少数民族地区发展文化、教育、卫生、体育事业;对歧视、侮辱、伤害少数民族风俗习惯和宗教信仰的行为进行法律制裁和行政处理等。

六、处理宗教问题的原则与政策

我国不少少数民族群众信仰宗教,有些民族甚至是全民信仰宗教。对宗教问题处理不当,也容易造成民族问题。在此方面,国家提出了处理宗教问题的一系列原则和政策。

(1) 充分重视宗教问题的重要性。

(2) 坚持宗教信仰自由的原则和政策。

①公民有信仰宗教或有不信仰宗教的自由;②有信仰不同宗教的自由;③有信仰不同教派的自由;④有过去不信教而现在信教的自由,也有过去信教而现在不信教的自由。⑤任何组织和个人都不得强迫公民信仰宗教或不信仰宗教。⑥政教分离,宗教不得干预国家的司法、行政、教育;⑦不得利用宗教信仰自由从事违法犯罪活动。

(3) 政教分开的原则和政策。

国家是世俗国家,宗教不得干预国家的司法、行政、教育。宗教不得在学校传播有神论。反过来,国家也不干预正常的宗教活动。国家也不在宗教场所宣传无神论。

(4) 引导宗教与社会主义相适应。

各种宗教政治地位一律平等,信徒和非信徒的政治地位一律平等。宗教信徒和无神论者都是国家的主人,都可以在社会主义现代化建设中发挥力量。

(5) 独立办教的原则和政策。

我国的任何宗教组织都必须自主办教,不受外国干预。所有宗教组织和信徒,都必须在国家领导下开展教务。所有宗教组织和信徒,都有维护国家统一、保护国家安全的义务。

七、大量培养少数民族干部和人才的原则与政策

培养选拔少数民族干部是解决民族问题、做好民族工作的关键,是管长远、管根本的大事。要努力造就一支宏大的德才兼备的少数民族干部队伍。民族地区人才资源开发是一项战略任务,要大力培养少数民族地区现代化建设需要的各级各类人才。

1992年,邓小平在视察南方的重要谈话中明确指出:正确的政治路线要靠正确的组织路线来保证。中国的事情能不能办好,社会主义和改革开放能不能坚持,经济能不能快一点发展起来,国家能不能长治久安,从一定意义上说,关键在人。[①]邓小平同志的观点,对培养少数民族干部同样具有指导意义。在我国,培养少数民族干部具有十分重要的作用:少数民族干部是党和国家联系少数民族群众的桥梁;培养和使用少数民族干部是加快少数民族地区经济和社会发展的关键;培养和使

---

① 邓小平.邓小平文选(第3卷)[M].北京:人民出版社,1993:380.

用少数民族干部是坚持民族平等和实施民族区域自治的重要条件;培养和任用少数民族干部是实现和巩固国家统一、民族团结的重要保证。因此,我们可以说,大量培养少数民族干部和各类人才是十分重要的。

培养、使用少数民族干部和人才,必须坚持"德才兼备"和"任人唯贤"的原则。所谓"德",指的是干部、人才的政治品质与道德修养,也就是对党的路线、方针、政策的忠实性和公仆意识。所谓"才",是一个人的领导能力、组织能力、执行能力和业务知识、业务能力。"德才兼备"就是要求少数民族干部和各类人才做到政治素质和业务能力相统一。

基 本 概 念

民族问题　经济结构　产业结构　贫困　民族差异　风俗习惯
民族平等　民族团结　民族区域自治　自治机关　宗教信仰自由

思 考 题

1. 什么是民族问题?
2. 当代中国民族问题的内容和表现有哪些?
3. 少数民族人口快速增长给少数民族地区和整个中国带来了哪些影响?
4. 当前我国比较突出的宗教问题有哪些?
5. 当代中国民族问题有哪些特点和趋势?
6. 马克思主义民族平等有哪些内容?
7. 民族区域自治制度遵循和体现的基本原则有哪些?
8. 民族文化传承、发展和创新的原则有哪些?
9. 宗教信仰自由有哪些内容?
10. 处理我国当前的民族问题,应该坚持哪些基本原则?

第九章

健康问题

健康问题是人类生存的第一大问题。随着社会经济的发展,越来越多的外在与内在因素正不断地威胁着人类的健康。如何倡导一种良好的社会生活方式,提供良好的健康保障体系,保障人类的健康生活,是世界各国不断追求的一个宏伟目标。

第一节 健康的社会学解读

传统意义上的健康常常是和医学联系在一起的。按照贝克尔的观点,健康是"一个有机体或有机体的部分处于安宁的状态,它的特征是机体有正常的功能,以及没有疾病"[1]。可见,在医学视野里,"健康"被简单地定义为"没有疾病,或无生理机能失调"。然而,在与疾病斗争的长期实践中,人类逐渐认识到,健康并不仅仅是一个纯医学的问题,从而对健康的概念有了飞跃性的认识和理解。

一、帕森斯的健康观

1951年,帕森斯在其著名的《社会系统》一书中提出了健康的社会文化定义,使社会学家对健康的认识有了突破性的进展。帕森斯从社会价值观和社会结构这一角度来分析健康和疾病,而不是孤立地看待它们。他的意图是要在整个社会系统中分析健康和疾病。

帕森斯认为,在结构性分化程度很高的现代社会,社会上的每一个人都要去履行他自己的特殊职责,假如这些职责不能完成,那么相互依赖和交织在一起的复杂网络(社会系统)就会瓦解。因此,帕森斯提出的健康定义,是以个人参与复杂社会系统的本质为基础的。他认为:"健康可以解释为已社会化的个人完成角色和任务

---

[1] 沃林斯基.健康社会学[M].北京:社会科学文献出版社,1999:116.

的能力处于最适当的状态。"也就是说,个人具有履行社会职责的能力。按照帕森斯的观点,健康不仅与个人是社会人的本质有关,而且与个人在社会中的"状况",即角色的不同类型(如性别、年龄、已有的受教育程度等)和相应的任务结构有关。①

帕森斯上述关于健康的定义,奠定了现代功能主义健康观的基础。按照功能学派的观点,与健康相对的最重要的概念不是疾病(disease)和患病(illness),而是病态(sickness)。疾病是一种负面的躯体状态,是存在于个体的生理学功能失常;患病是一种主观状态,个体在心理上感觉自己有病,并因此修正自己的行为;病态则是一种社会状态,主要表现为由于疾病削弱了患者的社会角色。② 当今社会,健康表现为个体有能力执行其在社会系统中的正常角色和任务,使社会功能正常发挥,从而有利于社会和谐发展,而病态则是一种"功能失调",因为病态会影响社会系统的稳定性。③

二、韦伯的"健康生活方式"

马克斯·韦伯在他的著作《经济与社会》中通过对"生活方式"的论述来解释他对"健康生活方式"的理解。韦伯认为,可以用"生活风格"(stylization of life)、"生活行为"(life conduct)和"生活机会"(life chances)三个截然不同的术语来解释"生活方式"。而社会经济地位处于上层及中层的群体拥有最充分资源支持他们所选择的生活方式,实现健康生活方式的生活机会最大。

韦伯在他的著作中论述健康生活方式时指出,当人们选择的生活方式是为了获得健康时,人们的活动目标最终就是一种消费性活动,也就是说,人们努力获得健康来达到延长寿命、享受生活和继续工作等目的。而且,虽然健康生活方式似乎是上层及中层群体的最大特点,但它们具有超越社会阶层界限蔓延到全社会的潜力。人们参与的健康生活方式的质量可能明显不同,但在发达社会中人们的参与水平却基本相当。一个现代化社会的明显标志是,无论属于哪个社会经济阶层,人们都会在环境和机会容许的条件下接受健康生活方式。④

概括地说,韦伯认为:①生活方式反映了一个人的社会地位,生活方式建立的基础在于人们消费什么,而非人们生产什么;②生活方式是以选择为基础的,但是这些选择取决于个体实现它们的可能性,而这种可能性又取决于这个人的社会经

---

① 沃林斯基.健康社会学[M].北京:社会科学文献出版社,1999:122-124.
② 何雪松.社会问题导论——以转型为视角[M].上海:华东理工大学出版社,2007:262.
③ 威廉·科克汉姆.医学社会学[M].北京:华夏出版社,2000:143-146.
④ 威廉·科克汉姆.医学社会学[M].北京:华夏出版社,2000:87.

济环境;③健康生活方式可以在社会的所有阶层中广泛传播——尽管社会地位较低阶层参与健康生活方式的质量明显低于较高阶层;④健康生活方式帮助产生健康时,其目标最终是一种消费,即健康用于避免疾病、活得更长、感觉更好、能工作,或拥有美好的形体。①

三、世界卫生组织的健康观

1948年,联合国世界卫生组织(WHO)明确提出了健康的定义:"健康是指身体、心理及社会适应方面的完好状态,而不仅仅是无病或不虚弱。"这一模式一举突破了传统医学模式纯医学的局限,从心理和社会两个方面拓展了健康概念及其研究领域,从"生物人"扩展到了"社会人"的视野,揭示了健康问题的"生物-心理-社会"三维联系的本质,同时,也凸显了健康实际上是一个社会事实,是社会学考察的一个重要主题。

根据世界卫生组织的定义,健康呈现出包含医学、社会、心理三种模式的形态,在此背景下,有关健康的三维类型学也应运而生。

在图9-1中,我们画了一个三维立方体,将每一个面一分为二,从而产生八个亚立方体。这八个亚立方体各代表个人健康状况的一种可能性。这八种健康状况中只有两种被标出,因为在这三方面(医学、社会、心理)的健康中健康状况完全相同。处于健康状况1的个人在正常状况下完全符合世界卫生组织的定义。处于健康状况8的个人病情严重,在世界卫生组织的定义所提到的三个方面都被评定为患病。

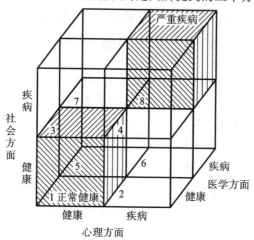

图 9-1 健康的三维表象

---

① 马克斯·韦伯.经济与社会(上卷)[M].北京:商务印书馆,1997:333-339.

在三维表象的基础上,学者们又提出了从心理、肉体、社会等三个方面来衡量健康,把二维模式用于这些剩下的亚健康状况,给处于每一种状况下的个人暂时加上标志(见表 9-1)。

表 9-1　8 种健康状况在三维模式中的组成

健康状况	标志	心理方面	肉体方面	社会方面
1	正常健康	健康	健康	健康
2	悲观	不健康	健康	健康
3	社会方面不健康	健康	健康	不健康
4	病症	不健康	健康	健康
5	肉体不健康	健康	不健康	健康
6	长期受病折磨	不健康	不健康	健康
7	乐观	健康	健康	健康
8	严重患病	不健康	不健康	不健康

三维模式最重要的贡献是它能形象地用图解来说明健康状况的复杂性,同时将"社会"这一因素引入了健康的界定。三维模式在某种程度上说明了在确定健康和疾病,以及提出健康状况的标志时需要考虑的基本问题(医学的、社会的和心理的)。对我们进一步认识健康这一复杂的现象及健康社会学的发展都有着极大的影响。

四、生物心理社会医学模式

1977 年,恩格尔提出了生物心理社会医学模式,认为健康至少应该包括躯体、精神和社会三个方面的健康,后来又增加了道德方面的健康。[1]

(1)躯体方面的健康。

躯体方面的健康指保持躯体整体功能的良好状态,没有不能被治愈或被控制的疾病,没有不能康复的躯体残疾,没有持续的不适或虚弱,生理需要能得到基本满足。

(2)精神方面的健康。

精神方面的健康指内心没有影响个人情绪和行为的矛盾冲突,个性能得到自然发展,并且能适应社会生活的要求,能自如地应付各种紧张刺激,能适应各种环境变化,并对环境变化做出适当的反应,没有不良的行为方式和生活习惯,没有明

---

[1]　吴春容.健康及健康问题的整体观[J].全科医学教育,2003(9):303-305.

显的精神活动异常。

(3) 社会方面的健康。

社会方面的健康指能适应社会道德、文化准则和行为规范的要求,能在社会生活中保持积极向上的精神,没有明显影响身体健康的社会关系冲突,能有效地利用各种社会资源,并能在社会生活中满足个性发展和自我实现的需要。

(4) 道德方面的健康。

道德与健康的关系是非常密切的,道德方面的健康是个人最深层次的健康问题,它涉及潜意识中的欲望与社会伦理、道德的协调与融合,涉及个人的良心、隐私、道德创伤、自我解脱、发泄或忏悔。如果道德创伤或矛盾冲突被压抑在潜意识中,就会出现一些难以自拔的健康问题。

第二节 中国人健康状况

近年来,随着我国经济社会发展和卫生服务水平的不断提高,居民人均预期寿命的逐年增长,健康状况和营养水平不断改善,疾病控制工作取得了巨大的成就。与此同时,人口老龄化、城镇化、工业化的进程加快,以及不健康的生活方式等因素也影响着人们的健康状况。国家卫生计生委组织专家综合采用多中心、多来源数据系统评估、复杂加权和荟萃分析等研究办法,编写了《中国居民营养与慢性病状况报告(2015年)》。该报告显示了我国居民膳食营养与体格发育状况以及慢性病状况。

一是我国居民膳食能量供给充足,体格发育与营养状况总体改善。近年来,居民膳食营养状况总体得到改善,2012年居民每人每天平均能量摄入量为2172 kcal,蛋白质摄入量为65 g,脂肪摄入量为80 g,碳水化合物摄入量为301 g,三大营养素供能充足,能量需要得到满足。全国年满18岁成年男性和女性的平均身高分别为167.1 cm和155.8 cm,平均体重分别为66.2 kg和57.3 kg,与2002年相比,居民身高、体重均有所增长,尤其是6~17岁儿童青少年身高、体重增幅更为显著。成人营养不良率为6.0%,比2002年降低2.5个百分点。儿童青少年生长迟缓率和消瘦率分别为3.2%和9.0%,比2002年降低3.1个百分点和4.4个百分点。年满6岁居民贫血率为9.7%,比2002年下降10.4个百分点。其中6~11岁儿童和孕妇贫血率分别为5.0%和17.2%,比2002年下降了7.1个百分点和11.7个百分点。此外,膳食结构有所变化,超重肥胖问题凸显。我国城乡居民粮谷类食物摄入量保持稳定。总蛋白质摄入量基本持平,优质蛋白质摄入量有所增加,豆类和奶类消费量依然偏低。脂肪摄入量过多,平均膳食脂肪供能比大于30%。蔬菜、水果摄入量略有下降,钙、铁、维生素 A、维生素 D 等部分营养素缺乏的现象依然存在,2012 年居民平均每天烹调用盐 10.5 g,较 2002 年下降 1.5 g。全国年满 18 岁成人超重率为 30.1%,肥胖率为 11.9%,比 2002 年上升了 7.3 个百分点和 4.8 个百分点,6~17 岁儿童青少年超重率为 9.6%,肥胖率为 6.4%,比 2002 年上升了 5.1 个百分点和 4.3 个百分点。

二是我国居民重点慢性病患病情况。2012 年,全国年满 18 岁成人高血压患病率为 25.2%,糖尿病患病率为 9.7%,与 2002 年相比,患病率呈上升趋势。年满 40 岁人群慢性阻塞性肺病患病率为 9.9%。根据 2013 年全国肿瘤登记结果分析,我国癌症发病率为 235/10 万,肺癌和乳腺癌分别位居男、女性发病首位,我国癌症发病率呈上升趋势。2012 年,全国居民慢性病死亡率为 533/10 万,占总死亡人数的 86.6%。心脑血管病、癌症和慢性呼吸系统疾病为主要死因,占总死亡人数的 79.4%,其中心脑血管病死亡率为 271.8/10 万,癌症死亡率为 144.3/10 万(前 5 位分别是肺癌、肝癌、胃癌、食道癌、结直肠癌),慢性呼吸系统疾病死亡率为 68/10 万。经过标化处理后,除冠心病、肺癌等少数疾病死亡率有所上升外,多数慢性病死亡率呈下降趋势。

我国现有吸烟人数超过 3 亿,15 岁以上人群吸烟率为 28.1%,其中男性吸烟率高达 52.9%,非吸烟者中暴露于二手烟的比例为 72.4%。2012 年,全国年满 18 岁成人的人均年酒精摄入量为 3 L,饮酒者中有害饮酒率为 9.3%,其中男性为 11.1%。成人经常锻炼率为 18.7%。吸烟、过量饮酒、身体活动不足和高盐、高脂等不健康饮食是慢性病发生、发展的主要危险因素。经济社会快速发展和社会转型给人们带来的工作、生活压力,对健康造成的影响也不容忽视。慢性病的患病、死亡与经济、社会、人口、行为、环境等因素密切相关。一方面,随着人们生活质量和保健水平不断提高,人均预期寿命不断增长,老年人口数量不断增加,我国慢性病患者的基数也在不断扩大;另一方面,随着深化医药卫生体制改革的不断推进,城乡居民对医疗卫生服务需求不断增长,公共卫生和医疗服务水平不断提升,慢性病患者的生存期也在不断延长。慢性病患病率的上升和死亡率的下降,反映了国家社会经济条件和医疗卫生水平的发展,是国民生活水平提高和寿命延长的必然结果。当然,我国慢性病的总体防控形势依然严峻,防控工作仍面临着巨大挑战。

健康包括生理健康和精神上的健康,而在当代中国社会转型下中国人的精神生活出现了困境。由华东师范大学童侍俊教授主持,华东师范大学、复旦大学和上海社会科学院等单位科研人员参加的教育部哲学社会学等重大课题攻关项目《当代中国人精神生活调查研究报告》自 2005 年正式启动,历时两年完成,调查对象是 16 周岁及以上的中国人,调查随机抽取了分属 20 个省和直辖市的 20 个城市,全国有效样本为 4569 个。报告显示:中国人的生活满意度为 44.9%,在 4569 个有效样本中,对生活比较满意的最多,占有效样本的 38.4%,其次是一般,占有效样本的37.1%;从有效百分比来看,有44.9%的人认为满意,有55.1%的人表示一般和不满意。由此可以发现,中国人对目前的生活状态不是非常满意。

学历越高的人,生活的满意度越差,满意度呈现出了一种由低学历向高学历递减的趋势,说明学历越高对生活的要求就越高,这种对生活的高要求可能导致他们生活满意度的下降。家庭收入的高低与满意度的高低呈同方向变化的比呈反方向变化的多,即总体上更多的人是家庭收入越高,生活满意度越高,但这种相关性是微弱的。另外,家庭收入最高的和家庭收入最低的人群组的生活满意度状况显示了完全相反的趋势,并且差异巨大。当代中国人的精神生活并没有因经济发展和科技进步而变得丰富,反而遭遇困境,这是我们对改善人们精神生活状况需要认真思考的问题。

第三节 健康保障体系的困境及对策

"人人享有基本医疗卫生服务"和"病有所医"是我国政府全面建设小康社会的奋斗目标之一,也是中国社会福利体系的重要组成内容。健康保障(health security)是现代社会解决社会成员健康问题的一种制度安排,是指全体公民享有的公共卫生、疾病防治、健康保护、健康促进等方面的社会福利。健康保障至少涵盖了医疗保障、医疗服务、公共卫生等方面的内容;健康保障除了重视疾病治疗外,更加关注预防、保健、护理和康复;健康保障的服务对象不仅仅是病人,还有大量的健康人群和亚健康人群,甚至是全体公民;健康保障更加关注基层卫生服务体系建设和基本医疗保障制度建设,以提高卫生服务和费用保障的公平与效率。[①]

在我国,健康保障主要依托卫生服务体系建设和基本医疗保障制度建设,下面我们将从这两个方面分析我国健康保障体系的发展及困境。

一、我国卫生服务体系的困境

2003年的"非典"危机暴露出公共卫生体系和农村卫生服务体系十分薄弱的弊端之后,各界都更加注重卫生服务发展的公益化、事业化导向,加大了对公共卫生事业、农村卫生事业的财政投入。

2003年到2007年之间,全国共投资105亿元(其中中央专项资金29亿元)用

---

① 中国发展研究基金组织.构建全民共享的发展型社会福利体系[M].北京:中国发展出版社,2009:80.

于省、市(地)和县(区)疾病预防控制中心基础设施建设。中央专项投资 64 亿元用于突发公共卫生事件医疗救治体系建设,全国 98% 的市(地)、94% 的县(区)建立了卫生监督机构,增加了卫生监督员。① 国家还加大了对农村卫生服务体系的支持力度,以乡(镇)卫生院建设为重点,进一步健全县、乡、村三级卫生服务网络。经过几年的建设,县、乡、村三级卫生服务条件和能力得到了很大提高。截止到 2009 年底,全国卫生机构(不含村卫生室)达 28.9 万个,其中医院 19822 个(公立医院 14086 个)、乡镇卫生院 3.9 万个、社区卫生服务中心(站)2.6 万个、疾病预防控制中心 3543 个、卫生监督所(中心)2706 个。与 2008 年相比,卫生机构(不含村卫生室)增加 1.1 万个,主要是诊所(医务室、卫生所)增加 8223 个,社区卫生服务中心(站)增加 1895 个,医院、疾病预防控制机构和卫生监督机构有所增加,乡镇卫生院略有减少(乡镇撤并和乡镇卫生院合并所致)。2008 年,全国村卫生室就已达 61.3 万个。② 为了解决"看病贵"的问题,这一时期国家也加强了城市社区卫生服务体系建设,增加了对社区医疗机构的经费投入,降低了居民进入社会医疗机构看病的费用,吸引了病人进入社区医疗机构。各地还对建立济困医院、平价药房进行了有益的探索,试图降低居民的医疗费用负担。在卫生资源总量加速扩张、结构不断优化的同时,居民对卫生服务的利用率也在提高。

然而,我们也要看到,在着力改善卫生服务的过程中,也存在着各种各样的问题,制约着"人人享有基本医疗卫生服务"这一目标的实现。③

1. 政策误导

传统的中国卫生服务体系是协调城乡三级医疗卫生服务网,由于在市场经济条件下,医疗卫生体系建设缺乏一个宏观的指导思想和框架结构规划,各级医疗卫生组织为了自身生存发展和利益的需要,形成了无序的竞争。再加上脱离中国经济发展可承受的水平,片面提出患者可以"自由选择医院和医生"的要求,破坏了原有的、有序的"逐级转诊"体系。一方面,这使中西部农村地区医疗资源不足,另一方面,又造成城市医疗资源的大量浪费。这就是政策误导所带来的后果。

2. 卫生筹资问题

长期以来,中国的卫生总费用中 60% 来自于个人支付,虽然 2006 年后随着政府投入和社会保障制度的逐步健全,个人卫生费用的支出已降到 50% 以下,但我国仍然是全球个人支付比例较高的国家之一。目前,名义上各类城市、农村的医疗

---

① http://www.medste.gd.cn/Html/wsgl/Class2996/23499620080422151200.html.
② http://www.moh.gov.cn/publicfiles/business/htmlfiles/mohwsbwstjxxzx/s8208/201001/45652.html.
③ 胡善联.打破卫生服务体系发展障碍[J].中国卫生.2009(3):34-35.

保障制度的覆盖率很高,但实际的筹资水平差异很大,城镇职工、城市居民和农村居民保险的缴费水平的比例一般为10:2:1。补偿水平就更低了,不同的医疗保险制度的住院补偿在30%～70%。医疗机构还是按项目收费,没有控制医疗费用的制约机制。医院的生存和发展过度依赖于药品的补偿,致使医疗机构的公益性质逐步丧失。

3. 逆向激励机制

医院的支付制度按项目支付,服务越多医院收益越多,而不是按照诊疗常规去合理用药、合理诊治。在医院门诊部和社区卫生服务中心的建设中,设置大型的静脉输液室,鼓励门诊病人静脉输液,乱用抗生素、激素或重复使用中成药,不仅没有降低医疗费用,反而推动医疗费用的上涨。此外,在医院绩效考核中注重提供服务的工作数量而不是品质,医疗保险药品目录的制定过程中没有引入成本效果的经济评价原则,也没有有效保证基本药物的品种和数量。

二、我国医疗保障体系与医疗体制改革的困境

医疗保障是政府或社会组织对分散个人疾病费用风险的筹资制度。我国城乡现行医疗保障形式主要包括四类:一是城镇职工基本医疗保险和工伤保险,部分地区仍然存在公费医疗、劳保医疗形式,但逐步向基本医疗保险过渡;二是城镇居民基本医疗保险的试点;三是商业医疗保险;四是正在农村地区试点的新型农村合作医疗制度、贫困医疗救助制度。

经过多年的发展,我国医疗保障体系建设取得了一定成效:

城镇职工基本医疗保险的覆盖范围逐渐延伸到城镇所有从业人员,覆盖的职工和城镇就业人员比例不断提高(见图9-2)。到2012年底,参加城镇职工基本医疗保险的人数已达到26467万人,2011年全年城镇基本医疗保险基金总收入4945.0亿元,支出4018.3亿元,年末基金累计结存5683.2亿元。[①]

城镇居民基本医疗保险2007年试点开始,88个城市参加保险的人数就达到了4291万人,到2009年,试点的城市已达到90%,参加人数18100万人,并逐步覆盖全体城镇非从业居民。[②]

农村新型合作医疗制度第一批试点工作从2003年下半年开始进行,截止到2012年底,全国开展新型合作医疗的县(市、区)达到了2566个,参加新型农村医疗(以下简称新农合)的人口8.05亿,参合率达到了98.3%,当年筹资总额为2484.7亿元,基金支出2408.0亿元,补偿受益达17.45亿人次,如表9-2所示。

---

①② http://www.moh.gov.cn/mohwsbwstjxxzx/s7967/201404/f3306223b40e4f18a43cb68797942d2d.shtml.

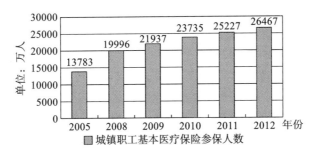

图 9-2 2005—2012 年城镇职工基本医疗保险参保人数示意图

(资料来源:http://www.moh.gov.cn/mohwsbwstjxxzx/s7967/201404/
f3306223b40e4f18a43cb68797942d2d.shtml.)

表 9-2 2005—2012 年新型农村合作医疗情况

指标	2005	2008	2009	2010	2011	2012
开展新农合县(区、市)数	678	2729	2716	2678	2637	2566
参合人口数(亿人)	1.79	8.15	8.33	8.36	8.32	8.05
参合率(%)	75.7	91.5	94.0	96.0	97.5	98.3
当年筹资总额(亿元)	75.4	785.0	944.4	1308.3	2047.6	2484.7
人均筹资(元)	42.1	96.3	113.4	156.6	246.2	308.5
当年基金支出(亿元)	61.8	662.0	922.9	1187.8	1710.2	2408.0
补偿受益人次(亿人次)	1.22	5.85	7.59	10.87	13.15	17.45

(注:2009 年全国开展新农合县(区、市)数减少了 13 个,原因为这 13 个县(区、市)城乡居民已统一实行居民基本医疗保险。)

城乡医疗救助制度也取得了新进展,截止到 2012 年底,城乡医疗救助覆盖人口达到了 8051 万人,全国农村医疗救助 5974 万人次,城镇医疗救助 2077 万人次,医疗救助支出达到了 203.8 亿元。[①]

我国医疗保障体系之所以能取得今天的成绩,与多年来的医疗体制改革是分不开的。医疗体制改革是一项牵涉面广、涉及百姓切身利益的重大改革。我国的医疗体制改革大致可以分为以下五个阶段。

1. 第一阶段:1978—1984 年

本阶段是恢复与改革之间的过渡时期,1980 年前基本上进行恢复性质的建设工作,1980 年后当建设全面展开使更多的弊端显露出来,重点开始向改革转移,其中主要是医疗机构内部的一些调整。但是这些调整都只是管理上的修修补补,并没有涉及体制上的变革。所以这个阶段只是医改的孕育期。本阶段的改革主要针

---

① http://www.moh.gov.cn/mohwsbwstjxxzx/s7967/201404/f3306223b40e4f18a43cb68797942d2d.shtml.

对"十年浩劫"对卫生系统的严重损害进行调整、建设;同时,也包括培养相关人员业务技术,加强卫生机构经济管理等内容。

2. 第二阶段:1985—1992 年

1985 年可谓是医改元年,这一年我国正式启动医改,核心思想是放权让利,扩大医院自主权。这一阶段的改革主要关注管理体制、运行机制方面的问题,政府的主导思想在于"给政策不给钱"。伴随着各个领域经济体制改革的深入发展,卫生领域不可避免地受到国有企业改革的影响,政府直接投入逐步减少,市场化逐步进入到医疗机构。总体来说,虽然涉及体制问题,但是本阶段的改革更多的是模仿其他领域的改革,对卫生事业发展自身特性了解和认识不足,此时改革处于初级阶段。

3. 第三阶段:1992—2000 年

1992 年春,邓小平同志的"南方谈话",中国共产党第十四次代表大会的召开,确立了建立社会主义市场经济体制的改革目标,掀起了新一轮的改革浪潮。这个阶段仍是在改革探索中,伴随着医疗机构市场化的是非争议,各项探索性改革仍在进行。总体来看,缺乏整体性、系统性的改革,一些深层次的问题有待下一阶段解决。

4. 第四阶段:2000—2005 年

本阶段是各种趋势交叉最多的一个时期,随着改革的不断深入,市场化在发挥了很大作用的同时也显露出了一些弊端,尤其是"非典"危机之后,市场主导和政府主导的争论也逐渐深入,这为下一个阶段的改革埋下了伏笔。三改并举也在这一阶段确立并开始大规模实施。医院产权改革是本阶段最为清晰的脉络。从中央文件的印发到地方政府的尝试,改革的领域在不断扩大,层次在不断提高的同时,操作的方法和手段也日益纯熟。

5. 第五阶段:2005 年至今

本阶段主要是在反思争论中不断总结经验和教训的同时让医改又上了新的台阶,尤其是 2006 年医改协调小组成立以后,各方积极准备,医改的具体方案也在一次次协调和调研中得到了细化。2009 年 3 月 17 日中共中央、国务院发布了《关于深化医药卫生体制改革的意见》,2009 年 4 月 7 日《医药卫生体制改革近期重点实施方案》终于顺利出台。

新出台的医改方案中明确指出,新医改的总体目标是"建立覆盖城乡居民的基本医疗卫生制度为总体目标,为群众提供安全、有效、方便、价廉的医疗卫生服务,促进人人享有基本医疗卫生服务"。短期目标则是"到 2011 年,基本医疗保障制度全面覆盖城乡居民,基本药物制度初步建立,城乡基层医疗卫生服务体系进一步健全,基本公共卫生服务得到普及,公立医院改革试点得到突破,明显提高基本医疗服务的可及性,有效减轻居民就医费用负担,切实缓解'看病难、看病贵'问题"。

尽管新医改方案给我们勾画了美好的前景,但这一次的医疗体制改革会不会又像过去30多年的改革一样付之东流,我们不得而知。我国医疗体制改革多年不成功的困境值得我们深思,摆在我们面前的事实也值得我们反省。医疗体制改革目前所面对的以下困境,或许也成了我国医疗保障体系亟待解决的问题。

(1)医疗资源的总体不足与分布不均。

中国人口占世界人口的22%,但医疗资源仅占世界的2%,资源的稀缺性必然导致很多人不能享受到优质的医疗卫生服务,然而,这一问题的实质是医疗资源的分布严重不均:80%在城市,20%在农村。这一分布状况不可避免地带来农村缺医少药的状况。在我国,医疗服务的可及性问题十分严重:城市尤其是大中城市医疗服务过剩,大量医生、病床和设备闲置,大多数城市居民可以获得良好的医疗服务;在很多的农村地区,则恰恰相反,医疗设施落后、医生素质较差,大多数患者无法获得良好的医疗服务。特别是那些经济上处于不利地位的人群,在医疗上更是处在不利的地位。可见"看病难"成为许多贫困人口的"病根",而医疗资源的不公平性则是这一问题产生的根源。

(2)医疗保障体系的覆盖面窄、保障水平低。

在医疗制度改革过程中,一些享有劳保医疗的企业职工由于单位破产转制失去了医疗保障。通常,建立城镇职工基本医疗保险从提出方案、进行试点、扩大试点,到基本建立需要十几年的时间,中间有很多人没有被医疗保障制度所覆盖。同时,城镇职工基本医疗保险制度从建立到扩大覆盖面也需要一个过程,这意味着在此期间是没有医疗保障待遇的。另外,过去享有一定保障待遇的人群,如原公费医疗制度覆盖的在读大学生,原劳保制度中享受部分保障待遇的职工直系亲属,均未被纳入新的医疗保障制度中。随着经济的不断发展,自主灵活就业模式占的比重越来越大,建立在正规就业基础上的现代社会保险制度很难适应这些就业形式的特点,扩面难度比较大,而正规部门扩面的空间已经非常小。在这些因素的作用下,享受医疗保障的人口比例陡然下降,导致医疗保障体系的覆盖面窄、保障水平低。

(3)医疗保险存在如城镇居民个人缴费标准、起付线、支付标准均较高,城镇职工医疗保险以劳动关系存续为前提,且易出现中断等问题。[①]

结合参考了2013年《广州市城镇居民基本医疗保险试行办法》(征求意见稿),未成年人及在校学生个人缴费120元/人·年,非从业居民个人缴费部分为600元/人·年,老年居民个人缴费部分为800元/人·年。如一家五六口人,且按照相关标准只能参加城镇居民医疗保险,则该家庭每年需要缴费则可能高达3000元。而起付线支付标准较高和自费项目较多则意味着自负费用部分较多。以非从业居

---

① 吕惠琴.社区合作医疗对完善我国医疗保障体系价值分析[J].中国卫生经济,2014,33(3).

民为例,如在三级甲等医院治疗,则起付标准为 1600 元。很多非从业居民系属于因为各种原因没有工作或无稳定工作,如果因身体原因而不得不住院,在家庭拮据的情况下,1600 元的起付标准,再加上各种自费项目,其经济压力可见一斑。尽管现行城镇居民医疗都规定门诊特定项目费用可以报销。但较高的起付标准,使得很多参保人无法获得相应的报销或者报销费用极少。依照《广州市城镇居民基本医疗保险试行办法》,非从业居民,急诊留院观察基本医疗费用起付标准为 1600 元,老年居民为 1120 元。如此高的起付标准,对于很多家庭而言,无法获得相应的报销,或者报销费用相比治疗费用九牛一毛。

根据我国《社会保险法》规定,城镇职工医疗保险缴费由用人单位和职工共同予以缴纳。而且参加城镇职工医疗保险需要以劳动关系存续为前提。但现实中劳动者因各种原因主动或被迫离职而不得不中断缴费,医疗费用无法报销,而且城镇职工医疗保险同样存在起付线支付标准较高和自费项目较多等导致劳动者无法获得足够的医疗保障问题。

(4) 医院的营利冲突与专业霸权。[①]

尽管我国的医院 90% 以上注册为非营利性质,但这一性质似乎并没有阻碍医院对利润的追求。在营利冲动机制下派生出许多中国医院特有的非正式的制度。这些制度的安排颠覆了患者对医院的认同,并怀疑医务人员的专业理论与价值观,这无疑在一定程度上影响了医患关系,同时也显现了医疗行业的不正之风。"红包"现象颠覆专业规则,扭曲专业关系,影响医患关系。专业信息的不对称导致医生专业霸权,医院服务提供者的身份逐渐被模糊。

三、新型健康保障体系的建设

1977 年,世界卫生组织提出"2000 年人人享有卫生保健"的全球战略目标。1986 年,我国政府明确承诺实现这一目标。然而时至今日,这一目标并没有实现。虽然我国在提高人民健康水平方面做出了艰辛努力,取得了举世瞩目的成绩,但与当初的承诺相比仍有一定的差距。新型社会健康体系的建设必须实现"人人享有卫生保健"的目标。从 2009—2020 年,可以把上述目标大体分为两个阶段:2009—2012 年为第一阶段,此后为第二阶段。[②]

第一阶段的建设重点是努力扩大健康保障体系的覆盖面,力争尽快实现"人人享有健康保障"。目前,中国基本医疗保险制度和健康保障体系的框架已经形成,

---

① 何雪松.社会问题导论——以转型为视角[M].上海:华东理工出版社,2007:272-274.
② 中国发展研究基金组织.构建全民共享的发展型社会福利体系[M].北京:中国发展出版社,2009:91-92.

需要在改革、完善相关制度的过程中,努力扩大医疗保障体系的覆盖面。国家要加大对基层卫生服务体系的投入与管理,提高医疗服务质量,吸引更多的参保人员在基层就医,满足其基本卫生服务需求。

第二阶段的重点是建立全面覆盖城乡居民的基本医疗卫生制度,包括普遍建立比较完善的覆盖城乡的公共卫生服务体系和医疗服务体系,建立起比较健全的覆盖城乡居民的医疗保障体系、比较完善的药品供应保障体系、比较科学的医疗卫生机构管理体制和运行机制。

当然,实现"人人享有卫生保健"的目标,构建新型社会健康保障体系,需要从多方面来予以完善。①

1. 基层卫生服务体系建设和医疗保障制度建设的有机结合

新型社会健康体系的建设,要将卫生服务体系建设和医疗保障制度建设结合起来。从卫生服务提供体系看,这一模式通过集预防、基本医疗、保健、康复、健康教育、计划生育功能为一体的社区卫生服务体系和多种形式的医疗服务体系向城乡居民提供医疗服务。其中,社区卫生服务体系是由城乡公共卫生服务体系、农村三级医疗卫生服务体系和城市社区卫生服务体系组成,其特征是提供方便的、经济的、公平的、综合的、均等的基层卫生服务,满足社区居民的基本卫生服务需求,起到提供服务和医疗保障双重作用。医疗服务体系则是由政府严格监管下相互竞争的营利性与非营利性的医疗机构组成,向居民提供多层次、多样化的医疗服务。从筹资体系或医疗保障制度看,这一模式需要建立基本"全覆盖"的保障体系,通过政府、社会、个人的多元化筹资不断增加对卫生的投入,其中政府在筹资体系中占主导地位并且主要投向公共卫生和基层医疗服务;通过多层次医疗保障体系,包括城镇职工基本医疗保险、城镇居民基本医疗保险、新型农村合作医疗制度和城乡医疗救助制度,防范居民的疾病风险。

2. 强化政府对健康保障的主导作用

卫生服务和医疗保障是市场失灵比较普遍的领域,必须得到政府的支持。政府的主导作用体现在加强领导、增加投入、制定政策、严格监管等方面。中央和地方政府对卫生事业的投入,要随着经济的发展逐年增加,增幅不低于财政收入的增幅。在提高投入总量的同时,也要优化投入结构。打破现有的城乡分割、地区分割的格局,增强中央财政的跨地区卫生财政转移支付,提高对公共卫生、城市社区卫生、乡镇卫生院及贫困地区卫生机构的投入水平,建立覆盖全民的基本医疗服务。打破区域、单位、行业的界限,对医疗卫生资源进行科学合理的重组,逐步达到县以上各级医院机构归口由市一级卫生行政部门统一实行行业管理。按区域卫生规划

---

① 中国发展研究基金组织.构建全民共享的发展型社会福利体系[M].北京:中国发展出版社,2009:92-94.

的要求实施有效地资源配置,加强政府对医疗卫生领域的有效监管,纠正卫生服务机构的逐利性行为,引导城市大型卫生服务机构规范发展;严格医疗资格准入,规范医疗秩序,强化医疗质量评价,加强药品和医疗服务价格监管;完善分类管理,加强政府的宏观调控和行业监管,有效解决卫生事业资源配置不合理、不协调问题。加强健康宣传教育,增强群众的卫生观念和卫生意识,改变不良的生活习惯和生活方式。积极开展爱国卫生运动,改善生产生活环境,提高全民的健康水平。

3. 建立健全覆盖城乡居民的医疗保障体系,提高医保基金使用效率

医疗保障制度是将医疗卫生服务的"可及性"转化为"可得性"的重要途径,是提高健康公平性的关键举措之一。当务之急是努力扩大各种医疗保障制度的覆盖面,让医疗保障制度覆盖全体劳动者和城乡居民。由于城镇职工基本医疗保险是针对正规就业者建立的,不能适应灵活就业者的基本特点,因此需要设计缴费和保障水平更低(如主要解决大病问题)的医疗保险制度。

应当把农民工包括在现行城镇职工医疗保障制度框架内。针对农民工流动性强、收入水平低的特点,应有不同的对待。此外,还需要建立面向流动人口的特殊救助制度,有效预防和化解流动人口的基本医疗风险。要建立参保者在不同保障制度之间转换的弹性机制,实现医疗保障关系和待遇在不同地区、不同部门之间的顺利衔接。在基本医疗保险制度和医疗救助制度之外,要毫不动摇地鼓励、支持、引导补充医疗保险、商业医疗保险的发展,满足不同层次人群的医疗卫生需求。

要解决医疗费用严重不足、不公平与大量医保基金结余、低效甚至无效利用的问题。要尽量减少基本医疗保险制度的基金积累率,规范医疗个人账户制度,在坚持因地制宜的前提下,积极探索取消个人账户和家庭账户制度的稳妥目标和步骤,解决医疗费用支付机制不完善、支付结构不合理的问题。要充分发挥医保基金管理机构在购买医疗服务环节中的关键作用,引导服务机构的行为从过度利用资源谋取利益,向节约资源并能更好保障人们的健康。

4. 建立健全公共卫生和预防保健工作体系

政府要加强对公共卫生和群体预防活动的强有力支持,加大对西部地区的公共卫生和农村公共卫生事业的转移支付,切实解决当地"缺医少药"问题。引导、动员医务人员向基层和西部地区转移,加大卫生技术人员培训、提高卫生服务水平。要动员社会力量和公民个人参与公共卫生建设。建立健全突发公共卫生事件应急处置机制,有效应对重大突发传染病疫情、重大食物中毒事件以及由严重自然灾害、安全事故等引发的公共卫生事件;加大对艾滋病、结核病、血吸虫病、肝炎等严重威胁群众健康的重大传染病的防治力度。

强化孕产妇的产前检查和护理、婴幼儿的营养保障,通过现金转移支付将产妇的检查护理和婴幼儿的营养保障纳入新型社会健康体系的保障范畴;积极协调对健康产生影响的其他各项政策,如环境保护政策、水资源保护和污水处理措施、对

健康产生不利影响的特殊行业的规范建设等,对政府的各项产业规划和公共政策都进行健康评估,保障公众的健康福利。

5. 深化医药服务体制改革,建立规范、公平、高效的医药卫生服务体系

应加大对农村基层与社区公共医疗服务机构的支持力度,健全公共卫生服务体系。优先发展城市社区卫生服务和农村乡镇卫生院,建立健全以社区卫生服务为基础的城市卫生服务体系和农村三级卫生预防保健网络。要积极探索"人人享有基本医疗服务"的内容和实现方式,明确公共卫生服务系统提供的基本医疗病种、基本医疗药品目录、基本医疗服务项目和基本公共卫生服务项目,建立国家基本药物制度,通过规范的市场化运行机制组织国家基本药物的生产、采购和配送。同时,通过医疗保障支付方式的转变,引导人们利用基层医疗卫生服务。适应疾病模式的转变,强化慢性病、常见病的早期干预,对贫困居民和没有医疗保障的老年慢性病患者提供一定规模的医疗免费服务。

第四节 我国食品安全问题

民以食为天,食品作为维持人类生命活动的必需品,往往在提供营养的同时,也给人类带来了不安全因素,这些不安全因素直接关系到广大人民群众的健康与生命安全,尤其是进入 21 世纪以后,食品安全问题不断出现。国际上如疯牛病、口蹄疫,国内如禽流感、瘦肉精、毒大米、三聚氰胺等重大食品安全事件的爆发,不仅给人类的健康和生命构成严重威胁,也给消费者和食品相关产业造成了巨大的经济损失。

一、食品安全问题的特征

根据世界卫生组织的定义,食品安全指的是"食品中有毒、有害物质对人体健康影响的公共卫生问题"[①]。国际食品卫生法典委员会(CAC)对食品安全的定义是:消费者在摄入食品时,食品中不含有害物质,不存在引起急性中毒、不良反应或潜在疾病的危险性。在我国,食品安全一般理解为食品(食物)的生产、加工、包装、储藏、运输、销售和消费等活动符合强制性标准和要求,不存在可能危害人体健康的有毒、有害物质以导致消费者病亡或者危及消费者后代的隐患。总体来说,食品

---

① 于小东.关于我国食品安全的几点思考[J].安全视角,2007(8).

安全问题具有以下几个典型特征。①

1. 不确定性

食品安全的多样性特征导致了发生食品安全事件的原因不易识别,各类食品从种植、生产到销售,每个环节都会受到人、环境、设备等因素的影响。从某种意义上说,不确定性是食品安全的最显著特征。

2. 非线性

由于食品安全事件的后果会受到个人信仰、心理、文化、社会、法律、大众传媒、企业规模、风险策略及知名度的影响而呈非线性发展。当食品安全事件发生后,人们的这种社会性知觉就会表现得特别明显而使食品安全事件呈非线性发展,从而对企业、社会、国家造成巨大损失。

3. 危害性

食品安全与人们的身体健康息息相关。仅从食品安全事件中的食物中毒来看:我国每年发生食物中毒事件500件,2004年高达2305件;中毒人数每年也都超过10000人(2005年除外),2004年高达42876人;1998—2008年,每年中毒事件所引起的死亡人数也均在150人左右(见表9-3)。根据世界卫生组织的统计,发达国家食源性疾病的漏报率在90%以上,而发展中国家则超过95%,据此测算,我国每年有近40万人遭受食物中毒,这一数字足以让我们警醒。

表9-3 1998—2008年食物中毒统计

年份	中毒事件数	中毒人数	死亡人数	病死率	备注
1998	592	18533	114	0.62%	—
1999	591	17941	108	0.60%	—
2000	696	18262	157	0.86%	—
2001	706	22193	194	0.68%	—
2002	464	11572	68	0.59%	—
2003	1481	29660	262	0.88%	—
2004	2305	42876	255	0.59%	—
2005	256	9021	235	2.60%	100人以上的食物中毒有18件
2006	596	18063	196	1.10%	100人以上的食物中毒有17件
2007	506	13280	258	1.94%	100人以上的食物中毒有11件
2008	437	13325	152	1.14%	

(资料来源:根据2000—2009年度《中国卫生统计年鉴》相关数据整理。)

---

① 张邦辉,曲雅俐. 我国食品安全问题的现状及对策研究[J]. 大众科技,2009(10).

4. 群体性

随着现代物流的快速发展,有安全隐患的食品一旦流出生产地,会很快在全国各地销售。因此,发生单一性食品安全事件的比例不大,多为群体性食品安全事件。

二、我国食品安全问题的产生

食品的不安全因素贯穿于整个食品供应的全过程,无论是加工食品还是畜禽产品,从生产(生长)、加工、包装、流通到消费,其中的每一个环节都有可能受到各种污染源不同程度的污染,一些有害物质会进入动、植物体内或直接进入食品,导致食品安全问题,威胁人体健康。以下是对食品不安全因素产生过程所进行的分析。

1. 从疾病和中毒的产生方面分析食品安全隐患的成因

(1) 环境污染导致食品安全问题。

当前,我国工业化进入了快速发展阶段,由于人们的环保意识薄弱,我国的生态环境遭到了严重的破坏,进而引发了食品的安全问题,如水污染会导致食源性疾病的发生,土壤被有毒化学物污染后会通过农作物、地面水或地下水对人体产生影响[1],有一些污染物还可以通过食物链的生物富集、浓缩,导致污染物浓度增大,引起人类食物中毒。[2]

(2) 化学物质导致食品安全问题。

导致食品不安全的化学物质主要有农药、化肥、激素(动、植物生长调节剂)、抗生素、食品添加剂及包装材料等。一直以来,我国农民在从事农业生产的过程中,存在的一个误区就是增加农药和化肥的使用量可以增加粮食产量。因此,在过去几十年中,我国农用化学物质的用量急剧增加,再加上不少生产者缺乏应有的农技知识,违规使用国家明文禁用的高毒高残留农药或其他化学品,给人类身体健康埋下了隐患。另外,激素、抗生素和食品添加剂的滥用也直接导致了食品的不安全性。[3]

(3) 生物因素导致食品安全问题。

在生物因素方面,导致食品安全问题的主要是食品中的微生物和寄生虫。微生物污染包括细菌、病毒、真菌及其毒素等多种污染,其中,细菌性污染是涉及面最广、影响最大、问题最多的一种污染。据世界卫生组织估计,全世界每年有数以亿

---

[1] 李正明.我国食品安全质量管理体系的思考与建议[J].食品科技,2003(7).
[2] 张星联,唐晓纯.我国食品安全问题产生的原因及对策[J].食品科技,2005(5).
[3] 陈锦屏,张志国.关于影响食品安全因素的探讨[J].食品科学,2005(8).

计的食源性疾病患者中,其中70%是由于食用或饮用致病性微生物污染的食品和饮用水引起的。另外,随着人们饮食来源和饮食方式的多样化,由食源性寄生虫病造成的食品安全问题也日益突出。①

(4) 物理因素导致食品安全问题。

目前,导致食品安全问题的物理因素主要是食品生产加工过程中混入食品中的杂质超过规定的含量,或混入会直接造成对人体伤害的玻璃、针头等利器,以及食品吸附、吸收了外来的放射线核素。关于将辐照等物理因素用于食品的保藏而带来的食品安全问题,目前尚没有确切的定论,但由于γ射线、β射线等的辐射作用对人体产生的巨大危害,所以人们对辐照食品的安全性一直持慎重态度。

(5) 新技术导致食品存在潜在安全问题。

随着现代生物技术的发展,转基因食品已经出现在人们的餐桌上。虽然转基因技术使得农作物的生长周期大大缩减,不仅提高了产量而且节约了生产成本,然而转基因食品的安全性到目前为止还没有得到完全的科学认证。也就是说,转基因食品有可能存在如破坏人类免疫系统、对人体产生毒性及对环境产生污染等潜在问题。②

2. 从食品安全监管状况和经营者素质方面分析食品安全隐患存在的成因

1) 食品市场信息不对称导致市场秩序混乱

农产品的农药残留、食品制作环境的优劣以及化学物质的添加,都直接影响消费者的健康,但一般情况下,消费者对所食用这些食品的安全情况无法了解。由于食品的后验性,消费者很难通过外观识别食品的安全品质,只有通过食用之后,甚至是连续食用很长时间之后才能了解其实际状况。也就是说,在食品的消费者和经营者之间存在信息的不对称。信息不对称造成市场交易双方的利益失衡。在个人利益最大化原则的驱动下,生产经营者很难成为自觉和理性的生产经营者,由于消费者在信息的知情权和选择权上处于劣势,拥有信息优势的食品生产经营者会利用自身的信息优势,将那些有安全问题的食品销售给顾客,造成市场秩序的混乱。③

2) 食品生产经营者信用缺失

目前,我国现存的食品安全问题归根结底是由信用问题引起的。食品安全涉及产前、产中、产后等多个环节,而我国食品企业的规模小,数量大,空间分散,流动性强,农产品又大多无标识,食品质量责任的可追溯性差。在较混乱、不规范的市

---

① 陈锦屏,张志国.关于影响食品安全因素的探讨[J].食品科学,2005(8).
② 田惠光.食品安全控制关键技术[M].北京:科学出版社,2004:87-88.
③ 张辉.当前食品安全问题的原因分析及对策探讨[J].科技资讯,2009(8).

场经济条件下,生产经营者必然产生短视行为从而导致信用缺失。① 食品生产经营者的信用缺失使部分企业牺牲产品质量追求企业利润,丧失职业道德,缺乏社会责任感。

3) 食品监管不到位

近年来,食品安全问题大多是媒体首先曝光,然后广大消费者才知情。由于食品生产的分散性,大大增加了监管的难度,从而出现监管盲区,使食品监管不到位。食品监管的不到位,主要有以下几个方面原因。

(1) 监管部门人员专业性不够。

食品安全监管部门应该是一个专业性很强的机构,而我们食品监管体系总体上是由一些行政机构,如农业部门、卫生部门、质量检疫部门、工商部门、食品药品监督部门等构成的,高水平专业人员少,尤其是市县级监管部门。

(2) 部门地方化严重。

食品安全监管机构应该是国家机构,对全体人民的生命健康负责。我国食品监管部门中农业部门、卫生部门属于地方组成部门,质检系统实行省级以下垂直管理体制。由于食品监管部门与大企业都属于地方政府管辖,在维护地方税收的情况下,容易使监管不到位。

(3) 食品监管体制不顺,职能重复交叉导致执法效能不高。

我国现行食品监管体制是"以分段监管为主,以品种监管为辅",在实际工作中往往产生责、权、利脱节,一方面难免出现重复和交叉监管,另一方面因工作"扯皮"而发生行政行为错位甚至缺位,造成"大家都在管,大家都难管"的局面。从而导致食品安全监管出现真空,影响了食品安全执法的整体效率。②

三、我国食品安全问题的解决与完善

1. 完善食品安全法律法规建设

我国的《食品企业通用卫生规范》《食品卫生检验单位管理办法》等规定大多是在 20 世纪 80 年代末制定的,而作为我国食品安全法律体系核心的《食品安全法》是 1995 年 10 月通过的,这些相关的法律法规颁布的时间较早,随着经济和科技的发展,食品安全会不断地涌现新问题,因此,政府必须加快制定和修订相关的法律法规。

新修订的食品安全法律体系至少包括以下几个方面,以弥补现有法律体系的

---

① 汪普庆,周德典.基于信用博弈模型的我国食品行业信用缺失的原因及对策[J].安徽农业科学,2005(8).

② 杨欢进,牛建青.我国食品安全问题的成因及对策[J].社会科学论坛,2009(5).

不足:一是明确"食品"以及"食品安全"等名词的法律含义,切实做到有法可依;二是扩大食品安全监管范围,实现国家对食品安全监管的全过程,从农田一直到餐桌;三是完善监管体制,以法律的形式提出我国食品安全基本监管框架和各方职能,明确监管人员和执法人员的法律责任;四是应当以法律形式明确社会其他各阶层(以食品生产经营企业为主,还包括与食品相关的行业、食品行业协会以及消费者等)的食品安全责任,以做到食品安全事故的权责分明;五是通过法律的制定适当下放一定的权力给相关行业协会等中介组织;六是建立和完善食品安全信息征集制度;七是完善食品安全事故的应急处理机制。

2. 统一食品安全的监督管理

反思我国食品安全监管困境,统一食品安全监管已成为应对食品安全危机频发的有效措施。从长远来看,我国应顺应国际食品监管发展趋势,改变目前多头监管的现状从而走向合并整合,把目前食品安全监管的责任从数十个部委集中到一个部门。

应着重发挥食品监管的事前防范、事中监管、事后救济与惩戒的作用。事前防范就是要求不具备生产经营安全食品的企业不能进行生产经营,不符合安全标准的食品不能进入市场;事中监管就是通过市场抽查,经检查不合格的企业与食品应退出市场;事后惩戒就是发现不安全食品,进行责任追溯,导致不安全因素的企业应承担相关责任。

同时,要建立统一、高效、权威的食品安全监管体制,赋予食品安全委员会全国食品安全的垂直监管职能,把多个部门的分段监管过程统一协调起来,消除监管真空,真正实现全程监控。①

3. 加快食品卫生质量标准建设

治理食品安全问题,解决信息不对称问题是关键。我们可以通过建立完善的食品质量卫生标准,使普通群众了解食品质量的相关考核标准,获得对食品质量相关信息的认识。建设食品质量卫生标准可以从三个方面入手。②

第一,根据我国实际情况,参照国际标准,制定、修订和完善食品质量卫生安全的强制性标准,相应地建立和完善食品产地环境标准、产品加工标准、产品运输储藏标准、动植物检疫标准、检疫检测方法标准以及相关的技术规范。

第二,建立健全食品生产企业、社会中介和执法机关的食品检验和检测体系。执法机关对食品监督抽检的主要目的是维护市场秩序,惩罚不安全食品的生产者和经营者,保证食品标准的执行;生产企业对食品自检的主要目的是了解自己生产的食品质量,避免不安全食品进入市场而影响企业的声誉和受到处罚;社会中介检

---

① 张邦辉,曲雅俐.我国食品安全问题的现状及对策研究[J].大众科技,2009(10).
② 程言清.食品安全问题及其治理的制度分析[J].生产力研究,2006(1).

测机构主要接受相关企业和机关的委托检验,出具客观、公正、准确的检验报告。依靠健全的食品检验检测制度,将增加食品安全信息的供给。

第三,继续开展和完善绿色食品、有机食品和无公害食品等优质食品的认证认可和标识制度。这是减少交易成本,提高食品市场有序竞争的有效措施。

4. 完善食品责任制度,实施食品安全追溯制

实施食品安全追溯制,可以在生产、加工及销售的各个环节中,对食品、饲料、食用性动物以及有可能成为食品或饲料组成成分的所有物质实现追溯或追踪,从而实现由下而上的信息追溯,使食品生产流通的每个环节的责任主体可以明确界定。

相对于生产和经销安全食品,生产和经销不安全食品的动力在于,它可以获得超额利润,这个超额利润实际是来自消费者消费不安全食品所承担的风险,来自因消费不安全食品所引起疾病的支出、对健康损失等所承担的成本。通过完善食品责任制度,实施食品安全追溯制,可以更加明确地追究责任,这无疑给生产商和销售商带来了必须维护食品安全的巨大压力。

5. 充分发挥行业协会的作用

建立食品行业协会,对从业者进行职业道德和法制教育,推进诚信体系建设,培育自律精神。协会要定期组织会员学习,组织会员互相检查、参观、评议,相互监督。行业协会还应通过各种途径(国外使馆、贸易机构、媒体等)广泛收集国外,尤其是贸易对象国和地区的行业标准、产品质量标准、检验检疫标准、环保要求,及时提供给相关企业和政府,研究对策,帮助企业解决因"绿色壁垒"引起的贸易纠纷,维护企业正当的权益。

6. 加强国际合作,吸纳国际先进的食品安全管理经验

我国已加入 WTO,为排除技术壁垒对我国食品出口的阻碍,保障食品的出口安全和人们的身体健康,食品的安全管理与国际接轨势在必行,必须按照国际先进标准组织生产。要系统研究和全面了解国际标准,找出我国现行标准与国际标准间的差异,为采用国际标准和国外先进标准提供依据。要注重引进与创新并举,结合我国国情,借鉴先进标准,开展标准技术创新研究,为保证食品安全和为政府部门制定符合我国利益的进出口监督检验策略和措施提供技术支撑。培养一批懂专业、外语好、能在标准化领域进行国际交流的高级人才,积极参与相关国际组织的活动,为建立能与国际水平接轨的质量标准体系打下基础。

基 本 概 念

健康问题　健康保障体系　卫生服务体系　医疗保障体系　医疗体制改革
食品安全问题　新型社会健康体系　城镇职工基本医疗保险
城镇居民基本医疗保险　农村新型合作医疗　城乡医疗救助制度

思 考 题

1. 简述社会学对健康的不同解读。
2. 简述我国卫生服务体系的困境。
3. 简述我国医疗体制改革的历程。
4. 我国医疗体制改革困境包括哪几个方面?
5. 简述我国的食品安全问题。
6. 谈谈对新型社会健康体系的理解。

第十章

公共危机问题

近年来,我国突发性公共危机事件接连发生,从 1998 年的特大洪灾到 2003 年的"非典"危机,再到 2008 年的汶川地震、南方雪灾,2010 年的青海地震……不仅给政府管理敲响了警钟,也逐渐使人们认识到维护社会公共安全是现代政府的重要职能之一。在当今社会,评价一个政府的执政能力,不仅要看它在社会生活正常的情况下的成就,更要看它在危机情况下的表现。现代的政府面临的环境愈来愈复杂,不同类型不同程度的公共危机事件时有发生,对公共危机的有效管理,是任何国家和政府都面临的重大问题。如何提高政府的危机管理能力和水平,业已成为公共管理领域的一个热门研究课题。

第一节 公共危机的一般理论

一、公共危机的含义

风险社会是指:"由于某些局部或突发事件可能导致或引发社会灾难的一种社会形态,它表明现代社会具有一种社会张力,以及这种张力所具有的危机水平,而这种张力和危机状态充斥于社会的各个方面,并最终通过社会组织形态和生活形态反映出来。"[①]

风险是与"危险""威胁""危机"等相关联,风险的社会层面是社会风险,危机的社会层面是公共危机,从风险到社会风险是逻辑演绎,从危机到公共危机也是逻辑演绎。因此,社会风险与公共危机之间也存在着因果关系,二者之间是一个"连续

---

① 白维军.风险社会与公共危机视阈中的农民利益诉求机制解读——以云南省"孟连事件"为案例[J].长白学刊,2009(2):105.

统"①。在风险社会中,虽然人们在关注个人危机、组织危机,但我们需要更多地关注公共危机,因为只有"公共危机"才是"风险社会"的对应概念,"风险社会"是公共危机频现的时代背景,"公共危机"则是风险社会无法回避的表现。② 由于风险社会理论本身缺乏实践性,更多的讨论将围绕公共危机展开。作为风险社会的实践性后果,公共危机将会更加频繁地发生,二者之间具有一定的因果关系。③

"公共危机"的含义可以从"公共"与"危机"两个方面来理解。"公共",即共同,社会的共同领域,公共利益。"危机",即潜伏的祸机,生死成败的紧要关头。

"危机"一词源于希腊语"Krinein",初始含义是游离于生死之间的状态,是一个医学术语。我国"危机"一词最早见于《晋书·诸葛长民传》,言"富贵必履危机";"危机"也被称为"灾"或"祸",老子曾经说过:"祸兮福之所倚,福兮祸之所伏。"对"危机"的认识比较典型的主要有以下几种。

(1) 赫尔曼作为危机研究的先驱将危机视为一种情境状态,并且对决策主体的根本目标造成威胁,决策主体在改变决策之间可获得的反应时间是有限的,危机的发生也往往出乎决策主体的意料。

(2) 罗森塔尔等人认为:危机是对一个社会系统的基本价值和行为准则架构产生严重威胁,并且在时间压力和不确定性极高的情况下,必须对其做出关键决策的事件。

(3) 巴顿认为危机是"一个会引起潜在负面影响的具有不确定性的大事件,这种事件及其后果可能对组织及其人员、产品、服务、资产和声誉造成巨大的损害"④。

另外,朱德武认为危机是指事物由于量变的积累,导致事物内在矛盾的激化,事物即将发生质变和质变已经发生但未稳定的一种状态,这种质变给组织或个人带来了严重的损害。为了阻止质变的发生或减少质变所带来的损害,需要在时间紧迫、人财物资源缺乏和信息不充分的情况下立即进行决策和行动。

当然,对于公共危机的定义,目前学术界尚未达成共识。由于研究的侧重点各有不同,许多学者对公共危机的定义也就有所不同。这里我们建议引入浙江大学胡税根等教授对公共危机的定义:"所谓公共危机就是指在某种情况下,由于缺乏准确预测或者有效预防而发生的某一突发性事件,对社会公共秩序形成巨大冲击,对社会造成极大破坏,对不特定人群的生命、财产等构成巨大威胁,危及公共安全,并要求政府组织社会共同采取紧急措施加以应对的危险状态或危险事件。"⑤

---

① 张海波.社会风险研究的范式[J].南京大学学报,2007(2).
② 童星,张海波.中国转型期的社会风险及识别[M].南京:南京大学出版社,2007:95.
③ 张海波.风险社会与公共危机[J].江海学刊,2006(2).
④ 罗伯特·希斯.危机管理[M].王成,等,译.北京:中信出版社,2001:18-19.
⑤ 胡税根,余潇枫,等.公共危机管理通论[M].杭州:浙江大学出版社,2009:5.

二、公共危机的特征

根据上文对公共危机的含义的界定，可以发现公共危机具有以下几个方面的特征。

(1) 突发性。

危机往往由突发事件引起，虽然公共危机存在预知预警的可能，但由于发生的时间、地点的不可预测性，通常会超出社会正常秩序的范围，往往以突然爆发的形式表现出来，让受灾者和管理者感到措手不及。例如，"禽流感"和"非典"，都是来势汹汹，短时间内引发全球的危机、恐慌和高度关注。

(2) 公共性。

公共危机是一种涉及公共利益和公共安危的事件，涉及的人和地域都是一个大范围。如我国"三鹿毒奶粉"事件曝光后，引起了社会恐慌，影响大部分牛奶生产企业的日常生产，形成了连锁反应。所以公共危机涉及的事务往往是公共性的，社会性的，影响范围较为广阔。

(3) 不确定性。

由于环境的不确定性、信息的不对称等各种因素，使得人们无法准确判断公共危机发生的时间、地点、爆发源等，同样也无法对危机的发展趋势、危害程度及其最后结果进行准确的预测。例如，"非典"疫情产生后，它的来源体、传播途径、如何预防等，一时之间难以弄清楚。

(4) 危害性。

公共危机是破坏社会正常秩序的一种危机事件，所以它的基本特点之一就是极大的危害性。危机一般分成两类：一类是直接危害，如地震夺走人的生命；另一类是间接危害，对整个社会各个系统产生重大的影响，包括经济损失、公众心理伤害、政府形象等等。如2008年的"5·12"汶川大地震，直接经济损失是200亿美元，约7万人遇难，4624万人受灾，还在人们的心里留下了无法抹去的伤痛和恐怖的阴影。

(5) 决策的非程序化。

公共危机的突发性、紧迫性及决策条件的不确定性都使政府管理者只能在有限的信息、资源和时间条件下进行非程序化决策。这对管理者的决策能力、决策素质及政府管理的决策体制都是极大的挑战。

(6) 影响的双重性。

公共危机就像全球化一样，既是一种挑战，也是一种机遇。一方面，公共危机威胁着社会成员的公共利益安全，造成社会秩序混乱，各类资源的浪费，经济的损失或衰退，给整个社会发展造成巨大的影响；另一方面，公共危机的背后也暗藏着新的发展机会。合理、有效地预防、处理、应对公共危机是现代政府治理的主要责任,是维持社会秩序与稳定、经济健康发展的重要保证,也是体现政府有效性的重要指标。危机的发生往往促使人们对政府管理、传统思维等进行反思,如果政府在危机管理中决策得当,展现出高效的执行力和领导力,可以使危机成为机遇,赢得民心,树立威信,提升自身的公信力和国民凝聚力。同时,危机所产生的社会经济影响和政治压力往往会转化为社会变革的推动力和催化剂。

第二节 公共危机事件

公共危机事件是指一种危及全体社会公众的整体生活和共同利益的突发性和灾难性事件,具有爆发突发性、价值中立性、责任承担性、时间紧迫性、过程持续性、指向破坏性六大特征。根据公共危机事件的定义和一般特征的描述,我国国内的公共危机事件涉及的领域十分广泛,从自然灾害到公共卫生领域,从食品安全到社会治安等,在经济、社会发展的各个领域,都出现了一系列值得人们探讨与深思的公共危机事件。在我国的《国家突发公共事件总体应急预案》(以下简称《预案》)中,将学术界通称的公共危机事件称之为突发事件。突发性事件是"人们对出乎意料的事件的总称",它与"危机"之间存在着千丝万缕的联系,如果把"突发性事件"与"危机"联系起来,我们可以给出如下定义:突发性事件是某种状况下,由于缺乏有效的预防措施而发生的危害公共利益与公共安全的意外事件。在《预案》中,对突发公共事件做出了如下的定义:本预案所称突发公共事件是指突然发生,造成或可能造成重大人员伤亡、财产损失、生态环境破坏和严重社会危害,危及公共安全的紧急事件。这些紧急事件往往在较短时间内发生,它所反映的问题关系到社会、组织或是个人的安危。同时,社会事务的相互连通性,使突发性公共事件可能带来的危害无论是在程度上,还是在范围上都在不断地加深、扩大。突发性事件的影响不再仅仅只针对特定地区,甚至是对整个社会的和谐、安定、团结都将产生较大的冲击。

在《预案》中还对突发性公共事件进行了分类。根据突发公共事件的发生过程、性质和机制,将其划分为以下几种。

(1) 自然灾害。

自然灾害主要包括水旱灾害、气象灾害、地震灾害、地质灾害、海洋灾害、生物灾害和森林草原火灾等。

(2) 事故灾难。

事故灾难主要包括工矿商贸等企业的各类安全事故、交通运输事故、公共设施和设备事故、环境污染和生态破坏事件等。

(3) 公共卫生事件。

公共卫生事件主要包括传染病疫情、群体性不明原因疾病、食品安全和职业危害、动物疫情,以及其他严重影响公众健康和生命安全的事件。

(4) 社会安全事件。

社会安全事件主要包括恐怖袭击事件、经济安全事件和涉外突发事件等。

按突发公共事件的性质、严重程度、可控性和影响范围等因素可以分为：Ⅰ级突发公共事件(特别重大)、Ⅱ级突发公共事件(重大)、Ⅲ级突发公共事件(较大)和Ⅳ级突发公共事件(一般)。

另外,薛澜等在《危机管理》一书中,也从危机产生的原因上对危机做了分类(见表10-1)。

表 10-1 我国目前国内危机事件的分类

类　　型	一般冲突表现形式	引致因素
自然灾害型	环境污染、自然灾害、突发性重大公共卫生和公共交通事件	环境破坏、疾病传播、各种自然突发事件
利益失衡型	罢工、集体上访、静坐、示威游行、集会	经济发展的不均衡,社会保障制度上的缺陷
权力异化型	集体上访、示威游行、暴力抗法、刑事案件	政府权能体系中的失效,如腐败、司法权的不完善
意识冲突型	大规模群体冲突、妨碍公务、刑事案件	意识形态领域出现异化形成的冲突
国际关系型	国家间的紧张局势、经济制裁甚至局部战争	与中国在国际格局中的发展相关

我国是一个自然灾害、事故灾难等突发性事件比较多的国家,目前也正处于突发公共事件的高发时期,在未来很长的一段时间内,都将面临突发公共事件所带来的严峻考验。

从自然的角度看,我国是世界上受自然灾害最为严重的国家之一。由于疆域辽阔,各类自然灾害也比较多,发生频度也较高。另外,我国70%以上的大城市、半数以上的人口及75%以上的工农生产值集中在东部沿海地区,处于气象、海洋、洪水、地震等自然灾害多发地带。

从社会的角度看,从20世纪80年代初至今,我国一直在经历一场历史性的变革,这个经济转轨、社会转型的关键时期也正是人口、资源、环境、公平等因素引发社会矛盾的特殊时期,各种社会矛盾成为导致各种突发性、群体性事件频发的主要诱因。另外,我国很多地区自然环境遭到严重破坏,潜在的危机也有可能随时爆发。

在本章,我们将重点探讨公共危机事件中十分常见、十分普遍,同时影响和破坏力又十分巨大的群体性事件。这些群体性事件主要爆发在我国经济社会转型的关键时期,体现出各种社会矛盾的激化,也体现出公共危机事件的突发性、公共性、危害性以及影响的双重性特征。

一、群体性事件的含义

究竟什么是群体性事件呢?对此,学术界还未形成完整的、统一的概念。在不同的文化范式下对群体性事件的称谓也有所不同。在西方,群体性事件一般被称为集群行为或是集合行为。帕克在《社会学导论》中给出了集合行为最早的界定,认为它是"在集体共同的推动和影响下发生的个人行为,是一种情绪冲动"。斯坦莱·米尔格拉姆认为,集群行为是"自发产生的,相对来说是没有组织的,甚至是不可预测的,它依赖于参与者的相互刺激"。另外,戴维·波普诺将其定义为"在相对自发的、无组织的和不稳定的情况下,因为某种普遍的影响和鼓舞而发生的行为"。

群体性事件的概念在我国的出现,最早是在20世纪90年代后期,20世纪50年代至70年代对于类似的事件我们往往给它贴上"群众闹事"或"聚众闹事"的标签,20世纪80年代末至90年代初,随着事件越来越具突发性,媒体、官方及学界改称它为"突发事件""治安突发事件"。对于"群体性事件",学界也还没有形成统一的说法,但是可以明确的是,在我国,这个概念更多地带有一些政治性色彩。目前,对"群体性事件"的界定主要有以下几种比较权威的观点。

一种比较宽泛的理解是把"群体性事件"看成"某种经历大体相近,某种利益关系比较一致的人聚在一起,由于某种共同的原因产生的群体性的共同行为",但是这种解释过于宽泛,对"群体性事件"的把握并不全面。杨东伶认为,所谓群体性事件,是指部分群众在利益受到损害或不能得到满足时,受人策动,经过酝酿,最终采取集会,游行,集体上访,集体罢课,集体罢市,集体罢工,集体围攻冲击党政机关、重点建设工程和其他要害部位,集体阻断交通,集体械斗,甚至集体采取打、砸、烧、杀、抢等方式,并引发甚至造成某种治安后果的集体活动。[①]

中共十六届六中全会《中共中央关于构建社会主义和谐社会若干重大问题的决定》(以下简称《决定》)中强调指出,要坚持依法办事、按政策办事,发挥思想政治工作优势,积极预防和妥善处置人民内部矛盾引发的群体性事件,维护群众利益和社会稳定。《决定》中关于"人民内部矛盾引发的群体性事件"的表述说明,群体性

[①] 杨东伶.减少转型期群体性事件传媒作为探析[J].学习论坛,2004.

事件的本质是人民内部矛盾。中国行政管理学会也定义群体性事件是"因人民内部矛盾而引发,由部分群众参与并形成有一定组织和目的的集体上访、集会、阻塞交通、围堵党政机关、静坐示威、请愿、聚众闹事等群体行为,并对政府管理和社会有序运转可能或已经造成影响的事件"。

我们也可以从广义和狭义两个方面来界定。狭义上讲,群体性事件是指公开、自发、聚众、共同实施的违反国家法律、法规、规章,扰乱社会秩序,危害公共安全,侵犯公民人身安全和公私财产的行为,具有违法犯罪的含义;但是,群体性事件也包括那些不违法但对社会造成影响的行为,因此,广义上讲,它是指公开自发聚众向政府有关部门表达意愿和要求,或是大规模聚众械斗的行为。[①]

二、社会转型期群体性事件的现状与趋势

就我国当前的群体性事件的发展趋势而言,主要呈现出以下几个特征。

1. 数量增多 规模扩大

2000年以来,中国发生的上访、集会、请愿、游行示威、罢工等群体性事件,数量多、人数多、规模大,群体性事件的参与人员常常达到成百上千,甚至上万。据有关方面统计,从1997年起,我国群体性事件的发生数量大幅飙升,1997年全国共发生群体性事件1.5万起,而2004年全国共发生群体性事件6万多起,比2003年增加近2万起,参与人数达300多万人次,同比增加近百万人次。据统计,2005年全国上访总数是3000万起,其中20人以上的群体性事件8万起。

另一方面,群体性事件的纠纷涉及面广,并且与群众的切身利益息息相关,容易引起相同利益关系人的共鸣,相互感染,往往一呼百应。因此,群体性事件规模居高不下。

2. 无直接利益冲突的群体性事件明显增多

近年的群体性事件里面,绝大多数参与群众都与诱发事件无直接利益关系,也无直接的利益诉求,而是借机宣泄长期积累的不满情绪。例如,在"瓮安事件"里,因对一名女学生死因鉴定结果不满,引发贵州省瓮安县部分群众聚集到县政府和县公安局,围堵政府部门,发生打砸抢烧突发事件,县公安局、县委和县政府大楼等多间房屋被毁,数十台车辆被焚,多人受伤。绝大多数参与者与死者没有直接利益关系,引发的冲突也往往是一种"宣泄性冲突"。这让群体性事件变得更加难以预料,难以防控,增大了积极预防与妥善安置的难度。

3. 主体成分多元化,涉及的部门行业多

近年来,发生的群体性事件已遍及各个省(区)、市、县,涉及城市、农村、厂矿企

---

① 杨和德.群体性事件研究[M].北京:中国人民公安大学出版社,2002.

业、机关、学校等众多行业和领域。过去参与群体性事件的多是农民、厂矿企业退休人员，现在则是各种职业、不同社会身份的人，在职和下岗职工、农民、个体业主、复转军人、教师、学生、房屋拆迁居民、库区移民、环境污染受害者等各阶层人员。

4. 维权抗争成为群体性事件的主流

据统计，目前维权抗争事件已占全国群体性突发事件的80%以上，成为我国社会群体性事件的主要类型。这类群体性事件大都起因于少数人或者少数利益团体要求提高劳动福利待遇、提高征地补偿、抗议企业污染环境、追索医疗责任、要求查明亲属死因等经济、民生利益的诉求，在相关政府部门未能妥善解决的情况下，最终演变为后果严重的大规模群体性事件。例如，四川汉源事件就缘起于移民对政府征地补偿标准的不满；以重庆为开端的全国多个地方接连发生的出租车司机罢运事件，也起因于出租车司机要求解决负担太重、收入偏低问题的维权诉求。这要求政府在日常工作中，应更加重视并及时处理市民的维权诉求，否则，任何一件不起眼的合法维权诉求，都有可能会演变为难以收场的群体性事件。

5. 参与者的组织化程度越来越高，有逐渐向组织化群体发展的趋向

当前，群体性事件已由自发松散型向组织型方向发展，而且开始出现跨区域、跨行业串联声援的倾向。尤其是一些参与人数多、持续时间长、规模较大、反复性强的群体性事件，往往事先经过周密策划，目的明确，行动统一，有的还集资上访，并聘请律师，寻求媒体支持，呈现出逐渐向组织化群体发展的趋向。

6. 群体性事件的非理性因素增多，冲击性趋强，行为的危害程度加大

为了迫使政府和有关部门解决其问题，群众较多地采取在政府机关和有关主管部门办公场所前聚集、静坐。虽然目前群体性事件大多采取较为平和的表现方式，但暴力性、破坏性群体性事件逐渐增长，出现激化现象，对抗程度加剧。少数群众情绪激烈，甚至强行冲击政府机关，打伤政府工作人员，砸坏办公用具和交通工具并严重危害社会稳定，给国家和社会造成重大损失。群体性事件的参与者在发泄不满时，常常难以控制其情绪，形成大规模的械斗，或与政府工作人员和执法人员发生冲突，从而造成较大规模的人员伤亡。

7. 呈现出反复性与效仿性

由于群体性事件反映的问题错综复杂，涉及社会生活领域的方方面面，而且不同矛盾主体、合理的要求与不合法的行为、不同的原因动机、历史纠纷和现实矛盾相互交织、相互作用，由此引发的群体性事件处置难度大，并经常反复。同时，部分群众往往把政府或有关单位化解矛盾及时解决一些问题，误解为群体性事件"闹"的结果。参与人员"大闹大解决、小闹小解决、不闹不解决"的心态使事件反复不断。

事件发展的扩展性强，各种矛盾相互交错，具有很强的联动性和示范效应。多数群体事件在开始，仅限于少数人及个别区域。但随着事态的发展，影响力的扩大,引起周围区域或利益相关者心理共鸣,引起其他群体和地区的纷纷效仿,互相传染,使参与人数及区域不断增多和扩大,甚至出现互相串联,互相取经现象。

8. 引发事件的原因复杂,解决难度大

新旧体制的转型期,群体性事件的引发因素深刻而复杂,往往是多种因素相互交织共同发生作用。从诱发原因看,群体性事件大部分是由于不同群体、不同阶层、不同利益主体的利益差别和利益矛盾引发的。从事件的发展过程看,群体性事件具有多层次、多侧面、多阶段的特点。行为人的心态和动机也各不相同。一些合理的和不合理的,合法的和不合法的,正当要求和违法行为交织在一起,加大了群体性事件处理的难度。① 敌对势力、敌对分子也会趁机插手群体性事件,制造事端。如果处理不当,局部问题就可能影响全局,非对抗性矛盾就可能转化为对抗性矛盾。

三、群体性事件成因分析

1. 社会结构断裂是转型期群体性事件发生的根本原因

在传统社会向现代社会转型的过程中,随着新旧利益格局建立与打破之间矛盾冲突的加剧,必然会引发社会结构的激烈调整和刺激社会阶层的分化,并由此产生新的社会分层和利益群体,从而达到相对的社会"动态均衡"。然而,由于我国特有的国情和体制、机制上的缺陷,我国社会结构的这种"动态均衡"尚未建立起来,而是造成了社会结构的"断裂"。这是我国社会发展不和谐的体现,也是当前群体性事件频发的根本原因。②

社会结构断裂首先表现为社会阶层的断裂,产生了社会弱势群体阶层。其次是城乡"二元"结构的断裂,城乡各方面的差距越拉越大。最后是社会保障机制出现了断裂。弱势群体生活艰难,社会心态发生了明显变化,一旦出现诱发因素导致矛盾激化,爆发群体性事件就难以避免。

2. 政府角色定位不准确,漠视群众合法权益

2009年12月,社科院发布2010年《社会蓝皮书》,指出2010年群体性事件将仍然保持着多发的态势,这是因为一些地方在加速发展和转型的过程当中,积累了很多历史上的矛盾和问题,这些问题得不到及时解决,造成的民怨太深。政府应该是公共利益的捍卫者、公共服务的提供者和公共秩序的维护者,能够公平、合理地处理利害相关者的矛盾和冲突。但事实是政府部门的有些决策随意性大,漠视群众的合法权益,甚至侵害群众的利益。如对拆迁征地、移民安置、收入分配等事关

---

① 向德平,陈琦.社会转型时期群体性事件研究[J].社会科学研究,2003(4).
② 杨瑞清,余达宏.论群体性事件的发生原因及其治理对策[J].江西社会科学,2005(10).

群众切身利益的大事，常常暗箱操作，和利益集团站在一起。有的政府官员不惜采取各种手段与民争利，追求部门利益和个人利益的最大化，漠视了群众的正当权益，从而产生民怨。

当民怨产生时，一些相关部门并没有及时、认真对待，能拖的拖，能躲的躲，能捂的捂，能推的推。在一些部门看来，上访者通常被强加了许多称谓，如"刁民""闹事者"等。所以上访者因此常常被小心地"关照"起来，围、堵、压、吓就成了某些部门对付上访者最常用的办法，以为这样能维护政府的面子和形象。在这种情境下，民怨越积越深，一旦遇到导火索就会发生群体性事件。

3. 群众诉求渠道不畅，利益表达途径缺乏，民情不能有效反馈

随着利益主体的多元化和利益分层的加剧，政府更要建立有效的利益沟通协调机制，使不同利益主体的诉求能通过制度化的利益表达、沟通与协商渠道来寻求救济。但事实上，在利益主体多元化的今天，弱势群体的利益表达途径已成为无法回避的问题。有些政府部门或为"政绩"或为利益考虑，不惜采取欺上瞒下、堵塞言路等手段，压制社情民意，使得群众利益诉求意愿难以实现，弱势群体的呼声无法及时得到反映。为了自身的权益，一些群众在诉求无法得到合理解决时，易采取过激过火行为，甚至采取纠集闹事、越级群访等形式发泄不满情绪，酿成重大群体性事件。

4. 政府的应急机制不健全，现场处置不力

地方政府对群体性事件不报、漏报、瞒报、迟报的现象大量存在，如问题处理不及时，则会凭借现代传播手段扩散，以致上级不能及时知道实情而贻误处理良机，丧失了掌握信息、引导舆论的主动权，使事态扩大化，造成不应有的严重后果。群体性事件大多与利益纠纷有关，预防群体性事件的根本立足点在于化解矛盾纠纷。一般来说，矛盾被第一时间、第一环节解决，成本最小，所以必须始终坚持预防为主、调解为先的原则。

5. 社会自我调节能力严重不足

在多数群体性事件中，社会中间组织的缓冲作用缺失，反映出社会自我调节能力严重不足。一些群体性事件一发生就将矛头指向政府，没有任何社会中间组织介入。一旦与政府之间协调不成功，就有可能发生冲突。由于社会自我调节能力不足，很多本来可以通过社会多元化纠纷解决机制防范和解决的事情最后恶化成群体性事件。当前，中国很多事件的起因与政府没关系或没有直接关系，如企业解雇工人的劳资矛盾、参与非法集资上当、炒股赔钱等，多为个人风险意识不强或者通过司法途径解决的问题，理应责任自负却一概找政府，要政府出面解决。[①] 政府

---

① 中国行政管理学会课题组.我国转型期群体性突发事件主要特点、原因及政府对策研究[J].中国行政管理，2002(5).

不是万能的,政府的权力也是有限的,不可能解决所有人提出的利益诉求或者问题。如果政府没有处理好或者无法处理好这些问题,而社会自我调节能力不足,矛盾不能及时得到化解,也会导致矛盾的积累和冲突的激化。

第三节 公共危机治理

面对危机时,一套完备的政府危机管理体系将是降低危机损害的关键所在。近年来,我国的危机事件不断,极大地考验着政府的危机管理能力。面对各种各样的危机,对于政府而言,构建全过程的危机管理体系,不断提升政府和社会的危机管理能力,是公共危机管理的最大挑战。

政府危机管理主要是指在政府主导下,对可能发生或已经发生的危机事件,由社会各个组织和公民个人参与的,在决策、沟通、协调、控制等机制的相互配合下,对公共危机进行预警、救治、修复的全面整合的系统过程。[①] 然而,我国目前政府的公共危机管理存在一系列问题,在这种情况下,针对传统政府的管理体制而发展起来的新型治理模式——公共危机治理应运而生。

一、公共危机管理概述

危机不仅对人们的生命财产安全和环境造成极大的威胁,产生巨大的损失。它对陷入危机中的人们的情感、心理也会造成巨大的影响。同时,一些公共危机,如地震、洪水或高致命性的传染病等的影响,都已超过了个人或私人组织的能力范围,此时政府作为人民生命财产安全的保护者就负有不可推卸的责任。对危机进行管理和控制,主要是通过预防方案的制定和对危机的应急处理,以将危机造成的或可能造成的危害限制在最低限度。

公共危机管理应该是政府及其他社会公共组织针对处于不同阶段的危机所采取的措施,对危机的监测、预控、决策与处理,以达到避免危机的产生,减少危机可能带来的伤害,甚至将危机转化为机会,保护公民、社会及国家的安全。

从公共危机管理的定义中,我们可以发现,对危机的管理不是一个孤立点的概念,而是贯穿于危机发生的整个过程,包括危机发生前的预测、干预,危机发生过程中的应急性处理以及危机发生之后的恢复与重建。根据我国台湾学者黄琼瑜对公共危机管理阶段分类、整理,我们可以给出如下政府公共危机管理的流程图(见图 10-1)。

---

① 张诚.论我国政府危机管理体系中存在的问题及对策[J].学习月刊,2009(3).

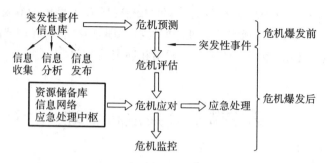

图 10-1 公共危机管理流程图

二、我国公共危机管理的现状

社会转型期,同时也对应着"非稳定状态"频发的阶段,对应着人口、资源、环境、效率、公平等社会矛盾的瓶颈约束最严重的时期,从种种迹象看,我国已经进入风险社会。但是,我国开始真正意义上的公共危机管理是在"非典"危机之后,应该说,在公共危机管理的道路上我们取得了一定的成绩。从总体上看,我国在公共危机管理领域已经建立起一套比较有特色的管理体制,清华大学公共安全中心的范维澄教授将我国特色的公共危机管理体系概括为"一案三制",其中"一案"即突发事件管理应急预案;"三制"则是指突发事件应急的体制、机制和法制。

1. "一案"——应急预案

"一案三制"是我国应急管理体系建设的核心框架。而应急管理预案则是整个应急管理体系建设的龙头,是"一案三制"的起点,预案具有应急规划、纲领和指南的作用,是应急理念的载体,是应急行动的宣传书、动员令、冲锋号,是应急管理部门实施应急教育、预防、引导、操作等多方面工作的有力"抓手"。预案为应急指挥和救援人员在紧急状态下行使权力、实施行动的方式和重点提供了方向,可以降低因突发公共事件的不确定性而失去对关键时机、关键环节的把握,或浪费资源的概率。应急预案主要由四个部分组成,即突发公共事件总体应急预案,专项的、部门的及地方的应急预案。

我国在 2006 年 1 月,由国务院授权新华社全文发布了《国家突发公共事件总体应急预案》(以下简称《总体预案》)。《总体预案》是全国应急预案体系的总纲,明确了各类突发公共事件分级分类和预案框架体系,规定了国务院应对特别重大突发事件的组织体系、工作机制等内容,是指导预防和处置各类突发公共事件的规范性文件。《总体预案》的出台使得政府公共事件管理迈上了一个新的台阶。

同时,在《总体预案》的基础上,我国还陆续出台了为应对某一类型突发公共事件而制定的《国家专项应急预案》(以下简称《专项应急预案》),根据《总体预案》各专项应急预案及相关部门职责而制定的《国务院部门应急预案》,以及各省(自治区、直辖市)按照《总体预案》及其框架指南编制和出台的地方性应急预案。目前,我国已发布的专项应急预案主要有《国家安全生产事故灾难应急预案》《国家自然灾害救助应急预案》《国家防汛抗旱应急预案》《国家地震应急预案》《国家突发地质灾害应急预案》等18项。其中在2006年1月发布的《国家安全生产事故灾难应急预案》是《专项应急预案》中事故灾难类突发公共事件9项专项预案中的首项。

2. "三制"——应急管理体制、机制、法制

我国在应急管理体制的建设中致力于建立健全集中统一、坚强有力的指挥机构。国务院是应急管理最高行政领导机构,在国务院总理领导下,由国务院常务会议和国家相关突发公共事件应急指挥机构负责突发公共事件的应急管理工作。国务院办公厅设国务院应急管理办公室,履行应急值守、信息汇总和综合协调职责,发挥运转枢纽作用。

在应急管理运行机制方面,我国主要建立健全监测预警机制、应急信息报告机制及应急决策和协调机制等。监测预警机制主要包括:建立监测机构和监测网络,由省级、市级行政主管部门对监测机构和监测网络进行检查监督。应急信息报告机制主要指建立条块结合的应急信息平台。应急决策和协调机制是指建立应急管理工作的协调机制,其作用是理顺各应急救援指挥机构的工作关系,协调《总体预案》与已有预案之间的关系。积极推进资源整合和信息共享,形成协同应对事故灾难的合力。

应该说,我国在应急管理法制建设上取得了较大的进展。我国应急管理法制体系属条块结合型,中央、省、市、县、镇(区)人民政府的纵向应急管理与国务院各部、委、地方管理局的横向管理结合,构成具有中国特色的应急管理法制体系。国家级的应急管理立法有《中华人民共和国安全生产法》《中华人民共和国港口法》《中华人民共和国公路法》《中华人民共和国矿山安全法》及《国家突发公共事件总体应急预案》《国家安全生产事故灾难应急预案》等国家专项预案、国务院部门应急预案80余项。

此外,在我国政府门户网站上,根据对危机的不同分类,给出了针对不同类型的公共危机的立法制度。自然灾害类有《中华人民共和国水法》《水库大坝安全管理条例》《中华人民共和国防汛条例》《中华人民共和国防震减灾法》等相关法律、条例;事故灾难类有《中华人民共和国建筑法》《中华人民共和国矿山安全法实施条例》《劳动保障监察条例》《中华人民共和国道路运输条例》《计算机信息系统安全保护条例》《中华人民共和国海上交通安全法》《中华人民共和国固体废物污染环境防治法》等30余件;公共卫生事件类包括《中华人民共和国传染病防治法》《中华人民共和国食品卫生法》《中华人民共和国进出境动植物检疫法》《中华人民共和国动物防疫法》等;最后一类是社会安全事件,包括社会、经济、军事、环境四个方面37项相关立法条例。

三、公共危机治理概述

公共危机治理是指,基于公共权力的合理分配,以政府为核心的多主体有效配合,充分调动各种社会资源实现公共危机的有效预警、预防、应急、评估、培训等。

公共危机治理的概念并不是一早就出现的,而是来源于公共危机管理,克服了公共危机管理中的漏洞,逐步发展而成。传统上,一般将政府对公共危机的应对统称为"公共危机管理",是指政府在公共危机事件产生、发展过程中,为减少、消除危机的危害,根据危机管理计划和程序而对危机直接采取的对策及管理活动。然而,随着公共危机事件的不断发生,在实践中,政府在应对公共危机事件中暴露出的问题越来越多,从目前公共危机应对的现状来看,我国政府不论是行政体制、运作还是管理模式已完全不能满足应对的要求。正是基于此,公共危机治理应运而生,成为我国政府应对公共危机的理论基础和现实选择。

公共危机治理是针对传统政府分割管理,分片负责,重应对、轻预防的传统管理体制而发展起来的新型治理模式,是人民对传统政府的社会基本价值观与公众利益的整合能力、协调公共利益与个人利益、满足人们需求的回应能力及执行效率等能力上的更高要求的产物。

公共危机治理是以政府为核心的多元主体在权责关系明晰的基础上,各自决策,有效配合,进行危机预警、预防、应急、评估、培训等以达到与应对公共危机相融合的制度安排。在公共危机治理中,政府不是国家的唯一权力中心,企业及其他组织在被授权或公众认可的情况下也可能成为另一个权力中心,并以此来强调危机治理主体的多元化。在政府、企业与其他组织的责任认定上,政府正在将原本独立承担的责任交给企业或其他组织,这三者间存在着权力的依赖与合作关系。在治理目标和方式上,责任的模糊化及权力的分担让三个主体只有通过建立自主自治的合作网络,在自身资源优势的基础上,通过互信增加了解,共同建立一种公共事务的管理联合体。

公共危机治理强调打破政府单一管理中心的现状,构建以政府为核心,包括政府组织、非政府组织、企业、群众在内的多主体有效配合,多元的主体在权责关系明晰的基础上各自决策,实现了"自治、共治、公治"并行的公共危机管理模式,同时将危机的绩效评估和危机后的学习培训纳入公共危机的范畴。

总体而言,公共危机治理侧重于建立决策,以维持某一目的为目标,以某公共事务为对象的综合性的政治活动,最终实现对公共危机的有效应对。[①]

---

① 梁碧珊.地方政府公共危机治理能力提升研究[D].桂林:广西师范大学,2013:17-18.

四、公共危机多元治理形成历程

1. 计划经济时期：政府为主体的一元格局

新中国成立之时，我国面临着内忧外患的局面，一方面要追求真正的民族独立和人民解放，另一方面积极努力发展经济，以实现国家繁荣富强。鉴于当时的历史背景，我国实行计划经济体制和高度集中的政治体制，对媒体和公众参与公共危机治理更是采取严格管制的措施。在这样的特殊历史时期，政府是公共危机治理的唯一参与主体，媒体则只是充当政府管理的一个工具的角色，公众基本上不参与到公共危机治理过程中。

2. 改革开放后：从一元向多元主体逐步转变

改革开放以后，我国体制方面发生了巨大的变化，经济上由计划经济向市场经济转变，政治上人民民主意识也发展到了一个新的水平，此阶段政府也不再单单依靠行政手段进行公共事务管理，从单一的行政管理向多元化的公共管理职能转变。同时，社会上也开始有更多的组织或者个人能够参与到社会事务的管理中，呈现多元主体的趋势。这意味着，在公共危机的治理方面，政府相应的政策和手段变得灵活许多，同时，媒体和社会公众都被允许参与到公共危机事件的处理中来。

3. 21世纪以来：多元主体参与格局的初步形成

进入21世纪后，我国更加注重多元主体参与公共危机治理，特别是2003年"非典"和2008年汶川大地震等重大公共危机事件的发生，让人们深刻认识到，要想有效地应对公共危机，必须凝聚社会力量，通过政府、媒体和社会组织与公众的良性互动，发挥其优势，共同应对公共危机的挑战。因此，我国开始形成以政府为主导，媒体、社会组织和公众一同参与治理的格局。

五、公共危机治理多元主体参与存在的问题

1. 多元主体的危机意识淡薄

常备不懈才能防患于未然，这是公共危机治理的关键。然而，我国长期以来缺乏危机意识，人们对危机存在侥幸心理，而且我国的危机教育体系很不健全，危机教育极度贫乏，危机知识普及不够，这些都导致了多元主体的危机意识淡薄。[①] 首先，政府危机意识缺乏，对突然发生的危机准备不足；其次，公民也缺乏危机意识，公民缺少获得危机处理知识和技能培养的途径，在危机面前往往会不知如何应对；再次，非政府组织、媒体等社会组织也缺乏危机意识，对风险监测不足。2003年的

---

① 印度. 我国公共危机治理的多元主体参与研究[D]. 大连：大连海事大学，2009：27.

"非典"疫情的扩大,除了受卫生技术的制约,在初发时对其传染性和可控性认识不足外,相关部门的危机管理意识淡薄是一个主要原因。

2. 社会的参与度依然不足

我国公共危机处理的主体目前仍然局限于政府,虽然营利组织、非政府组织、媒体、社会公众等已经开始在公共危机事件中表现得更为积极,但主要的危机处理资源还掌握在政府手中,社会参与度仍然有限,培育危机治理多元主体的工作尚待加强。

此外,全社会的应急教育、培训、演练和引导工作多停留在原则口号层面,具体要求和措施不明确,可操作性不强,社会风险防范意识和自救互助能力十分薄弱,社会中的非政府组织在这一领域发挥的作用很微弱。

3. 多元主体危机治理能力不足

首先是政府危机治理能力不足。在面对公共危机时,我国政府的领导力比较强,但是在对危机的处理中未能调动起社会力量,不能形成较为完备的危机治理体系,因此政府危机治理的实际效能会有所降低。非政府组织数量少、规模小、能力不足,在危机治理中不能很好地配合政府开展工作。媒体在我国由于受到较为严格的管制和有自身利益的诉求,危机爆发时可能出现不能及时有效地予以报道、刻意歪曲事实等现象,致使危机治理被延误。社会公众由于危机教育缺乏、公民责任意识不足等原因,危机治理能力也比较薄弱,难以在危机治理中发挥其应有的作用。

4. 多元主体之间缺乏沟通协作

公共危机的突发性要求公共事务管理者必须打破行政部门按职能分工的工作体系,迅速采取应对措施。我国现有的各部门各自为政的危机管理模式导致了我国危机治理系统条块分割现象严重,政府内部及政府与危机治理各方主体间难以形成危机协调机制,更难实现资源的有效整合和协同治理,资源只是简单地相加而无法产生协同作用,难以形成整体合力,在公共危机治理中也难以起到很好的治理效果。

六、实现公共危机多元主体协同治理的措施

1. 强化多元主体参与和协同治理危机的意识

危机治理需要全社会的共识和危机治理意识。首先,要破除政府本位意识,随着社会的发展,服务型政府的理念已经逐步深入政府部门和官员的心中。服务型政府以公民本位、社会本位的理念为指导,强调"以社会公众为服务对象,以多元参与为服务形式,以合作协调为服务基础,以满足公众需求为服务导向"。在公共危机治理中,要重新审视公民、社会组织、媒体在公共危机治理中的作用和价值。其

次,也要强化公民和社会组织参与危机治理的主体意识和公共精神,更强的主体意识和责任意识会使他们对于自己的权利和义务有着更深的认识,使之自觉参与公共危机治理,主动与政府和其他主体进行合作互助。

2. 提升各主体参与和协同治理危机的能力

公共危机治理多元主体参与和协同能力的提升,既需要"战时"的统一领导和协调,也需要平时的演练与配合。只有加强平时的教育、培训与训练,才能在危机治理过程中以恰当的程序和方式参与危机治理,协同应对,将多元主体的合力发挥到极致。①

首先,要对危机领导人员和公务人员进行专业的危机治理培训,使其掌握危机中的领导方法和艺术,妥善处理好与媒体和社会各界的关系。其次,通过教育和培训提高专业救援队伍、社会组织等主体的危机治理能力。还要建立和完善有关社会组织的法律法规,使其从事的活动有法可依,给予社会组织相应的政策倾斜,通过资金的注入和免费的人员培训提升其自身管理水平和运作能力,以更好地促进双方的合作。最后,建立信息公开制度,借鉴国外媒体在危机传播中的成功经验,提高媒体的危机传播水平,发挥媒体"稳压器"和"协调器"的功能。

3. 健全公共危机多元主体治理的外部机制

健全公共危机治理主体的法律规范和权责体系,明确社会组织、公民、媒体等参与危机治理的主体地位、权利和义务,使政府尊重非政府主体参与危机治理的权利,发挥各主体的优势,实现功能的有效互补,减少公共危机治理中的缝隙和空白。

建立公共危机治理主体多元化的激励机制和监督机制。多元主体在参与公共危机治理时可能呈现两种倾向:不愿参与或是利用参与的机会攫取个人或组织的私利。为了避免这两种倾向对危机治理的危害,必须建立与之对应的激励机制和监督机制。对于参与危机治理的组织和个人可以提供必要的资金支持,还可以通过充分授权、提高社会美誉度等精神强化法,刺激非政府主体参与危机治理的积极性。汶川特大地震发生时,诸多民间组织发挥了巨大的作用,政府应充分培养和发展应对各种公共危机的专业化民间救援组织。同时,政府也应建立健全监督机制,防止社会组织、媒体等主体违背社会公共利益的自利行为,政府可以搭建起一个监督体系网络,充分发挥监督部门、新闻媒体和群众监督的作用来打击侵犯社会公共利益的行为。

建立危机协同治理的信息沟通机制和信息平台。加强信息沟通与共享,既要强化政府部门之间的信息沟通与共享,更要建立制度化的机制,以促进政府与非政府主体间的信息沟通与共享。信息若不能共享,会造成信息资源的巨大浪费,增加各主体收集信息的成本,不利于危机的协同治理。因此,政府要主动公布信息,及

---

① 徐双敏,罗重谱.公共危机治理主体多元化的实现策略[J].长白学刊,2010(5).

时而客观地发布危机信息,满足公众的知情权。非政府主体也要发挥各自的优势,将收集到的第一手信息及时传达给政府。社会组织上联政府,下联基层民众,更利于掌握基层情况,也要将信息及时与其他主体共享。媒体作为社会的"守望者"和"信息的捕捉者",可以通过各种传播工具将信息及时传达给公众。

基 本 概 念

公共危机问题　风险社会　公共危机事件　群体性事件　转型时期　政府公共危机治理

思 考 题

1. 什么是风险社会?
2. 简述公共危机理论。
3. 简述社会转型期群体性事件的趋势及其成因。
4. 我国政府公共危机的具体表现是什么?
5. 谈谈如何提高我国政府治理公共危机的能力。
6. 选取一个社会热点公共危机事件,完成对其案例的分析。

第十一章

性 失 范

罗宾曾呼吁:"现在是应该思考性问题的时候了。对某些人来说,性似乎是一个不重要的话题,它把人们的注意力从一些重要的问题,如贫困、战争、疾病、种族主义、饥荒或原子毁灭的问题上,转移到这个无足轻重的领域。然而,正是在此时此刻,当我们的生活面临着难以想象的可能性时,人们更容易陷入对性问题的危险的狂乱之中。"①

伴随中国社会的转型,人们的价值观念、行为模式都发生着巨大变化。性作为一种社会行为和社会建构,也正发生着变化。在这一变化过程中,产生了一系列性失范问题,这正是本章所要分析的。

第一节 理论传统

一、关于性的基本概念

1. 性存在

这是性社会学的核心概念,大体对应英文中的 sexuality 一词。人在社会生活中有三种存在,即生理存在、心理存在和社会存在。一般认为,性存在同样也有这三个方面的表现。①性的生物存在,即人们通常所说的"性"。它是指男女特定的性生理结构表现为男性的性染色体是 XY,女性的性染色体是 XX;男女内生殖器的结构不同;男女外生殖器各异;第二性征的不同。②性的心理存在,是指人这个主体对于"性"的主动的或被动的认知、感受及行为倾向性等等。③性的社会存在,指的是由社会所规定的具有性的性质的活动与过程。上述三个子系统加在一起,产生一个更大的系统,就是性存在。它可以概括为:在特定的社会时空中,以人的

---

① 何雪松.社会学视野下的中国社会[M].上海:华东理工大学出版社,2002:114.

活动为载体所表现出来的、被认为是"性"的那些现象。

2. 性欲

性欲,又叫性驱力或性动机,是指个体对性行为的兴趣以及在某种性刺激下所产生的性交欲望。它是人类在有意识或无意识的性活动中获得身心快感的一种欲望。从本能的意义上说,性欲是生理上的,但人的性欲满足的条件与方式,却是与人的社会文化现实相关的,因而与动物有本质区别。

3. 性行为

人的性行为一般是指性成熟后的男女之间的带有性满足意义的活动,包括拥抱、接吻、手淫、通过性具获得快感以及性交。从生物学的意义上说,只有异性的性交行为才会导致精子与卵子的结合,从而创造生命。大多数性行为与精卵结合无关,如同性恋、手淫、性幻想、使用性具等,与性交行为不能混为一谈。因此,广义的性行为是指一切实现性欲望、满足性需求,包括性生理需求和性心理需求的行为活动。[①]

二、性的社会学理论

1. 结构功能理论

长期以来,功能主义把性行为置于婚姻的背景中进行研究,因此他们把性行为界定为婚前、婚内或婚外。功能主义对性行为的研究主要集中在两个方面,一是性行为的功能;二是如何正确对性行为进行控制。

在功能主义看来,性行为的功能主要表现在:快乐功能,性行为的享乐是建立在性爱基础上的,完善的性爱艺术能使人充分领略性的快乐;健康功能,性行为的享乐功能使人产生良好的情绪体验,性快感既可以带来感官的满足,也可以带来精神的满足,这些都有利于人的健康;生育功能,性行为的最基本的功能是生儿育女,从而达到维持种族繁衍、保存和延续的目的。

在功能主义看来,之所以要对性行为进行控制,是为了保护家庭,而保护家庭又是维护良性运行、协调发展所必需的。社会对人的性行为的控制采取这样几种方式:一是进行知识控制,使人们接受正统知识的指引,使自己的性行为符合社会规范;二是利用风俗习惯控制;三是加强道德控制;四是加强法律控制。

也有西方学者分析了性越轨行为的功能。如金斯利·戴维斯提出,卖淫是具有社会功能的。因为一方面,比起其他手工劳动,它为女性性工作者提供了一个不太劳累又收入较佳的选择;另一方面,它又满足了许多离家的、太老或太不吸引人而无法获得性安慰或是想体验某些在家里不能满足的性行为的男人的性需要。戴

[①] 陈一筠,王秀芳.青春期人生教育手册[M].北京:社会科学文献出版社,1997:48.

维斯说,令人感到讽刺的是,即使是在社会谴责卖淫不道德和堕落的同时,其存在却维护了道德体制。因为它提供了一个不破坏家庭体系的性的排遣途径,而投入更多感情的婚外关系则对家庭体系造成更大破坏。①

2. 冲突理论

从冲突论的角度来看,社会权力阶层将自己的性价值标准和性规范强加到没有权力的人们身上,从而对性行为进行正当和不正当的、道德和不道德的、合法和不合法的界定。如果个体接受了权力阶层的性标准,符合权力阶层的性规范,其性行为才会被认为是"正常的",否则就会被视为"不正常"甚至贴上"变态"的标签。权力阶层将其性标准和性规范制度化,并通过社会化作用在代际传递。权力阶层还可以利用各种媒体来宣传、强化其性标准和性规范,形成强大的社会舆论压力,迫使整个社会接受其性标准与性规范。同样也可以用媒体来削弱或否定其不赞同的性标准与性规范,扫清推广自身性标准、性规范的障碍。

冲突理论对卖淫活动做出了与功能理论完全不同的解释。冲突论者认为,卖淫活动揭示了生活中男女两性不平等的社会关系。社会之所以有那么多的女人向男人出卖自己的身体,而很少有男人向女人出卖自己的身体,这本身就是男女两性社会不平等的结果。男人(皮条客和嫖客)不断地以剥削妇女为代价从中获利,而妇女只有在还拥有年轻、美貌和健康时,才具有价值。警察打击和逮捕行动主要针对女性性工作者,而不是男性嫖客。尽管在一些地方,男性嫖客现在也受到指控,但男性嫖客所受到的处罚要比女性性工作者轻得多。社会舆论对女性性工作者的谴责也要比男性嫖客大得多。此外,大多数妇女之所以成为女性性工作者,在冲突论者看来,也是社会不平等的结果。她们之所从事这项"职业",是因为她们没有知识、技能,处于社会底层,除了自己的性能力而没有其他谋生手段,因而"被迫"走上这条道路。

3. 相互作用理论

相互作用理论强调日常生活中人与人之间的互动关系,而不强调影响人生活的宏观社会力量。在性行为的研究方面,有代表性的理论观点有性网络理论、性越轨者的自我界定理论。

性网络理论是约翰·盖格农等人于 20 世纪 80 年代创立的。这种理论的最小研究对象和基本调查单位是多个人所组成的性关系网络,而不是单个人的性行为。其基本假设是:一个人跟不同的人发生性关系时,会有不同的性行为方式。例如,A 与 B 性交过,B 又与 C 性交过,而 C 则与 D 和 E 性交过,那么这五个人就形成一个性网络单位。其中任何一人的性观念、性态度与性行为等,都必须放在这个网络

---

① 文森特·帕里罗,约翰·史汀森,阿黛思·史汀森.当代社会问题[M].单弘,蔡翔,译.4版.北京:华夏出版社,2002:124.

中加以考察才能探索出其意义。这种理论被称为"艾滋病时代的性的社会组织学"。它强调性的人际关系与互动,因此正在被推广用于预防艾滋病的工作中。

相互作用理论对卖淫等性越轨行为也做出了独特解释。在相互作用理论看来,一个原先与占统治地位的价值标准一致的妇女,一次偶然的、孤立的卖淫行为,若被社会贴上卖淫的标签,具有了这种社会身份,就会逐渐发展自己认同的价值准则和行为模式以加强其自我的价值。她们认为自己是诚实和值得尊敬的,嫖客则是虚伪的,而她们的工作对没有稳定性生活的或性压抑的男人有所帮助。这样她们逐渐形成了自己的亚文化,完成了自我界定,从而开始职业性工作生涯。一旦她们接受了这种亚文化,就会轻蔑地认为那些依附于男人的妇女,其实也是伪装了的女性性工作者,这样把女性性工作者人群范围扩大化,以此来证明她们自身行为的社会价值。

4. 女权主义理论

在女权主义者看来,妇女卖淫现象,是男女两性不平等的结果,是男性霸权的象征与表现。女权主义理想中的社会应当是一个没有妇女卖淫现象的社会,因此西方女权主义者当中有许多人持有坚决取缔卖淫的观点。但是,由于没有一个社会能够真正彻底消灭卖淫活动,简单地打击卖淫反而会伤害到卖淫妇女,如寻求黑社会势力的庇护;更因不少卖淫妇女对女权主义的帮助不但"不领情",反而要争取自己支配自己身体的权利,就使卖淫问题极度复杂化了。尽管今天有些女权主义者持赞同卖淫、主张卖淫合法化的立场,认为这是妇女尤其是底层妇女的一种"职业选择",是妇女获得收入,维持生存的一种形式。但是大多数女权主义者都主张,卖淫象征和固化了有害的男性霸权,它不仅有损于那些出卖自己身体的妇女,而且也会对社会中全体妇女造成伤害。

第二节 违规性行为

一、违规性行为的概念

违规性行为是指违反社会规范的性行为,但它与违法性行为具有本质上的区别。区别主要在于发生性行为的双方是处于自愿,不受对方的强迫、威逼、利益上的引诱和违反对方主观意愿,对他人不产生直接的危害。但违规的性行为是在当时的社会环境下不为大多数人所接受的或遭到大多数人反对的性行为,是不符合特定社会环境和时代道德的性行为。[①]

在不同的国家或地区，对性行为的社会规范不同，即便在同一个国家或地区，因所处的时代不同，对性行为都有不同的规范和要求，因此，对违规性行为的界定也就不同。总体来讲，违规的性行为是指违反了当时的社会时代、文化环境等背景条件下社会规范的性行为与性活动。在当今社会，绝大多数国家或地区，都将婚前性行为、婚外性行为视为违规的性行为。违规性行为具有以下几个特点：

1. 违规性

违规性行为的主要特征就是违反了主流社会的性规范。社会性规范的构成主要是指当时社会文化环境中的性道德、性风俗习惯和宗教政策中关于性行为的约束。这些性规范一般情况下，除宗教教义中有成文的规定外，其他的性社会规范是不成文的。

性道德是指调节人类性行为的道德规范，它是用特定的伦理道德原则去指导、规范个体的性行为，这是人类区别于其他动物的一个重要标志。纵观人类发展的历史，不难发现世界上所有文明民族的历史上都曾经有过严格的性道德，有时甚至严厉到成为性禁锢。性道德不是一成不变的。不同的国家或地区、不同的历史阶段、不同的民族和社会文化氛围，性道德的内涵是不同的。我国目前主流的性道德原则包括自愿原则、无伤害原则、婚姻原则、相爱原则、隐秘原则、平等原则等。[②]

风俗习惯对人们的性行为也有很强的规范作用。这种规范作用既有非强制性的一面，那就是自幼的熏陶和潜移默化，又有强制性的一面，如果一个人的性行为违背了当时当地的风俗习惯，就会被人认为不守祖宗留下来的规矩，甚至大逆不道。这种巨大的社会压力迫使人们不得不年复一年、代复一代地依循旧的轨迹而行动。例如，常见风俗习惯中有通婚禁忌，在中国汉族传统中一直有"同姓不婚"的遗规，在传统风俗观念中历来被认为人所以有姓，是为了别婚姻、重人伦，而同姓不得相娶是因为"娶同姓者一国同血脉，遂至无子孙"[③]。

不同的宗教信仰，其宗教教义中对性行为也有不同的规定，一些教派宣扬放纵性行为，一些教派宣扬压抑性行为，一些教派甚至对具体的性交形式都有严格的限制。

2. 相对性

违规性行为的相对性是指在一定程度上，在特定的时间、环境下所构成的性行为。具体的性行为是否属于违规，要看具体的时间、场合等条件，在一些场合、群体中发生的性行为可能是违规的，但在其他的场合、群体就可能不是违规的性行为。

---

① 陈乐,唐毅红.性社会学[M].西安:第四军医大学出版社,2006,108-109.
② 冯峻,李玉明.大学生健康教育[M].成都:四川大学出版社,2015,97.
③ 余和祥.中国传统性风俗及其文化本质[M].北京:商务印书馆,2014,81.

例如,夫妻在自己的卧室中进行性交,是正常的,但如果在公共场所、其他人群中进行性交,即使是夫妻关系,也被认为是违规的。

3. 非社会主流性

性行为是否违规,是随社会环境、宗教教义、文化背景等环境的发展而发生变化。但在特定的历史阶段和社会环境中,与当时的社会主流思想相违背,不被当时的社会所接受,不被当时多数人赞成的性行为就是违规性行为。违规性行为是社会不提倡的行为,也是社会抵制的行为。虽然有可能部分人对此赞同,但在整个社会群体中,他们只是少数人,甚至是极少数人,并不是社会主流。[①]

二、违规性行为的形式

我国目前的性规范,是建立在以合法婚姻为基础的原则上。所以,一切违背了合法婚姻关系的性行为都是违规的。对于一些具体的性行为方式,在我国的几千年历史中从来就没有明确的限制,只要是性行为的对象符合社会规范要求,对具体的性行为并不进行干涉。西方社会曾将某些性行为规定为非法,主要是受宗教思想的影响,在现代社会中,由于对性的宽容度增加,许多具体的性行为已经被社会所接受,已经为社会性规范所接纳,许多国家采取措施,对一些具体的性行为进行非罪化改革。但社会对性规范的看法,依然要符合当时社会环境和社会发展的需要,即使是在现代极度开放的西方社会里,对性的规范依然是明确的,依然对违规的性行为持否定态度。目前,社会对违规性行为的分类来看,违规主要有婚前性行为和婚外性行为两种。对于这两种性行为中的交叉行为,即一方是已婚和另一方是未婚进行性行为,我们把它归纳到婚外性行为中进行讨论。

(一) 婚前性行为

婚前性行为,主要是指未婚男女在恋爱期间发生的性交行为。一般来说,婚前性行为的特点是双方自愿进行,不存在暴力逼迫现象,但没有法律保证,不存在夫妻之间应有的义务和责任;会产生一系列的纠纷和严重后果。因此,这种行为是被社会舆论所反对,这是一种违规性行为。婚前性行为作为一种社会现象,在世界范围,包括中国颇为普遍的存在,近年来发生率呈上升趋势。[②]

婚前性行为,主要表现形式有两种。

(1) 冲动型婚前性行为。

冲动型的婚前性行为,是指已经建立了恋爱关系的男女双方在亲密接触中而

---

① 陈乐,唐毅红.性社会学[M].西安:第四军医大学出版社,2006.
② 国家教委职业技术教育司.学生健康指南[M].北京:九州出版社,1997.

发生的。随着社会风气的发展和变化,恋爱双方的交往也越来越密切,在恋爱中双方发生亲密的身体接触,从而引起性冲动,在难以克制的冲动之下发生婚前性行为。

在现代社会环境里,许多年轻人热衷于谈恋爱,把谈恋爱当作活跃生活气息、促进交往、获得友情的方式,他们在亲密接触中很容易诱发性冲动,会迅速产生性需求的欲望,但由于"贞操观"的淡漠,缺乏克制能力,在冲动之下很容易发生性行为。

(2) 试婚型婚前性行为。

试婚是已经准备结婚的青年男女在履行法定结婚登记手续之前居住在一起,尝试婚姻生活的行为。试婚行为在目前的年轻人中是比较常见的,其目的是为了尝试双方能否一起建立家庭、过夫妻生活,能否适应对方的生活习惯。在尝试的过程中,男女双方要对对方的人生观、价值观、性格、爱好、生活方式、为人处事方式及性能力进行综合的评价,最后才能确定是否把对方作为终身伴侣。许多人认为,恋爱时看对方都是美好的、可爱的,许多缺点或缺陷也不一定能够发现,而婚后的生活是如何,双方都不了解,不知道结婚之后能否继续相处得很好,能否实现原来所希望的那种美好的家庭生活。双方既希望美好的婚姻家庭生活,又害怕婚后生活出现种种不理想的局面,因此,在没有十分把握的时候,采取试婚的方式来体验婚后生活,使双方都保持一定的重新选择权利,既能享受婚姻的性关系和生活,又可以回避许多约束。但是,大千世界也不能排除还有打着试婚的幌子玩弄他人感情的骗子。有这种动机的试婚者多为男性,在他们看来,试婚是个与多名女性保持性接触的好借口,既满足了自己的欲望,又不需要付出任何经济上或心理上的代价。

(二) 婚外性行为

婚外性行为,有许多不同的定义和范围,在用词方面有许多不同的叫法,如"娇居""婚外恋"或"第三者"等,对一些特定的对象又有"傍大款""养小蜜"等流行术语。这里所说的婚外性行为通常是指已有配偶的一方与他人发生性交的行为。这种关系可以是一次性的,也可以是长期的。长期的婚外性行为一般是与某一固定性伴侣进行的,这一点与其他性行为有所不同。它是男女双方自愿进行的,其间既没有强奸行为的胁迫,也没有卖淫行为的金钱关系,而只是一种男女双方肉体上的互相满足。更为重要的是,婚外性行为大多是以爱情为基础的,是婚外恋的必然产物。当然,有些婚外性行为者只是为了玩弄异性,追求感官刺激,情和爱是次要的。[1] 但是如果婚外恋仅仅是恋爱关系而没有性的关系,则不属于这里所说的婚外性行为。

---

[1] 周运清.性与社会[M].武汉:武汉大学出版社,2005.

婚外性行为,有两种不同的形式,一种是偶发型的婚外性行为,另一种是长期型的婚外性行为。

(1) 偶发型婚外性行为。

偶发型婚外性行为,俗称"一夜情"。对于怎样的行为可以界定为是一夜情,可能在认识上还存在着分歧。一种观点认为,一夜情仅是指男女之间的一夜(次)发生性关系,这种观点是建立在对次数的判断上;另一种观点认为,一夜情不一定只是指一夜(次),判断一夜情的标准应该在于男女双方的动机而不是次数。具体到后一种观点,所谓"动机",即双方发生性关系这一行为本身不存在金钱、利益或其他因素的影响,而只是单纯出于一种人之本能的冲动或者由于一时失去理智而做出的行为。由此来看,暂且不论一夜情在次数上究竟有无判定的标准,就其持续时间而言,它应是一种"暂时的"或"短暂的"行为,一旦人们在清醒状态或恢复了理智之后,这种行为将会结束。潘绥铭在其完成了三次全国18～61岁的总人口调查时发现:在男性中,曾经有过一夜情的在2000年占到2.0%,到2006年增加到4.3%,到2010年再次增加到8.7%;在女性中则分别是0.0%、1.4%和4.1%。[①]

(2) 包养型婚外性行为。

包养型婚外性行为,俗称"包二奶""养二爷""养小三",相对于"一夜情"来说,"小三""二奶"这一角色的持续时间较长,也就是说,一个"第三者"的出现往往是伴随着一个婚姻家庭而不断继续的。典型的"第三者"一般都希望与某一已经结婚,即有家庭之异性结婚或者是直接导致对方原有的婚姻关系破裂,他们往往打着爱的名义而以实现某种需要为目的,不顾一切地得到自己想要的东西,其带来的结果多数情况就是造成原本幸福的家庭婚姻关系破裂。当今社会还有一个词叫作"包二奶"或"养二爷",他们无疑也是作为"第三者"身份出现的,只要他们存在,对于原本的婚姻关系和家庭必定会受到威胁和一定程度的伤害。

三、违规性行为的控制

对违规性行为进行控制,一方面需要弘扬正确的性道德观和性规范,另一方面需要加强对性道德和性规范的教育。

(一) 弘扬正确的道德观和性规范

性行为规范是社会对两性关系、性意识、性行为的具体规则,它受社会道德的制约,是社会道德的延伸。遵循性规范就要遵循社会道德,树立正确的道德观是确立正确的性规范的前提。我国以社会主义道德观为前提的性规范,主要有以下几

---

① 潘绥铭,黄盈盈.性之变:21世纪中国人的性生活[M].北京:中国人民大学出版社,2013.

个方面。①

一是以真挚的爱情为前提,以合法的婚姻为基础。性行为只能发生在彼此相爱的合法夫妻之间,这种性行为才能受到法律的保护。即使是有真挚的爱情前提下发生的婚前或婚外性行为,也是对社会道德的不尊重。

二是坚持合法、自愿的原则。按照社会主义道德对性规范的要求,性行为必须是在合法的婚姻关系内进行,即使在合法的婚姻内,夫妻双方发生性行为也必须是相互自愿,而不能强制、粗暴侵犯对方的性权利。对于婚前、婚外的性行为等,即使双方出于自愿,也是违反社会道德的,有些甚至是违法行为。

三是履行遵守公序良俗、隐秘的义务。在合法的性行为中,还要履行遵守公序良俗、隐秘的义务,虽然夫妻间的性活动是合法的,但也不能肆无忌惮地进行。我国的性规范虽然没有规定哪种性交方式是违规的,但夫妻间的性交方式也必须尊重对方的意见,不能采取对方反对的性交方式。同时,由于性行为是绝对的个人隐私活动,所以要选择性行为的隐秘场合,不能因为是合法的性行为就可以在公共场所进行。

(二) 加强性道德教育

从性道德教育的内容上来看,性道德教育是培养人们知、情、意、行的过程。知,是指性道德认识,是人们对一定社会两性道德关系及其理论、规范的理解和看法,这是人们形成和发展自身性道德的认识基础。情,是指性道德情感,是人们在认识基础上形成的,运用一定的性道德观评价自己或他人性关系行为而产生的一种内心体验和主观态度。意,是指性道德意志,是人们为了达到性道德目标而产生的自觉能动性,它常表现为意志活动,即为了实现个人确定的目标而严格约束自己和克服困难的能力。行,是指性道德行为,是人们在一定性道德修养认识和性道德情感支配下采取的行动。②

从性教育的教育方式方法来看,需要构筑全方位的性道德教育体系。首先,家庭的性道德教育是前提和基础。家长要充分认识到性教育的重要性,尽可能地向孩子传授科学的性知识,树立正确的道德观念。其次,学校是青少年性道德教育的主渠道。一方面,学校要充分认识到性道德教育的重要性和必要性,认识到性道德教育的深远意义,将性道德教育提到学校工作的议事日程上来。另一方面,抓好性道德课堂教学和校园文化建设,提高性道德教育师资水平,编写性道德教材,提高性道德教育效果;开展丰富多彩的校园活动,提高青少年的审美能力和道德情操。最后,营造文明、健康的社会环境是关键。社会应加强对文化事业,特别是大众传

---

① 陈乐,唐毅红.性社会学[M].西安:第四军医大学出版社,2006.
② 李鹰.青少年性教育[M].济南:山东人民出版社,2006.

媒的管理，为整个社会创造一个讲道德、文明健康的社会环境。提高文化产品质量，为人民提供更多更好的精神食粮，要提高文化领域的行业门槛，强化从业人员自身素质，从文化活动的源头抓起，为文化活动注入精神养分；要强化文化工作的思想引领，坚持用科学发展观和社会主义传统美德统领文化工作，从而有利于树立先进的道德观；用社会主义核心价值观抵制落后愚昧的文化，弘扬优秀民族文化、传播先进文化以宣扬社会之正气。

第三节 性 交 易

性交易，即卖淫嫖娼，是指异性之间或者同性之间以金钱、财物为媒介，发生性关系的行为。客观上表现为卖淫、嫖娼。卖淫是指行为人为了获取一定数量的钱财与不特定的他人发生性关系的行为。嫖娼是指行为人支付一定数量的钱财以换取与不特定的他人发生性关系的行为。卖淫嫖娼可以发生在异性之间，也可以发生在同性之间。主观上表现为故意，行为人明知自己的行为侵犯社会管理秩序和良好社会风尚而实施该行为。本节将主要讨论女性对男性的卖淫现象。

一、性交易死灰复燃

性交易是一种古老的社会现象。陈锋、刘经华在《中国病态社会史论》中认为，数千年的中国娼妓史，大体和世界各国的情形一样，分为三个阶段：宗教卖淫时期，殷商时代；官营娼妓时期，始于春秋，鼎盛于唐、宋、明代；私营娼妓时期，盛行于明、清以及近代。[①] 1949年新中国成立之后，中国政府采取强有力措施，开展了卓有成效的禁娼运动。上海1949年至1955年逮捕妓女5333人。全国查封妓院84000多所。经过多年的努力，1957中国大陆卖淫嫖娼活动基本绝迹，20世纪60年代初中国政府宣布中国无娼妓，20世纪70年代初期，中国基本上没有卖淫嫖娼活动。[②]

20世纪70年代末80年代初期以来，卖淫嫖娼现象在中国又死灰复燃并急剧增多，在部分地方甚至泛滥成灾。卖淫嫖娼活动，20世纪70年代末最初出现在我国东南沿海的大中城市，逐渐向全国内陆和大中城市发展，再由城市向农村乡镇蔓延。据统计，1985年至1997年，全国公安机关共查处卖淫嫖娼案件128.3万起，

---

① 陈锋,刘经华.中国病态社会史论[M].郑州:河南人民出版社,1991:358.
② 何雪松.社会学视野下的中国社会[M].上海:华东理工大学出版社,2002:122.

涉案人员 250.8 万人,年均 8.9 万起、19.3 万人。① 全国公安机关自 2002 年至 2006 年共查获卖淫嫖娼案件 83.3 万余起,查获涉案人员 182 万余人,年均 16.7 万起、36.4 万人。由于卖淫嫖娼活动的隐蔽性,被查获的卖淫嫖娼活动要低于实际的卖淫嫖娼活动,实际规模难以统计。

二、当前中国性交易的主要特点

1. 性交易半公开化

过去卖淫嫖娼主要是"地下"行为或者说"暗地"行为,现在卖淫嫖娼已经由"地下"转向"地上",由秘密转为公开,由暗到明。如火车站、汽车站一带,被一群"拉皮条"人员所污染,她们公然拉客谈价钱,商定好后再由"拉皮条"人员带至其他租住地进行卖淫嫖娼;许多沿街小店面,屋内灯光灰暗,小姐穿着暴露,这些表面美其名曰休闲浴足、保健按摩、美容美发、桑拿浴池,其实则是卖淫嫖娼的窝点。少数城市甚至出现"红灯区",以繁荣"娼"盛的名义容忍卖淫嫖娼,甚至以"无娼不富"的名义纵容卖淫嫖娼。

2. 性交易组织化

20 世纪 80 年代初,娼妓、嫖客之间大多都是直接联络,自行其是,也就是说,主要为个人行为,不具有组织性。随着卖淫嫖娼范围的不断扩大,人员不断增加,公安机关打击力度也不断加大,卖淫嫖娼人员为了更有效地进行违法活动以及逃避公安机关的打击,卖淫嫖娼组织化日益明显,出现了许多卖淫嫖娼团伙。据统计,2002 年至 2006 年,公安机关共查获组织、强迫、引诱、介绍他人卖淫嫖娼团伙 1.6 万余个,查获团伙人员 5.5 万余人,打掉卖淫嫖娼窝点 2.3 万余个。在这些团伙中,有组织者、策划者,组织严密,分工明确,纪律森严。在个别地方甚至出现了带有黑社会性质的卖淫犯罪集团,他们以招募、引诱、强迫等手段组织他人卖淫为业,兼营抢劫、敲诈、盗窃、杀人等犯罪活动。有的团伙以同籍贯的妇女组成,如沿海地区出现的"湖南帮""广西帮""吉林帮""上海帮""四川帮"等等,其特点是规模较大;在某些地方则出现了以兄妹、夫妻等亲缘关系结成的小规模的卖淫团伙,也有以朋友、同乡等熟人关系结成的卖淫团伙。

3. 性交易主体多元化

以前,卖淫嫖娼人员只集中在一小部分群体中间,现在已经扩展到了各类群体。根据抽样调查,现有卖淫人员中,以农民居多,占 1/3,无业人员约占 1/4,工人约占 1/5,教师、学生等其他从业人员约占 1/5。② 20 世纪 80 年代初,只有嫖客中

---

① 何雪松.社会学视野下的中国社会[M].上海:华东理工大学出版社,2002:122.
② 张纯利.我国卖淫嫖娼的发展态势、原因及对策研究(一)[J].山西警官高等专业学校学报,1998(1).

有外籍人,如今卖淫妇女中也有外国、境外地区妇女。他们通过边境来中国卖淫,有印度、越南、缅甸等地的妇女。从文化层次来看,虽然卖淫妇女中绝大多数文化程度都比较低,但呈现出向高文化层次渗透的趋势,大学生、研究生,甚至大学教师、科研人员也有从事卖淫的。特别是在大城市,一些受过高等教育的大学生、研究生从事卖淫并不鲜见,她们通常出入高档宾馆、夜总会、休闲会所,服务于"成功人士",成为卖淫人员中的"佼佼者"。就职业来看,嫖客既有农民、工人、个体户、汽车司机,也有党政干部、大学教授、科研人员等职业声望较高的人群。从年龄上看,参与卖淫嫖娼活动的有成年人也有未成年人,且低龄化趋势比较明显。

4. 性交易动机多元化

新中国成立前,妇女卖淫基本上是生活所迫。或者为维持贫困家庭起码的生计而卖身,或者孤苦伶仃,生活无着而卖身。毫无疑问,她们是被剥削的产物,是受压迫的对象。然而现今的卖淫人员不是这样,她们卖淫多是出于自愿卖淫,相当一部分不是解决温饱问题,而是把卖淫作为一种致富手段。有调查显示,认为因生活困难卖淫的只占 1/5,被逼迫卖淫的约占 1/10,因婚外恋、家庭纠纷、报复的约占 1/5。另外,有的妇女之所以从事卖淫活动,是为了满足追求超现实、超自身条件和能力的物质欲望,以及单纯追求性刺激。卖淫人员对"不卖淫就无法生活"的问卷调查基本上持否定态度。[①] 部分卖淫者也可能是因为失恋或夫妻离异所致,以卖淫作为其寻找欢乐和安慰的途径,或者以卖淫作为其报复他人和社会的方式。还有的卖淫者属于淫乐型,主要是为寻求感官刺激,追求所谓"高层次"的精神享受而主动供人淫乐,并收取财物。有的卖淫者则是为了达到某种特殊目的,如就业、提拔、解决户口、出国等,不惜以自己的身体换取对方的支持和帮助,最后不自觉地走上卖淫歧途。可见,从卖淫人员的心理动机看,明显具有经济性和非经济性并存、复杂多样的特点。

5. 性交易联络方式的科技化

随着社会科技的不断进步和通信手段的日益便捷,卖淫活动的联络方式逐渐呈现出科技化、智能化的特点。在今天,卖淫活动已经由过去简单的妓女和嫖客的直接会面确定交易转变为采用各种高科技手段牵线搭桥。电话成为常用的联系工具。尤其在宾馆饭店的客房中,电话备受卖淫人员的青睐。每到夜晚,住宿者常常会接到是否需要提供特别服务的电话。电话联系不仅高效快捷,而且可以不加避讳说明意图,讨价还价,也可以避免直接见面联络而产生的风险,卖淫人员也因此变得有恃无恐,少有顾忌。网络的发展和普及,更是为卖淫嫖娼者提供了诸多便利,拓展了卖淫人员的联络空间和渠道,而嫖娼者也多了一分主动,通过网络寻找认为合适的对象。而且往来传递的信息更为丰富多彩,文字图片一应俱全,使双方

---

① 张纯利. 我国卖淫嫖娼的发展态势、原因及对策研究(二)[J]. 山西警官高等专业学校学报,1998(2).

多了一些选择和互动,提供了更多的便利。

三、性交易控制

卖淫嫖娼已成为我国当前较为突出的一个社会问题,要遏制和消灭这一丑恶现象,必须采取综合治理的手段,既要惩治,又要预防,多管齐下,标本兼治。

1. 统一思想,纠正偏差认识

卖淫嫖娼这一丑恶现象在20世纪80年代初出现以来,达到目前如此猖獗的程度,与社会对卖淫嫖娼的严重性、危害性认识不足,未能采取有力的措施加强预防和查禁有关。因此,要有效遏制和彻底消灭这一丑恶现象,首先必须统一思想,纠正一些认识偏差。这些认识偏差归纳起来主要有以下几种。

(1) 繁荣"娼"盛论。

这种观点认为经济要发展,旅游业要发展离不开娼妓,适当的妓女有助于吸引国外的投资者和外地的经营者,有助于改善投资环境,特别是有助于酒店业、餐饮业、文化娱乐业、出租汽车业、服装美容业的发展,因而是利大于弊的。在这种思想指导下,对卖淫活动恨不起来,没有打击的积极性。其实,这一认识误区在于,将打击卖淫与发展经济建设对立起来。外商来到某一地区投资,主要是看投资的政治、经济环境,投资的回报率,而不是当地的生活方式。可以说没有哪位投资者将可以嫖娼作为投资的重要条件和选择的标准。如果他将允许卖淫嫖娼作为投资条件,他为何不将资金投向卖淫嫖娼公开化的国家而要到明令禁止卖淫嫖娼的中国?同样如此,吸引外地经营者需要考虑提供丰富多彩的闲暇生活方式,但并非要提供卖淫服务。没有娼妓就会影响经济发展的理论是十分荒谬的。[①]

(2) "难免论"。

这种观点认为,随着改革开放的深入和社会主义市场经济的逐步建立和发展,卖淫嫖娼现象的出现是难免的,它是商品化的泛滥所引起的必然结果,只要不影响经济发展,出点问题也无可厚非。这种理论实际上是把男性的性欲看作一个恒定的常量,认为卖淫嫖娼是人的自然属性的要求,如果不把娼妓作为释放的渠道,社会问题,诸如强奸与同性恋将更为严重。这种观点还认为,卖淫嫖娼活动属于私事,"两相情愿",活动十分隐蔽,无从打击,防不胜防。

(3) "短期行为论"。

这种观点认为,卖淫嫖娼只是转型时期的一种过渡现象,只是极少部分人的生活与行为方式,不是影响社会稳定、国家安危和民族兴衰成败的重大问题。随着经济发展、人民的思想道德水准的提高,这种现象会自动消失。这种看法只考虑个别

---

① 朱力.社会问题概论[M].北京:社会科学文献出版社,2002:249.

人、个别单位的经济利益,而没有顾及卖淫嫖娼活动对整个社会风尚的腐蚀性,对社会秩序的冲击力,对社会道德观念的破坏,对妇女价值尊严的贬损。

2. 完善法律体系,加大执法力度

根据国际上许多国家抑制卖淫嫖娼的经验,它们都将其纳入刑法的专门条款。《中华人民共和国治安管理处罚条例》第 30 条中规定,严厉禁止卖淫、嫖宿暗娼以及介绍或容留卖淫、嫖宿暗娼,违者处 15 日以下拘留、警告、责令具结悔过,可以并处 5000 元以下罚款;构成犯罪的,依法追究刑事责任。

总体上看,我国在治理卖淫嫖娼方面的法律法规还是比较完善的,基本形成了体系。可是在实际操作中,对绝大部分参与性交易的主体,如妓女、嫖客只是罚款,无能力交罚款的才拘留。而对性交易的组织者也以罚代刑,执法不严、惩罚过轻实际上就是对性交易活动的一种纵容。所以要想有效遏制和彻底消灭性交易这一丑恶现象,必须加大执法力度,真正做到"有法必依、执法必严",加大处罚力度,严惩不贷。对卖淫嫖娼屡教不改的,以及情节严重或者造成严重后果者要坚决上升为犯罪,用刑罚加以惩治;对于初次参与性交易的,提高罚款数额以及多采取拘留和收容教育等方式来解决;为卖淫嫖娼搭线、提供场所、通风报信、保驾护航、包庇纵容等人员也要予以严惩,而不仅仅是罚款。打击手段也要更加灵活多样,群防群治。多采用一些突击打击、暗访了解等方式,避免各种不正常干预,提高打击效果和力度;要充分发挥人民群众的力量,对检举揭发卖淫嫖娼活动或为打击卖淫嫖娼活动提供线索的群众要给予充分的保护并适当奖励。

3. 加强教育引导,提高教育效果

治理卖淫嫖娼,教育是基础。这里的教育对象包括两部分人群,一部分是普通群众,另一部分是性交易的参与者。对广大群众积极开展教育引导,提高广大群众对卖淫嫖娼的危害性、非法性和不道德性的正确认识,在全社会形成对卖淫嫖娼"人人喊打,人人抵制"的社会氛围,这样才能有效地遏制卖淫嫖娼的蔓延。这就要求我们要加强开展对社会群众性道德、法律以及卖淫嫖娼危害性的教育,大力宣传有关性道德规范和法律、法规以及卖淫嫖娼的危害性,提高广大人民群众的道德标准和法治意识,正确认识卖淫嫖娼的危害。要让广大群众知道卖淫嫖娼现象与我国传统道德是不相容的,是与广大人民群众的意愿相违背的,是对人们身心发展具有相当严重危害性的,认识卖淫嫖娼行为已触犯了国家的法律、法规,必然会受到国家法律的制裁。积极开展社会舆论的引导,通过广播、电视、报纸、杂志等媒体开展性病、艾滋病预防教育和卖淫嫖娼活动的危害性教育,使全社会都能自觉约束自己的性行为;要加强社会的宣传,增强群众的禁娼意识和法治观念,启发和帮助广大人民群众自觉做到珍惜自己的名誉,自强、自爱、自尊,提高他们同卖淫嫖娼做斗争的积极性,积极抵制、检举、揭发卖淫嫖娼行为;要加强社会主义精神文明建设,提倡积极、健康、向上的生活方式,自觉抵制各种腐朽思想和不健康的生活方式。①

新中国禁娼能够成功的原因之一,是因为政府对娼妓采取了强制性改造与教育帮助相结合的方针,并坚持了治愈性病、安置就业、解决婚姻三项措施。② 对卖淫者的教育改造单靠公安部门孤军作战是难以成功的,必须向妇联、民政、卫生、企业等部门寻求支持,构筑一张强大的社会支持网络,解决好卖淫者的出路问题。妇联应配合公安部门,加强对卖淫者的教育改造工作。在教育改造过程中,应坚持教育为主,改造为辅;教育过程中,应坚持思想教育与劳动技能培训并重,将她们教育改造成自食其力的劳动者。民政部门应积极做好她们的安置工作,鼓励、帮助她们就业、建立家庭,能够享受最低生活保障的还要让她们平等地享受最低生活保障及其他的一些社会救济。卫生部门要向她们宣传性病的危害性,做好防治工作;为她们检查身体,做好性病的医治工作。企业在招工的时候,也不能因为她们过去是妓女而有任何歧视,保障她们平等的就业权利。只有多部门的关心、配合与支持,才能为卖淫者找到一条出路,才能真正帮助她们从地下性产业中解脱出来。

第四节 色 情

一、淫秽色情品的界定

我国现行有效地确定"淫秽""色情"内涵的法律文件最早是国家新闻出版总署于1988年和1989年先后发布的《关于认定淫秽及色情出版物的暂行规定》(以下简称《暂行规定》)和《关于部分应取缔出版物认定标准的暂行规定》。根据这两个行政规章,将应取缔的出版物分为三种:淫秽出版物、色情出版物和夹杂淫秽色情内容、低级庸俗、有害于青少年身心健康的出版物。

所谓淫秽出版物,是指"在整体上宣扬淫秽行为,具有下列内容之一,挑动人们的性欲,足以导致普通人腐化堕落,而又没有艺术价值或者科学价值的出版物:①淫亵性地具体描写性行为、性交及其心理感受;②公然宣扬色情淫荡形象;③淫亵性地描述或者传授性技巧;④具体描写乱伦、强奸或者其他性犯罪的手段、过程或者细节,足以诱发犯罪的;⑤具体描写少年儿童的性行为;⑥淫亵性地具体描写同性恋的性行为或者其他性变态行为,或者具体描写与性变态有关的暴力、虐待、

---

① 廖柳东,等.论我国卖淫嫖娼的现状与对策[J].广西警官高等专科学校学报,2009(2).
② 朱力.大转型——中国社会问题透视[M].银川:宁夏人民出版社,1997:184.

侮辱行为;⑦其他令普通人不能容忍的对性行为淫秽性描写"。

所谓色情出版物,是在整体上不是淫秽的,但其中一部分有上述①至⑦项规定的内容,对普通人特别是未成年人的身心健康有毒害,而缺乏艺术价值或者科学价值的出版物。

所谓"夹杂淫秽色情内容、低级庸俗、有害于青少年身心健康的"出版物,是"尚不能定性为淫秽、色情出版物,但具有下列内容之一,低级庸俗,妨害社会公德,缺乏艺术价值或者科学价值,公开展示或阅读会对普通人特别是青少年身心健康产生危害,甚至诱发青少年犯罪的出版物:①描写性行为、性心理,着力表现生殖器官,会使青少年产生不健康意识的;②宣传性开放、性自由观念的;③具体描写腐化堕落行为,足以导致青少年仿效的;④具体描写诱奸、通奸、淫乱、卖淫的细节的;⑤具体描写与性行为有关的疾病,如梅毒、淋病、艾滋病等,令普通人厌恶的;⑥其他刊载的淫秽情节,令普通人厌恶或难以容忍的"。

二、网络色情

随着互联网的飞速发展和普及,网络和人们的生活已经紧密地联系在一起。由于网络信息空间具有开放性、虚拟性和隐蔽性等特点,致使传统现实社会中的色情产品或行业逐渐入侵网络这一虚拟环境当中,形成网络色情。网络色情是指网络上以性行为或者人体裸露作为主要内容的信息,目的在于挑逗观看者的性欲或满足人的性猎奇心理,不具备或基本不具备医学、教育和艺术等价值。①

(一) 网络色情的类型

网络色情信息的内容丰富、形式多样,主要有以下五种类型:
(1) 网络色情文学。

网络上的色情文学与现实生活中的色情文学其实并无不同之处。以大量直接的性描写或以露骨的性描述为主要内容的小说或文字,也称网上黄色书刊。

(2) 网络色情图片。

这是网上最常见、最猥亵的色情信息内容,包含着力表现生殖器官、性暴力、性虐待、性攻击、性交、性变态等内容的色情画面。其主要来源有三:①透过电脑绘图软件绘制;②利用扫描器将报纸杂志的图片扫描进电脑中,并将其储存为电脑文件;③数码照片。

(3) 网络色情影视。

随着多媒体尤其是视频技术的发展,色情影视成为网络色情信息的重要内容。

---

① 陈亚亚.中国网络色情调查现状[J].中国社会导刊,2006(15).

色情影视是以数字化压缩的方式将动态画面和声音以数百倍的效率压缩到很小的存储字节,可以方便地在网上在线播放或下载后以离线的方式播放。

(4) 色情游戏。

色情游戏通过游戏情节的不断推进向玩家展示色情内容,以刺激玩家的欲望,部分色情游戏还含有性暴力、性虐待等内容。目前国内存在的色情游戏分为在线色情游戏和离线色情游戏。

(5) 网络色情聊天。

网络色情聊天主要通过文字、语音、视频三种方式实现,是网民利用网络技术,以挑逗性的文字、声音或视频动作进行聊天的行为,在不涉及任何身体接触的情况下,体验真实的性刺激。网络虚拟性爱聊天的对象可以是两个人,也可以是一对二或一对多的,这种形式的出现主要是为了短期的性满足。

(二) 网络色情的特点

网络色情因其与互联网这一新的传播技术相结合,与传统色情行业相比,具有以下新的特点:

(1) 传播行为的隐匿性。

网络色情的传播是通过网络服务器完成的,制作者只需把色情信息传到服务器上,其传播就可以通过服务器和互联网络自动进行。这使得网络色情传播者自身的身份具有很好的隐匿性,无论是传制者还是收看者都无须为这种不道德的行为承担心理压力。而且,正是这种身份的隐匿性,使得他们可以避开各种网络规范,随心所欲地与人交流、交换各种色情信息,而没有任何责任限制。

(2) 网络色情信息的易获取性。

从"量"上来说,网上的色情信息是空前巨大的,色情小说、色情图片、色情聊天等应有尽有。查找者只需输入一个有关色情信息的关键词,如"性""色情"等字眼就可以搜索出无数的色情作品和资料,包括不同网站上的链接内容都可以尽览。而且,网络色情传播或交易完全不受时空的限制,只要可以上网,用户可以在任何时间、任何地点传接色情信息或完成色情交易。

(3) 网络色情内容的多媒体性。

互联网上的色情材料可以借助数字化的技术手段,制作的花样翻新,表现得淋漓尽致。既可以有文字、图片、声音,又可以有活动影像多位一体。而且,网络交往不受时空阻隔,色情传播者可以实时交流各种各样的色情内容,参与前所未闻的性爱游戏,使得色情传播更具诱惑力和刺激性。

三、淫秽色情品泛滥的原因

淫秽色情品的泛滥是一种非常复杂的社会现象,其原因是多方面的,概括起来主要有以下三个方面。

1. 需求的存在,是淫秽色情品泛滥的内在驱动力

从社会心理学的角度看,淫秽色情品的泛滥,反映了一种社会需要,包括一些畸形需要,尤其是在性教育不发达和性禁锢的社会更是如此。心理学家和人类学家一致认为,人们对色情文化的判定和感受刺激强度与社会的禁忌有着重要的关系。一个国家、民族在性方面越是封闭,禁忌越多,具有性刺激的材料就越多,就越不能形成健康和正确的性观念,对性文化就越敏感、脆弱和恐慌。从历史上看,淫秽色情品的泛滥,往往出现在禁欲主义兴盛时期。在西方中世纪的肉体禁欲主义和17—19世纪的精神禁欲主义时期,都是淫秽色情品达到发展顶峰的时期。改革开放前,由于"极左"思想横行,在我国,性问题更被视为禁区,性被极大地神秘化了。在许多人的眼里,性话题与"下流"画上了等号。正因如此,改革开放以来,人们的思想观念一解放,满足性心理欲望的需要便喷发出来,形成一个巨大的需求市场。再加上健康的性知识、性伦理、性审美教育和引导的滞后,人们既不能从正常的途径去获得对性的审美和娱乐,便只有借助于非正常的途径了。淫秽色情品正钻了这个空子,趁机泛滥起来。[①]

2. 高回报的经济利润,是淫秽色情品泛滥的直接驱动力

市场经济以利益为中介与"人欲"相通后便迅速结为一体,对人们的思想产生了深刻的影响。毫无疑问,高回报的经济利润,是淫秽色情品泛滥的直接驱动力。如网络色情信息服务是最富有利润的商业活动之一。即使在互联网经济低迷、IT行业很不景气的情况下,网络色情不但丝毫无损,反而利润飙升。受到巨大商业利润的诱惑,大型网站都蠢蠢欲动。一般利润可达到20%,如果网站有什么刺激性的新花样,如恋童、直播等,其营利可以高达80%。[②] 不仅是专门提供色情服务的网站,其他各种类型的网站、个人主页也希望借一些"香艳诱人"的色情信息,来提升网站的广告点击率或浏览人气,这在相当程度上对网络色情信息的泛滥有推波助澜的负面作用。

3. 防范机制薄弱,客观上为淫秽色情品泛滥提供了外部空间

打击是防范的重要环节,由于打击不严厉,对淫秽色情品的防范作用未能很好地发挥出来,便为淫秽色情品泛滥提供了外部空间。目前,我国法律对色情文化与

---

① 李锡海.文化与犯罪研究[M].北京:中国人民公安大学出版社,2006:339-340.
② 杨国安.色情文化批判[M].北京:群众出版社,2007:151.

性教育、性文化的区别还比较模糊,缺乏可操作性,因而导致执法实践缺乏理性的指导,对色情文化的认定缺乏规范的衡量标准,造成判断标准因人而异,必然严重影响打击力度。除了法制不健全外,一些具体方法不当,也是造成防范机制薄弱的一个原因。如相对于网络色情的滋生蔓延,不管是对其的法律规制还是技术控制手段都显得力不从心。加之防范和取证、国际管辖权等重重障碍,降低了色情信息传播的风险,反过来刺激了它的发展。

四、消除淫秽色情品的对策

1. 净化社会环境,加强对文化娱乐业的管理,斩断色情文化传播的渠道

一是要强化娱乐业管理,及时有效地消除诱发性犯罪的因素,形成文明、健康向上的娱乐主流。二是强化服务业管理,引导服务方向,坚决取缔性犯罪窝点,严密监控文化市场动向,切断淫秽、色情书刊及音像制品的传播途径,净化文化市场,防止文化产品对性犯罪的诱导。众所周知,长期的性信息刺激,尤其是直接描绘、展示性生活的图书、音像制品的传播,使一部分人由性意识被刺激后产生的性联想,发展为直接性行为。当应有的自我心理调节和社会约束一旦失控时,便会导致性犯罪的发生。因此,应严格审查电影、电视、光碟、网站、书刊、画报等传播媒介,尽量避免作品中容易引起不良性冲动的描绘,尽量消除腐蚀人们灵魂,诱发性犯罪的"精神海洛因",切断色情文化传播的途径。①

2. 大力开展伦理道德教育,重视精神文明建设,抵制色情文化

通过高尚思想、道德、情操的引导,提高人们的性修养水平,减少性犯罪的发生。并且我们期望社会要动员各方面力量齐抓共管,消除性愚昧,克服对性的神秘感和盲目性,增强对环境中性污染的抵御力和免疫力。同时,要针对新时期新形势下人们的思想特点,采取灵活多样的形式,开展高尚人生观、价值观教育,树立正确的道德观和远大的理想目标,使他们懂得人生价值不在于满足个人私欲,而在于向人类做更多贡献。利用电影、电视、广播电台、文艺演出等群众喜闻乐见的形式,鞭挞违反伦理道德、污染社会风气的淫乱犯罪行为,宣扬社会主义道德思想,使群众得到潜移默化的教育和启迪。牢记"万恶淫为首"的古老训诫,强化传统道德的社会控制力,对建立在"享乐至上"和"实用主义"基础上的"性解放""性自由"思想有清醒的认识。我们要有针对性地批判这种思想的反动本质,让人们认识到"性解放""性自由"思想的严重危害性,不为所谓的"现代化思潮""必然的历史发展趋势"等谬论所毒害。②

---

①② 张怀宝,冯建功.略论色情文化与性犯罪[J].理论界,2008(2).

3. 加强对淫秽色情品的打击力度

首先,政府职能部门一定要把打击淫秽色情品作为一项长期的工作来抓,对色情制造、传播团伙及个人进行严厉的惩罚。其次,整个社会必须联合起来,共同打击淫秽色情品。打击淫秽色情品绝不仅仅是政府职能部门与法律的事情,它和每一个人都息息相关。特别是网络色情的跨时空特点可能使得各级政府职能部门顾此失彼,穷于应付。因此,要发挥整个社会的力量,尤其是广大人民群众的力量。政府职能部门可以设置各种举报电话或网站,方便群众对淫秽色情品进行举报。对举报的淫秽色情品予以坚决的封堵、查处,对经营淫秽色情品团伙或个人进行坚决的打击。对举报的淫秽色情品的个人或组织要充分保密,并给予适当奖励。

基 本 概 念

违规性行为　婚前性行为　婚外性行为　性交易　色情　网络色情

思 考 题

1. 比较结构功能理论和冲突理论关于性存在的基本观点。
2. 违规性行为有哪些表现形式?
3. 如何控制违规性行为的蔓延趋势?
4. 当前中国存在的性交易有哪些特点?
5. 谈谈如何打击淫秽色情品。

第十二章

青少年犯罪问题

青少年是一个国家和民族的未来。因此,青少年问题非常重要。一般意义上的青少年主要是从年龄上进行划分的,而这个大致年龄范围的上限与下限,目前还没有统一、严格的限定,因此不同的学科对青少年有不同的界定。生理学根据个体生理和心理发展的特点,认为13岁左右是青春发育期的开始,21岁到22岁是内分泌系统功能的顶峰时期,从25岁开始,个体体内的荷尔蒙分泌量会以每十年下降15％的速度开始逐年减少,因此,25岁则标志着青春期的结束。人口学是以个体在青春期生理发育的正态曲线分布为基础,把15岁到25岁这一时期确定为青少年期,并据此进行人口统计。社会学则从社会化的角度,将青少年期看作是个体社会化的必经阶段,个体与青少年期的告别是以"获得职业、经济自立、建立家庭"为标志的,即把结束学业和获得职业(经济独立)、结婚(心理上的成人感)、成立家庭(有单独的住所,脱离对父母的依赖),列为社会成熟的三个标准,并以此确定青年期的结束。从犯罪学的观点来看,我国的法律虽然还没有专门界定青少年概念的《青少年法》,现行的法律中也未对青少年做出明确的解释,但刑法学上对青少年犯罪的年龄统计是从14岁到25岁,横跨了未成年人和成年人两个年龄区域。因此,这里把青少年界定在从青春发育期开始到25岁这一年龄阶段。

在青少年问题中,青少年犯罪问题已经成为严重的社会问题。我国司法统计上的青少年犯罪是指14岁至18岁未成年人犯罪和18岁以上至25岁青年人犯罪。1979年8月,党中央转发了《关于提请全党重视解决青少年违法犯罪问题的报告》,首次将青少年犯罪问题作为一个严重的社会问题正式提了出来。自1991年以来,14~25岁青少年刑事作案者占全部作案人数的比例下降了16.3个百分点,但是这并不意味着青少年犯罪率的降低,出现这一现象的原因有二:一是未成年人在总人口中的比重逐步下降;二是犯罪总数出现增长。因此,比例的下降并不意味着绝对数的下降,事实上,1985年未成年人犯罪数为112063人,1995年为152755人,青少年犯罪的绝对数量呈上升趋势。[①] 进入2000年以来,青少年犯罪占刑事犯罪的比重持续降低,18岁至25岁犯罪人数较为稳定,未成年人犯罪呈先

---

① 储槐植,张立宇.青少年犯罪现状与治理对策[J].江苏公安专科学校学报,2001(6).

高后低的态势。由此可见,我国改革开放以来,在获得巨大成功的同时,各种滋生和诱发犯罪的新因素大量产生,社会控制力减弱,导致青少年犯罪率一直居高不下。青少年犯罪问题已经成为一个令人关注的问题。

第一节 青少年犯罪的理论分析

一、现代犯罪生物学理论

和纯生物观点不同,现代犯罪生物学理论强调遗传不是导致个体犯罪的唯一因素或主要因素,环境和个性对青少年罪犯而言同样具有根本性的意义。这里所指的青少年环境,不仅是狭义上的青少年周围的空间环境,还包括广义上的涵盖全部社会外界空间因素的总和。在青少年的成长过程中,环境因素和遗传因素相互作用,对青少年产生影响,同时,青少年也会能动地改变环境和天赋,主动地对环境做出选择。环境因素对青少年犯罪行为发挥双重作用:从中长期来看,环境参与塑造青少年罪犯的个性,过去的环境或多或少反映在其个性中;从短期来看,即时环境能诱发犯罪行为,对情绪波动大的青少年尤其如此。

二、社会分化论

社会分化论是由美国芝加哥大学的社会学者,在研究20世纪20年代芝加哥地区的集团性暴力犯罪时创立的,也被称为芝加哥学派。城市和社区的犯罪问题是他们的关注点,同时也运用社会学的方法研究青少年犯罪问题。社会分化论的主要观点是,城市的不同地区犯罪率不同,与社会经济因素和其他因素有关,在此基础上,他们提出了犯罪生态学理论、犯罪同心圆理论及社会解体理论。[1]

1. 犯罪生态学理论

该理论依据生态学理论,对犯罪的空间分布以及犯罪与社会环境之间进行研究的理论,特别重视将青少年犯罪的原因与一个城市的分布情况以及其他环境(家庭、学校)联系起来考虑。他们认为一个城市的犯罪率高,是城市发展过程中的自然产物。比如经济的变化会导致一个社区的变迁,原来有钱人多,住宅建筑较好,但如果有钱人搬走了,社区逐渐衰败,流动进来的是"没有特殊技术"的穷人,流动

---

[1] 周振想.青少年犯罪学[M].北京:中国青年出版社,2004:58.

性大,促进了文化多样性,有限资源则加剧了生存斗争。人口持续流动、混杂,形成一种有利于青少年犯罪高发的地域环境。

2. 犯罪同心圆理论

该理论是伯吉斯、思雷舍等人在地图上标示、研究芝加哥犯罪情况后提出的理论。他们把芝加哥划分为五个围绕同一圆心而形成的地域,即中心商业区、过渡区、工人住宅区、较好住宅区和往返区。他们认为,离城市中心越远,青少年犯罪率越低,青少年犯罪多发生在过渡区。所谓过渡区是指自然社区之间的间隙地带,这个地区往往组织机构不健全或处于瘫痪状态,无人管理。

3. 社会解体理论

该理论认为在经济急剧发展的过程中,人们相互关系的形式也发生了巨大变化,这种变化成为引发青少年犯罪的不可忽视的因素,从而提出青少年犯罪原因等一系列理论。这种理论的主要观点是,以亲属、情爱、朋友等关系为内容的非正规社会关系,对青少年犯罪的影响远比正规的社会关系更为重要。前者的情形决定着社会群体的组织程度。社会解体就是这种非正式关系的解体,被放松了监管和约束的青少年,为了引起别人的注意,获得心理上的满足,会做出越轨行为。随之则是父母和周围社会组织对他们的"疏远和遗弃",从而加速这些青少年走向社会反面——投入到自己认为关系密切,能够得到温暖的"团伙"之中,因为在这里,从越轨行为中看到了自身的"价值",逐渐形成错误的是非观。

三、亚文化理论

亚文化是与主流文化相对应的概念,是指一文化群体所属次级群体的成员共有的独特信念、价值观和生活习惯。美国社会学家阿尔伯特·科恩在《不法男孩》中以美国社会为背景,描述了越轨和犯罪是如何通过亚文化群体而以集体性的方式发生的。有些身处社会底层的工人阶级男孩,对中上层社会生活十分向往,但囿于自身条件限制无法同上层社会的同龄群体相竞争,或者有过失败的经历,于是认定社会没有提供平等的实现目标的机会和手段,开始对自己的生活处境灰心丧气,对自己的前途不抱希望,转而相约一起加入小群体,逐步改变其自我观念和价值准则,营造一种不法亚文化。这种亚文化和美国社会的主流价值观相左,用挑衅规范取代遵守规范,故意用过失行为或其他不遵从行为彰显本群体的亚文化。克林纳德也提出了一种青少年犯罪的亚文化理论,这个理论可以用以解释一些家庭条件良好的青少年为什么会实施犯罪。他认为,实现成功的目标,既有合法的手段也有非法的手段,如果不能通过合法手段达到其目标就会产生犯罪亚文化;当非法的手段也不能满足其愿望时,他们就可能转向暴力行为是以宣泄,或者转而吸毒以求摆脱现实世界。① 沃特·米勒提出,由于下层群体在社会上处于劣势而形成特有的规范及价值体系,但与社会主流的价值体系相冲突,而被认为是偏差或犯罪行为。综合来看,犯罪亚文化理论认为犯罪只是个体——特别是下层社会的个体,所属团体规范与主流规范相冲突的结果。

我国民众虽然没有等级之分,但随着社会转型的深入,市场经济的蓬勃发展,人们开始分化成不同的阶层,青少年对此尤为敏感。一旦他们认为自己处于边缘地带,会在寻求安全感和认同感的趋势下加入亚文化群,进而对主流社会秩序产生批判、否定的态度。青少年正处于心智发育不成熟、缺少稳定价值观的时期,容易全盘接受亚文化所宣扬的价值观,如果此时社会没有给予他们充分的重视和正确的引导,越轨亚文化便会趁机根植于青少年个体心中,成为诱发青少年犯罪的因素。

四、社会学习理论

美国心理学家阿尔伯特·班杜拉于20世纪70年代提出了社会学习理论。该理论强调观察学习和自我调节在引发人的行为中的作用,重视人的行为与环境的相互作用。班杜拉认为,人的行为特别是人的复杂行为主要是后天习得的,行为的习得既受遗传因素和生理因素的制约,又受到后天经验环境的影响。行为习得分两种:一是通过直接经验获得行为反应模式的过程,这是直接经验的学习,即"通过反应的结果所进行的学习";二是通过观察示范者的行为而习得行为的过程,是间接经验的学习,即"通过示范所进行的学习"。班杜拉通过这个理论证明了,即使没有真正攻击行为的人也能通过观察和模仿他人的攻击行为进行学习。

运用到青少年犯罪领域,可以解释为每个青少年都有可能犯罪,他们可以从家庭成员、传播媒介及周围的环境里学习犯罪技巧。青少年受复杂的社会环境影响,在正面因素和负面因素的推拉作用下,不断权衡某一行为是否适当,即在观察学习的过程中,获得了示范活动的象征性表象,当外部强化、自我强化和代替性强化作用越来越强大的时候,青少年就会再现以前所观察学习到的越轨行为。

五、差异交往理论

差异交往理论产生于20世纪30年代末40年代初,代表人物是美国犯罪学家埃德温·萨瑟兰。该理论认为,系统的犯罪行为是在与那些实施犯罪的人密切交往过程中习得的,个体越轨行为的成因根源于他的社会交往,诸如社会生活的交往范围、交往的成员等。

---

① 郑杭生.社会学概论新修[M].3版.北京:中国人民大学出版社,2003:416.

具体而言,差异交往理论归纳为九个方面:犯罪行为是学会的,不是由遗传或创造所得;犯罪行为是在一种交际过程中与别人的相互作用学会的;犯罪行为的学习主要发生在个人亲近的社会主体,家庭、朋友等对犯罪行为的学习具有最大的影响;学习犯罪行为包括实习犯罪行为的技巧以及动机、欲望、文饰和心态的专门定向;对动机和欲望的专门定向是通过对法律正反两方面的释义而学会的;如果助长犯罪的意念压倒抵制犯罪的行为模式,这个人就会犯罪,如果有人犯罪,那么发生这种情况是因为他们与犯罪的行为模式相接触而与抵制犯罪的行为模式相隔绝;差别交往理论在频率、持续性、顺序和强度方面互有区别;通过与犯罪和抵制犯罪的行为模式的交往,学习犯罪行为的过程包括在任何一种学习过程中都起作用的全部机制,学习犯罪行为不仅仅局限于一些模仿的过程;尽管犯罪行为是一般需求和价值的反映,却不能用这种反映来解释犯罪行为,因为非犯罪行为也同样是一些需求和价值的反映。[①]

用差异交往理论解释青少年犯罪,可以认为青少年的越轨行为与他们的其他行为一样,都是在与他人交往中发生的。同辈群体对青少年有着重要意义,个体容易受到所处群体的影响,为和同辈群体相趋同,甚至会有意挑衅或刻意违背社会规范。青少年在不良群体中,不仅容易接受和形成其态度与规范,还储备了进行越轨行为的知识与技巧,并通过群体其他成员的支持获取实施越轨行为的强烈动机,于是,一旦出现了越轨行为的条件,就会自然地产生越轨行为。

六、标签理论

标签理论否认越轨者是天生的,也不赞同有些行为类型内在具有"越轨"的性质,而把越轨行为解释成越轨者和非越轨者之间的一种互动过程,即强调越轨是一种通过社会建构出来的现象,是社会互动的产物,或者说,个体潜意识里接受了社会的负面评价,进而产生了偏差行为。该理论关注的是,越轨是如何被最初进行定义的,被贴上"越轨者"标签的个体或群体是如何被甄选出来的。标签理论学家认为,越轨行为是社会内部力量相互较量的结果,统治阶级为了维护本阶级的权力和地位,对社会群体进行有选择的制裁,这是社会产生违法和犯罪现象的根源。成为一名职业越轨者的过程分为三个主要步骤:第一步是权威者或与越轨者关系密切的人对越轨行为的观察;第二步是越轨者被贴上越轨的标签;第三步是越轨者加入越轨群体或越轨亚文化,而这些都被社会公认为是越轨。[②]

---

① 曾娇艳,李志雄.差别交往理论与青少年犯罪防治[J].河北青年管理干部学院学报,2006(3).
② 戴维·波普诺.社会学[M].11版.北京:中国人民大学出版社,2007:243.

埃德文·雷梅特区分了两种越轨,首先是"初级越轨",即偶尔卷入违反社会规范的行为,这对个体的自我认同并未产生持续性影响。但如果越轨标签被公开化,且越轨者本人也把自己看作是越轨者了,那么就产生了"二级越轨"。整个过程如下:第一阶段越轨行为,导致社会非难,导致较严重的越轨行为,导致社会给予严厉否定与惩罚,导致更为严重的越轨行为,导致社会透过正式化行动予以逮捕,导致越轨者对被捕及前科的反应产生更为严重的越轨行为,最终导致他们开始自我认定与正常社会成员不同,是罪犯以犯罪行为作为适应社会的手段。在此过程中,越轨者通过延续越轨行为、扮演越轨者角色来强化自我身份认同,越来越清晰地将自己界定为越轨者。青少年的越轨行为一旦被家长、老师、同辈群体等重要他人打上越轨标签,容易引发"破罐子破摔"的自暴自弃行为,导致越轨行为的强化。

七、社会控制理论

社会控制理论越来越多地被用来解释青少年的犯罪行为。该理论没有从人们越轨的原因着手分析,而是关注人们为什么会遵守社会行为规范,即对个人犯罪的动机不感兴趣,相反,预设人是利己的和反社会的,只要有机会,犯罪行为的冲动与遏制它的社会控制之间出现不平衡,个体就会犯罪。沃尔特·雷克里斯提出,犯罪受到内部驱动力和外部因素的双重影响,前者包括道德感和判断是非的能力,后者包括警察和监狱等。如果个体的内部控制程度比较低,那么个体将倾向于犯罪。

犯罪学家特维斯·赫斯奇在雷克里斯的基础之上提出了社会控制理论,他把内部控制划分得更为细致,认为有四种纽带把人们同社会和守法行为联系起来:依附、责任、参与及信仰。依附是指接受父母、同辈、学校等与个体紧密联系的个体或团体的期待而形成内在约束,从而形成规范行为;责任是个体对社会认可的、传统的生活或者行为承担义务,那么将会降低其发生越轨行为的可能性而抑制犯罪;参与是指参加一些常规活动,如课业、工作、运动、休闲等会让个体不容易感到空虚无聊,没有多余时间和精力从事越轨行为;信仰则是指对生活充满热情、遵纪守法的人比不尊重道德规范与法律的人更不容易犯罪。总之,当这种控制足够强大时,个体无法随意违反规范,客观上起到了遵从社会控制的效果;反之,犯罪行为就会发生。

对青少年而言,与家庭的疏离、父母不当管教所产生的叛逆情绪、学校教育的缺失都将对青少年的控制力减弱。同时由于青少年社会化的不充分,导致其自控能力低下,缺少控制冲动和知足常乐的能力,从而诱发犯罪。

第二节 青少年犯罪的类型、原因及发展趋势

一、青少年犯罪的类型

1. 暴力型犯罪

暴力型青少年犯罪一般是指,青少年个体借助自身的自然力或一定的具有杀伤性能器械以强暴手段或以其他危险方式,对人或物实施暴力并造成一定损害后果或有造成损害危险的严重危害社会的行为。暴力型犯罪包括故意杀人、故意伤害、强奸、抢劫、放火、爆炸、聚众斗殴等。

据我国有关刑事司法部门提供的材料表明:我国1986年青少年抢劫犯罪案件比1985年上升了27.2%,1987年又比1986年上升了43.7%,1994年上半年比1993年上升了4.9%,其中大案上升了20%,抢劫案件中未满18岁的未成年人犯1985年为9.39%,1986年为11.28%,1987年为14.8%,1994年超过了20%。①

据某省高级人民法院犯罪情况统计,1999年青少年暴力犯罪占全省青少年暴力犯罪的44.07%,2000年占33.98%,2001年占31.70%,而2000年青少年暴力犯罪的数量比上一年增加1.7个百分点,2001年比2000年增长1.9个百分点;青少年暴力犯罪在全省暴力犯罪中的比例也同样占有很大比例:1999年占全省暴力犯罪的32.61%,2000年占33.98%,2001年占34.51%。②

根据江西省未成年犯管教所2012—2014年的数据,2012年入所未成年服刑人员中,抢劫罪456人,占比45%;故意杀人罪149人,占比15%,两者合计60%。2013年入所未成年服刑人员中,抢劫罪576人,占比61%;故意杀人罪171人,占比18%,两者合计占比79%。2014年入所未成年服刑人员中,抢劫罪545人,占比58%;故意杀人罪145人,占比15%,两者合计73%。③ 对吉林省在押的14~25岁重新犯罪青少年的调查显示,以人身攻击为手段的暴力犯罪占到一半以上。④ 可见,近年来这种类型的青少年犯罪有趋向严重化、恶劣化的方向发展。

暴力型青少年犯罪的表现有:

---

① http://www.southcn.com/news/gdnews/zhzt/gxxyd/shfs/200311281090.htm.
② http://www.chinalawedu.com/news/16900/173/2006/1/ma59441840441321600217232_182124.htm.
③ 谢承.未成年人暴力犯罪研究——以江西省为例[D].南昌:江西财经大学,2016.
④ 袁承为,韩雪梅.吉林省青少年重新犯罪的原因及对策的研究[J].中国青年研究,2014(3).

一是杀人、伤害、强奸等传统暴力犯罪有增无减。据《重庆晨报》公布的市检察院 2003 年至 2005 年未成年人犯罪分析报告显示,未成年人犯罪出现的一个堪忧趋势是:重大恶性案件明显,部分案件手段极其残忍,三年中,全市共批捕抢劫、强奸、故意杀人、故意伤害等暴力犯罪 4244 人,占未成年人犯罪总数的 58.62%。① 2016 年 1 月 18 日,广州市番禺区发生了一起强奸杀人案,警方抓捕了 19 岁的嫌疑人韦某,这是他刚从狱中减刑释放的第 2 个月。除了这个 11 岁的受害人之外,韦某与一系列杀人案有关。2010 年不满 14 周岁的韦某将同村的一个 4 岁男孩杀害;2011 年韦某持刀捅伤一名 6 岁女童,造成其重伤 10 级伤残。除此之外,还有四起间接证据指向韦某的故意伤害儿童案件,造成两死两伤的结果。云南省曲靖市中级人民法院对近年来审理的 40 件青少年案件进行了统计,结果显示青少年犯罪案件呈现暴力型犯罪居多,涉案被告人作案动机普遍简单,手段普遍较为凶残,一些受害人当场殒命。②

二是团伙化、智能化暴力犯罪日益增多。2003 年,贵阳市公安局抓获了一个长期以中小学生为抢劫对象的少年犯罪团伙,抓获 13 名参与抢劫者及销赃者,他们通过上网在网吧认识,然后纠集在学校周围采用持刀搜身、暴力威胁等手段对学生及过往行人实施抢劫,并利用年龄小、体形小的"优势"实施入室盗窃。③ 2013 年,汕头警方宣布成功打击了一个以本地青少年为主要成员,纠合部分"外二代"青少年,涉嫌非法飙车、寻衅滋事、抢劫、纵火、持枪犯罪等于一身的特大青少年涉恶犯罪团伙"HappyDay 会社",抓获团伙成员 23 名,缴获作案工具砍刀 8 把,匕首 1 把,弹夹 1 个,初步查破各类刑事案件 11 宗。过去普遍认为青少年结伙犯罪都是临时纠合的松散群体,谈不上行为的组织性因而危害有限,根据北京、湖北、贵州三地的未成年犯管教所进行的千份问卷调查显示④,85.7% 的青少年是与他人结伙共同犯罪的,只有 14.3% 是单独犯罪。团伙犯罪中有 42.7% 的人报告他们有明确的支配者,年龄要素已经不再是获得支配权的关键要素,取而代之的是"胆子大、下手狠"和"经验多、主意多、进过公安局"的人,种种迹象表明他们已经能通过分工与协作来提升犯罪能力,是具有一定稳定性的青少年犯罪组织。另外,有相当的青少年案犯与成年案犯的作案水平相近,无论是故意杀人、故意伤害还是抢劫案件中,都知道采取蒙面、戴手套等伪装方式作案,并在作案后迅速销毁作案工具、破坏现场,以达到反侦查的目的,具有较强的反侦查能力。

三是女性青少年犯罪率上升,残暴性堪比男性青少年。根据对两份报纸披露

---

① http://www.snsfw.org/XXLR1.ASP?ID=2446.
② http://news.163.com/15/0307/08/AK3FGJCN00014AEE.html.
③ http://news.xinhuanet.com/focus/2004-05/27/content_1489174.htm.
④ 张远煌.中国未成年人犯罪的犯罪学研究[M].北京:北京师范大学出版社,2012:37.

的23起青少年团伙犯罪统计,42%的案件有女性青少年参与。[①] 部分女性利用心思缜密、外表柔弱的性别优势,成为团伙作案的骨干成员,指挥、调配其他成员进行违法行为。2001年,上海破获一恶性暴力抢劫团伙,10余名成员均为18岁以下的青少年,老大田某则是一名只有14岁的少女。同年发生在济南的杀害出租车司机抢劫案,也是一少年团伙所为,其老大琳琳也是一名初三在读的少女。另一个特征是犯罪手段异常凶残,造成的后果十分严重。T市某分院2011年至2015年审查起诉的15起女性严重暴力犯罪案件中[②],故意杀人、故意伤害和抢劫等犯罪位居前三位。这些女性多是在家庭、经济、社会上处于弱势地位,易产生幽怨、愤恨心理,一旦决定行凶,将使用多种手段和凶器达到目的,如绳索、斧头、剪刀等工具反复向被害人致命部位攻击。同时,一般也会选择更为残忍的犯罪后续行为,如在受害人死亡后继续实施分尸、煮尸、焚尸等极端行为来宣泄情绪。

2. 侵财型青少年犯罪

侵财型青少年犯罪一般是指青少年为了满足自己的物质欲望,以非法占有公共财产和私人所有合法财产以及财产性权利为目的所实施的犯罪。[③] 侵财型犯罪包括盗窃、诈骗、抢劫、走私、赌博等等。据1979年统计,全国青少年犯罪中,侵财型犯罪占绝大多数,其中盗窃以79.92%的高比例占据第一位,其后是诈骗和抢劫。改革开放以来,侵财型犯罪依然是青少年犯罪的主要类型。上海高院1988年至1995年的统计资料表明,在上海的青少年犯中,侵财型犯罪居第一位,占85.69%,其中1994年上半年全国青少年侵财型犯罪中,盗窃上升了3.3%,抢劫上升了22.9%。[④] 根据上海高院于2006年发布的"上海未成年人犯罪状况与少年审判工作"调查研究成果显示,93%的未成年人常犯盗窃、抢劫、寻衅滋事聚众斗殴、强奸和故意伤害等五大类犯罪,其中盗窃和抢劫占80%以上。[⑤] 进入2000年以后,侵财型青少年犯罪的手段悄然发生变化。中国预防青少年犯罪研究会于2014年对全国十个省(直辖市、自治区)的大型抽样调查发现,未成年犯的主要罪行分布是抢劫(夺)罪(36.0%)、故意伤害罪(33.3%)、盗窃罪(17.8%)。[⑥] 侵财型犯罪仍占据前三的位置,但实施手段从非暴力的小偷小摸行为转变为暴力为主的抢劫(夺),对社会的危害更为严重。

侵财型青少年犯罪的表现有以下几点:

---

① 张桂荣,宋立卿.违法犯罪未成年人矫治制度研究[M].北京:群众出版社,2007:20.

② 刘家卿,何林霞,许雨丽.女性重型暴力犯罪的惩防工作机制探索——以T市某分院审查起诉案件为样本[J].中国检察官,2016(14).

③④ 周振想.青少年犯罪学[M].北京:中国青年出版社,2004.

⑤ http://news.tom.com.

⑥ 路琦,牛凯,刘慧娟,王志超.2014年我国未成年人犯罪研究报告——基于行为规范量表的分析[J].中国青年社会科学,2015(3).

(1) 抢劫、盗窃、抢夺是最主要的三大表现形式。

统计表明，在青少年犯中，盗窃约占 40% 到 50%。2008 年在"预防青少年违法犯罪与和谐社会构建"论坛上，广州市中级人民法院少年审判庭庭长张中剑指出，目前广州市青少年犯罪行为中，触及刑法的 10 类犯罪以侵犯财产罪居于首位，其中抢劫罪、盗窃罪、抢夺罪等案犯占 71.43%。

(2) 侵财型青少年犯罪动机较为单一，普遍是为了追求物质享受和精神刺激。

有些青少年侵犯财产型犯罪，直接动因一般是因为缺乏稳定的生活来源，为了生存铤而走险，一旦被发现容易转化成暴力犯罪。2015 年，湖南省邵阳市邵东县的 3 名未成年学生（11 岁、12 岁、13 岁）在学校小卖部盗取食物被女老师李某发现，因担心李某报警，3 人先是抢劫继而殴打导致李某死亡。2016 年，四川省阿坝州金川县 13 岁少年为了抢手机将汽油泼向素不相识的 23 岁女教师，纵火将对方烧成特重度烧伤。而家境不错的青少年则往往是因为追求刺激，一时冲动，讲究义气，胡乱模仿所导致的突发式侵财型犯罪。

(3) 侵财型犯罪的对象开始向私人贵重物品和国家财产方向转变。

近年来，侵财型犯罪的目标发生了较大变化，除了现金外，青少年犯还将注意力集中在金银、首饰、外币、小轿车等贵重物品，原来很少成为侵犯对象的工业原材料和其他国家财物也成为青少年选择的作案重点。北京市丰台区人民法院的一项统计显示，未成年人的侵财型犯罪中，抢劫出租车、私家黑车司机的犯罪凸显，该院两年间审理的 66 件"90 后"抢劫案中，涉及抢劫小轿车的案件有 12 件，占总案件的近 20%。广州市中级人民法院的统计资料显示，接受调查的青少年犯中，国家电力设备也成为少年案犯的作案目标，破坏电力设备罪占案犯总数的 7.73%。①
2016 年 7 月，四川省宜宾县公安局专案组破获一起团伙撬车盗窃案，主犯年仅 13 岁，他在短短 21 天内疯狂撬车 130 余辆，造成直接经济损失数万元，间接经济损失数十万元。

3. 团伙型青少年犯罪

自 20 世纪 70 年代末 80 年代初起，团伙犯罪成为我国青少年犯罪的一种新类型。犯罪学对团伙型青少年犯罪的解释是，具有一定组织形态的青少年犯罪主体，纠合或结伙共同实施的犯罪。据调查，我国青少年犯罪案件中，约有 70% 以上是团伙作案。20 世纪 70 年代到 80 年代出现的青少年犯罪团伙主要是以流氓团伙为主，而 20 世纪 80 年代末至 90 年代初，团伙犯罪以掠夺财物为主②。到了现在，无论是暴力型犯罪还是财产型犯罪，青少年多愿意结伙进行。对广东省 3860 名在押服刑人员的调查显示，80.8% 的犯罪青少年作案方式为团伙作案，单独作案的比

---

① http://www.sinonet.net/news/society/2009-02-01/22206.html.
② 朱力.当代中国社会问题[M].北京:社会科学文献出版社,2008:220.

例仅为 19.2%。① 团伙型犯罪一方面满足了青少年犯罪的功能性需要,一方面也是青少年身心发展追求归属感的自然反映。

团伙型青少年犯罪的表现有以下几点:

(1) 组织形式由松散型向紧密型转变。

早期的青少年犯罪团伙虽然具备一定的组织形式,但组织松散,活动比较公开,成员不太固定,既没有明确的犯罪目标,也没有严格的纪律及绝对的领导者,绝大多数的成员是因为浪迹街头、无所事事,便三五成群地聚集在一起,往往容易导致突发性犯罪。但近年来结构紧密的青少年犯罪团伙成为团伙犯罪的主要形式,有的甚至带有"黑帮"性质。在紧密型犯罪团伙中,不仅有明显为首的"老大"、相对固定的骨干成员、自行命名的团伙名称,还包括明确的组织分工、等级划分、严格的纪律与帮规,其犯罪的预谋和准备也比较充分,给社会带来较大的危害。2004 年,贵阳警方抓获了聚众斗殴、多次持刀抢劫伤人的阴风帮帮主和骨干成员。据警方审查,阴风帮是一帮通过网络纠合在一起的犯罪团伙,成员年龄在 16 岁到 27 岁之间,最初由几个无业社会青年所建,通过在网上不断发展吸纳新成员,势力逐渐壮大。帮内设有帮主、堂主、霸主等级别,作案时分工明确,有人负责开车,有人专门抢劫,而且抢劫时男女搭配,所抢钱财由一人保管,开支由此人负责。在 2014 年最高人民检察院发布的"邹城红玫瑰社团"一案中,这个以中学生为主体的社团具有独立口号、章程及金字塔式的组织结构。从最初的几个退学学生发展到成员 350 余人,其中 90% 为未成年人。

(2) 青少年团伙犯罪危害性大,发案率高,成员矫正困难。

与青少年个人作案相比,团伙作案给青少年犯一种法不责众的感觉,存在着逃避法律制裁的侥幸心理,一个人一般不敢干、不能干的罪行,团伙就能无所顾忌、胆大妄为。西安警方 1998 年 5 月破获的一起青少年暴力犯罪团伙案,该组织共有成员 30 多人,其中最小的年仅 11 岁,最大的 17 岁。以"称霸一方,为所欲为"为目标,排列座次,交替作案,抢劫、强奸、敲诈,无恶不作。在不到一年的时间里,共犯拦路抢劫案 93 起,强奸轮奸案件 32 起,其他案件 23 起,成为西安市规模最大、情节最严重的青少年犯罪团伙。同时,由于团伙成员的相互影响,犯罪亚文化对团伙青少年的控制,给青少年团伙案犯的再社会化带来困难。一方面,青少年犯经过帮助矫治后,决定要洗心革面,表现出青少年犯易于接受矫正的特点;另一方面,青少年罪犯经不起原不良同伴的拉拢引诱,容易重蹈违法犯罪之途。据有关资料表明,我国青少年重新犯罪率不断上升,从实际情况来看,青少年重新犯罪的概率攀

---

① 谢建设,刘念,谢宇.青少年犯罪的时空分析——来自广东省未成年人管教所的调查[J].中国人口科学,2014(3).

升到了 15%~20%，个别地区在 30% 以上。①

4. 校园欺凌和校园暴力

2016 年 2 月，因男女之间争风吃醋而引发的中国留美高中生凌虐和绑架女同学案件在美国正式宣判，此案共有 12 名华人留学生被确认涉案，最小 14 岁，最大 21 岁，其中年满 18 岁的三名主犯分别获刑 13 年、10 年和 6 年，服刑期满之后将被驱逐出美国。同年 12 月，北京中关村二小一名 10 周岁男孩母亲的一篇题为《每对母子都是生死之交，我要陪他向校园霸凌说 NO》的文章引爆网络，引起民众和学术界的广泛探讨，将过去含混不清的校园欺凌和校园暴力现象推到公众面前。

法律界人士认为，校园欺凌不是一个法律术语，也不是具体罪名，一般是指发生在学生之间，恶意通过肢体、语言及网络等手段，实施欺负、侮辱等行为，造成肢体、心理及精神上伤害的结果。② 校园欺凌是否是犯罪行为，主要考虑两个因素，一是加害人年龄是否达到我国刑事责任年龄，二是加害行为所造成的后果是否达到构成犯罪的标准。虽然我国目前还没有系统地针对校园欺凌的全国性大型调查，但从现有新闻报道和零星调查数据来看，校园欺凌中言语欺凌的发生率最高，其次是身体欺凌，而且校园欺凌很容易引发校园暴力案件。

近年来，校园欺凌和校园暴力案件屡见不鲜。2016 年 1 月至 11 月，全国检察机关共受理提请批准逮捕的校园涉嫌欺凌和暴力犯罪案件 1881 人，批准逮捕 1114 人，不批准逮捕 759 人；受理移送审查起诉 3697 人，起诉 2337 人，不起诉 650 人。③ 2016 年下半年，陕西省团委专门组织开展的校园欺凌和校园暴力调查显示，被访者中 48.4% 的青少年遭受或实施过传统欺凌和暴力，32.4% 的青少年遭受或实施过网络欺凌和暴力，16.4% 的青少年遭受或实施过复合欺凌和暴力。④ 乐思舆情《2015 上半年校园暴力事件专题报告》中对我国校园暴力的统计显示，2015 年 1 月 1 日至 6 月 30 日半年间，网络中热门的校园暴力事件就有 42 起，覆盖全国 20 多个省市。⑤ 频发的校园欺凌和校园暴力事件，不仅对青少年的身心健康造成伤害，同时也冲击着社会的道德底线。

校园欺凌和校园暴力的表现有以下几点：

（1）行为主体以高中生（含职高生）和初中生为主，低龄化趋势明显。

最高人民检察院在 2016 年 12 月末的新闻发布会上，对 2013 年至 2015 年各级人民法院审结生效的 100 件校园暴力刑事案件进行了结果通报：在校园欺凌事件中，已满 16 不满 18 周岁的高中生及职高身份的未成年被告人占比较高。其中，

---

① 黄教珍，张停云. 社会转型期青少年犯罪的心理预防与教育对策[M]. 北京：法律出版社. 2008：45.
② 校园欺凌离校园暴力犯罪有多远[N]. 检察日报，2017-01-20(4).
③ 用专业化司法应对校园暴力低龄化[N]. 检察日报，2017-02-06(7).
④ 完善法规政策治理校园暴力[N]. 西安日报，2017-01-15(2).
⑤ http://www.knowlesys.cn/wp/article/9481.

涉案小学生占 2.52%,初中生占 33.96%,高中生占 22.64%,职业技术学校及职业高中学生占 26.42%,参与作案的无业人员占 11.95%。① 乐思舆情根据百度新闻、新浪新闻、搜狐新闻、网易新闻和腾讯新闻等五大门户网站报道的 2015 年上半年校园暴力事件统计结果显示,42 起媒体曝光校园暴力事件中初中生参与的有 33 起,占比 69%,是校园暴力事件的高发阶段。两者结论不同是因为统计口径差异造成的。我国法律规定校园暴力案件主要以故意伤害罪追责,而构成故意伤害罪又要求致伤达到轻伤以上程度,所以,如果在校园暴力事件中,出现了不满 14 周岁的儿童故意杀人、已满 14 不满 16 周岁的青少年实施殴打、凌辱等轻伤行为难以追究刑事责任,因此在最高法审结生效的案件中能够承担部分刑事责任的高中生比例要高于初中生。但从超三分之一的初中生需要承担刑事责任的比例来看,初中生也应该是校园暴力事件的绝对主体。

(2) 校园暴力参与主体仍以男性为主,但女性参与比例迅猛提升。

法制网舆情监测中心对 2015 年前 5 个月媒体曝光的 40 件校园暴力事件进行了梳理,发现同性别之间的暴力冲突较多,男男暴力超过一半,达到 52.5%;女女暴力快速增加,已达到 32.5%。② 与男男暴力以殴打宣泄为主不同的是,女女之间的暴力行为呈现的特征有:多以情绪发泄为目的,作案动机主要集中在报复、嫉妒等不良情绪;暴力行为具有持续性和高频性,从网曝的典型案例来看,往往女生暴力行为持续时间长,单次欺凌时间可达数个小时,而且时间跨度大,加害者能在短时间内数次实施暴力行为;暴力手段具多样性和侮辱性,性暴力特征明显,除了肢体殴打之外,扇耳光、下跪、烟烫、扒衣、剪发、当马骑、猥亵、拍裸照传上网,甚至逼迫受害人与异性发生性关系等手段屡见不鲜。女生参与的校园暴力不仅对受害人身体造成严重伤害,更易对受害人心理造成极大摧残,造成创伤应激障碍甚至自残、自杀等严重后果。

(3) 行为方式具有群体性特征,往往都是结伙行事。

无论是提起诉讼的校园暴力案件,还是没有追究法律责任的校园暴力事件,"多对一"都是一个普遍特征。其表现为加害者轮流对受害人施暴;或者少数青少年施暴,其他人则当旁观者,拍摄施暴画面,语言攻击受害人,为加害人呐喊加油,持放纵罪行、漠视受害人的态度。人是社会人,对归属感和认同感渴望强烈。青少年处于身体和思想的快速发展期,对同辈群体的依赖超过和家庭、学校的联结,希望被同辈群体所接纳是其普遍特征,具有较强的从众心理,喜欢在"小团体"中树立个人权威凸显张扬的个性,因此容易相互影响而共同实施暴力行为。

(4) 校园暴力后果严重,但真正被追究法律责任的比例不高。

---

① 用专业化司法应对校园暴力低龄化[N].检察日报,2017-02-06(7).
② http://www.legaldaily.com.cn/zfzz/content/2015-06/01/content_6107278.htm?node=53439.

最高检分析100件审结生效的校园暴力刑事案件时发现,故意伤害罪占57%,故意杀人罪占6%,寻衅滋事罪占10%;性侵、侵财犯罪各占12%。持刀具(包括弹簧刀、水果刀、猎刀等)作案的占49%;造成被害人死亡的占35%,重伤的占32%,意味着在校园暴力犯罪案件中,实际造成被害人重伤、死亡严重后果的比例高达67%;轻伤占17%,轻微伤16%。更多的则是受害人产生恐惧、精神恍惚、不敢见人、不敢上学、行为呆滞、焦虑易怒等心理疾病和精神疾病,直至自残、自杀。虽然对受害人造成严重的身心伤害,但加害人的违法成本却很低。在上述100件案件中,致被害人重伤的32起案件中,免予刑事处罚2件,占6.25%;宣告缓刑的22件,占68.75%;判处有期徒刑三年以下的4件,占12.5%;三至五年有期徒刑的2件,占6.25%;五年以上十年以下有期徒刑的1件,占3.13%;十年以上有期徒刑的1件,占3.13%。致被害人死亡的35起案件中,宣告缓刑的8件,占22.86%;判处有期徒刑三年以下的1件,占2.86%;三至五年有期徒刑的4件,占11.43%;五年以上十年以下有期徒刑的12件,占34.29%;十年以上有期徒刑的10件,占28.57%。被告人作案后自首、与被害人达成赔偿协议的比例分别达49%和54%。[①]

二、青少年犯罪的成因分析

诱发青少年犯罪的原因很多,我们可以从青少年个体、家庭、学校和不良的社会环境四个方面来分析。

1. 特殊的成长阶段

青少年时期是生理与心理快速发展的特殊时期。在这个生命阶段,从身体外形或者生理构造来看,与儿童差异较大,而趋向于成年人;但是从心理发展、社会适应方面来看,又呈现出与儿童、成年人都迥然不同的新特征。因此,德国学者E.斯普兰格在其著作《青年期的心理学》中将青少年期称为个体的"第二次诞生"。

从生理上看,青少年身体迅速发育,第二性征开始出现,明显地表现出男女两性的外部差异;生理机能日趋成熟,脑神经活动的兴奋性强,运动能力显著加强,精力充沛,热衷于通过冒险与尝试显示自己的力量。与生理发育相伴随的是青少年对自我、他人、环境的好奇与探索,他们敏感、冲动、富有想象力,容易兴奋、情绪波动大,同时青少年的意志思想尚未发展成熟,自我控制能力较弱。因此在缺乏正确引导的情况下,他们可能会以打架斗殴、寻衅滋事等有害方式释放其旺盛的体能,违背社会伦理道德甚至是法律法规,走上违法犯罪的道路。

从心理上看,青少年的独立意识开始形成并不断增强,他们开始刻意减少对家

---

① 完善制度强化治理,有效遏制校园暴力[N]. 人民法院报,2016-06-02(8).

庭、父母的精神依赖,要求与成人获得同样的地位与待遇,渴望获得社会的关注和认可,怀疑以父母、老师为代表的成人权威,容易产生强烈的对立情绪,甚至会出现明显的反抗行为。这一时期的青少年处于逆反心理最强烈的阶段,意气用事、率性而为是其主要特征,同时情绪不稳定,认知能力偏低,知识经验欠缺,缺乏全面正确的判断能力,看问题容易片面极端,甚至产生偏见。部分青少年在实施犯罪行为的时候并没有完全意识到行为的严重后果,往往在群体压力之下导致心理承受能力较弱,为获得群体认同而出现从众心理与盲从行为,在外界不良环境的影响下容易犯罪。

2. 消极的家庭环境

家庭是个体社会化的第一场所,在青少年的社会化过程起着至关重要的作用,消极的家庭环境会阻碍青少年的健康成长。有关资料表明,在导致青少年违法犯罪的个体、家庭、学校、社会的各种因素中,家庭因素所占比例超过三分之一。正在服刑的未成年犯中,大约80%与家庭教育不当有关。①

塞尔卜维奇和乔达诺将关注点放在父母与孩子之间的关系上,而非健全的家庭结构,他们提出,有三个因素同青少年犯罪行为关系最密切:①父母对子女行为的监督;②子女所感受到的父母对他们的尊重、接纳和支持的程度;③子女同父母沟通的程度。分析塞尔卜维奇和乔达诺的研究结果可以看出,父母对孩子的正确教育方式是减少青少年犯罪的主要手段。首先,父母要能有效地监督子女的行为,因为与行为正常的青少年相比,有违法行为的青少年更少地得到父母的监督。父母可以多参与他们的课外生活,多与他们进行沟通,对子女在学校的学习抱有适当的期望等,而不要仅忙于自己的工作、应酬,对子女无暇顾及、放任自流。其次,需要注意的是,这种监督是一种恰当的、有益的教育,放任不顾、过分溺爱及简单粗暴的管教手段都是具有危害性的。对孩子放任不顾的教育容易导致青少年孤僻冷漠、自由散漫、我行我素;对孩子过分溺爱的教育容易导致青少年唯我独尊、骄横任性、好逸恶劳;简单粗暴的教育容易养成暴力成性、冷漠无情、仇视社会等反社会倾向,甚至可能导致青少年因缺乏亲情关怀转而投向外界的虚假温情。因此,父母在管教青少年的同时,要使其感受到父母对他们的尊重与支持。最后,青少年要学习主动与父母进行沟通,包括子女同父母讨论他们在学校碰到的问题,就业计划,以及与朋友之间的矛盾,等等。最近有研究表明,虽然青少年渴望同龄群体的认同,但在重大事件的决定上还是会首先考虑父母的意见。因此,如果家庭成员间能保持正常的沟通和密切的联系,青少年犯罪的可能性则很小。

3. 失当的学校教育

现代社会中,个体的社会化过程越来越倚重于专门的教育机构,即学校。佛哈

---

① 张桂荣,宋立卿.违法犯罪未成年人矫治制度研究[M].北京:群众出版社,2007:26.

森·J. 特斯顿在《对青少年犯罪以及少年行为其他方面的纵向研究》中指出,大量研究已经确认青少年犯罪与学校之间的关系。从某种程度上看,学校是比家庭和伙伴更能导致青少年犯罪的因素。对于大多数的青少年来说,他们的社会化过程有相当比例的时间是在学校度过的,学校是青少年走出家庭,完成社会化过程的重要阵地。如果学校教育的正功能得以充分发挥,将为社会培养德智体全面发展的中国特色社会主义事业建设者;反之,则可能阻碍青少年的健康成长,甚至是违法犯罪。根据四川省攀枝花市 2001 年刑事犯罪形势分析报告,18 岁以下青少年犯罪约占青少年犯罪比例的 22%,在校学生犯罪比 2000 年同期增长 47.9%,中小学生犯罪比 2000 年同期增长 112%。[1]

事实说明,当前的学校教育还存在着较为严重的问题。一是一些学校重视"教书",忽略"育人"。邓小平曾说"十年改革的失误是教育,主要是思想政治教育"。有的学校管理上存在漏洞,重智育、轻德育,忽视做人教育,特别是思想道德教育及法制教育的失误,导致了青少年道德品质低下,法制观念淡薄,走上犯罪道路。天津市未成年人违法犯罪问题调研报告中指出,通过对 209 名天津市少年犯管教所收押的和在社会服刑的未成年违法犯罪人员进行问卷调查发现,表示在学校接受过道德教育和法制教育的青少年较少,只有 20%,而有 26.8% 的人表示根本没在学校接受过法制教育。[2] 二是部分学校急功近利,片面追求学习成绩。应试教育的结果就是把分数的高低作为衡量学生优劣好坏的唯一标准,把升学率作为衡量学校教育质量的唯一标尺。对学习成绩较差的青少年不闻不问,置之不理,缺乏耐心细致的帮助与教育,甚至冷嘲热讽,当众体罚,劝其退学,使部分成绩差的学生自尊心受挫,破罐子破摔,产生悲观消极的情绪,最终走上违法犯罪的道路。

4. 不良的社会环境

社会环境对青少年的成长有着重要影响,良好的社会环境能促进青少年的健康成长,不良的社会环境不仅妨碍了青少年的正常社会化,还会成为青少年违法犯罪的诱因。从整个社会大环境来说,我国尚处于社会主义初级阶段,正经历着剧烈的社会转型,随着改革开放的深入和社会主义市场经济的发展,社会上存在着重视经济利益忽视精神追求的现象,消极的思想意识,如拜金主义、享乐主义等对人生观、世界观处于成形阶段的青少年产生巨大的冲击和影响,造成青少年思想的混乱,使他们缺乏远大的理想、健康的人生观和价值观,为达目的而不惜以身试法。

近年来,对青少年思想道德建设起到较大影响的微观环境接连曝出不少弊端。2004 年初,党中央、国务院出台了《关于进一步加强和改进未成年人思想道德建设

---

[1] 黄教珍,张停云.社会转型期青少年犯罪的心理预防与教育对策[M].北京:法律出版社,2008:82.
[2] 陆志谦,胡家福.当代中国未成年人违法犯罪问题研究[M].北京:中国人民公安大学出版社,2005:54.

的若干意见》,随后中央综治委及时草拟了《关于深化预防青少年违法犯罪工作的意见》(审议稿),并积极组织了"预防青少年违法犯罪"和"校园周边治安"两个重点调研行动,整治互联网的负面影响及不健康的文化市场。自我国 1995 年开通互联网以来,发展速度十分惊人。2010 年,中国互联网络信息中心发布的《2009 年中国青少年上网行为调查报告》中指出,截至 2009 年 12 月,中国青少年网民为 1.95 亿,互联网普及率已经达到 54.5%,远高于整体网民 28.9%的平均水平,其中手机网民达 1.44 亿,同比增长 73.5%。互联网为青少年拓宽了青少年的思路与视野,获取各种最新信息,有助于青少年不断提高自身技能,但报告指出我国青少年网民网络使用仍然保持较突出的娱乐特点,在青少年网民特别是 18 岁以下的网民中排名前三的娱乐应用分别是网络音乐、网络游戏和网络视频。网络的娱乐化加上监管不力,易导致青少年沉溺于虚拟世界,大量吸收网上的暴力信息、色情信息而扭曲了正确的人生观与价值观,误入歧途。我国目前对文化市场制定了若干管理制度,为保护青少年的健康成长起到了积极作用,但仍存在一些管理漏洞。诸如部分学校周边的酒吧、发廊、歌舞厅、黑网吧、游戏厅、录像室等不适合青少年涉足的娱乐场所比比皆是;渲染色情、暴力、迷信、帮会等内容的影视、影碟、录像、书刊、动漫等充斥青少年的文化市场,网络资源的净化与分级制度欠缺,潜移默化地侵蚀了部分青少年的思想道德,诱导其偏差行为的出现,直至走上违法犯罪的道路。

三、青少年犯罪的发展趋势

1. 青少年犯罪总体数量呈下降趋势,低龄化趋势明显

随着社会生产力的迅速发展,社会物质生活水平得到了明显提高,青少年的"成熟前倾"现象越来越普遍,其生理发育期逐渐提前,与他人交往的范围不断扩大,在拓展青少年生活空间的同时,也可能导致青少年犯罪可能性的增加。我国青少年犯罪总体数量经历了一个先升后降的过程。中国青少年研究中心发布的《"十五"期间中国青年发展状况与"十一五"期间中国青年发展趋势研究报告》显示,20世纪 80 年代末 90 年代初,我国青少年犯罪数量一度出现下降趋势,但随后上升的趋势越来越强劲。"十五"期间,全国法院判决的青少年罪犯均在 20 万人以上,2001 年超过 25 万人,五年间增长 12.6%。而且青少年犯罪的比例明显超过全国整体犯罪率,"十五"期间,全国总人口犯罪率在万分之五到万分之六之间,而青少年的犯罪率翻一番,在万分之十到万分之十一之间。[①] 从表 12-1 中可以看出,青少年犯罪的人数从 1997 年开始逐渐攀升,在 2008 年达到峰值后又缓慢回落,开始逐年下降。其中,未成年人犯罪的比例下降略快,18~25 周岁成年人犯罪的人数下

---

① http://www.cycs.org/Article.asp?Category=1&Column=389&ID=7895.

降缓慢,25周岁以上罪犯人数有所提高。

表 12-1　全国人民法院刑事案件中青少年犯罪状况统计表

年份	不满18周岁罪犯人数(人)	18～25周岁罪犯人数(人)	青少年罪犯总人数(人)	刑事罪犯总人数(人)	未成年罪犯占青少年罪犯比(%)	青少年罪犯占刑事罪犯比(%)	未成年罪犯占刑事罪犯比(%)
1997	30446	168766	199212	526312	15.3	37.9	5.8
1998	33612	174464	208076	528301	16.2	39.4	6.4
1999	40014	181139	221153	602380	18.1	36.7	6.6
2000	41709	179272	220981	639814	18.9	34.5	6.5
2001	49883	203582	353465	746328	19.7	34	6.7
2002	50030	167879	217909	701858	23.0	31	7.1
2003	58870	172845	231715	742261	25.4	31.2	7.9
2004	70086	178748	248834	764441	28.2	32.6	9.2
2005	82692	203109	285801	842545	28.9	33.9	9.8
2006	83697	219934	303631	889042	27.6	34.2	9.4
2007	87506	228792	316298	931745	27.7	33.9	9.4
2008	88891	233170	322061	1007304	27.6	32	8.8
2009	77604	224419	302023	996666	25.7	30.3	7.8
2010	68193	219785	287978	1006420	23.7	28.6	6.8
2011	67280	215149	282429	1050747	23.8	26.9	6.4
2012	63782	219208	282990	1173406	22.5	24.1	5.4
2013	55817	209622	265439	1158609	21.0	22.9	4.8

(资料来源:本表数字均来自《中国法律年鉴》等资料,未考虑犯罪黑数。)

　　青少年罪犯当中,低龄化的趋势相当严重。在20世纪五六十年代,青少年第一次犯罪,一般是从16岁开始,而现在一般从十一二岁开始,根据全国人大内务司法委员会的调查,我国青少年犯罪初次有劣迹年龄为6岁,其高峰年龄为8岁至17岁。[①] 根据近年来的统计数据表明,17岁以下的未成年人作案成员比例逐年上升,1993年、1994年在21%左右,至20世纪末已经超过25%。其中,13岁以下犯罪的人数逐年增多,1997年近2.3万人,1999年超过2.4万人。从2000年到2004年的5年间,全国判决的未成年罪犯每年持续上升,上涨比例高达68%,其上

---

① 黄教珍,张停云.社会转型期青少年犯罪的心理预防与教育对策[M].北京:法律出版社.2008:30.

升幅度远远超过青少年罪犯及全国罪犯总体。① 一份来自中国预防青少年犯罪研究会的统计数据显示,在发生犯罪行为的未成年人中,14岁至16岁年龄段所占比重逐年提升,至2013年已经突破了50%。司法实务界也指出,13岁的未成年人犯罪现象尤为突出。某省高级人民法院的一次统计显示,青少年恶性刑事案件中,严重危害行为的始发年龄最小为10岁左右,多集中在13岁。青少年犯罪低龄化趋势引起了社会各方的广泛关注,理论界、司法界和社会民众都在讨论是否需要修改我国现行刑法相关条款以降低刑事责任年龄。

2. 青少年犯罪形式具有团伙性的特征

当今的青少年犯罪中,多以团伙作案的形式出现,极大地增加了社会危害性。据不完全统计,近年来,青少年犯罪中约70%的是结成团伙实施的,个别地区甚至超过了80%。② 1996年,全国共查获团伙犯罪案件83769件,其中青年团伙作案占到52.6%,并且普遍存在着"带有黑社会组织性质"的初级形态。以上海为例,青少年团伙犯罪在未成年犯罪案件中的比例为2005年74.4%,2006年73.3%,2007年73.4%。③ 2014年,未成年人犯罪研究报告中称,62.9%的未成年犯与他人一同犯罪,而在未成年人参与的共同犯罪中,同伙为未成年人的占44%。④

青少年团伙犯罪的形式主要有两种,一是青少年被犯罪团伙所吸纳,主要是指以青少年为核心成员的犯罪组织采取团伙作案的方式,形成专门化的盗窃团伙、抢劫团伙、性犯罪团伙等。其中大部分的青少年团伙犯罪是属于一般性的团伙犯罪,但也有一部分的团伙组织,不仅有组织名称、头目、纪律,而且在实施犯罪时,还有周密的计划与分工,其性质已经具有了黑社会性质,青少年一旦参与这类团伙,所犯的罪行将更为恶劣。二是青少年的同辈群体依附性,崇尚江湖义气,在犯罪中往往组成团伙以聚力壮胆。这种类型的犯罪活动往往发生在人多拥挤的公共场所,随机挑选作案对象,在犯罪的过程中一拥而上,常常会借助于团伙的力量互相壮胆,利用人多势众相互掩护,便于得手后一哄而散,以此减轻犯罪者自身的恐惧心理,增强逃避惩罚的安全感。

3. 侵财型犯罪所占比例进一步提高

有学者提出,在现代化的过程中,犯罪的增长将首先发生在与社会发展水平关系最为密切的财产犯罪领域,伴随着现代化的发展,财产犯罪在全部犯罪中的比重会逐渐增大。⑤ 这一论断在青少年犯罪领域中得到佐证。我国城市化过程不断加

---

① 朱恩涛.我国青少年违法犯罪的特点与预防对策[J].青少年犯罪研究,2000(6).
② 陆志谦,等.当代中国未成年人违法犯罪问题研究[M].北京:中国人民公安大学出版社,2005:13.
③ 金诚.中美青少年团伙犯罪研讨会综述[J].青少年犯罪问题,2008(5).
④ 谢建设,刘念,谢宇.青少年犯罪的时空分析——来自广东省未成年人管教所的调查[J].中国人口科学,2014(3).
⑤ 陆志谦,等.当代中国未成年人违法犯罪问题研究[M].北京:中国人民公安大学出版社,2005:11.

快,社会中拜金主义、物质至上的现象日益为青少年所盲目接受,使得青少年在不断强化的物质利益观与现实生活中非独立的经济地位之间时常感到徘徊与迷茫,可能会通过实施违法犯罪行为来获取利益以达到目的。因此,很多青少年罪犯的作案动机是图财,不管数额大小,只要碰到他们所认为的"适当"时机、地点,就可能实施犯罪。与成年人侵财型犯罪不同的是,其犯罪目的并不是出于谋生考虑,而是为了去网吧、迪厅等娱乐场所潇洒、享乐,一般在通过各种手段获取财物后,很快就挥霍一空。

有数据显示,从20世纪90年代以来,青少年犯罪中以盗窃、抢劫、敲诈勒索等侵财型犯罪增长较快,特别是在未成年案件中,抢劫案更是增加最快的犯罪类型,且呈逐年上升的趋势。中国青少年研究会发布的一项对全国10个省、市近3000名未成年罪犯的调研报告显示,从青少年犯罪类型上看,抢劫和盗窃排在第一位和第三位。① 2001—2002年中国青少年研究中心对全国在押未成年犯的抽样调查数据显示,在押未成年犯的首要犯罪类型是抢劫,占到64.4%,其犯罪目的是"为了钱财"的占38.8%,排在各种犯罪目的中的第一位。② 北京市通州区人民法院提供的数据也表明,2011年至2013年审结的各类未成年刑事案件中,青少年犯罪主要集中在财产型犯罪,占全部案件的72%,其中盗窃罪、抢劫罪所占比例近47%。③

4. 犯罪手段兼具暴力化、智能化与网络化特点

在20世纪80年代之前,青少年犯罪的表现多为一般盗窃、打架斗殴、寻衅滋事等普通的刑事行为,到了90年代,青少年犯罪开始向抢劫、放火、杀人、重大伤害等暴力行为发展,暴力恶性案件的绝对数量不断增加。据公安部门的统计,从1990年至1995年的五年间,青少年犯占全部杀人案件的比例从1.6%上升到1.9%;占全部抢劫案件的比例从8.4%上升到12.5%;占全部伤害案件的比例从4.5%上升到6.5%。④《中国"十五"期间青年发展状况和"十一五"期间青年发展趋势研究报告》显示,2001年全国公安机关立案的刑事案件中,抢劫、伤害、强奸、杀人等暴力性质的犯罪总计不到15%,而同年的青少年犯罪类型主要是抢劫、强奸、故意伤害和杀人,累积达到80%以上。近一两年来,青少年的暴力行为从社会蔓延至校园内,各种校园暴力不时见诸报端;暴力行为不仅是犯罪手段了,而成为犯罪目的,青少年犯罪为日常琐碎的小事使用暴力致死致残的极端案件越来越多,由此可见青少年犯罪的暴力化趋势。

近年来,青少年犯罪手段出现了由简单化向智能化、网络化发展的趋势,即表

---

① 张桂荣,宋立卿.违法犯罪未成年人矫治制度研究[M].北京:群众出版社,2007:8.
② http://www.cycs.org/Article.asp?Category=1&Column=389&ID=7895.
③ 青少年犯罪近半集中在抢劫盗窃[N].北京日报,2014-05-22(8).
④ 储槐植,张立宇.青少年犯罪现状与治理对策[J].江苏公安专科学校学报,2001(6).

现为青少年在犯罪过程中使用较为先进的作案工具,并越来越多地借助网络、信用卡等现代化平台,利用高科技手段来指挥、联络、跨区域实施犯罪活动。不少青少年会模仿报刊、影视上的手段和做法,在作案过程前后,进行策划、伪装、逃脱,与成人作案手法极为相似。根据《2015 年中国青少年上网行为研究报告》显示,截至2015 年 12 月,中国青少年网民规模达到 2.87 亿,青少年在家里通过电脑接入互联网的比例达到 89.9%,通过手机上网的则达到了 90%。① 青少年在畅游网络虚拟世界时,也容易将互联网作为平台、工具达到实施犯罪的目的。青少年涉及网络赌博,黑客入侵,网络盗窃,网络诈骗,利用网络制作、传播和出售淫秽物品等犯罪行为日渐增多。

2005 年,在网络上出现了"新网银大盗"病毒,该病毒的作者是一名年仅 16 岁的厦门市某中专学校的在校生,他利用自己的电脑技术入侵门户网站,并将其中部分网页链接更改恶意为陷阱链接,利用电脑用户的点击在其电脑中植入病毒。该病毒发作后,可通过记录用户键盘输入,盗取工商银行个人网上银行的账号密码,并通过网页脚本把获得的非法信息提交给病毒作者。截至案发时,这个年轻的网银大盗共盗走 12 名受害者银行卡内的存款 62500 余元。由于网络的匿名性,参与网络赌博的青少年比例更高。中国青少年网络协会在 2015 年发布的中国青少年网瘾数据显示,北京青少年犯罪中九成与网瘾有关,其中涉及赌博犯罪的占比三成。2016 年一个容量 10G 的借贷宝压缩包在网络流传,里面包含了约 170 名年轻女性的裸照、视频、身份证、微信号、父母信息、家庭住址及芝麻信用分等隐私信息,让"裸贷"走入大众视野。据报道,借款人多为 17 岁到 23 岁之间的女学生,所借金额根据相貌等级从几千元到上万元不等,有的周利率可达百分之三十。"裸贷"行业借助网络借贷平台,已经形成了集放贷、拍摄裸照与视频,甚至"肉偿"贷款、一夜情、包养等一系列灰色产业链。中介提供者 85% 为男性,46% 为"90 后"。他们利用 QQ 群、微信公众号等联系方式提供放款和"肉偿"的中介服务,部分"裸贷"女生因还不上贷款而加入到放贷和"肉偿"的中介队伍中去,以此来赚钱还债。这些危害行为利用网络的匿名性、成本低廉等特征大肆开展违法犯罪活动,给社会带来了极大的危害。

5. 青少年涉毒犯罪日趋增加

毒品在我国相当长时间内几乎绝迹,但改革开放以后又死灰复燃。随着毒品市场的扩大,青少年涉毒案件日益增多。青少年由于在生理、心理上的不稳定状态,导致其常会在偶然事件的诱发和特定情景的刺激下,容易一时冲动,因好奇、时尚、义气、对毒品成瘾性缺乏了解等因素的作用下,成为毒品的追随者,尝试着海洛因、冰毒、摇头丸、K 粉等传统毒品和新型毒品。随着电信网、广播电视网、互联网

---

① http://mt.sohu.com/20160819/n464923338.shtml.

等三网融合趋势越来越明显,青少年吸毒方式和平台也出现了新的特征。2011年8月2日,在公安部统一指挥下,全国31个省市公安机关同时行动,侦破了"8·31"部督特大网络吸贩毒重大案件。这种利用互联网大肆进行吸贩毒活动在全国是首次发现,抓获嫌疑人12120余名,大多数在35岁以下青少年,年龄最小者仅为14岁。[①] 嫌疑人借用注册用户逾千万的当时境内最大视频互动交友平台来吸食、贩卖合成毒品,正是利用网络的发散性和便利性的特征,建立并传播吸贩毒链,危害甚重。从首次发现这种新型毒品案件,到2015年短短4年间,势头迅猛。2015年,全国破获互联网涉毒案件1.5万起,清理整顿各类涉毒违法信息6.5万余条,关停取缔涉毒网站832家,关停涉毒通信账号576.8万个,通报有关部门停止解析涉毒违法网站域名529个,通报工信部门封堵涉毒境外违法网站1471个。[②] 可见,青少年利用网络吸贩毒是目前出现的新特征。

作为易染毒的高风险人群,近年来青少年吸毒人数不断攀升。涉毒青少年多半是各类中专、大专、职业技术学校学生,或者是刚毕业没有找到合意工作的无业者,前者学习压力相对较小,学生与社会闲散人员接触的机会相对较多,后者失意、苦闷,急需进行情感宣泄。据国家禁毒委员会统计,截至2004年,我国在册吸毒人数已经达到107.2万人,其中青少年的比例始终徘徊在70%～80%,同年,中国登记在册吸毒青少年已经达到75.5万人。2016年,对外发布的《2015年中国毒品形势报告》显示,全国现有234.5万名吸毒人员中,不满18岁的未成年人有4.3万名,占1.8%;18～35岁的青少年有142.2万名,占60.6%。这对社会宣教提出了更高要求,除了对毒品的危害进行科普之外,还应该对毒品的成分、性质做基本的知识普及与讲解,揭开毒品神秘的面纱,让青少年对毒品不好奇,不盲目追求所谓的快感。

吸食毒品不仅损害了青少年的身心健康,而且容易引发与毒品相关的犯罪行为,如贩毒、盗窃、抢劫,甚至杀人等其他刑事犯罪。吸毒青少年70%以上的毒资来源于非法所得,他们为了得到吸毒所需的高额费用,往往非偷即抢,最终会在身边毒友、狱友的教唆下走向犯罪的道路。资料表明,到2003年底,全国累计登记在册的吸毒人员已达105万人,青少年占72%,而且男性吸毒者80%有其他违法犯罪行为,女性吸毒者80%从事卖淫活动。[③] 一般来说,男性青少年会以偷养吸,女性青少年会以娼养吸,甚至合作走私、贩卖枪支,以毒养毒,以贩养吸。《2015年中国毒品形势报告》显示,全国全年抓获的19.4万名毒品犯罪嫌疑人中,18岁以下的未成年人有0.4万名,18岁至35岁以下人员11.5万名,合计占比61.3%。因

---

① 王刚,闫志伟.甘肃青少年涉毒问题研究[J].广西警官高等专科学校学报,2016(5).
② http://news.xinhuanet.com/live/2016-02/18/c_128730815_4.htm.
③ http://news.sina.com.cn/c/2004-08-21/14293456366s.shtml.

滥用毒品导致暴力攻击、自杀自残、毒驾肇事等极端案件 336 起,破获吸毒者引发的刑事案件 17.4 万起,占刑事案件总数的 14%。

第三节 青少年犯罪的防治

青少年犯罪是一个复杂的问题,牵涉到家庭、学校和社会等多方面,因此其防治工作也需要全社会各方力量的结合。

一、预防方法

1. 青少年犯罪的家庭预防

家庭是个体的第一课堂,是预防青少年犯罪的首要防线。家庭要尽到监护、管教的义务,用健康的家庭教育方式保证青少年形成健全人格、辨别是非对错的能力。但我国目前的家庭教育发挥了多大作用值得深思。根据中国科学院心理研究所对北京市 1800 名家长为期 3 年的跟踪调查发现,学生对"改善家长教育的方式方法"一项非常赞成的为 67.5%,赞成的为 27.9%,合计为 95.4%;调查把家长的家庭教育方式分为四种类型——过分干涉型、严厉惩罚型、过分保护型和理解民主型,分别占调查总数的 30%、10%、30% 和 30%,可见 2/3 的家庭教育方式是不当的。[①] 较之前三种家庭教育方法来说,理解民主型的家庭教育方式被认为是较为理想的家庭教育模式,因为这种教育方式给青少年提供较大的自我发展空间,其行为得到父母更多的分析与引导。民主型父母对孩子在社会化过程出现的问题,多采取积极的、肯定的方法鼓励孩子做出选择与决定,而不是用简单惩罚的方式对待孩子的错误。用这种方式培养出来的青少年自我接纳程度较高,有清晰的是非观,人际关系相对协调,情绪较为稳定,能顺利地度过"暴风骤雨"般的叛逆期。很多研究表明,与普通青少年相比,犯罪青少年的父母在适当的原则、明确的监督以及情感上的陪伴都显得不足。如果青少年从父母那得到了更多的拒绝与更少的关爱,那么他们与父母之间的感情联系将会被削弱,犯罪的可能性将增加。

2. 青少年犯罪的学校预防

学校是青少年社会活动的主要场所,他们的人生观、世界观、价值观的确立与学校教育密切相关。给予青少年良好的教育,是预防青少年犯罪的根本渠道。首先,学校要用青少年喜闻乐见的方式加强德育、法制教育。《中华人民共和国未成

---

① 黄教珍,张停云.社会转型期青少年犯罪的心理预防与教育对策[M].北京:法律出版社,2008:147.

年人保护法》第十七条规定：学校应当全面贯彻国家的教育方针，实施素质教育，提高教育质量。对此，学校应改进德育教学方法，通过激发学生的学习兴趣、丰富学生的课余生活等形式，将青少年的道德建设与品质教育贯穿到学校教学的各方环节，并不断强化青少年的法制观念，把两者紧密地结合起来，让他们知道什么是违法犯罪，以及违法犯罪行为对个人、家庭、社会造成的危害。其次，校方要加强管理，保障青少年的受教育权。《中华人民共和国义务教育法》第四条规定：凡具有中华人民共和国国籍的适龄儿童、少年，不分性别、民族、种族、家庭财产状况、宗教信仰等，依法享有平等接受义务教育的权利，并履行接受义务教育的义务。学校有义务、有责任尊重并保障青少年受教育的权利，不能因学生成绩差、有厌学行为而随意让其退学，并切实做好流动青少年的入学问题，对外来青少年予以有学校可上、有老师能管、有同学陪伴等切实帮助，以减少这部分青少年的犯罪率。最后，学校要重视教师的职业道德建设。教师是人类灵魂的工程师，"师者，人之模范"，对可塑性大、身心尚未成熟的青少年来说，教师是青少年的人生榜样。一方面，学校要引导教师注重自身修养，提高自身素质，用丰富的知识教育学生，用良好的道德行为熏陶学生；另一方面，教师要把关心爱护学生作为自己的天职，平等地对待每一个学生，特别是对有困难、有缺点的学生更应对症下药，循循善诱，禁止体罚或变相体罚后进的学生，防止学生流失到社会结交不良朋友。

3. 青少年犯罪的社会预防

鉴于大量事实表明，相当比例的青少年犯罪与不良的社会环境有着紧密的关系，因此积极调动社会各方力量，齐抓共管，深入开展专项治理，净化青少年成长的社会环境，建立高效、综合的犯罪预防体系势在必行。首先，强化学校周边的治安管理。主要以学校为重点，密切关注学校周边的生活环境与治安状况，防止校园暴力的产生，对教唆青少年犯罪、殴打或抢劫青少年等犯罪活动予以严厉惩罚。坚决铲除侵害青少年合法权益、影响青少年健康成长的违法行为，达到净化校园周边环境、为青少年提供一个积极向上的学习环境的目的。其次，加强社区建设。社区连接着家庭与学校，是青少年在课后业余时间、寒暑假时期的主要活动场所。可以通过建立以社区为中心的活动组织，对青少年的生活、学习予以指导和帮助，不断完善社区教育、管理与服务青少年的工作机制，填补青少年的监管空窗期，使学校教育、家庭教育及社会教育相互衔接，防止青少年在闲暇时间受社会不良影响而误入歧途。最后，净化文化娱乐环境。为严格管理娱乐场所、文化市场以及特定行业，公安、文化、新闻出版等多部门应坚持不懈地联合开展"扫黄打非"斗争，对传播淫秽、凶杀、暴力、伪科学内容的图书及音像制品坚决查处，对违规租售不健康内容给青少年观看的黑网吧、录像厅的经营者严厉处罚，防止青少年冲动性的财物型犯罪与性犯罪；同时也要为青少年多多提供有益于其身心健康的文娱、体育、社交的活动与场所，使其时间与精力得到有效的释放。

二、矫治手段

1. 工读教育制度

工读教育是对有违法行为或较为严重的不良行为的在校未成年学生采取的一种预防性、矫正性及保护性的教育监管措施。从20世纪50年代我国建立第一所工读学校以来，工读教育的历史已经有60多年的历史，鼎盛时期数量达200多所。1981年4月，国务院批转教育部、公安部、共青团中央《关于办好工读学校的试行方案的通知》中明确指出，招生对象是13周岁至18周岁有违法或轻微犯罪行为，不适宜留在原校学习，但又不够劳动教养或少年管教条件的中学生（包括那些被学校开除或自动退学，漂流在社会上的18周岁以下的青少年）。由此可见，在最初发展的近30年间，工读教育主要是针对具有违法和轻微犯罪行为、家长管不了、普通学校也难管教但又够不上劳动教养和刑事处罚的在校学生、被开除或自动弃学的未成年人进行的半工半读的一种特殊教育方式。

20世纪90年代之后，《中华人民共和国预防未成年人犯罪法》《中华人民共和国未成年人保护法》及其修订版的陆续颁布，工读教育的内涵开始发生变化，针对的对象为年龄在12周岁至17周岁，实施了纠集他人结伙滋事、扰乱治安、携带管制刀具、屡教不改、多次拦截殴打他人或者强行索要他人财物、传播淫秽的读物或者音像制品、进行淫乱或者色情卖淫活动、多次偷窃、参与赌博、屡教不改、吸食或注射毒品、其他严重危害社会的行为等严重不良行为的青少年所进行的具有义务教育、特殊教育及职业教育综合特征的一种教育形式。工读学生分两类：一类在工读学校学习，期限为2～3年，学业期满，经考试合格者，发给普通中学文凭，可继续升学或进行职业培训后参加工作；一类是工读预备生，学生仍留原校学习，工读学校派出老师定期教育和辅导。如果改正了不良行为或违法行为，则结束工读教育，仍继续学习或升学；如拒不改正，为防止其向违法犯罪道路发展，可以送工读学校学习。[①]

工读教育除了具备普通教育的基本职能之外，还承担着对工读学生的教育、挽救和矫治工作。第一，通过对青少年严重不良行为的早期干预，达到及时控制和有效预防青少年违法犯罪的目的。工读学校通过封闭半封闭式的严格管理，以及有针对性的强化教育，综合运用社会工作、教育学、心理学、法学等多学科的理念与技巧以获取最佳的矫治效果。根据上海市第六届工读教育论坛的统计数据，仅2003年至2008年，共教育转化行为不良学生20012人次，初中升学率均超过90%；学

---

① 储槐植，张立宇.青少年犯罪现状与治理对策[J].江苏公安专科学校学报，2001(6).

生离校一年后的重犯率约5%,离校三年后的重犯率约为10%。① 第二,将大批行为不良的青少年送入正常的学习、生活轨道,为日后成为社会的有用之才奠定基础。从实践上看,工读学校招收的学生大多表现良好,有的回原学校继续学习,有的升入上一级学校,还有的走上了工作岗位,不少人能在各自的工作岗位上做出突出的成绩。从1955年到2000年,北京市工读学校共招收工读生近万人,教育成功率为93%;1990年以来,招收工读预备生15000多人,教育成功率达96%。② 2007学年,上海市工读学校毕业初职学生193名,毕业中职生44名,且全部实现就业;普通高中班毕业70人,其中7名考取本科,54名考取专科。③

1999年6月,第九届全国人大常委会第十次会议通过的《中华人民共和国预防未成年人犯罪法》中规定:对本法规定的严重不良行为的未成年人,其父母或者监护人和学校应当相互配合,采取措施严加管教,也可以送往工读学校进行矫正和接受教育。同时,还明确了"严重不良行为"的九种情形。至此,工读学校由公安强制实施,改为由未成年人家长或监护人、原学校提出申请、经教育行政部门批准入读。随着强制入学的取消,生源逐渐减少,工读学校大幅缩水。教育部发展规划司发布的全国工读学校现状数据显示,截至2015年,全国共有工读学校79所,368个班,教师人数2820人,专任教师1900人,河北、山东等7个省份没有建立任何工读学校。工读学校的衰落导致一些具有社会危害行为的未成年人得不到及时的教育和矫治,留下严重隐患。

为了解决工读学校规模萎缩与未成年人犯罪依然存在的矛盾,各级政府采取了积极尝试。如2015年甘肃省针对传统工读学校存在的问题而提出的虚拟工读学校就是制度创新的产物。具体而言,虚拟工读学校是将有严重不良行为的青少年安置在市辖区或者县辖区内适宜的义务教育学校或职业技术学校,进行教育、矫治和挽救的特殊教育形式。学校把问题青少年群体的范围界定为已满12周岁、未满25周岁、有危害社会违法行为的青少年,具体分为校园越轨、涉毒越轨、性越轨、团伙越轨、强行索要、网络越轨等六种类型。学校主要采取两种管理方式,分类教育矫治。一种是分散办学,对已经在读的违法青少年进行登记造册、建立档案、动态监测;另一种是集中办班,对非在读的社会闲散青少年开设专门班级集中进行矫治。虚拟工读学校的"虚",主要是指问题学生既参加正常的学校生活,同时个人信息被高度保密,只有教师掌握,学生父母和学生自己及同学都不知道,避免"标签化"带来的污名化;"实"主要表现为学籍档案由信息化管理模块进行跟踪,各种信息统一录入综治信息平台,并与手机app接入运行。通过虚实结合的方式为问题

---

① 徐志林.上海工读教育面临的问题与对策研究[J].青少年犯罪问题,2010(1).
② 贾洛川.中国未成年违法犯罪人员矫正制度研究[M].北京:中国人民公安大学出版社,2006:236.
③ http://whb.news365.com.cn/jkw/200901/t20090119_2169873.htm.

青少年链接教育资源和社会资源。

2. 社区矫正制度

随着我国改革的推进,社区在日常生活中扮演着越来越重要的角色。我们可以借鉴英国所采取的社区参与矫治方案,充分发挥社区的作用。一般认为,社区矫正的思想来源于18世纪欧洲的监狱改良运动。现代意义上的社区矫正制度萌芽于二战后的欧美国家,一些社会团体和志愿者们为患有社会不适应症的老兵回归社会提供帮助,司法部门受到了启发,于是有意识地将此方法引入司法领域。20世纪后半期以来,社区矫正制度已经成为一项重要的司法制度,在全世界范围内迅猛发展,成为当今发达国家应用最广泛的矫正方式。具体而言,社区矫正制度的对象是针对罪行较轻、主观恶意较小、社会危害性不大的罪犯,其主要特点是不将罪犯与社会隔离并充分利用社区资源对其进行教育与改造工作,国外较为常见的包括缓刑、假释、社区服务、暂时释放、中途之家、工作释放、学习释放等。我国上海市于2002年率先在徐汇、普陀、闸北三个区的部分街道开展了社区矫正的试点工作,2003年,我国最高人民法院、最高人民检察院、公安部、司法部联合下发了《关于开展社区矫正试点工作的通知》(以下简称《通知》),正式拉开全国范围内社区矫正试点的工作序幕。《通知》中对社区矫正进行了明确界定:是与监禁矫正相对的行刑方式,是指将符合社区矫正条件的犯罪置于社区内,由专门的国家机关在相关社会团体和民间组织以及社会志愿者的协助下,在判决、裁定或决定确定的限期内,矫正其犯罪心理和行为恶习,并促进其顺利回归社会的非监禁刑罚执行活动,其适用范围包括被判处管制、被宣告缓刑、被暂予监外执行、被裁定假释以及被剥夺政治权利并在社会上服刑的五种罪犯。2009年,随着《关于在全国试行社区矫正工作的意见》的颁布,标志着我国的社区矫正工作从部分地区的试点阶段进入了全国范围的试行阶段。2013年,党的十八届三中全会通过的《中共中央关于全面深化改革若干重大问题的决定》明确提出"健全社区矫正制度",继而在十八届四中全会《中共中央关于全面推进依法治国若干重大问题的决定》中提出要制定《社区矫正法》。2014年12月,最高院、最高检、公安部和司法部联合下发了《关于全面推进社区矫正工作的意见》,对如何做好社区矫正工作提出了具体要求。

通过实施社区矫正,青少年社区服刑人员的矫正工作初显成效。2002年开始,上海监狱局将上海少年管教所列为社区矫正工作的试点单位,制定了《上海市少年管教所未成年犯假释辅导站暂行规定》,建立了假释辅导站。至2004年已经有5名未成年犯送入假释辅导站接受矫正,要求假释犯每月向帮教小组做出书面汇报,少管所民警不定期地向假释犯所在单位了解其近期表现,并通过各种途径解决他们的实际问题,有效地消除了未成年犯的抵触和对抗情绪,也改变了社会、亲属对其原有的偏见。随着专职司法社会工作者在社区矫正工作中的介入,青少年的社区矫正工作也呈现出新的发展动力。司法社会工作者秉着为青少年"赋权"的思想,相信每个青少年都有发展的潜能,贯彻以青少年为本的理念,将社会工作的三个微观工作方法运用到青少年的社区矫治工作中,通过与矫治对象面对面的交流,协助他们改善人际关系协调能力以增强其适应社会的能力;参与社区活动以建立对社区的归属感;培养自助及互助精神以推动健康人格的形成与发展。社区矫正制度的实行,有效地矫正了青少年的犯罪行为,在推动青少年健康成长方面取得了显著成绩。

3. 监禁制度

《中华人民共和国刑法》(2009年修正版)将刑事责任能力人分为完全无刑事责任能力人、限制刑事责任能力人及完全刑事责任能力人三类。根据《刑法》《未成年人保护法》及《预防未成年人犯罪法》等相关规定,十四周岁被认为是是否承担刑事责任能力的分水岭。虽然在实践中,我国的青少年犯罪呈低龄化的趋势,但不满十四周岁的个体仍被认为是完全无刑事责任能力的人,其行为不构成犯罪,但可以依法责令其家长或监护人加以管教,或在必要的时候由政府收容教养。限制刑事责任能力人是指《刑法》中规定具有承担刑事责任的能力,但应当或可以减轻和从轻处罚的主体。《刑法》第十七条规定:已满十六周岁的人犯罪,应当负刑事责任。已满十四周岁不满十六周岁的人,犯故意杀人、故意伤害致人重伤或者死亡、强奸、抢劫、贩卖毒品、放火、爆炸、投毒罪的,应当负刑事责任。已满十四周岁不满十八周岁的人犯罪,应当从轻或减轻处罚。完全刑事责任能力人则是指年满十六周岁的主体,我国《刑法》规定:已满十六周岁的人犯罪,应当负刑事责任。

对年满十八周岁的青年罪犯而言,监禁制度是一种运用最为广泛的矫治方式;而对十八周岁以下的少年罪犯来说,监禁制度实行的比例较低。一般认为,少年一定期限的剥夺自由的期限为六个月以上五年以下;情节严重的,不超过十年。有学者提出,对已满十四周岁不满十六周岁的少年犯,不论其犯罪性质多严重,坚决不适用无期徒刑;对已满十六周岁不满十八周岁的少年犯在适用无期徒刑时,应当严格限制,尤其要慎重。[①] 这种想法并不是对少年罪犯的姑息,而是因为这一阶段的少年罪犯受其年龄的限制,生理,尤其是心理处于刚发育阶段,虽有一定的分辨能力和自我控制能力,但与成年人有本质区别,需要的是教育而不是刑罚。同时,监禁期较短(六个月以下)的刑罚也可能会给青少年带来不良后果,诸如近墨者黑,青少年罪犯有可能在这里学习到更高超的犯罪技巧;引起罪犯对社会的仇视感;监禁的机构化,让青少年罪犯出狱后在适应社会方面遇到困难。因此,对于被监禁的青少年罪犯,要及时进行个别辅导、职业训练,为他们重返社会做好准备,这一点对少年罪犯尤为重要。

---

① 徐建.青少年法学新视野[M].北京:中国人民公安大学出版社,2005:270-271.

基 本 概 念

犯罪　青少年犯罪　亚文化理论　社会学习理论　差异交往理论　标签理论　权力控制理论

思 考 题

1. 简述青少年犯罪的类别。
2. 简述青少年犯罪的特征。
3. 简述青少年犯罪的原因。
4. 简述青少年犯罪的预防方法。
5. 简述青少年犯罪的矫治方法。

第十三章

网络社会问题

随着信息技术的飞速发展,互联网给全人类的生活带来了翻天覆地的变化,一方面,极大程度上改变了人类的生活方式,给人们生活带来极大的便利,而另一方面,网络也成为一把双刃剑,在一定程度上带来了一系列的社会问题,日益引起人们的关注。

第一节 网络社会问题的一般理论

尼尔·巴雷特在《数字化犯罪》一书中指出:"开始作为学者和研究人员游乐园的因特网,经历了长期痛苦的成长过程,已成为一个功能齐全、政治化的自由社会——计算机王国。它吸引了不同生活背景、不同行业、不同年龄的公民,同时也吸引了许多坏人、盗窃分子、诈骗犯和故意破坏分子,它还是恐怖分子的避风港。"[1]网络技术的发展给人类社会带来了诸多的便利,但同时带来了许多问题,引起社会学界的广泛关注。

一、网络社会与网络社会问题的出现

网络社会(network society)是一种全新的社会结构,这一社会结构源于社会组织、社会变化以及由数字信息和通信技术所构成的一种技术模式之间的相互作用,是由人、机器、信息源之间相互联结而构成的一种新型的社会生活和交往的虚拟空间。[2]

1969年11月21日,加利福尼亚大学洛杉矶分校的计算机实验室的一台电脑与远在千里之外的斯坦福研究所的另一台电脑联通,从此拉开了人类进入网络社

---

[1] 尼尔·巴雷特.数字化犯罪[M].郝海洋,译.沈阳:辽宁教育出版社,1998:196-197.
[2] 曼妞尔·卡斯特.网络社会的崛起[M].夏铸九,王志弘,译.北京:社会科学出版社,2006:569.

会的序幕。40多年过去了,网络在今天已经成为人们社会生活中不可缺少的重要组成部分。尤其是近20年来,随着全球电子技术的迅猛发展,原先属于科学家和计算机从业人员之间交流的网络,早已普及为大众的日常交往方式。据全球性互联网信息服务提供商Com Score的报告数据显示,2008年12月,全球互联网用户总数已突破10亿。而1995年,这一数字仅仅是3000万人。

在中国,网络的发展速度也是十分惊人的。中国的网络化进程始于1994年4月,中国科学院等单位组织的NCFC(中国国家计算机与网络设施,the National Computing and Networking Facility of China)正式进入因特网。此后,中国的互联网用户人数急速上升(见图13-1),1997年,第一次中国互联网络发展状况调查统计报告显示,截至当年,我国的上网用户数仅为63万人,而到第36次中国互联网络发展状况调查时,网民人数在2016年已跃升至7.31亿,互联网的普及率达到53.2%。①

图 13-1 我国网民规模和互联网普及率

(资料来源:历年中国互联网络发展状况调查统计报告。http://www.cnnic.net.cn/index/0E/00/11/index.htm.)

网络已经成为当今社会的一个重要背景和技术手段。正如蒸汽机带来了工业社会一样,网络也正在催生一个崭新的社会模式,构建出一种新的社会形态——网络社会。网络社会的到来代表了人类经验的一种巨大变化,尤其是由于网络自身所具有的时空抽离性、互动性、平等性、开放性等特点,为社会生产方式和经济形式的创新提供了丰富的契机,并成为支配和改变我们社会的重要动力;网络信息的传播不受国家和地域的束缚,人们可以不受时空的限制进行自由的交往,虚拟的网络社会为人们提供了一个相对自由的空间;网络社会的发展为当今世界的全球化进程推波助澜,通过全球信息的共享,全球化的广度、强度、流动速度和影响深度等方面都达到了前所未有的高度,政治、经济、文化、科技的整合性愈发强烈;人类几

---

① http://research.cnnic.cn/html/index_81.html.

千年来一直处在自然支配下的文化生存状态,也随着网络社会的兴起和文化信息化的发展,将逐步过渡到文化独立于自然的时代。总之,网络社会将从根本上改变了我们的整个世界。

在人们欢呼网络时代的到来,憧憬数字化生活的美好情景时,网络犯罪、网络色情、网络垃圾、网络暴力、网络恐怖主义等各种非秩序化的网络行为和网络社会现象也随之大量涌现。尤其是随着网络技术的迅速发展和大量普及,网络行为规范的滞后与网络空间的匿名性和虚拟性,将可能使得各种网络社会问题层出不穷。很显然,网络社会带来的并不只有福音、安宁和幸福,其中也蕴含着人类社会难以克服"病症"和"阴影"。与人类既存的现实社会所具有的正负功能一样,网络社会作为一种特殊的社会系统,可以释放出难以形容的生产力量,但它也可能成为恐怖主义者和江湖巨骗的工具,或是弥天大谎和恶意中伤的大本营。[1] 正如有学者所指出的,网络不仅在技术层面上为当代计算机技术、通信技术与相关的管理技术的创新和发展规定和指出了基本的方向与路径,也在社会制度层面上对社会系统的经济、政治、军事、教育、医疗等各项基本的制度造成了强烈的冲击;同时还在微观的社会行为和价值观念的层面上产生了巨大的强制性的社会化的影响,并要求人们必须在微观行为与观念的层面上做出适应性的调整,以便能够被整合进由于网络的出现所形成的一个全新的由网络技术、网络规范和相关价值观念所构成的网络社会行动系统的框架之中。[2]

二、网络社会问题的基本内涵及其认定

网络社会问题是当代社会学无法避免的一个新领域,也是新兴的网络社会学中不可或缺的重要内容。一种社会行为或社会现象能够称之为网络社会问题,至少应包括以下五个基本要素。

1. 它是在网络环境中产生的

网络社会问题首先是在网络环境中产生的社会问题,这是区别于传统的社会问题的主要标志。所有的网络社会问题都与网络本身产生着某种关联性,离开了网络,也就谈不上是网络社会问题了,充其量也只能是社会问题。网络环境是网络社会问题产生的载体,社会问题只有通过网络才能成为网络社会问题。

2. 它是一种客观存在的非正常状态

网络社会问题不是主观臆造出来的,是确实在实践中存在的,是看得到的具体现象,是客观存在的事实。当然,并不是所有客观存在的状态都能构成网络社会问

---

[1] 艾瑟·戴森.数字化时代的生活设计[M].海口:海南出版社,1998:17.
[2] 鹏志.延伸的世界:网络化及其限制[M].北京:北京出版社,1999:2.

题,只有那些不符合客观规律的、被大多数人所否定的"病态"非正常状态才能被认为是网络社会问题,那些符合客观规律或者正常的状态,是不能构成网络社会问题的。

3. 它对社会具有一定的破坏性

网络社会问题是在网络环境下产生的一种"公共问题"(public issues),而不是一种"个人烦恼"。美国社会学家米尔斯(C. Wright Mills)曾经指出,社会上那些流行一时同时又使个人深受其害的问题不一定就是社会问题,而只有那些对社会中相当一部分人的生活产生了重要影响的公共问题才能称之为社会问题。这些问题超出了个人的特殊生活环境,与人类社会生活、制度、历史密切相关,并违背了现存的社会规范和价值原则,威胁、触犯了社会生活中相当一部分社会成员的利益。因此,它是一个危害整个社会的问题。事实上,网络社会问题超出了个人的特殊生活环境,违背了网络社会中已有的网络行为规范和网络价值原则,触犯、威胁了一部分社会成员的利益,对他们的生活产生了消极或负面的影响。

4. 它要求获得公众主观上的普遍认定

网络社会问题还必须有公众加以主观上的普遍认定才能称之为网络社会问题。尽管网络社会问题首先是一种客观存在的社会事实,但如果人们并没有在主观上达成共识,甚至不把它当作一种"问题"对待,那么也不能称之为网络社会问题。如对待网络爱情问题,人们就有不同的看法,有人认为它是对传统爱情方式的一种补充,是获得爱情的一种新手段,而有人则认为网络爱情不是真正的爱情,它实际上是种感情欺诈,因此充满了陷阱。美国社会学家斯卡皮蒂(Frank R. Scarpiti)明确指出,公共问题要成为社会问题,必须具备两个方面的条件:"第一,大部分人必须认为是社会问题,如果大多数人认为某种社会现象的存在是一种不可避免的事实(如前几个世纪里的贫困现象),那就不是社会问题;第二,大部分社会成员有改善某种社会问题的愿望,并相信其可以通过社会的共同行动来加以解决的。"可见,网络社会问题是需要公众在主观上加以认定的,是主观与客观的有机统一。

5. 它需要社会共同努力才能得到控制

网络社会问题的解决必须借助于社会和群众的力量,如果只是通过少数人或某个专业部门的努力就可以改变某种网络环境中的社会病态现象,那么它也不能成为网络社会问题。例如,要解决网络犯罪问题,仅仅依靠公安机关的努力是远远不够的,因为它与整个国民的法律意识、网络从业人员的生活与生产方式都息息相关,涉及教育、文化、生产、管理等许多部门,必须予以综合治理才能确有成效。今天,信息技术发展越来越快,网络正越来越成为人类生活不可缺少的一部分,为了保证网络社会的健康发展,全社会都必须做出努力。

三、网络社会问题的类型

对网络社会问题的归类犹如对社会问题的归类一样,是一项较为艰难的工作。由于网络社会问题本身的复杂性、多样性,尽管许多研究者都曾尝试把网络社会问题划分为不同的类型,但迄今为止尚未对网络社会问题的分类做出专门的系统探讨,或者划分出令学术界基本认可的类型。这里我们按照国内著名的网络社会问题研究专家冯鹏志博士的分类方法,在此基础上把网络社会问题归纳为网络犯罪、网络病毒、网络色情、网络黑客、网络沉溺、信息污染和网络暴力等七种典型类型。[①]

1. 网络犯罪

网络犯罪是指犯罪分子利用编程、加密、解码技术或工具,或利用其居于互联网服务供应商(ISP)、互联网信息供应商(ICP)、应用服务供应商(ASP)等特殊地位或其他方法,在互联网上实施触犯刑法的严重危害社会的行为。网络犯罪以计算机网络为工具或以计算机网络资产为对象,运用网络技术和知识实施犯罪。[②] 网络犯罪具有很高的智能性、隐蔽性和匿名性,犯罪形式极其复杂,其对象广泛,发展迅速,涉及面广,所造成的损失也是非常巨大的,犯罪的动机主要是获利和探秘,因此具有巨大的社会危害性。网络犯罪主要有以下四种形式。

(1) 网络盗窃。

网络盗窃有数据信息盗窃和网络服务功能盗窃两种基本形式。其中,数据信息盗窃是指某网络犯罪主体通过互联网秘密地复制某个机构计算机系统中存储的程序、数据以及精心收集和分析的信息。网络服务功能盗窃是指利用某一网络内部的服务功能对数据进行数据处理,从而达到盗窃目的的一种网络犯罪行为。

(2) 网络诈骗。

网络诈骗主要是指通过伪造信用卡、制作假票据、篡改电脑程序等手段来欺骗和诈取财物的犯罪行为。

(3) 网络洗钱。

通过网络将非法资金放入合法经营过程或银行账户内,以掩盖其原始来源,使之合法化,主要媒介是网上银行。

(4) 数字故意破坏。

数字故意破坏指通过故意破坏程序、数据和资料等数字化的信息资源,从而达到某种目的的网络犯罪行为。它可以分为以下这样几种主要形式:入侵电子信箱,

---

① 冯鹏志."数字化乐园"中的"阴影":网络社会问题的面相与特征[J].自然辩证法通讯,1999(5).
② 杨正鸣.网络犯罪研究[M].上海:上海交通大学出版社,2004:5.

擅自穿越防火墙,私自解密等。

2. 网络病毒

《中华人民共和国计算机信息系统安全保护条例》中明确定义了网络病毒,是指编制或者在计算机程序中插入的破坏计算机功能或者破坏数据,影响计算机使用并且能够自我复制的一组计算机指令或者程序代码。网络病毒是人为的特制程序,具有自我复制能力,很强的感染性,一定的潜伏性,特定的触发性和巨大的破坏性。通过网络,病毒将被迅速地传播开去,从而造成更大规模的病毒侵袭。

3. 网络色情

网络色情主要通过网上与性和色情有关的站点新闻组、电子公告板、色情电话、色情视频等方式实现色情信息的传播。随着网络多媒体的发展和网络信息传输信道的加宽,网络色情正肆无忌惮地向全球蔓延,给人们特别是青少年人群的成长带来了极为不利的影响。

4. 网络黑客

黑客(hacking)是指一种试图进入未被允许进入的计算机系统的人,是侵入网络的"不明身份者"。网络黑客或者攻击某些计算机系统,使其完全瘫痪;或者进入某些系统,窃取政府、军队、企业、个人的机密信息;或者盗用密码和电话号码,使拥有密码的用户蒙受巨大的损失。网络黑客行为在当今公众的理解中已经成为一种犯罪行为,它不仅对网络安全构成了巨大的威胁,也严重扰乱了网络空间正常的社会生活秩序,严重侵犯了其他网络人群的合法权益,给网络社会带来了难以弥补的损失。

5. 网络沉溺

网络沉溺,是指在网络行动者进入和沉浸于虚拟化的网络空间的过程中,由于不能很好地实现其在现实社会和网络社会这样两个很不相同的生活世界中的角色转换和行动协调,从而造成的一种行动变异、心理错位乃至生理失调的状况。网络沉溺主要表现为网络上瘾和网络孤独这两种情况。

(1) 网络上瘾。

网络上瘾者沉浸于虚拟化的网络世界之中,陷入信息和娱乐的数字迷宫而不能自拔,很容易导致心理和行为上的错位。人们一旦患上网络上瘾症,就容易对网络产生生理和心理上的依赖,严重时甚至会导致失眠、注意力不集中等极端现象。

(2) 网络孤独。

与现实的社会交往活动相比较,人们在网络社会中的交往在很大程度上具有范围更大、关系更加平等、自主性更强和真实性更多等特征。但与此同时,它也造成了人与人之间情感的淡漠和疏远,久而久之,使得人们产生出一种新型的网络孤独状态。

6. 信息污染

在电子网络环境下各类信息激增,同时出现了信息污染,也称信息障碍。信息污染的形式主要有两种:

(1) 信息超载或信息过剩。

信息本来是用以消除不确定性的,过量的信息却增加了人们的不确定性和不安全感。每个人或结构的信息负载量是有一定限度的,当人们接受的信息超过其所能消化的信息量时,往往会患上"信息超载焦虑症",造成财力、物力和人力的浪费。而且,信息超载又使人们面临新的信息匮乏。

(2) 信息垃圾。

冗余信息、盗版信息、虚假信息、过时信息、错位信息……这些都属于信息垃圾。这些没有价值的信息,成为人们信息处理负担,给人们对有效信息的鉴别带来了巨大压力。

7. 网络暴力

所谓网络暴力,是指在网上的恶意诋毁,有针对性的恶搞等不良信息,如"人肉搜索"。一般来说,"人肉搜索"的起因是一些事件,在雅虎、百度等传统搜索引擎上无法找到明确的答案,于是动员社会更多的群体参与搜索,提供信息。这些事件可以是犯罪行为,如撞人后逃逸;或者是不违反法律,但为主流道德观所憎恶的行为。

每个人都可能成为网络暴力的受害者,网络暴力的肆无忌惮,正在以其独有的方式破坏公共规则,触及道德底线。网络暴力主要的表现形式有:①网民对未经证实或已经证实的网络事件,在网上发表具有攻击性、煽动性和侮辱性的失实言论,造成当事人名誉受损害;②在网上公开当事人现实生活中的个人隐私,侵犯其隐私权;③对当事人及其亲友的正常生活进行行动和言论侵扰,致使其人身权利受损等。

网络暴力共有以下三个共同点:①主观动机——恶意制裁,"审判"当事人并谋求网络问题的现实解决。②采用方式——通过网络追查并公布传播当事人的个人隐私,同时煽动和纠集人群以暴力语言进行群体围攻。③导致结果——使当事人遭到严重伤害并对其现实生活产生实质性的威胁。[1]

四、网络社会问题的一般特征

网络社会不同于传统的工业社会,是一种新的数字化、信息化的社会文化形态,网络社会问题之所以成为"问题",自有其特点。我国网络社会问题的一般特征概括起来有以下几个方面。

---

[1] 赵娟.网络社会问题及其控制研究[M].兰州:兰州理工大学出版社,2014:24-25.

1. 网络社会问题存在范围的全球性

网络社会首先是一个全球性社会,它涉及地球上全人类的共同利益,计算机网络把世界上不同国家、地区联系在一起,构成了一个由世界上所有国家组成的全球性跨国界的技术、经济和社会共同体,使世界变成了一个"地球村"。虽然这个"地球村"是虚拟的,但它拥有的技术是真实的,正是通过网络,全球社会才得以紧密联系在一起。这种真实的联系也使得网络社会问题在本质上成为一种全球性的社会问题。

网络社会问题的全球性特征至少表现在以下四个方面[①]:

(1) 网络社会问题表征了一个全球性的"问题环境",只有在网络化、全球化环境下才会产生这些问题。

(2) 网络社会问题已经构成了对全人类生活的共同威胁,正在危及人类进步的正常发展轨道,而不是局部的威胁和某个社会群体的问题。

(3) 各种网络社会问题纠葛在一起,相互影响,此消彼长,构成了一个难解难分的全球问题系统。

(4) 面对全球性网络社会问题,需要所有国家和地区联合协作,共同解决,仅靠局部努力是无济于事的。

2. 网络社会问题形成机制的高技术性

产生于网络环境下的网络社会问题,其在形成过程和方式上都具有相当程度的高技术性,这是网络社会问题区别于一般社会问题的一个显著特征。由于网络社会问题的形成常常与网络社会行为的主体发生着某种关联,因此,从某种意义上讲,网络社会问题就是网络社会行为失范、社会功能失调的一种集合表现。而网络社会本身就是一个高技术的集合体,在网络社会中,行为的主体必须具有高超的计算机操作技术、编程技术和网络通信技术等技术手段,才能构成现实的网络行为。

网络社会问题的高技术性主要体现在这样几个方面:①问题背景的高技术性,网络社会问题是在高技术背景下产生的,是带有强烈技术性的社会问题;②问题识别的高技术性,对于普通的上网者来说,想要了解、熟悉甚至精通网络犯罪分子所掌握的技术,是一件非常困难的事情;③问题解决的高技术性,有些网络社会问题的解决,需要专业技术人员才能得以恢复,并且需要比原有技术更高超的技能水准,才能稳操胜券。[②]

3. 网络社会问题表现形式的多样性

网络社会问题在其形成的过程和方式上具有相当程度的高技术性,其行为主体也必须掌握高技术的知识和手段。在网络社会中,网络社会问题形成原因的多

---

① 文军. 网络社会的病症及网络社会问题的社会学分析[J]. 科技导报,2002(10).
② 郭秋萍. 网络社会问题的探讨[J]. 郑州航空工业管理学院学报,2001(3).

因性和表现形式的多样性常常会使不同形态的社会问题交织在一起而呈现出复杂多变的状态,有时候,我们很难将其剥离开而单独去审视其中某一个方面。例如,网络黑客问题就是与网络犯罪问题紧密交织在一起的,从原本意义上来讲,"黑客"表达的只是一个对网络技术不断追求的群体,其本身不是构成网络犯罪的因素,更何况在现实生活中也不乏具有正义感的黑客存在。但现在人们在谈论黑客时,却很自然地将黑客与各种各样的网络违法犯罪行为联系在一起。此外,在人们对网络社会问题的社会关注程度和解决条件上,网络社会问题也凸现了一种复杂性。①

4. 网络社会问题主观认定上的文化差异性

由于社会文化背景的不同和差异,导致不同的国家和地区在对网络社会问题的认定上存在着较大的差异。同样的一个网络社会问题,在这种社会或文化背景下被认为是严重的网络社会问题,而在另一种社会或文化背景下却并不一定被看作是问题,而由此导致的人生观、价值观的不同也使得人们对于网络社会问题的认定和界定标准存在着较大的差别。以网络黑客行为为例,绝大多数人认为它作为网络社会问题的一种类型,对社会的危害性和破坏性是非常巨大的;但在那些具有反主流、反传统、反中心和主张"边缘化"的后现代主义者或无政府主义者看来,黑客行为完全是一种合乎情理的正当行为,并不构成网络社会问题。可见,由于不同社会系统所承担的道德、法律、文化和价值等方面在关联上的差异性,从而使得某一现象在是否成为网络社会问题的认定上出现了一定的困难。

5. 网络社会问题影响后果的严重性

与传统的社会问题相比,网络社会问题的影响后果更为严重。尽管许多网络社会问题的表现形式十分隐蔽,有时甚至不易被人追踪和察觉,但其在造成的后果方面却丝毫不逊于传统的社会问题类型。如在网络病毒攻击中,也许犯罪分子只是在键盘上轻轻敲几下,就会给全球金融系统造成难以弥补的损失,而且这种损失可能是永远都无法弥补的。② 随着网络理论和技术的不断升华,任何组织和个人都有可能通过网络隐匿性地调用网上资源和参与网上信息处理,网络战争在不久的将来也许将成为现实。正如巴雷特所说:"随着数字技术应用的进步,不仅是犯罪分子,那些有组织、有政治动机的军事行动也可能进入这个领域,而把我们从对黑客和恶意病毒的忧虑中,带入计划周全、管理完善的血肉战场,从对科技的好奇演变成武装冲突。"③ 可见,随着网络社会问题全球化的发展以及网络技术的不断提升,网络社会问题或许会给全人类带来不可估量的后果。

6. 网络社会问题后果控制的艰难性

由于网络社会问题影响后果的严重性,使得人们在对待网络社会问题的控制

---

① 文军.网络社会的病症及网络社会问题的社会学分析[J].科技导报,2002(10).
② 文军.青少年信息犯罪及其控制途径略论[J].青年研究,1998(11).
③ 尼尔·巴雷特.数字化犯罪[M].郝海洋,译.沈阳:辽宁教育出版社,1998:1-60.

上远远不像想象中的那么简单。而网络社会行为本身所具有的隐蔽性、虚拟性、全球性、瞬时性、异地性和跨时空性等各种特殊性因素,也限制了人们进行有效行为控制的程度。迫于技术、观念等各方面的限制,人们无法从根本上构建一套完善而系统的控制手段和运行机制。

此外,由于人们对待网络社会问题的认识和态度有所不同,再加上不同国家和地区在认定网络社会问题上的文化差异,导致制定出一套被所有国家普遍认可的能有效控制网络行为的规范,几乎是不可能的。这也是网络社会问题后果控制存在一定困难的重要原因之一。

7. 网络社会问题发展的快速性

随着信息技术的飞速发展,网络社会问题也呈现出快速发展的势头。尤其是高技术犯罪,如在日本被揭发的计算机犯罪正在逐年递增。互联网技术在日本的迅猛发展也使得欺诈盗窃罪犯瞄准的目标正从企业政府机关转向普通百姓,从而引起日本各界的重视和警惕。虽然目前没有人能够说得清楚计算机犯罪案件的确切数量,但可以确定的是这个数字很大,而且呈直线上升趋势。根据2002年4月11日我国公共信息网络安全监察会议透露的消息,中国的网络犯罪案件数量也一直在上升。

8. 网络社会问题结果的延滞性、隐蔽性

发生在人类现实的社会生活中的犯罪现象如杀人、强奸、直接伤害等其他危害结果都是直接的,而与之相比的网络社会问题的危害,则具有一定的延滞性和隐蔽性。网络环境为人们提供了角色实践的场所,人们在网络环境中进行角色转换,把自己设定成不同的角色,体会不同角色的要求和情感,并按照自己理解的角色规范进行角色实践,一旦网上经常性的表现逐渐固定下来,并与现实有很大差异时,就会出现网民个体的双重人格或多重人格现象。现实人格与虚拟人格如果频繁地转换,必然会出现心理危机,导致人格障碍。尤其是对生理和心理上均不成熟的青少年而言,角色的强烈反差和严重失调现象会不可避免地产生。如果终日沉溺于虚拟的、随心所欲的网络空间,会逐渐丧失在人性化的现实世界中的生活能力和交往能力,一旦回到现实世界,一般人际接触应有的合理的信任与不信任均消失殆尽,在现实生活中出现种种不适应现象。这种危害是长时间的、潜移默化的,并不是马上就显现出来的,而很多网络"瘾君子"本人并没有意识到这种危害性。

9. 网络社会问题责任认定的困难性

由于网络犯罪等网络社会问题的出现和蔓延,网络安全已成为网络空间的大事。网络的开放性必然会对信息安全构成全面的威胁和挑战,特别是个人计算机的普及和网络连接数目的激增,使得安全问题愈加复杂。在对网络社会问题的责任认定和控制上,还远远达不到像人们能够对现实的社会问题进行有效控制那样的程度。

如何界定网络安全的行为规范？又如何追究网络安全的主体责任？确保系统安全,是否是每一个网络主体都应该承担的义务？如果信息泄露且被非法使用,直接受害的是与信息相关的主体而不是泄露方,那么这种情况下的安全责任和造成的损失该由谁承担？如果我们认定网络主体有义务保护信息,那么在多大程度上对系统和数据加以安全保护？计算机网络是否应该仅仅被看作信息的载体,而对其内容无所限制？或者说网络服务提供商和网络管理者能否对电子信息的内容加以控制？网上言论的发表者是否仅仅因为自己使用着网络就可以自命享有特权？他们是否也应该承担一些义务和责任？这些问题都有待进一步的解决。

对于网络犯罪问题的控制而言,从警方和法院来看,最大的问题就在于犯罪证据收集上的困难性,而且随着计算标准和数据格式的成倍增加,获取并处理这样的电子数据证据变得非常困难,使它成为确凿证据的手段更是难上加难。另外,由于人们认识网络社会问题的态度不同、文化区别以及相应的法律差异等方面的因素存在,几乎不可能制定出一套被所有国家普遍接受的强制性的有效控制规范,也是导致网络社会问题控制上的弱化的一个重要原因。

第二节　网络社会问题的成因

网络以及相应的网络社会生活的出现,既为人类展现了一个美好的虚拟生存空间,同时也导致了各种各样非秩序化的、病态的网络行动和网络社会现象——网络社会问题。人们必须深刻地思考和剖析已经出现的和正在出现的网络社会问题,探讨如何对其进行有效而适度的控制。

一、网络技术和管理层面的原因

1. 网络技术的脆弱性和两面性

纵观各种各样的网络社会问题,它们得以产生必须依赖于一个可能的技术环境,而网络正好提供了这样的环境。由于技术的原因,现在在网络中运行的程序绝大多数都有着这样或那样的技术缺陷。[1] 这种情形为网络犯罪中最为典型和最具破坏力的犯罪类型打开了方便之门。不仅中国,就连高科技强国美国也存在大量的网络技术缺陷。2016年10月21日,美国网络就遭黑客空前的网络攻击,造成半个国家几乎网络瘫痪,给美国造成巨大损失。

---

[1]　叶继红.透视高技术犯罪监守信息安全[J].社会,2001(1).

另一方面,随着电子计算机技术、通信技术的发展,电脑网络正以日益迅猛的速度进入人类社会的各个角落。网络科技发展不仅带来了物质层面的变化,也由此引发了社会生活各个层面的深层次变化,这就是网络技术两面性的体现而其负面的表现也正深刻地影响着人类社会的发展,造成了一系列网络社会问题——与虚拟世界的沟通和互动,代替了和现实社会的沟通,不少人沉溺于网络,甚至患上"网瘾",已成为网络时代的一个社会问题;虚拟的成功代替了现实的成功,从而强化了人们对社会的脱离,造成了网络孤独。可见,网络除了给我们带来丰厚的物质精神盛宴外,也阻碍了社会的正常发展。

2. 组织管理的弱化

(1)网络管理的滞后。

防止网络社会问题的出现,需要依靠政府部门、各级组织的共同治理。然而在实际工作中,有关机构缺少作为网络责任主体的意识,要么对网络不良行为置之不理、不作为,要么相互推脱,缺少彼此间的配合。这给网络环境的整顿带来了极大的不便。

(2)组织结构的变更。

网络社会的日益发展对现实组织的等级制形成了巨大的冲击,使得组织之间自主性、开放性人为增强。互联网从本质上看是一个民间媒体,其运行和管理靠自我管理和松散的组织来维系,这里的组织不再具有政治中心权威的管理机制,而只是具有隐性社会契约性质的市民组织。传统组织的控制力量被大大削弱了。[①]

(3)家庭引导的弱化。

随着网络普及率的持续上升,互联网对人们生活的影响也日渐深入,已逐渐渗透到社会的各类人群。尤其对处于成长期的青少年而言,上网行为对其学习和生活都产生了重大的影响。青少年群体的网络使用行为对网络娱乐的发展、网络文化的走向,以及手机上网的推广都有着重要的影响。同时,由于青少年网民具有较高的网络使用普及率和活跃的网络娱乐应用水平,也是最可能受到互联网不良信息影响的群体。青少年对于行为的发展缺少自制力,而家庭则应该在控制青少年上网行为中发挥重要的作用。但现实情况是,家长们在这一问题上往往缺乏了发言权,无法有效引导和控制子女的上网行为。

二、法律层面的原因

对我国网络相关法律制度的发展进行一下梳理,不难发现法律制度的不到位,给我国网络社会问题的形成滋生了土壤。

[①] 胡兵.网络社会问题产生的原因及控制[J].经济与社会发展,2006(4).

(1) 网络立法具有明显的滞后性。

我国的互联网技术诞生于 1987 年,而我国第一部关于互联网安全的法规《中华人民共和国计算机信息系统安全保护条例》直到 1994 年才制定。2002 年 9 月国务院 363 号令《互联网上网服务营业场所管理条例》是一部关于上网服务提供者和上网消费者的行政法规,然而当这部法规颁布时,在网吧等上网服务营业场所发生的危害互联网安全的事件已经引起了极大的破坏。很多人会在网吧通过盗取各类网络通信工具的账号实施网络诈骗,网吧监管不善和它的隐蔽性成了很多网络诈骗的作案场所。尽管 2011 年和 2016 年对这一条例进行了修改,但都是基于新的网络问题非常严重的情况下。网络立法的慢一拍可以说给我国网络社会问题的产生提供了钻空子的可能。

(2) 互联网法律的内容不完善。

这主要表现在被禁止的违法行为不全。网络色情作为网络社会问题的一种类型,败坏社会风气、毒化网络环境,更是严重危害了青少年的心理健康。然而到目前,《计算机信息网络国际联网安全保护管理办法》《互联网信息服务管理办法》对网络色情的制作、复制、传播以及是否牟利等的界定仍十分模糊,究其根源就是没有一部统一的网络立法,这给网络色情犯罪的量刑带来了很大的不便。

(3) 执法不到位的现象严重。

2016 年修订的《互联网上网服务营业场所管理条例》第二十二条规定:"互联网上网服务营业场所每日营业时间限于 8 时到 24 时。"并且在第三十一条规定:在规定的营业时间以外营业的由文化行政部门给予警告,可以并处 15000 元以下的罚款;情节严重的,责令停业整顿,直至吊销《网络文化经营许可证》。然而时至今日,互联网上网服务营业场所 24 小时营业的惯例并没有被打破,执法部门的执法不到位使得法律法规成了一纸空文。

(4) 打击力度不够。

我国每一部互联网法律法规都有法律责任的规定,但总体而言是以罚款为主,以刑事处罚为辅。这种经济或刑事处罚很难起到彻底打击的效果。比如网络暴力,一些网民在网上的恶意诋毁或滥用"人肉搜索"等方式都给当事人造成不良影响,也不利于网络社会的秩序维护。2008 年 12 月 19 日,"中国网络暴力第一案"在北京市朝阳区人民法院宣判,"北飞的候鸟"、大旗网因曝光个人隐私被判侵权,而天涯社区因及时删帖则不构成侵权,此事以原告王菲获赔精神抚慰金 8000 元而告一段落。近年来,"网络暴力"频发,主要原因是很少人意识到要用法律维护自己权益,还有对于其处罚大多以罚款而告终,对社会未能造成一定威慑和约束作用。

(5) 在保障互联网系统运行安全方面重视不够。

网络时代的到来,使得收集、整理、分析、传播个人隐私比以往任何时候要容易得多。网络信息的泄露,正在成为网络安全的巨大威胁。校园学生的个人信息泄露,还有网上的个人信息倒卖等各类网络信息泄露事件都令人毛骨悚然。我国已经制定了专门的保障信息安全的法规,如《互联网信息服务管理办法》就是一部保障互联网信息安全的专门法。但在保障互联网系统运行安全方面没有专门的法律法规,目前只有公安部制定的部门规章《计算机病毒防治管理办法》。

三、个人道德约束层面的原因

在网络时代,道德不仅不会过时,而且将发挥不可替代的作用。一个严峻的现实是:一种被网民普遍认可的、具有广泛约束力的网络道德规范尚未形成,而传统道德又面临着危机与挑战,即网络中道德约束的失效。在这种道德无序状态下,人们甚至不知道哪些行为是道德的,哪些行为是不道德的,很多人甚至将网络技术的"可行"与网络道德的"应该"简单地画上了等号,于是做出在现实世界难以做出的粗暴、无礼的不文明行为,甚至做出盗窃、入侵等犯罪行为。

同时,互联网"无中心"的设计思想导致了道德认识上的相对主义和无政府主义的盛行。"无中心"除了使人忘记对终极目标的追求外,也会让他不想对任何东西负责,表现在它否认道德的普遍性,将个人视为自己道德行为的唯一判断者,奉行"走自己的路,让别人去说吧"的理念。另外,现实社会中道德标准的转移也给这种道德相对主义提供了支持的"假象",如从"拾金不昧"到"拾金求昧"的法律认可等。结果,传统道德的两个基本前提彻底崩溃,导致了网络中道德约束的缺失。

第三节 迈向和谐健康的网络社会

作为和谐社会在网络世界的投影,构建和谐网络是和谐社会的必然要求。与现实社会的和谐相比,和谐网络是一种更高层次的状态,由于网络世界的流动性和隐匿性,和谐网络并不是现实社会和谐的简单移植,也不代表网络社会矛盾的完全消失,它是网络自身发展出的一种自由与秩序共存的状态,需要网民个人对网络社会感性或理性的认识,对网络行为自发或自觉地创建,以及对网络秩序有意识地法律遵守和道德遵守。

网络是一把"双刃剑",既能把人们带上信息高速公路,也能成为破坏社会文明和腐蚀心灵的鸦片。人类历史上,从来没有一项发明像网络这样对社会和心智同时产生巨大影响,产生难以抗拒的吸引力。如何在充分利用网络带来的历史机遇的同时,抵御其消极影响;如何加强网络社会建设,还人类一个健康、清新的"网络时空",是社会主义和谐社会建设应当关注的重要议题。在迈向健康的网络社会的道路上,我们任重而道远。

一、开展网络道德建设

1. 把既有道德的运行机制引入网络社会来约束网络行为

电子空间的出现极大地扩展了人的行为能力,一个网络人可随意参加网上国际社团;能在世界范围内自由地发表个人意见;能阅读国家严格禁止入境的各种信息;在某些情况下也能闯入某个国家的银行、军事基地等要害部门的数据库。但是,如同在现实社会物理空间一样,在道德上有善恶之分,在法律上有合法违法之别。许多调查资料表明,人们在网络上往往为自己突然之间获得的能力所陶醉,忘掉自己的社会角色、地位和行为后果,做一些自己平时不可能做的不道德的甚至是违法的事情。因此,我们应该让网络人和网络社会了解,随着电子银行、电子商务、电子图书馆等网络应用的出现,网络资源越来越成为人类社会不可缺少的财富,对它的破坏就是对社会正常秩序的破坏。

网络道德是随着电子空间的出现而产生的规范,它与物理空间的既有道德有所不同,但并不是网络道德建设要从头做起,要在电子空间中形成一个与既有道德完全不同的道德体系。既有道德是人们在长期的社会实践中形成的,它的一般原理和运行机制反映了人们社会活动的一般规律,对规范人们的行为是行之有效的。除此之外,人的社会行为规范应该具有统一性,社会的发展应该具有连续性。因此,首先要强化社会舆论的道德评价。社会舆论在道德控制中是最有力、最有效的方法和手段。在网络道德控制的建设过程中,运用社会舆论的道德评价,可以强化人们的道德意识,增强他们遵守网络道德规范的主动性与自觉性,将外在的道德规范转化为人们的自我道德观念和道德行为准则,从而帮助他们形成道德良知,影响并提高整个网络社会的道德水平。其次,建立网络行业自律制度。为提高网络从业人员的职业道德素质,使广大从业人员和网络服务机构做到自律,必须加强有关从业人员的职业道德修养,提高从业者的专业水准,并增强其社会责任感,使他们热爱本职、忠于职守,亲身实践网络道德规范,积极履行对社会、对公众的责任。最后,构筑网络道德规范体系。一方面,要确立基本的网络价值准则。另一方面,要建立基准道德,利用互联网本身优势,宣传倡导网络道德。

2. 加强技术发展来审查、控制网络信息的内容

信息的传播没有国界,但是信息的内容及其社会影响是有国界的。任何跨国界的信息传输,都是涉及进出口的行为,应当遵守双方国家的法律。对我国来说,任何通过国际互联网络由国外传入我国的信息,都必须为中华人民共和国有关法律所允许,任何单位和个人不得自行建立或者使用其他信道(含卫星信道)进入国

际互联网。对不同的网络区域而言,它们应该具有不同的规则。例如,中国科学院高能所计算机软、硬件资源仅用于与高能所有关的科技活动和业务范围,通过其网络系统进行的数据传输、邮件通信或新闻发布,其内容也必须属于上述性质的范围,而不得违反安全条例和其他有关规定。

因此,利用技术手段对网络上可能发生的问题进行控制和预防,在很多情况下是一个有效的方法。由于网络社会问题产生的智能性,以智能对智能,用技术手段来预防其产生,避免其后果,是网络社会控制的一种有效的方式。早期对违法、有害信息的控制和防范主要采取的技术手段是过滤软件和分级制度的使用。目前,除了上述两种技术手段外,主要的技术控制集中在网络安全问题上。未来新兴的网络安全技术将为下一代信息防护能力打下良好基础。随着以网络为载体的网络社会问题的不断发展以及网络信息传播技术控制研究的不断深入,人们越来越迫切地感觉到,信息技术的使用应该更多的是从预防的角度加以考虑,对网络社会问题产生的后果如何控制必须进行更深入的研究。

3. 加强网络管理,充分利用网络资源

网络管理就是网络资源的合理调配与安排。严格的网络管理是防范网络社会问题的有效途径。对信息资源与对物质和能量资源一样,要充分利用,使人们认识到,浪费资源可耻,破坏资源犯罪。对一些学术性网络和站点不得进行商业性使用。同时,在保证信息所有者合法利益的前提下,要尽可能实现信息共享,最大限度地发挥信息的使用价值。网络运行的各责任主体应该对自己网络行为的社会效果负责。互联网不仅仅是一个简单的网络,更是一个由成千上万个用户组成的网络"社会",每个网络用户的行为最终要产生社会影响,因此必须自负其责。

二、建立网络行为的标准

在控制网络社会问题方面,技术并不是万能的,很多网络社会问题仅仅依靠技术的完善和进步是无法解决的。将法律作为一种网络社会控制手段的效力,一方面,它能够对其他网络行动者以及整个网络社会造成破坏、侵害和危害的人实施惩戒;另一方面,它也能够对那些在网络社会中忽视其所必须遵循的责任和契约的人实行强制性的惩罚。

目前,国外一些计算机和网络管理组织为其用户制定了一系列相应的规则,涉及网络行为的方方面面。在这些规则和协议中,比较著名的是美国计算机伦理协会为计算机伦理学所制定的十大戒律,其具体内容包括以下几个方面:

(1) 你不应用计算机去伤害他人。
(2) 你不应干扰他人的计算机工作。
(3) 你不应窥探他人的文件。

(4) 你不应用计算机进行偷窃。
(5) 你不应用计算机作伪证。
(6) 你不应使用或拷贝没有付钱的软件。
(7) 你不应未经许可而使用他人的计算机资源。
(8) 你不应盗用他人的智力成果。
(9) 你应该考虑你所编的程序的社会后果。
(10) 你应该以深思熟虑和慎重的方式来使用计算机。

另一比较著名的规则是由美国计算机协会提出的,并要求其成员必须支持下列伦理道德和职业行为规范:
(1) 为社会和人类做出贡献。
(2) 避免伤害他人。
(3) 要诚实可靠。
(4) 要公正并且不采取歧视性行为。
(5) 尊重包括版权和专利权在内的财产权。
(6) 尊重知识产权。
(7) 尊重他人的隐私。
(8) 保守秘密。

此外,国外有些机构还明确划定了被禁止的网络违规行为,如南加利福尼亚大学网络伦理协会就指出了六种网络不道德行为类型:一是有意造成网络交通混乱或擅自闯入网络及其相连的系统;二是商业性或欺骗性地利用大学计算机资源;三是偷窃资料、设备或智力成果;四是未经许可而接近他人的文件;五是在公共场合做出引起混乱或造成破坏的行动;六是伪造电子邮件信息。

从总体上看,网络行为规范研究还处于初始阶段,完整的网络行为规范或者说是相对完善的法律应该包括网络行为的各责任主体的行为规则,包括入网者、站点、网络服务提供商、网络产品制造商、网络社团、各国政府、审查机构、网络管理组织,等等。只有网络行为主体各尽其职,有规可依,整个电子空间才能有序运行。

三、建立网络行为监督机制

为了保证网络行为标准和法律规定的切实执行,应把道德监督和法律约束机制引入电子空间。为实现此目标,需要解决好以下三个问题:
(1) 网络的各责任主体与其网络行为具有可追寻的一一对应关系。这要求满足以下三个方面:第一,入网者应该以自己的真实姓名和真实身份登记入网;第二,入网者的登录密码应该保密,以保证网络行为由唯一的网络主体负责;第三,网络各服务器具有对访问者的地址、访问时间和操作行为记录的功能,形成"欲想人不知,除非己莫为"的客观条件。

(2) 有关机构能够而且有责任对网络责任主体的网上行为进行检查。配备精干的网络管理组织,提高网络执法队伍的管理水平,这些都是防范网络社会问题的有力保证。

(3) 健全有关电子信息网络的法律法规,对违法者追究法律责任。建立网络行为监督机制,明确网络责任主体,使其网络行为具有可追寻性。网络各服务器具有对访问者的地址、访问时间和操作行为记录的功能。有关机构能够而且有责任对网络责任主体的网上行为进行检查。

四、加强国际合作

国际互联网是国际产生的网络,是"电子联合国""电子地球村",管好它、用好它是各国共同的责任。但是,目前对国际互联网的国际管理尚处于初级阶段,只有一个国际组织负责制定某些通信标准和地址分配,这与国际互联网在国际社会中的地位和作用是不相称的。世界上多数国家对此状况深感不安,强烈要求制定符合本国利益和价值观的国际管理规范。由于国际互联网信息传播的超地域性,只要有一个国家特别是网络技术发达的国家游离于国际管理和国际合作之外,就如同一个很好的羊圈有一个大洞,国际管理就形同虚设。在电子信息网络上,每个国家都应该担负起与其能力相称的责任,不应做损害别国利益的事情。我国应该积极参与国际互联网的管理,为形成和加强互联网管理的国际秩序做出应有的贡献,从而促进互联网的健康有序发展。

基 本 概 念

网络社会问题　全球性　高技术性　多样性　文化差异性　技术控制
法律控制　管理控制　道德控制　人文观念控制　网络道德建设
网络实名制　网络行为监督机制

思 考 题

1. 简述网络社会问题。
2. 网络社会问题包括哪些内容?
3. 网络社会问题的主要特征有哪些?
4. 造成网络社会问题的主要原因包括哪几个方面?
5. 简述控制网络社会问题的几种手段。
6. 谈谈你对和谐健康网络社会的理解。

后 记

"社会问题概论"是社会学和社会工作专业重要的专业课程之一,同时,它也是政治学、管理学、人口学、教育学、经济学等社会科学专业中重要的选修课程之一。"社会问题概论"在系统阐述社会问题学基本理论的基础上,把当代中国社会问题置于社会转型的时代背景中,以社会学为分析视角,对中国的一些重大社会问题进行了较为系统的分析与阐释。

作为一本针对社会学专业的教材,我们在编写中着重突出了以下几个方面的特点。

一是突出社会学视角。从目前情况来看,有关社会问题的教材出版了很多,尽管每本教材在具体内容的安排上不尽相同,但社会学学科特色明显的不多见,而本书贯穿社会学视角,对每一种具体社会问题进行分析之前,先介绍社会学关于该问题的理论传统。

二是对内容进行精心取舍。由于社会问题教材所涉及的内容十分广泛,因而现在的社会问题教材一般篇幅都比较长。本教材结合本科教学的特点和我们从事社会问题教学的实践体会,从当前中国众多社会问题中选取了12种社会问题,进行分析与介绍。

三是紧密联系当代中国社会现实。社会问题是一门时效性、实践性很强的社会学分支学科。在介绍社会问题的基本概念和理论时,本教材特别注意将这种介绍与具体社会问题联系起来。在对每一种社会问题进行分析时,本教材特别注意采用最新、最权威部门发布的资料。

本书是在主编主持下,集体合作编写的。具体分工如下:

许传新——第一、四、六、十一章;

张翼——第二、五、八、十二章;

祝建华——第三、七、九、十、十三章;

本教材的顺利出版,得到了华中科技大学出版社的大力支持,策划编辑钱坤老师付出了辛勤劳动,在此一并表示感谢。

由于编者水平有限,本教材难免存在一些疏漏和不妥之处,恳请广大读者不吝赐教。

编 者

2018年1月